Time in, Time out. • Kreative Auszeit – Erfolgreiche Rückkehr

Take your
Time!

X. Ammann

Time in. Time out.
Kreative Auszeit!
Erfolgreiche Rückkehr

Karin Ammann

1. Auflage Dezember 2002
ISBN-Nummer 3-0344-0145-0

Rechts-/ Versicherungsteil: Peter Böhringer, lic. iur.
Korrektorat: Marianne Egli, lic. phil. I, Generalistin
Layout, Satz und Cover: Eugen Notter, adot GmbH
Titelfoto: Photodisc
Herstellung: Books on Demand (Schweiz) GmbH
Vertrieb: Klassischer Buchhandel,
                             Internet-Buchhandlungen

WENN WORTE ÜBERFLÜSSIG WERDEN,
WEIL DER AUGENBLICK BIS AN DEN RAND
MIT SINN GEFÜLLT IST,
BEGINNT DAS LEBEN UNWIDERSTEHLICH
VON SICH ZU ERZÄHLEN UND
FÜHRT UNS MITTEN HINEIN
IN FASZINIERENDE GESCHICHTEN
– WENN WIR NUR LAUSCHEN!
(UNBEKANNT)

Karin Ammann, lic.phil./Arbeitspsychologin, geboren 1964 in Zürich, Vorfahren aus Italien und England. Ausbildung: C-Matur, Studium in Neuenburg und Zürich, Lizentiatsarbeit an der ETH Zürich.

Berufliche Stationen: Projektmitarbeiterin in einer Unternehmensberatung, Gleichstellungsbeauftragte beim Kaufmännischen Verband Zürich, seit April 2002 Co-Leiterin eines Nationalen Projekts zur Betrieblichen Gesundheitsförderung in KMU (Universität Zürich, Institut für Sozial- und Präventivmedizin). Zusätzliche freiberufliche Tätigkeit: Projekte, Publikationen, Kurse.

Diverse Nebenämter, 1993 bis 2001 Legislativpolitikerin. Karin Ammann ist verheiratet und lebt in Aarau.
E-Mail: mail@karinammann.ch

Bereits erschienene Ratgeber und Broschüren der Autorin:
- «Gesucht wird … Stelleninserate frauengerecht formuliert», KV Zürich
- «Einfach, praktisch, gut – Kriterien für funktionale Berufskleidung» (zusammen mit Susanne Schärer), KV Zürich
- «Das Lohngespräch», KV Schweiz

lic. iur. Peter Böhringer, Arbeitsrechtsspezialist, Dozent an der Zürcher Hochschule Winterthur und Autor verschiedener Fachbücher.
E-Mail: peboe@pop.agri.ch

Vorwort

«DAS GROSSARTIGE WAR, DASS KEINER ZÖGERTE ZU SAGEN: ‹LASST UNS MAL WAS ANDERES AUSPROBIEREN!›»

NICOLE KIDMANN ÜBER DAS 2001 ANGELAUFENE FILM-MUSICAL «MOULIN ROUGE»

Dieses Buch weist eine kurze Entstehungszeit auf – und trifft im Ursprung das obenstehende Zitat. Idee und Planung reichen auf Anfang des Erscheinungsjahrs zurück. Also nichts mit Musse, kreativem Zurücklehnen, Abstand gewinnen … So ist's bei Trends: Der Zeitgeist eilt voran! Gleichwohl hat das Schreiben Spass gemacht.

Mein Dank gilt Peter Böhringer für den kompetenten Rechts-/ Versicherungsteil, Marianne Egli für die sorgfältige Durchsicht des Manuskripts sowie Eugen Notter für Layout, Satz und Cover.

Merci der Lounge des «Au Premier» (Hauptbahnhof Zürich) für das inspirierende Ambiente, allen Auskunftspersonen für ihre Berichte, Hinweise und Inputs, insbesondere jedoch meinem Lebenspartner, Frank Ammann, für die persönliche Unterstützung.

Aarau, Dezember 2002

P.S. Weshalb ich «Timeout» zusammenschreibe? Weil es nicht anders dastehen soll als das Gegenstück, das Comeback.

Inhalt

Hinweis:
Falls Sie direkt ins Thema einsteigen möchten, beginnen Sie bei Kapitel 4!

Warum dieses Buch?

«JEDEN FREITAG, NACH EINEM VORLESUNGS-MARATHON, EILE ICH UM 16.30 AM ZUG NACH PARIS VORBEI. DA STEHT ER IN DER BAHNHOFSHALLE, GLÄNZEND UND VERHEISSUNGSVOLL. WARUM NICHT EINSTEIGEN, DURCH DIE LANDSCHAFT GLEI-TEN, STUDIUM/JOB/WOCHENENDKRAM HINTER MIR LASSEND? CAFÉ AU LAIT IN AUSSICHT, DAS QUARTIER LATIN, EINE TOUR AN DER CHAMPS ELYSÉE ... ICH HABE ES NIE GEMACHT. NICHT MAL AUS VERSEHEN DAS FALSCHE GLEIS GEWÄHLT (UND IN LAUSANNE WIEDER AUSGESTIEGEN). NEHME ICH EIN TIMEOUT, GEHÖRT DIES ZUM ERSTEN, WAS ICH TUE.»
MIRJA, 26, STUDENTIN

Wenn Sie dieses Buch herausgegriffen haben, zählen Sie zu den Mutigen, die sich mit dem Gedanken eines Timeouts, eines Unterbruchs des Bisherigen, tragen.

Oder kennen Sie eine Person, welche eine Weltreise, einen Bildungsurlaub oder eine Familienpause plant? Tritt Ihre Vorgesetzte einen Auslandaufenthalt an, nimmt der jüngere Arbeitskollege eine «Sozialzeit», überlegt sich ein älterer Verwandter, wie er die Ausgleichszeit für jahrelange Schichtarbeit nutzen will – kurz vor der Pensionierung?

Sie haben den Band aufgeschlagen, neugierig einen Blick hineinwerfend. Illustrationen hat es keine, die Grafiken sind rasch durchgesehen, ebenso das Inhaltsverzeichnis. Aber 300 Seiten lesen? Wo Sie der spontane Typ sind, in den Ferien einfach losfahren, ohne Karte und Reiseführer?

Im Urlaub mag dies angehen. Bei einem Timeout allerdings verhält es sich anders. Sie wagen ein grösseres Unternehmen, gehen auf Unbekanntes zu, begeben sich auf ungewohntes Terrain. Deshalb empfiehlt sich eine theoretische wie praktische Vorbereitung. Kapitel 4 bringt Sie vielleicht auf eine neue Idee, jener Tipp hilft weiter, als Argument überzeugt es den Chef.

Wenn Sie trockene Theorie lieben oder sich gerne mit wissenschaftlichen Abhandlungen befassen, müssen Sie das Buch beiseite legen. Es könnte Sie sonst packen! Gerade weil es sich nicht um die 1000. Publikation für erfolgreiche Stressbewältigung, den 500. Aufsatz über Sabbaticals oder die x-te Artikelsammlung zu «Timeout statt Burnout» handelt: sondern um eine konkrete Handlungsanleitung für alle Aufbruchswilligen, nicht nur die Führungskräfte[1] ...

Ja, das soll er, der Texte: Lust auf mehr wecken! Das «Abenteuer Leben» hält Verlockendes bereit: Nur reicht die Zeit oft nicht dazu. Oder haben wir es uns so eingerichtet?

Um wenigstens eine Ahnung dessen zu erhalten, was Freiheit heisst, schaffen wir kleine Fluchtburgen → Ausflug in die Berge, Wellness-Wochenende, Cocooning[2]. Die Träume können warten.

Zumeist muss etwas Einschneidendes geschehen (Krankheit, Unfall, Verlust), bis wir das Rad stoppen, Unkonventionelles ins Auge fassen, uns etwas gönnen. Weshalb erst nach der Uni an die Seine reisen? Wegen des Prinzips «Leistung und Verzicht»? Warum nicht vor der akademischen Ausbildung oder zwischendurch, als Gegenpunkt zu Prüfungsstress, Mensa-Essen und Hochschul-Frust?

Falls Sie das Buch in einem Zug durchlesen, benötigen Sie eine Nacht – mit dem Risiko, am nächsten Morgen gleich aufbrechen zu wollen … Sie können jedoch auch gezielt Informationen einholen (Ausgangssituation, Entscheid, Durchführung), von Erfahrungsbericht zu Erfahrungsbericht springen oder sich mit scheinbar Formalem vertraut machen, z.B. dem Sozialversicherungsrecht.

Wir wünschen spannende Lektüre, Erfolg bei der Umsetzung und immer wieder Gelegenheit zu einem «Ausstieg auf Zeit».

Statt einer Zusammenfassung oder für Schnellleser/innen: Sind Sie fit für ein Timeout?

Zehn Tipps

1. Entschliessen Sie sich für ein *richtiges Timeout*! Dieses ist nicht zu verwechseln mit verlängerten Ferien, einem Ausland-Praktikum oder zwei, drei Wochen Segelfliegen.
2. Erwischen Sie den *idealen Zeitpunkt*: bevor Sie total ausgebrannt oder mitten in mehreren Projekten sind. Meist zeichnet sich ohnehin eine Neuorientierung ab (z.B. neuer Job) – und Sie verspüren Kraft/Lust auf Neues.
3. Die *Länge eines Timeouts* wird von verschiedenen Faktoren bestimmt (persönliche Möglichkeiten, äussere Umstände, Ereignisse während der Auszeit). Wählen Sie eine Mindestdauer von drei Monaten und unternehmen Sie vorher einen Probelauf, vgl. Punkt 9.
4. Legen Sie die *Grundrichtung* des Timeouts fest (Abenteuerreise, Bildungsurlaub) und halten Sie sich offen für das, was sich daraus ergibt.
5. Planen Sie nur das Notwendige, gehen Sie mit *realistischen Erwartungen* an das Ganze heran. Ein Timeout löst weder den Kleinkrieg im Büro, noch verhilft es gleich zu einer neuen Partner/in oder «der bahnbrechenden Geschäftsidee».
6. Schieben Sie *Formalitäten* nicht beiseite. Administratives, Meldepflichten, Versicherungen etc. rechtzeitig und locker angehen. Frage: Was lässt sich an Profis delegieren?
7. Klären Sie wichtige Punkte mit *Angehörigen und Familie* (Finanzen, Abwesenheit von Haushalt/Kindern, Erreichbarkeit).
8. Nehmen Sie das Timeout als *Test für Ihr Umfeld* (Arbeitgebende, Freundeskreis, Nachbarschaft). Wie ist das soziale Netz strukturiert? Was passiert bei Ausnahmesituationen? Wie hoch ist die Toleranz für Ungewohntes?

9. Versuchen Sie vorher herauszufinden, *wie Sie auf einen Ausstieg reagieren* (Probelauf, z.B. durch eine längere Arbeitspause). Trotz aller Vorbereitung kann eine Krise aufbrechen oder Sie treten etwas los, dessen Auswirkungen sich nicht abschätzen lassen. Scheuen Sie sich nicht vor Programmänderungen, professioneller Unterstützung oder einem Abbruch des Experiments.

10. Achten Sie darauf, nach der *Rückkehr* nicht in den alten Rhythmus zu verfallen. Umgekehrt können Sie auch keine Wunder erwarten: Am meisten verändert haben *Sie* sich. Bewahren Sie diese Distanz zum Alltag!

Das Wichtigste zum Schluss: Nutzen Sie die Chance, auch wenn ein Timeout nicht direkt angestrebt wird, sondern als plötzliche Option auftaucht. Oder in Anlehnung an eine gängige Redewendung: Unverhofft kommt in diesem Fall nicht oft …

1. Einleitung

«UND WIE SIEHT ES BEI IHNEN AUS, CASE? IST DAS LEBEN WUNDERBAR, DORT WO SIE SIND?»

«ES KANN SO SEIN.»

«ABER ES IST NICHT SO GEWESEN?»

«WAS ICH GEMACHT HABE, NENNE ICH NICHT LEBEN.»

«UND WAS EMPFEHLEN SIE IN IHREM FALL?»

«URLAUB!»

«WIE LANGE?»

«SO LANGE WIE NÖTIG.»

«SIE MEINEN NUR ZUM VERGNÜGEN?»

«NEIN! ICH ARBEITE SEIT MEINEM ZEHNTEN LEBENSJAHR. ICH WILL WISSEN, WO-FÜR ICH ARBEITE. DIE ANTWORT KANN NICHT SEIN, UM RECHNUNGEN ZU BEZAH-LEN ODER MEHR GELD AUFZUHÄUFEN (…)»

«JA, ABER WAS IST DIE ANTWORT?»

«ICH WEISS NICHT, ABER DAS EBEN MUSS ICH HERAUSFINDEN. DAS KANN ICH NICHT HINTER IRGENDEINEM SCHREIBTISCH IN EINEM BÜRO. SOBALD ICH ALSO GENUG GELD ZUSAMMEN HABE, WERDE ICH FÜR EINE WEILE AUSSTEIGEN. (…)»

«AUFHÖREN?»

«AUFHÖREN! ICH WILL EINEN TEIL MEINES LEBENS FÜR MICH BEHALTEN. DOCH DIE SACHE HAT EINEN HAKEN. ES MUSS DER TEIL SEIN, WO ICH NOCH JUNG BIN. ICH KOMME ZURÜCK UND ARBEITE, WENN ICH WEISS, WOFÜR!»

GARY GRANT ZU KATHERINE HEPBURN IM FILM «HOLIDAY – DIE SCHWESTER DER BRAUT» (1938)

1.1 Zum Begriff «Timeout»

Der Ausdruck «Timeout» boomt! Neuerdings taucht das Wort auch in der Ma-nagerliteratur auf, ansonsten ist es aus dem Sport – sowie als Titel der Aus-gehmagazine von London und New York – bekannt. Aus dem Englischen über-setzt meint es «Unterbruch» oder «Auszeit».

Im Volley- oder Basketball heisst Timeout ein bis zwei «Breaks», die jedes Team zu einem frei gewählten Zeitpunkt einziehen kann. Das Ziel besteht da-rin, die in der Halle verteilten Spieler/innen kurz zusammen zu nehmen: We-niger zu einer Verschnaufpause denn zur

- Absprache von Taktik und Technik
- Entgegennahme von Anweisungen des Trainers

- gegenseitigen Motivation.

Die Fortsetzung des Matches gestaltet sich in der Regel attraktiver und variantenreicher.

Das Timeout im Beruf bezieht sich auf eine längere Pause. Zweck: Ausgleich, Erholung und Distanznahme. Ausgang: gewiss oder ungewiss (Rückkehr, Wechsel, Neuausrichtung). Entsprechende Berichte werden oft mit Südseebildern, einer Hängematte oder einer in die Luft springenden Figur illustriert. Völlig losgelöst von den Lasten des Alltags, befreit von Routine und dem immer gleichen Trott. Kein morgendliches Aufstehen, weg mit nebensächlichem Kram und täglichen Verrichtungen. Die einmalige Möglichkeit inne zu halten, vieles neu anzusehen, herauszufinden: Was will ich? Bisher vernachlässigten Dingen des Lebens nachgehen, auftanken. Kurz: Das tun, wovon andere nur träumen …

Am häufigsten ist vom «*Sabbatical*» oder «Sabbatjahr» von Führungskräften zu lesen. Die erste Bedeutung dieses Wortes geht auf das Hebräische zurück und umschreibt die alttestamentarische Tradition, die Felder nach sechs Jahren Arbeit ein Jahr brachliegen zu lassen. Die zweite Auslegung schlägt den Bogen in die Moderne. Im Fremdwörter-Duden steht: «einjährige Freistellung von beruflicher Tätigkeit». Zumeist wird einer kürzeren Variante der Vorzug gegeben, zum Beispiel einem Vierteljahr.

Negativ besetzt ist der Begriff in der *Informatik*:

«Als Timeout wird ganz allgemein ein Fehler durch Überschreiten einer vorgegebenen Zeitspanne bezeichnet, innerhalb der eine bestimmte Aktion erfolgen muss. Bei fast allen Datenübertragungen oder Datenfernübertragungen wird z.B. vom Empfänger eine Empfangsbestätigung erwartet. Erfolgt diese nicht innerhalb eines bestimmten Zeitintervalls, tritt ein Timeout auf. Der Transfer wird dadurch mit einem Fehler abgebrochen».

AUS: «DAS M+T COMPUTERLEXIKON», VERLAG MARKT & TECHNIK 1998

Mit einer eigenen Definition kann/will dieses Buch nicht aufwarten. Im Wesentlichen geht es um eine Auszeit, unabhängig davon

- wie viele Male diese im Leben genommen wird
- aus welchem Anlass es dazu kommt
- welche Ziele oder Absichten damit verbunden sind
- wie die Form aussieht (Sabbatical, Bildungsurlaub, Familienpause etc.)
- was am Ende daraus resultiert
- ob die entsprechende Person in Ausbildung, erwerbstätig, in Haushalt/Familie oder sonst wie engagiert ist (Politik, Sport, Freiwilligenarbeit).

Das Timeout sollte indes als Auszeit deklariert werden – bzw. sich als solche herausstellen – und über einen längeren Zeitraum dauern, insgesamt *mindestens drei Monate*.

Nicht zu verwechseln ist ein Timeout mit verlängerten Ferien, Geschäftsreisen, beruflichen Auslandaufenthalten, einer Änderung der Arbeitsform (z.B. von der Festangestellten zur Freelancerin) oder der Freistellung von sonstigen Aufgaben am Arbeitsplatz, etwa für die Ausführung von Spezialaufträgen.

Abwesenheiten wegen Militär-, Zivil- oder Ersatzdienst, der Ausfall auf Grund von Unfall, Krankheit oder sonstigen Verpflichtungen sowie die definitive Aufgabe einer Tätigkeit gelten zumindest nicht als «klassische Auszeit». Ein Timeout kann jedoch die Fortsetzung bilden, z.B. durch einen verlängerten Reha-Urlaub oder die Weltreise im Anschluss an die Rekrutenschule.

1.2 Was meint die Wissenschaft dazu?

Trotz der vorherigen Begriffsumschreibung ist «Timeout» kein klar fassbares Konzept. Man kann sich ihm jedoch von verschiedenen Seiten nähern:

- Pausen, Auszeit
- Arbeit und Freizeit
- Flucht aus dem Alltag.

Während die ersten zwei Punkte zu den Kernstücken der Arbeits-/ Betriebspsychologie gehören, befasst sich die Allgemeine Psychologie mit Fantasie, Tagträumen oder der Gedankenflucht. Die Klinische Psychologie ist bei Auffälligkeiten wie dem seelisch bedingten Weglaufen gefragt.

Arbeitspausen

In den letzten Jahren haben die meisten Betriebe erkannt, dass mehrere kurze Pausen frühzeitige Ermüdung verhindern und die Leistungsfähigkeit steigern. Speziell bei der Bildschirmarbeit empfehlen sie regelmässige, durch gezielte Übungen unterstützte Unterbrüche. (Inwiefern der Sekundenschlaf oder das Nickerchen im Büro Einzug halten, sei dahingestellt …)

Wichtiger als die Eigenbestimmung erscheint die Kontinuität: In der Praxis werden Pausen oft zu spät eingelegt, unter Verlust der vorbeugenden Wirkung.

Zum Aspekt der Erholung tritt der Sozialwert: Der Kaffee im Team fördert den Austausch und vermittelt ein Gemeinschaftsgefühl. Dass er über einen Denkstau oder das 11-Uhr-Loch hinweg hilft, mag ein erfreulicher Nebeneffekt sein.

Längere Pausen

Längere Pausen werden nicht nur von der Stressforschung propagiert, sie dienen nachweislich der Gesundheit der Angestellten wie der Produktivität eines Unternehmens. Absenzen über Tage oder Wochen verlangen in der Anwendung jedoch eine generelle Umstellung, z.B. hinsichtlich neuer Arbeitszeitmodelle.

Massnahmen wie «drei Wochen im Betrieb, eine Woche frei» erfolgen häufig zu Krisenzeiten, zwecks Erhaltung von Arbeitsplätzen. Sie könnten jedoch auch anderweitig zum Einsatz kommen. Eine steigende Zahl von Arbeitnehmenden ist inzwischen bereit – bei angemessenem Verdienstausfall – ein solches Experiment zu wagen. Vom Gewinn, d.h. der höheren Arbeitsmotivation sowie einer besseren Lebensqualität, profitieren alle (inklusive Familie)!

Ein drei- oder sechsmonatiges Timeout wird oft als «Revitalisierung» beschrieben. Neben dem Abbau von Anspannung steuern ausreichend Schlaf, Bewegung an der frischen Luft sowie die persönliche Erfüllung positive Anteile bei.

Auszeit: Chance und Hilfe

Einzelne Auskunftspersonen haben eine bewusste Auszeit in der Lebensmitte oder bei Entscheidsituationen gewählt. Zum Nachdenken und Bilanz ziehen gesellte sich (in der letzten Phase) die Einstimmung auf Neues. Letztere ist u.a. bei der Pensionierung gefragt. Verschiedene Studien belegen, dass die Vorbereitung idealerweise zwei bis drei Jahre vorher geschieht – zusammen mit dem/der Partner/in.

Die Auszeit als Krisenintervention geht auf andere Ursachen zurück:
- die überraschend angekündete Entlassung
- eine nicht bestandene Abschlussprüfung
- das Scheitern der freiberuflichen Tätigkeit
- gewaltsame Eingriffe in das bisherige Leben (Naturkatastrophen, Krieg, Verbrechen)
- gesundheitliche Probleme, persönliche Krisen
- Tod, Krankheit oder Verlust im näheren Umfeld.

Was anfänglich abgelehnt wird oder bedrohlich wäre, kann sich als Befreiung herausstellen: ein Heraustreten aus der belastenden Situation oder Umgebung.

So bemerkte der beim Attentat auf das Zuger Kantonsparlament verletzte Regierungsrat Hanspeter Uster nach der körperlichen Genesung, dass er dünnhäutig geworden war, rasch gereizt reagierte. Er reiste 14 Tage in die Berge, allein. «Diese Zeit habe ich gebraucht, es geht mir nun wesentlich besser», meinte er rückblickend (SonntagsZeitung, 3.2.2002).

Freizeit[3]

Klassische wie neue Disziplinen kommen auf das gleiche Ergebnis: Eine strikte Trennung von Arbeit und Freizeit gibt es nicht. Die Diskussion dreht sich vielmehr um die Art der gegenseitigen Beeinflussung sowie Gemeinsamkeiten von Arbeits- und Freizeitverhalten.

Aufschlussreich sind die Vorher-Nachher-Vergleiche bei der Einführung neuer Arbeitsstrukturen. So setzen teilautonome Arbeitsgruppen mit hoher Selbstbestimmung erstaunliche Lernpotenziale frei, die Leute entwickeln neue Interessen – bis hin zu Änderungen im Freizeitverhalten (Ulich, 1994).

Abzuwarten bleibt, ob die Verkürzung der Arbeitszeit eine «Befreiung» der Freizeit von Arbeit einleitet. Demgegenüber steht der gestiegene Freizeit-Stress. Oder wie sonst kommt es zum Ausspruch: «Der gefühlte Feierabend ist besser als der tatsächliche»?

Ausbruch aus dem Alltag
Fantasien

Fantasie bedeutet «Vorstellungskraft», auch Einfallsreichtum und Kreativität. Im Gegensatz zum rationalen, zielgerichteten Denken erweitert die Fantasie den Horizont, z.B. Richtung Wunscherfüllung oder Lösungsfindung.

Sehnsucht nach der Südsee oder Idee einer eigenen Firma: So unterschiedlich sich die Vorstellungstätigkeit ausnimmt, Ausbruch blitzt als Option immer wieder hervor.

Tagträume

«Wie deutlich können Sie sich eines der folgenden Bilder vorstellen: a) wie der volle Mond am Himmel aufgeht, b) wie Sie eine Million erben, c) was Sie dem Lehrer, den Sie hassten (…) hätten sagen wollen?»

Mit diesem Satz leitet Philip G. Zimbardo seine Ausführungen zu Tagträumen ein.[4] Der Forscher sieht diese als leichte, natürliche Form der Bewusstseinserweiterung. Dabei wird die Aufmerksamkeit weg von äusseren Reizen, z.B. einer unmittelbar anstehenden Aufgabe, auf innere Reize gerichtet. Die verbreitete Aktivität tritt am häufigsten in Entspannungszuständen auf, z.B. kurz vor dem Einschlafen auf. Am seltensten ist sie in einer Prüfungssituation oder während des Essens.

Die meisten Leute geben an, Tagträume zu geniessen. Wünsche und Pläne bilden oft das Kernstück dieser «Wachvisionen», neben konkreten Angelegenheiten (z.B. die morgige Aussprache mit einem Familienmitglied). Aussergewöhnliche Glücksfälle, abgehobene Szenarien oder unwahrscheinliche Ereignisse werden für die Schlafträume aufgespart; eventuell weil deren Imagination mehr Zeit und Ruhe erfordert.

Tagträume sind selten so absurd, lebhaft oder einprägsam wie Träume während der Nacht. Dafür können sie aktiv herbeigeholt werden: z.B. die Idee eines Timeouts oder Ausstiegs.

Und je öfter ein Sandstrand vor Ihrem geistigen Auge aufsteigt, Sie sich im Liegestuhl sehen, mit diesem oder jenem Buch in der Hand, desto eher sinkt die Hemmschwelle, sich ernsthaft damit zu befassen. Genauso wenig wie es Menschen gibt, die nicht träumen (sondern einfach solche, die sich an Träume erinnern und solche, die am Morgen nichts mehr davon wissen), genauso wenig hat nicht jede/r mindestens einmal den Gedanken gehegt, etwas ganz anderes zu tun …

Reale Flucht

Jedes Jahr verschwinden in unseren Breitengraden Tausende von Menschen: lange geplant, aus einem Impuls oder einer ausweglosen Situation heraus. «Ich gehe schnell Zigaretten holen» ist ein berühmter Spruch, von dem man nicht weiss, ob er wirklich so eingesetzt wird oder sich inzwischen als «Bonmot» verselbstständigt hat.

«Nichts wie weg, ein neues Leben beginnen» ist das pure Gegenteil von einem Timeout, welches auf die Gegenwart sowie eine optimale Fortsetzung gerichtet ist.

Selbst wenn die Flucht auf das Überleben zielt (bei Hunger, Krieg, Gewalt) und von der Hoffnung auf Rückkehr getragen wird, haftet ihr etwas Definitives/nicht Umkehrbares an.[5] Auch dadurch unterscheidet sie sich von einer frei gewählten Auszeit.

1.3 Timeout in der Schweiz

Verbreitung

Von der Wissenschaft zur Wirtschaft. Wie sieht es hier aus? Hat parallel zur öffentlichen Diskussion von Sabbatical, Bildungsurlaub und Sozialzeit ein Wandel in den Köpfen stattgefunden? Gehört das Timeout inzwischen zum Gesellenstück einer modernen Managerin?

Im Gegensatz zu den 40-er Jahren gilt eine Fahrt durch die Wüste heute weniger als «Spleen» einiger Privilegierter (welche ihre Langeweile zelebrieren bzw. «nur noch freie Zeit haben»). Trotz klassischer Karriereverläufe begeistern sich immer mehr Menschen für Ausgefallenes oder gehen einem exotischen Hobby nach. Dessen Bewertung zielt eher in Richtung Risikofreudigkeit, Ausschöpfen der Möglichkeiten oder aktiven Ausgleich.

Allerdings zeigen sich rasch Grenzen. Bei einer Lücke im Lebenslauf wird oft nachgehakt. Die Formulierung «ein Jahr Einsamkeit, mit Wellen, Wind und einem Fischkutter» sticht nicht nur ins Auge, sie erscheint den meisten Vorgesetzten geradezu suspekt. Es sei denn, Sie bewerben sich bei einem Direktimporteur für Meeresfrüchte …

Rund zwei Prozent der Schweizer Firmen haben inzwischen vertragliche Möglichkeiten für Langzeiturlaube ihrer Mitarbeitenden geschaffen. Ob eine gesetzliche Regelung den Anteil erhöhen würde, ist fraglich. Als entscheidenden Faktor bezeichnen Expert/innen eine strukturelle Gegebenheit: die Betriebsgrösse. Zahlenmässig überwiegen in der Schweiz kleine bis mittlere Unternehmen, die durchschnittliche Zahl der Angestellten liegt unter zehn. Jede Stelle ist knapp berechnet, die Pensen lassen sich weniger gut umschichten, bei Kadern und Spezialist/innen treten rasch Engpässe auf. KMU-Vertreter/innen beurteilen den Einsatz von Modellen mit temporären Abwesenheiten denn auch als begrenzt.

Zudem hat das Stimmvolk im März 2002 die Initiative für eine 36-Stunden-Woche abgelehnt. Diese hätte in der Umsetzung – neben einer tieferen Tagesarbeitszeit – zusätzliche Freitage und Ferien vorgesehen.

Zwischenbilanz

Der zeitweiligen Euphorie für Timeouts muss Folgendes entgegen gehalten werden:

- Das Ganze ist mehr ein Thema der Medien denn der Unternehmen.
- Timeouts werden insbesondere bei einem Wechsel zwischen zwei Stellen, nach einem herausragenden geschäftlichen Erfolg oder als Übergang (z.B. von der Festanstellung zu einer freiberuflichen Tätigkeit) in Betracht gezogen.
- Die Chancen, ein Timeout zu beziehen, sind in Grossfirmen oder international tätigen Konzernen, z.B. Bayerische Motorenwerke BMW oder Hewlett Packard GmbH, ungleich höher.
- Dafür können bei der öffentlichen Hand (Bund, Kanton, Gemeinden) mehrere Angestelltengruppen und Hierarchiestufen auf bestehende Einrichtungen zurückgreifen → Zeitkonti, Langzeitferien, Elternschaftsurlaub etc.
- Kleinere und mittlere Unternehmen ziehen ein individuelles Vorgehen vor, parallel zu Entscheiden bezüglich Arbeitsbedingungen oder Lohnfragen. Will jemand ein Timeout nehmen, stehen die aktuelle Situation des Betriebs sowie branchenspezifische Gegebenheiten im Vordergrund.[6] Ausschlaggebend ist ferner die Ausgangslage (bevorstehende Familiengründung einer Mitarbeiterin, auf welche man weiterhin zählen möchte). Hinzu kommen die Einsicht in Notwendigkeiten (Verlängerung eines Reha-Urlaubs) oder interne Traditionen (Grosszügigkeit der Geschäftsleitung, Treuegeschenk für langjährige Mitarbeitende).
- Timeouts konzentrieren sich nach wie vor auf bestimmte Berufssparten (Sozial-, Gesundheits- und Bildungswesen).
- Der Anstoss muss von der jeweiligen Person ausgehen.
- Je höher die Ausbildung und der Wert auf dem Arbeitsmarkt, je grösser die persönliche Unabhängigkeit, desto eher kann jemand ein Timeout beanspruchen.
- Es ist nicht auszuschliessen, dass sich ein oder mehrere Timeouts in einzelnen Gebieten, Positionen und Funktionen einbürgern, ähnlich der gleitenden Arbeitszeit – einst als unmöglich verschrien, heute praktiziert.

Nach Einschätzung der Unternehmensberaterin Franziska Müller Tiberini ist die Toleranz, Ungewöhnliches zuzugestehen, in Familienbetrieben unter Umständen grösser als in der sonstigen freien Marktwirtschaft. Ähnlich verhält es sich mit der Bereitschaft, eine Rückkehrmöglichkeit zu schaffen → Freihalten des Arbeitsplatzes.

1.4 Blick in die Zukunft

Wie geht es weiter: in der Wirtschaft und auf der Ebene der Unternehmen?
Wie würden Trendsetter ihren persönlichen Sabbatical gestalten?

Innovation

Die anfängliche Begeisterung für «New Work» ist Ernüchterung gewichen. Relativierungen im positiven wie im negativen Sinne herrschen vor, vgl. nachstehende Beispiele.

- Flexible Arbeitsverhältnisse: Neben unbestrittenen Vorteilen wie der Ausrichtung auf die aktuelle Auftragslage, individueller Arbeitseinteilung, besserer Vereinbarkeit von Beruf und Familie zeigen sich erhebliche Lücken und Fragezeichen, siehe Kapitel 2.1.
- Neue Wirtschaftszweige: Diese tun sich – trotz Informationszeitalter und technologischem Fortschritt – schwer. Der Traum vom raschen Erfolg der IT-Branche ist geplatzt, dafür erhalten klassische Sektoren Auftrieb (Industrie, Detailhandel). «Abwarten» lautet die Devise der Investor/innen.
- Gesundheitsförderung: Das Thema ist «trendy», Work-Life-Balance und Wellness in aller Munde. Die Umsetzung jedoch stockt. Wie beim Timeout sind die Investitionen gross, sofort zu tätigen sowie auf einzelne Personen gerichtet. Die Auswirkungen hingegen gestalten sich längerfristig, qualitativ und schwer messbar.[7]

Bei allen Punkten gilt: It takes it's time! Ähnlich verhält es sich mit der Einführung von umwälzenden Ferienmodellen oder Langzeitpausen: Definitiv festgelegt hat sich noch (fast) niemand.

Die zentralen Hindernisse beruhen allerdings auf Mentalitätsunterschieden und menschlichen Faktoren. Genauso wie viele Führungskräfte nicht bereit sind

- die persönliche Arbeitskontrolle aufzugeben (z.B. bei externen Telearbeitsplätzen),
- auf ihr eigenes Büro zu verzichten (und stattdessen am Morgen ein Rollpult oder Schrankbüro hervorzuholen),
- mit wechselnden Teams zusammenzuarbeiten,
- die beeindruckende Empfangshalle gegen ein Call Center einzutauschen,

werden sie sich ab morgen nicht für Timeouts einsetzen, selber ein solches nehmen oder es ihren Mitarbeitenden aufdrängen. Dafür ist etwas anderes im Gange: Das Abrücken von einer einseitigen, oft falsch verstandenen Arbeitsethik (Arbeit = Leben, Arbeit = 100%, jederzeit und überall). Dies zu Gunsten von Werten wie Spass, Genuss, Entwicklung.

Neue Sichtweise

Umgekehrt spricht gerade die Firmentreue, ein wiederentdecktes «Überbleibsel», für die Einrichtung von Timeouts. «Bei einem Betrieb, der mir eine solche Chance eingeräumt hat, bleibe ich!»; «Ohne die jährliche Freistellung für den New Yorker Marathon hätte ich nicht zwölf Jahre ein Amt geleitet.» So oder ähnlich lauten die Statements von topmotiviert zurückgekehrten Aussteiger/innen. Und diese will ein Unternehmen halten. Denn wer regelmässig die Batterie auflädt, ist für die steigenden Anforderungen der Arbeitswelt gerüstet!

Von Stoa bis Bauhaus – Wie Führungskräfte einen Bildungsurlaub verbringen würden

Sie treten für fortschrittliche Lösungen ein, welche zumeist andere umsetzen. Im September 2001 bat die Zeitschrift BILANZ acht Personen aus der Schweizer Consulting-Branche um eine Einschätzung der zukünftigen Entwicklung.

Der Artikel trug die Überschrift «ICH-BOTSCHAFTEN». Der Autor stellte Fragen zu persönlichen Stress-Rezepten, den täglichen Aufstellern sowie den Inhalten eines Bildungsurlaubs. (Davon, dass sie einen solchen planen, sprach keiner der Verwaltungsratspräsidenten, Managing Directors oder Abteilungsleiter. Die zugehörigen Vorstellungen nahmen sich jedoch äusserst konkret aus.)[8]

Der angefangene Satz «Das würde ich während eines Bildungsurlaubs machen» wurde wie folgt ergänzt:

- «Ich würde ein Themengebiet wählen, bei dem ich neben neuem Wissen auch neue Fähigkeiten erwerbe – zum Beispiel Segeln und Fliegen oder auch die Medizin.» (Christian Baumgartner, Accenture AG).
- «Mein Französisch weiter verbessern und versuchen, mich mal wieder mit Stoa und Epikur tiefer auseinander zu setzen.» (Ulrich Spiesshofer, A.T. Kearney International AG).
- «Ich würde die – leider nie geschriebene – Dissertation nachholen, um während einer längeren Zeit ausgiebig «an einem Knochen nagen» zu können ...» (Stefan Kuhn, Arthur Andersen AG).
- «Zwei völlig verschiedene Dinge, nämlich eine weitere Förderung des Umgangs mit menschlichen Verhaltensweisen und die Auseinandersetzung

mit kunstgeschichtlichen Gegebenheiten aus der Bauhaus-Epoche.» (Beat Leimbacher, KPMG Consulting AG).

- «Natürliche Einfachheit erfahren und deren Relevanz für unser Leben.» (Josef Ming, Bain & Company Switzerland Inc.).
- «Unternehmerische Ideen umsetzen, für die ich bisher keine Zeit hatte.» (Thomas Knecht, McKinsey & Cie. AG).
- «Noch immer warte ich auf die Fortsetzungsgeschichte des Buches ‹Wild Swans› von Jung Chang, welches das Leben in China über drei Generationen vom Ende des Manchu Empire bis und mit der Kulturrevolution in fesselndster Weise beschreibt. Von dieser Fortsetzungsgeschichte möchte ich mir gerne selbst ein Bild machen, während eines ausgedehnten Bildungsurlaubs in China. In Gesprächen mit möglichst verschiedenen Bevölkerungsgruppen würden mich die Erfahrungen interessieren, die insbesondere junge Menschen mit sich selbst und ihrem engeren und weiten Umfeld in China heute machen.» (Peter Weibel, PricewaterhouseCoopers).
- «Meinem Interesse an der Geschichte nachgehen. Staatstheorie, Staatssysteme, die alten Griechen und generell geschichtliche Umbrüche und Schwellensituationen wie die Französische Revolution faszinieren mich.» (Christof Domeisen, Cap Gemini Ernst & Young).

Die Aussagen sind realistisch und bunt. Da und dort schimmert Abenteuerlust durch. Mutig, wenn einer von ihnen den Schritt wagen würde. Und gut zu wissen, dass auch «Topshots» Sehnsüchte haben. Vielleicht können die Mitarbeitenden dort einhängen, wenn sie eine Freistellung beantragen …

1.5 Der Ansatz dieses Buchs

Die Autorin ist von der Idee regelmässiger Timeouts ebenso beeindruckt wie überzeugt.

Inhaltlich wird von einem Timeout-Begriff ausgegangen, wie er in Abschnitt 1 umrissen wird: offen bezüglich Anlass, Ziel, Form, Häufigkeit und Ergebnis; klar als Auszeit gekennzeichnet; mindestens drei Monate dauernd.
Bei den folgenden Kapiteln handelt es sich weder um eine Analyse noch um eine wissenschaftliche Untersuchung, sondern um eine praxisnahe Annäherung an ein neues Phänomen. Dieses soll unter verschiedenen Aspekten beleuchtet werden: Arbeit, Umfeld, Privates.

Die Berichte unterschiedlicher Personen zeigen, dass es keinen bestimmten «Timeout-Typ» und keine «ideale Form» eines Timeouts gibt – höchstens günstige Umstände. Zentral scheint vielmehr, den richtigen Augenblick zu erkennen und die Gelegenheit zu nutzen. Unabhängig davon, was andere meinen. Und bevor der Körper die Notbremse zieht!

2. Ausgangssituation Umfeld

«ZEIT IST NICHT DAS WICHTIGSTE, SONDERN DAS EINZIGE.»

MILES DAVIS, JAZZMUSIKER, HERVORRAGENDER IMPROVISATOR

2.1. Veränderte Arbeitswelt

Globaler Umbruch: Der Weltmarkt ist weniger aufgepeitscht, die New Economy hat an Zauber verloren, der Reformeifer legt sich. Die Veränderungen lassen sich dennoch nicht aufhalten.

«Die Arbeitsformel für die Zukunft lautet: 0.5 x 2 x 3. Das heisst, die Hälfte der Mitarbeitenden verdient doppelt so viel und muss dafür dreimal so viel leisten wie früher.»

HORST W. OPASCHOWSKI: DEUTSCHLAND 2010. GERMA PRESS HAMBURG;
ZITIERT NACH REUTHER, 2002

So brüskierend diese Aussage ist, sie reiht sich ein in den Lauf der Entwicklungen:

a) Flexibilisierung hinsichtlich
   - Arbeitsort (zu Hause, im Zugsabteil, an einem x-beliebigen Pult)
   - Arbeitszeit (Jahresarbeitszeit, Cafeteriasystem, Teilzeitpensen)
   - Arbeitsstruktur (Verdichtung der bisherigen Tätigkeiten, neue Verträge → Auftrags- statt Angestellten-Verhältnis).

b) Arbeit ohne Grenzen
   - stärkere Aufteilung in qualifizierte und nicht qualifizierte Arbeit, bis zu prekären Arbeitsverhältnissen (z.B. im Niedriglohnbereich)
   - Produzieren unter wachsendem Termin- und Leistungsdruck
   - Verlust althergebrachter Werte (Sicherheit, Loyalität).

c) Widersprüchliche Komponenten
   - hohe Anforderungen einerseits
   - ungewisse Zukunftsaussichten andererseits.

Resultat: Hektik und Verunsicherung. Wer profitiert, ist gut ausgebildet, hat die Arbeitsform selbst bestimmt, juristische Fragen geklärt, organisatorische Mängel ausgeglichen und Schulungslücken aufgeholt.

Zeit-/ Leistungsfalle

Kein Gut ist gerechter verteilt als die Zeit. Jeder Tag hat 24 Stunden. Trotzdem sind wir zur Eilgesellschaft geworden. Hetzen, rennen, hasten:

- Werden Sie öfter gebeten, nicht so schnell zu gehen?
- Reagieren Sie gereizt, wenn Sie eine Stunde nichts zu tun haben?
- Verpflegen Sie sich hauptsächlich «fliegend» (Essen unterwegs, hastig heruntergeschlungen)?
- Schielen Sie häufig auf die Uhr?
- Werden Sie bei Sitzungen rasch unruhig?
- Haben Sie das Gefühl, beim Einkaufen stets in die längste Schlange zu geraten?
- Sprechen Sie schneller als andere?
- Sind Sie mit einer Aufgabe meist vor Ihren Kolleg/innen fertig?
- Überlegen Sie manchmal, was Sie schneller, effizienter erledigen können?[9]

Je mehr Ja-Antworten Sie geben, desto grösser ist die Wahrscheinlichkeit, dass Sie in der Beschleunigungsspule stecken. Toll, wenn Sie keine Blockade verspüren!

Sie besuchen ein Stressseminar und staunen. «Tempoholic», «zivilisationskrank», «unfähig zu entspannen» … Wer die Eingangsreferate verfolgt, gerät ausser Atem, ist froh, wenn die Expertin zwischendurch mal Luft holt. Zwei Dinge stechen bei solchen Veranstaltungen ins Auge:

1. die aggressive Sprache («Arbeit bis zum Umfallen», «Fight for Success»)
2. die Widersprüche (Aufstieg = 200% Einsatz, 100% Lockerheit, 300% Coolness).

Am Ende ist alles eine Frage des Selbstmanagements. Morgen präsentiert sich der Betrieb genauso chaotisch – und Sie jagen einem verlorenen Arbeitstag nach.

Dynamik ad absurdum

Der Tagesrhythmus stimmt selten mit unserem Herzschlag überein. Was heute gilt, ist morgen out. Also nicht zu viel studieren, nach vorne stürmen.

Der Ex-VW-Chef Daniel Goeudevert konstatiert: «Der Zeitdruck ist ungeheuer. Ein Manager muss sich bewegen. Wohin spielt keine Rolle. Hauptsache, es geht schnell und ist sofort spürbar …» (CASH, 15.2.2002).

Neuere Untersuchungen belegen: Nirgends geizen die Manager so sehr wie bei ihrer Ruhezeit. Einige gönnen sich gerade mal drei Stunden Schlaf. Dadurch gefährden sie nicht nur ihre eigene Gesundheit, sie werden auch zum Risiko für die Unternehmen.

Ob ihnen das Zitat aus dem Film von Nanni Moretti etwas sagen würde? «Man müsste warten können, im Leben.»[10]

Die Nacht wird zum Tag

Der lange Arm der Arbeit, auf dem Weg zur Nonstop-Betriebsamkeit, Service rund um die Uhr: Die Dienstleistungsgesellschaft macht die Nacht immer mehr zum Tag. Angeblich zur Freude der Kundschaft. (Schläft die nie? Will sie um 23 Uhr einkaufen? Um 5 Uhr dem Steueramt telefonieren?)

Die atypische Arbeitszeit wird mit materiellen Zuschlägen versüsst. An den Nachteilen ändert dies nichts. Nachtarbeit bleibt ein Gesundheitsrisiko. Sie trägt dazu bei, dass – im Gegenzug zum Rückgang von klassischen Arbeitsunfällen – die Zahl der psychischen und psychosomatischen Beschwerden steigt.

Stresssymptome

Gehetzte Managerinnen, überfordertes Spitalpersonal, übermüdete Schichtarbeiter: Kaum jemand, der nicht klagt, über Stress am Arbeitsplatz. Dies verdeutlicht eine im Jahr 2000 durchgeführte Untersuchung des Staatssekretariats für Wirtschaft (Seco): Von 900 Arbeitnehmenden gaben über 80 % an, dass sie sich im Job gestresst fühlen. Zwar glauben sieben von zehn Befragten, dass sie die Angelegenheit im Griff haben und bei guter Gesundheit sind. Doch gibt es einen Konnex zu Nervosität, Reizbarkeit und Muskelverspannungen: Je mehr Belastungen jemand ausgesetzt ist und je weniger er diese bewältigen kann, desto ausgeprägter sind die genannten Symptome (Work, 5.4.2002).

Zündstoff

«Immer schneller, höher, besser … Ich kauf mir keine Führungsfibeln mehr. Wenn ich die aufschlage, krampft sich mein Magen zusammen. Oft wache ich auf in der Nacht, gepackt von der Angst, alldem nicht mehr zu genügen.» Rolf, 58, Studioleiter

Brisant ist die folgende Kombination: 1. schwierige Aufgabe, 2. geringe Autonomie, 3. ausbleibende soziale Unterstützung. Diese Mischung greift in das Privatleben ein. Die Work- Life-Balance gerät in eine Schieflage, Ärger und Konflikte werden ins Umfeld getragen und zum Kumulationspunkt z.B. für innerfamiliäre Spannungen.

Ehrliche Fragen

Falls es am Job liegt, hier acht Kern-Fragen. Die ehrliche Beantwortung illustriert Ihre Befindlichkeit, inkl. Ansätze zur Veränderung:

- Wie sehr belastet Sie Ihre berufliche Situation?
- Was ist aus Ihren ursprünglichen Zielen geworden?
- Können Sie die Karriere machen, die Sie sich vorstellen?
- Lässt sich etwas ändern? Ist alles festgefahren?
- Was hindert Sie daran, Spass zu haben?
- Wie steht es um Ihre Motivation und Leistungsbereitschaft?
- Können Sie eine andere Richtung einschlagen?
- Sollten Sie sich vom Unternehmen trennen?

Aus: Berufliche Auszeit, Gräfe und Unzer Verlag 2002

Flucht: Arbeit oder Reisen

Etliche stürzen sich in die Arbeit, richten den gesamten Lebensstil auf den Beruf aus. Den inneren Verlust bemerken sie nicht (oder nehmen die Einengung von Interessen/Aktivitäten bewusst in Kauf). Zeit ist knapp, Business und Betriebsamkeit gehen vor.

Wird das Ganze zu einseitig, die Unzufriedenheit unerträglich, flüchten sie sich ausgepumpt in Fernreisen: ein Phänomen, welches mit «*Neokolonialismus*» umschrieben wird.

Gleichwohl wäre es falsch, Ortsveränderungen oder ein Timeout als «die ultimative Lösung» zu betrachten. Ein Unterbruch beinhaltet die Möglichkeit, sich aus der Beschleunigungsfalle auszuklinken, den eigenen Anteil zu prüfen, eine Neuausrichtung zu wagen. Durch einen Break gewinnt man Abstand, nimmt das Steuer selbst in die Hand – statt sich auszuliefern. *Der entscheidende Anteil passiert indes bei der Umsetzung.*

2.2 Exkurs: Burnout

«Ich kam mir vor wie ein Stück Weissbrot, das in den Toaster gezwängt und kurz danach wieder ausgespuckt wird. Selbst daheim stand ich ständig unter Strom, hatte dieses oder jenes zu tun. Fiel ein Termin aus, füllte ich das Loch mit neuer Arbeit: automatisch, sinnentleert, mit dramatischen Auswirkungen.» Henri, 52, Verlagsagent

Definition

Was in Japan Karoshi (Überarbeitung bis zum Tode) heisst, ist im Westen seit 1974 als «Burnout» bekannt.[11] Gemeint ist ein Zustand körperlicher, geistiger und emotionaler Erschöpfung, bedingt durch totale Verausgabung im Job. Folgen: gesundheitliche Gefährdung, ernsthafte Erkrankung, Berufsunfähigkeit. Die Hauptursache wird bei der Umgebung oder allgemeinen Situation gesehen – im Gegensatz zur Arbeitssucht, welche den Ursprung bei der Person oder individuellen Disposition lokalisiert, vgl. Kapitel 3.

Verlauf

In der Anfangsphase herrscht Begeisterung vor, mit der Zeit reduziert sich das Engagement, der Druck bleibt der gleiche. Überdauernde Müdigkeit stellt sich ein, Frustration, vergebliche Anstrengung. Zur reduzierten Leistungsfähigkeit kommen
- psychophysiologische Störungen (z.B. Bluthochdruck)
- Depersonalisierung (Entfremdung, Veränderung des Ich)
- irritierendes Verhalten (Überreagieren bis Apathie)
- Isolation (Eingrenzung des emotionalen, geistigen und sozialen Lebens).

Das Ausbrennen geschieht schleichend. Eine Intervention erfordert oft das Heraustreten aus dem bisherigen Umfeld → welches sich selten so rasch/radikal ändert, wie es einer Richtungsänderung dienlich wäre.

Berufsgruppen

Als erstes trat Burnout bei helfenden Berufen auf (idealistische Orientierung, hoher Anteil an Sozial- und Selbstkompetenz). In der heutigen Dienstleistungsgesellschaft ist jedoch kaum eine/r davor gefeit, weder der Journalist noch die Call Center-Agentin, die Bankerin oder der Polier. Aktuelle Untersuchungen rücken drei Gruppen in den Vordergrund:
- «High-Touch»-Berufe (kontaktintensive Kernfunktionen)
- kreativ Tätige (Werbung, Kulturszene)
- Sandwichpositionen (unteres, mittleres Kader).

Betriebliche Ebene

Eine nachhaltige Auseinandersetzung mit dem Übermächtig-Werden der Arbeit bedeutet:
- Die Unternehmenskultur kritisch beleuchten: einseitige Anreiz- und Motivationssysteme, Jagd nach Boni und Prämien

- Auswahl-/ Beförderungskriterien überprüfen: Welche Schlüsselqualifikationen sind gefragt? Aufwertung der Reflexions-, Team- und Konfliktfähigkeit
- Massnahmen zur settingorientierten Gesundheitsförderung ergreifen.[12]

2.3 Veränderte Lebenswelt

Maximale Anforderungen

Die moderne Gesellschaft zeichnet sich durch einen hochgepuschten Realismus aus:

- Total Engineering (Verdinglichung, Kommerzialisierung, Gefühlskälte)
- absolute Machbarkeit (Konzentration des Wettlaufs auf Tempo und Niveau).

Der Idealtypus tendiert ins Unerfüllbare: Spitzen-Ausbildung vor 25, Traum-Job vor 35, Familiengründung vor 45, Altersvorsorge vor 55. Superman und Ironwoman sind nichts dagegen. Sogar das äussere Erscheinungsbild ist normiert: schlank, rank, fit. Mit 50 hat man wie 30 auszusehen, faltenlos gestrafft. Der Kampf gegen den körperlichen Abbau wird zur Dauerbeschäftigung.

Allzeit gut drauf

Wer nicht mitstrampeln kann oder will, wendet sich der «Neuen Einfachheit» zu; wobei auch dort Selfempowerment hoch im Kurs steht.

In allem ist ein «Challenge» zu wittern; selbst wenn die Reorganisation die eigene Stelle kostet. Die gute Laune muss nicht echt, aber verkaufsträchtig sein.

Kehrseite der Spassgesellschaft

Falsche Heiterkeit, fortgesetzte Selbsttäuschung: Die Zweischneidigkeit der Wirtschaftsbosse hat ihren Grund. Einerseits dürfen sie keine Emotionen zeigen. Andererseits müssen sie täglich Emotionen wecken: bei Mitarbeitenden, vor Kund/innen, auf Pressekonferenzen.

Marketing ist die Kunst, auf eiskalte Art Wärme zu erzeugen. Oder wie es Roger de Weck formuliert: «Wer die Gefühle anderer Menschen instrumentalisiert, muss letztlich die eigenen unterdrücken» (SonntagsZeitung, 30.6.2002).

2.4 Neue Berufslaufbahnen

Klare Linie, vorgezeichneter Aufstieg, die Zeit in der ein 16-jähriger wusste, was er mit 50 macht ... tempi passati! Der Lebensberuf ist ein Auslaufmodell, der Wechsel von Metier und Branche die Regel, nicht die Ausnahme.

Fredi, 46: Matur, Kellner auf Capri, Fussball-Trainer, alleinerziehender Vater, Studium der Betriebswirtschaft, heute KMU-Berater, Initiant eines Netzwerks für Start up.[13] Wer konnte sich vor 30 Jahren diesen Werdegang ausdenken?

Neue Konzepte der Laufbahngestaltung

- basieren auf Ein-, Aus-, Um- und Wiedereinstiegen
- favorisieren die Arbeitsmarktfähigkeit (was lerne ich am neuen Ort?)
- propagieren Arbeits-/Lebensunternehmer (Angestellte mit Teil-Selbstständigkeit)
- interpretieren «Jobhopping» als Indiz für Risikobereitschaft und Begehrt-Sein.

Übersetzungshilfen gefragt

Wer Stelleninserate liest, braucht ein Englisch-Wörterbuch. Es wimmelt nur so von Controllern, Fundraisern und Web Marchants. Gesucht werden Client Executives, Infobroker und Support Engineers ...

Wo liegt nun der Unterschied zwischen einem Business Analyst und einem Business Consultant, einer Mikrotechnologin und einem Öko-Auditor? Der magere Anzeigentext verrät nicht, ob es sich bei der Bezeichung um einen Etikettenschwindel (Office Managerin statt Sekretärin) oder um ein neues Berufsbild (z.B. Dipl. Web Project Manager) handelt. Also: sich nicht blenden lassen![14]

Job-Instabilität

Erinnern Sie sich an die alten Aktenschränke? Über zwei Meter hoch, nicht demontierbar. So hat man früher gedacht: für die Ewigkeit. «Unterlagen» bedeutet längst nicht mehr Papier. Und wenn, dann versorgt man «Handouts» in flexiblen Boxen.

Nicht nur die Inneneinrichtung ist kaum mehr zu erkennen, auch das Gerüst falliert:

«Es ist verwirrend, Redaktorin der ... zu sein. Gestern noch Mitarbeiterin der Mediengruppe X., heute vermeintliche Angestellte von Y. und morgen Blattmacherin für einen unbekannten Investor. Zuerst die Aussicht, eine Hoch-

glanzzeitschrift zu erstellen, dann die Perspektive eine Postille mit fortschritt-
lichem Inhalt zu fabrizieren und jetzt?»

Sarah, 52, Journalistin

Junge Leute können sich leichter auf die Kurzlebigkeit einstellen, nehmen sie
ungezwungener (mehr Freiheit, weniger Abhängigkeit). Bewerbungen absolvieren sie gewandt, Interviews/Assessments sind ihnen als Selektionsmetho-
den vertraut. Zeichnet sich da ein neues Selbstvertrauen ab?!

2.5 Höhere Akzeptanz eines Timeouts

*Sie werden in Ihrem Leben zirka 10'000 Tage arbeiten. Doch was, wenn sie
einmal andere Dinge in den Mittelpunkt rücken möchten?*

UMSCHLAGTEXT ZU «BERUFLICHE AUSZEIT», GRÄFE UND UNZER VERLAG 2002

Ausbruch im Kleinen

Vor 20 Jahren hätte das oben stehende Zitat Aufsehen erregt. Heute berichtet
jedes Lifestyle-Magazin über Sabbatical, Auszeit, schöpferische Pausen.

«Zu Flexibilität gehört Loslassen, Erholung durch neue Eindrücke. Regelmässig: bevor ‹es nötig ist›. Als Fixum: unabhängig von Bonus oder Belohnung.
Und sei es nur, dass ich übers Wochenende in den Süden düse».

Ulrich, 46, Pianist

Timeouts «entdeckt» hat auch die öffentliche Diskussion, als:

* Kompensation für die Ausdehnung der Lebensarbeitszeit
* Tatbeweis, dass eine Firma die persönlichen Bedürfnissen der Mitarbei-
  tenden berücksichtigt
* Möglichkeit, «den Menschen im Kollegen zu sehen» (Hobbys, Vorlieben).

Lebensqualität

Silvia, 32, Stellenvermittlerin, betont: «Die, die aussteigen, sind keine beruflich Frustrierten, sondern mutige Avantgardisten, welche erkannt haben,
dass ihre Energiereserven nicht unerschöpflich sind. Und: Werden die Türen
zu neuen Freiräumen erst mal aufgerissen, lassen sie sich nicht wieder zu-
klappen!»

Wie bei Luca, 58, Eventmanager. Er führte seine GmbH in einen Konzern
über, erweiterte die Geschäftsleitung, versetzte sich in den Halb-Ruhestand
und verbringt seither die Wintermonate in Kapstadt. «Die Crew» hat ihn weiterhin, er muss nicht aufs Showbizz verzichten, liest philosophische Werke

und hat nur noch drei, statt zwanzig Einfälle pro Tag. Dafür forciert er die individuelle Arbeitsteilung …

Mut zur Ungewöhnlichkeit bewies der jüngste Spross einer Familiendynastie. Er verkaufte den ertragreichsten Betriebszweig, brachte den Rest auf Vordermann, hält eine 50%-Stelle inne und kann sich vor Angeboten kaum retten. «Viele sagen mit 50, mit 40 hätte ich es tun sollen. Ich versuche es jetzt, mit 42 …»

2.6 Alltagstrott

Trotz der 70 Jahre zurückliegenden Entstehung ist dieses Gedicht mehr als ein Zeitdokument. Vielmehr drückt es das aus, was für viele – übersetzt auf heutige Verhältnisse – die Montagmorgen-Stimmung ausmacht, über 40 Mal im Jahr …

Chanson vom Montag

MONTAG HAT DIE WELT NOCH KEIN GESICHT,
UND KEIN MENSCH KANN IHR INS AUGE SEHEN.
MONTAG HEISST: SCHON WIEDER FRÜH AUFSTEHEN,
TRAINING FÜR DAS WOCHEN-SCHWERGEWICHT.

UND DIE BAHNEN BRAUSEN, DAS AUTO KLÄFFT,
DIE ARBEIT MARSCHIERT IN DEN STÄDTEN.
ALLE STRASSEN HALLEN WIDER VOM BETRIEB UND VON GESCHÄFT,
DIE RIESENSUMMEN WACHSEN IN EIN UNSICHTBARES HEFT,
– DOCH NIE DAS HEFT DES PROLETEN.

SCHLAGERLIED VOM SONNTAG NOCH IM OHR,
DENKT MAN UNGERN AN BÜROGEHÄLTER.
– MONTAG HAT EIN KLEINER ANGESTELLTER
MITTAGS KRACH UND ABENDS GAR NICHTS VOR.

NUR DER MOTOR RASSELT, DER HAMMER DRÖHNT.
DER WERKTAG KUTSCHIERT OHNE PAUSE.
THEATER LOCKEN. DER LUXUS HÖHNT,
DOCH MAN IST JA LÄNGST AN VERZICHTEN GEWÖHNT.
– WER KEIN GELD HAT, BLEIBT BRAV ZU HAUSE.

MONTAGS GÄHNT SOGAR DAS PORTEMONNAIE,
UND ES REICHT GRAD NOCH FÜR DIE KANTINE.
SPÄT NACH LADENSCHLUSS GEHT MAN MIT DULDERMIENE
RESIGNIERT VORBEI AM STAMMCAFÉ.

UND DIE STUNDEN LAUFEN, DER TAG VERWEHT,
MÜDE HOCKT MAN IN SEINEN VIER WÄNDEN.
UND DANN KOMMT MAN INS DENKEN – WIE DAS SO GEHT …
MAN FINDET DIE ZEIT EIN BISSCHEN VERDREHT,
UND MAN FRAGT SICH: WIE WIRD DAS WOHL ENDEN?

MONTAG IST DAS STIEFKIND DES KALENDERS,
DÜSTERER WOCHE GRAUER KORRIDOR,
HÖCHSTER MISSKLANG IN DER TAGE CHOR,
STRENGSTER RUHETAG DES FREUDENSPENDERS.

AUS: «DAS LYRISCHE STENOGRAMMHEFT»,
ROWOHLT TASCHENBUCH VERLAG GMBH 1990 (ERSTAUSGABE: 1933)

Individuelle Ebene

Routine und Eintönigkeit können die Befürchtung auslösen, ins Leere zu laufen. «Ich hatte zuweilen den Eindruck, mich in einer Scheinwelt zu bewegen. Dass das Ganze nur ein Abklatsch, eine Raubkopie des Wirklichen sei – vollgestopft mit Nebensächlichkeiten, Ablenkung und Irrealem.»
Inga, 26, Sozialwissenschafterin

«Einkauf bildet längst kein Erlebnis mehr, Hauhalt, Essen, Körperpflege werden irgendwo dazwischen gerückt, die Freizeit ist vorgespurt. Weil alles delegierbar geworden ist, kann man hundert Dinge einschieben. Am Schluss hat man viel getan und wenig erreicht. Eigentlich öde …» Cédric, 42

Unternehmensstufe

Parallel zur letzten Wirtschaftskrise wurde die These aufgestellt, dass mit zunehmender Technologisierung «bezahlte Arbeit» zu einem knappen Gut würde – reduziert, umkämpft, harter Konkurrenz ausgesetzt. Zumindest eines kristallisiert sich heraus: dass die interessante Arbeit geringer wird. Topshots horten herausfordernde, persönlichkeitsentwickelnde Aufgaben, verteilen sie selektiv oder tauschen sie gegen Vorzüge/Privilegien ein.

Ansehen, Genugtuung und Erfolg für geschlossene Kreise. Und genau dort hat sich fatale Trägheit eingeschlichen. Die Chefetage klammert sich an frühere Prinzipien, aus Innovation wird Abwehrhaltung, aus Dominanz Rückständigkeit, aus Pioniergeist die «heilige Dreifaltigkeit» (nichts sehen, nichts hören, nichts ändern). Die Nabelschau evoziert Fehler, verstellt den Blick für die Realität.

Die selbstabhebende Dynamik beschränkt sich auf Fusionen, Bilanzen, den Umzug in einen Prunkbau. Ausgetretene Geleise werden nicht verlassen. Ist das nun «New Work»?

3. Ausgangssituation Person

DER AUSLÖSER KANN VIELES SEIN. MANCHMAL SO ETWAS UNDRAMATISCHES WIE DIE SCHLUSSSZENE EINES FILMS, IN WELCHER DER HELD AUS DEM BÜRO SCHLENDERT, DER TÜR EINEN LETZTEN TRITT VERPASST UND DAVONFÄHRT.

AUS: «AUSSTEIGEN AUF ZEIT. DAS SABBATICAL-HANDBUCH», VGS VERLAGSGESELLSCHAFT 1999

3.1 Höhere Lebenserwartung

Wir werden älter, leben länger. Diese Tatsache hat zwei Konsequenzen:
1. Uns steht ein dritter, vierter Lebensabschnitt bevor (65 bis 85 Jahre).
2. Die Erwartungen hinsichtlich dessen, was sich alles erfüllen soll, sind gestiegen.

Neue Entwicklungen bahnen sich an:
- partielle Unterteilung (Lebensabschnittsziele, -partner, -jobs)
- vermehrte Gewichtung der Individualität und Selbstbestimmung
- veränderte Ansprüche (die Zeit nach subjektiven Prioritäten nutzen)
- Streben nach Ungewöhnlichem, Gestaltung der eigenen Biographie
- Fragen der Ressourcenverteilung, Separierung und Durchmischung (Wohnräume, Arbeitsplätze etc.).

3.2 Unabhängigkeit

Wer in früheren Jahrhunderten in Zentraleuropa geboren wurde und zum gemeinen Volk zählte, war häufig zum Wegzug gezwungen: aus Hunger und Not. 12-jährige verdingten sich bei vornehmen Herrschaften, 16-jährige als Legionäre oder Reisläufer. Einzelne Orte buchten ganze Schiffspassagen, um sogenannte «Armengenössige» nach Übersee abzuschieben.

Heute präsentiert sich die Situation vergleichsweise komfortabel. Die Schweiz hat sich zur idealen Start-/ Rückkehrbasis gewandelt → Reisen aus freien Stücken, als Erlebnis oder Extra. Die allgemeine Mobilität nimmt zu, inkl. Mix der Kulturen sowie Durchlässigkeit von Ausbildung und Laufbahn.

Junge Leute verdienen gut, können Rücklagen tätigen, sind familiär unabhängig, geraten eher in Entscheidungsnöte (als dass sie sich Chancen entgehen lassen müssten). Ihre beruflichen Perspektiven können sie durch einen Auslandaufenthalt zusätzlich verbessern.

Steter Wechsel

Lebensphasen werden austauschbar: Kinder mit 18 oder 38 Jahren, Gründung einer Agentur (nachher das Hochschulstudium), Sabbatical während des Aufstiegs, Karriere mit 50 ...

«Wichtig ist, sich die Option offen zu halten: ‹Wenn es nicht mehr stimmt, gehe ich!› Das sagen viele – wollen zwar nicht, sehen auch nicht danach aus. Aber sie haben die Freiheit und darauf bestehen sie ...»
Lionel, 56, Unternehmensberater

Andere werfen Überlegungen zu Arbeit, Lernen, Freizeit auf:
- bessere Vereinbarkeit der einzelnen Bereiche
- Idee eines menschlicheren Miteinander
- Aufrechterhalten eines kritischen Geistes.

3.3 Distanz, Ausgleich, Luftveränderung

November 2000: Die Börse floriert, die Konjunktur weist nach oben, alles stürzt sich in den Aufschwung. Da verkündet Christof Baitsch, neuer Leiter von Organisation und Management am IAP Zürich[15]: «Es gibt ein Leben neben dem Job». Eine mutige Aussage! Während sich Newcomer in den ersten 100 Tagen zumeist verschanzen, immerfort von «Challenge» und «Innovation» sprechen.

Was passiert, wenn man nachdenkt? Was bleibt an Leben, neben dem Job? Viele nehmen hierfür eine Auszeit. «Boxenstopp im Weekly Empowerment? Reflexion in tosenden Wellen? Unmöglich! Hierzu musste ich fort, sechs Monate in den Busch.» Jasmin, 38, Gastronomin

Ausgleich

Umbruch überall: Ausbildungs- und Lebensbahnen, die Berufswelt insgesamt. Synchron dazu steigen die Erwartungen hinsichtlich Fitness, Fun, Freizeitgestaltung → vgl. Kapitel 2.

Wenn alles in Bewegung ist, wächst das Bedürfnis, nicht immer mitzuspulen, sich für einmal auszuklinken. Sei es als gerichtetes oder diffuses Gefühl, als klarer Wunsch oder entfernte Sehnsucht. «Es musste etwas für mich sein. Eine ruhige Quelle, nicht der Big Bang oder ein täglicher Adrenalinschub.»
Miro, Historiker, 43

Erlebnishunger

Je nach Typ wird Routine als Leitlinie oder Einschränkung empfunden.

Unsere durchorganisierte Welt lähmt Leute mit einem kreativ-chaotischen Arbeitsstil, kleine Ausbrecher versprechen nur vorübergehende Linderung. Lösung: Entweder Sie pfeifen auf den Alltag, leben nur noch intuitiv, spontan – oder Sie begeben sich auf Entdeckungsreise.

Wie Johnny Case aus dem Filmzitat eingangs Kapitel 1: «Die Welt ist im Wandel (…). Es gibt eine Reihe neuer aufregender Ideen. Einige sind richtig, andere verrückt. Aber sie steuern unser Leben. Und ich will wissen, wofür ich stehe, wie ich in das Bild passe, was das Ganze für mich bedeutet.»[16]

Kernereignisse

Der Psychologe Allan Guggenbühl hat eindrücklich geschildert, dass existenzielle Herausforderungen
1. der psychischen Entwicklung dienen
2. herangezogen werden, um die eigene Geschichte zu inszenieren, eine Kehrtwende zu provozieren oder besondere Erinnerungen zu schaffen.

«Trotz vorgezeichneter Abläufe gehört es zu den geheimen Wünschen, nicht allen Vorgaben zu entsprechen, Riskantes zu wagen, das Schicksal aktiv zu beeinflussen, z.B. in fremden Ländern. Die Auswanderer kehren zurück, um Erfahrungen bereichert, mit neuer Aussicht und Lebendigkeit.»[17]

3.4 Sehnsucht, Fernweh

Reisen fördert den Pluralismus. Gleichzeitig haftet ihm ein ritueller, utopischer, ja mythischer Charakter an. Davon zeugen die Überschriften in Zeitungsaushängen und Artikeln («Nix wie weg»; «Folgen Sie Ihrem Traum»; «Ferien, in denen Sie alles vergessen»).

Nicht umsonst lautet ein bekannter Filmtitel «Endstation Sehnsucht», gibt es das Kultbuch «Die unerträgliche Leichtigkeit des Seins». Und wen hat nicht schon mal ein Musikstück direkt in die Fernwehzone getroffen?

Der Drang ans Meer, auf die Insel oder in luftige Höhen steckt in einigen. Jugendliche verwirklichen ihn in Kohorten, bei Motorradtouren oder dem Trampen. Erwachsene lockt er zu Flughäfen oder Bahnhöfen, selbst wenn sie nicht wegfahren. Die Werbebranche vermarktet ihn geschickt → das «Möbelparadies», die «Fitness-Oase». Das Spiel mit der Illusion steht für Anflüge der ganz grossen Sehnsüchte, denen nachzuspüren sich die meisten nicht mehr getrauen (Riedel, 1997). Es sei denn, sie sind Schriftstellerin:

Interview mit mir selbst

… BEIM ABGANG SPRACH DER LEHRER VON DEN NÖTEN
DER JUGEND UND VOM ETHISCHEN NIVEAU –
ES HIESS, WIR SOLLTEN JETZT INS LEBEN TRETEN.
ICH ABER LEIDER TRAT NUR INS BÜRO.

ACHT STUNDEN BIN ICH DIENSTLICH ANGESTELLT
UND TUE EINE SCHLECHTBEZAHLTE PFLICHT.
AM ABEND SCHREIB ICH MANCHMAL EIN GEDICHT.
(MEIN VATER MEINT, DAS HABE NOCH GEFEHLT.)

BEI SCHÖNEM WETTER REISE ICH EIN STÜCK
PER BLEISTIFT AUF DER BUNTEN LÄNDERKARTE.
– AN STILLEN REGENTAGEN ABER WARTE
ICH MANCHMAL AUF DAS SOGENANNTE GLÜCK …

AUS: «DAS LYRISCHE STENOGRAMMHEFT», ROWOHLT TASCHENBUCH VERLAG GMBH 1990

3.5 Sinnesfrage

Was habe ich angestrebt, was ist daraus geworden? Wie korrespondieren meine Visionen mit den «Facts» der Arbeitswelt, starren Regeln und fortschreitender Spezialisierung?

Erste Zweifel lassen Erkenntnisblitze zu. («Habe ich meine Aufmerksamkeit zu sehr auf dies oder jenes eingeengt?»). Sie werden weggewischt oder auf externe Umstände zurückgeführt. Bis sich die innere Stimme erneut meldet, die persönliche Befindlichkeit anspricht.

Sinnessuche

Luxus, Geld und Einfluss machen Menschen nicht unglücklich. Sie garantieren die materielle Absicherung. Zufriedenheit hingegen beruht – gemäss neuesten Untersuchungen – auf
- einzelnen Ereignissen
- Selbstachtung, Selbstliebe
- Erfüllung von Bedürfnissen hinsichtlich Autonomie, Kompetenz und sozialer Eingebundenheit.

Der Managing Director in Martin Suters brillanter Erzählung «Huggler und die Sinnfrage» rüstet sich zur Suche:

Alles verläuft nach Plan. Tagwache um sechs Uhr, keine Zeit für die Bemerkung seiner Frau, dafür Morgengymnastik. Zuerst die stimulierende Übung der «fünf Tibeter». Die Formel beschwörend: «Ich bin Leichtigkeit, Liebe, Lachen!».

Genug der Feinfühligkeit. Eine heiss-kalte Dusche, die Kinder wecken, das Morgenessen herunterschlingen.

Die gefürchtete Viertelstunde zu früh im Büro, Eröffnung der Morgensitzung. Schlag acht den Verkaufsleiter aufgeschreckt, den Finanzdirektor geblufft, den Betriebschef degradiert. Die Führungskraft scheint intakt.

17.30 Uhr, Meinrad P. Huggler hat seine Sekretärin angewiesen, ihre Yogastunde abzusagen. Zufrieden sitzt er hinter dem Pult und freut sich auf die Überstunden.

Die Dämmerung kriecht ins Office. Und mit ihr etwas nie Gekanntes: ein leises Zögern. Eine kleine Beklemmung. Eine bange Ahnung.

Das Dossier mit den Verkaufsstatistiken – zum ersten Mal in seinem Leben fragt er sich: «Wozu?» Aufgestört durch diese zersetzende Frage steht er auf. Was ein brüskes Abfedern, ein dynamisches Auftauchen aus dem Seerosenteich der Schwermut hätte werden sollen, gerät zum mühseligen Aufstemmen eines Beladenen. Mit kraftlosen Schritten durchquert er das wattige Zwielicht seines Büros und stellt sich ans Fenster. «Wozu?» flüstert es in ihm. Nebenan erleuchtete Flure voller ambitionierter, sinnerfüllter Menschen …

Plötzlich weiss Meinrad P. Huggler, was ihn erfasst hat: die Herbstdepression. Das unvermittelte Eindunkeln liess ihn den kalten Atem der Vergänglichkeit im Nacken spüren. Das Resultat erfüllt ihn mit Genugtuung: Bis zu diesem Tag hat er sich für melancholie-unfähig gehalten. Ein Manko, welches auf mangelnde Sensibilität schliessen lässt. Also auf das Fehlen einer Führungseigenschaft.

Still dankt Meinrad P. Huggler dem Erfinder der Sommerzeit.

NACH: BUSINESS CLASS I, WELTWOCHE-ABC-VERLAG 1998

3.6 Persönliche Krise

Den Uniabschluss vertan, Konkurs der Firma, die Partnerin trennt sich … solche Vorfälle können, müssen jedoch nicht zu einem Einbruch führen.

Akute Situation

Im Alter zwischen 16 und 76 macht die Mehrzahl der Menschen ein bis zwei schwere Krisen durch. Der «World Health Report 2001» der Weltgesundheitsorganisation WHO schätzt, dass 25 % der Weltbevölkerung einmal im Leben mit Depressionen, Angststörungen oder Schizophrenie konfrontiert werden.[18]

Bei einigen fallen sie in einen Übergang: Pubertät, Geburt des ersten Kindes, Frühpensionierung. Die Symptome unterscheiden sich, von Irritation über Gemütsschwankungen bis zu Verzweiflung.

Doris Dörrie bekannte in einem Gespräch: *«Ich habe eine Krise seit ich 20 bin. Krisen gibt es die ganze Zeit. Und sie sind jedes Mal so unerträglich! Ich misstraue Leuten zutiefst, die völlig ungerührt wirken, wenn sie verlassen werden oder jemanden verlassen, wenn sie eine neue Stelle haben oder wenn jemand, der ihnen nahe steht, stirbt. Ich glaube, niemand mag Veränderungen. Denn es ist so schwierig zu akzeptieren, dass etwas zu Ende geht und zu glauben, dass etwas Neues kommt, das einen genau so ausfüllt wie das Alte.»*[19]

Ein Timeout ist nicht immer das Naheliegendste. (Zudem heilt ein Teil der Krisen – das zeigt die Forschung – ebenso spontan wie sie aufgetreten sind.) Niederlagen oder Tiefschläge erhöhen indes die Toleranz für aussergewöhnliche Massnahmen.

Ständiges Unbehagen

Eingeschliffene Mechanismen, innere Prozesse oder ein «Knall» stossen einen auf Ungenügsamkeiten. Zur Veranschaulichung sei hier die «Episode Strobel» wiedergegeben.

Witschi, ein in die Jahre gekommener Abteilungsleiter, wälzt sich schlaflos im Bett. Gestern hat ihn Strobel, der ewige Konkurrent, ganz schön hinters Licht geführt. Nun malt sich der Gedemütigte aus, wie er morgen dem Typen abpasst und ihm Paroli bietet.

So nicht! Nicht mit Witschi (…). «Herr Strobel», wird er ihm sagen. «HERR Strobel, was glauben Sie eigentlich, wer Sie sind? Meinen Sie, nur weil Sie zufällig, nur weil Sie dank der Inkompetenz gewisser Stellen, über mir gelandet sind, dass Sie mich deshalb wie den letzten Trottel behandeln können?» Und, bevor der andere den Mund schliessen kann: «Nicht mit mir, HERR Strobel, nicht mit

Witschi! Ich war im Marketing, da pinkelten Sie noch ins Nichtschwimmerbecken, Sie Würstchen!» Und dann wird er ihm die Hosenträger stramm ziehen und sie SPICKEN lassen ...

NACH: BUSINESS CLASS III, WELTWOCHE-ABC-VERLAG 1998

Wer weiss, vielleicht entspringt den Rachefantasien ein konstruktiver Ausbruchgedanke? Statt das Enfant Terrible herauszuhängen, könnte der Mitte Fünfziger alle überraschen: Indem er etwas für sich tut, ein massgeschneidertes Sabbatical fordert.

Auf dass er nicht später feststellen muss: «Die einzige Chance für den unkreativen Manager, doch noch kreativ zu werden, ist die persönliche Krise» (Business Class II, Weltwoche-ABC-Verlag 1998).

3.7 Exkurs: Arbeitssucht

Alle reden von Stress, Überstunden, Unmengen zu tun ... dabei geht der Blick für die Arbeitssucht, ein schillerndes Phänomen, verloren. Unsere Leistungsgesellschaft huldigt überproduktiven, ausschliesslich auf den Job konzentrierten Robotern.

«Ich fuhr mit meinem Wagen von Stuttgart nach Frankfurt. Plötzlich fühlte ich mich in meiner Haut nicht mehr sicher. Ich glaubte mich ausserhalb meines Körpers. Angst stieg in mir auf, ich zitterte und musste bei der nächsten Ausfahrt anhalten. Ich realisierte nach diesem Erlebnis, dass ich mich innerlich verloren hatte. Ich war der Arbeitswut verfallen, hatte nur noch mein Geschäft im Kopf und alles Persönliche, Private vernachlässigt.»

AUS: «MÄNNER, MYTHEN, MÄCHTE», KREUZ VERLAG 1994

Verbreitung

Solch ehrliche Bekenntnisse lesen Sie selten. Ins Auge stechen Storys über Prominente, welche sich selber als «Vielschaffer» rühmen (Werner H. Spross, John Irving) und vor Gesundheit angeblich nur so strotzen. Wenn sie den Bezug zur Umwelt nicht verloren haben, um so besser.

Die Unauffälligeren tauchen ab, gehen – getrieben von Leistung und Anspruch – unter. Speziell gefährdet sind

- Menschen mit ausgeprägter Furcht vor einem Scheitern
- selbstständig Erwerbende, Manager/innen im fortgeschrittenen Alter
- Journalistinnen, Pfarrer, Sozialarbeitende: Berufe, bei denen mann/frau immer noch mehr tun könnte.

Sie sind «arbeitssüchtig», heisst es salopp. Was sich so leicht daherredet, stellt eine ernst zu nehmende Krankheit dar. In westlichen Industrienationen beträgt der Anteil der Menschen mit Störungen im Arbeitsverhalten 5 %, Tendenz zunehmend.

Raffiniert überdeckt

Auffallend ist das Ineinander-Greifen von Arbeit und Freizeit. Wochenende bedeutet zwei Tage Akten lesen, allenfalls Erholung fürs Büro – und nicht ein Wert an sich. Das Verständnis für ziel- und zweckfreie Musse fehlt.

Gegen aussen gelten Betroffene als stolze Familienväter, welche sich für die Angehörigen abrackern; evtl. dazu neigen, sich im Hobbyraum oder Homeoffice zu vergraben.

Das «süsse Gift der Bestätigung» übertüncht die innere Leere. Der Leidensdruck setzt, wenn überhaupt, erst spät ein.

Erscheinung

Arbeitssucht hängt eng mit der Persönlichkeitsstruktur zusammen. Der Motor für das Engagement ist – in Abgrenzung zum Burnout – in der individuellen Disposition zu sehen (überhöhte Ansprüche, berauschender Effekt der Arbeit, Minderwertigkeitskomplexe, Verlust-/ Versagensängste). Die entsprechenden Personen wirken streng, geordnet, diszipliniert.

Ursache

Erklärungen liefern die Anthropologie, Soziologie und Psychoanalyse. Verwiesen wird auf Suchtaffinitäten, Spezifitäten der Arbeitstätigkeit (soziales Lernen, kompensatorische Funktionen) sowie Werte in der Herkunftsfamilie.

Die Identität dreht sich bei vielen um das, was sie im Beruf verkörpern. So wählen wir eine Ausbildung nicht zufällig, sondern « … um Unbewusstes auszuleben oder persönliche Ticks zu befriedigen» (Wyssling, 2000).

Falsche Unterstellung

Bis vor Kurzem suchten Temporärbüros in ungelenk-flapsigem Ton nach «Workaholics». Sie sind einem gängigen Vorurteil aufgesessen. Wer arbeitssüchtig ist, «bringt» nicht unbedingt mehr, verliert die Aussensicht und beeinträchtigt das Betriebsklima.

Erste Alarmzeichen werden weggeschoben. Nicht selten braucht es einschneidende Ereignisse (Kündigung, Misserfolge) oder körperliche Symptome, um die Spirale von Ehrgeiz, mangelndem Selbstwertgefühl und Flucht zu durchbrechen.

Intervention

Das Ziel einer Therapie besteht wie bei Essstörungen nicht in Abstinenz, sondern überdauernder Einstellungs-/ Verhaltensänderung. Je nach Zeitpunkt und Methode werden Normen hinterfragt (Perfektionismus) oder ein aktiver Ausgleich angestrebt (Vergnügen, Bestätigung und Zuwendung).

In einer Vorphase lässt sich bei Sehnsüchten einhaken → lange Ferien, Abstand zum Geschäft. «Lifeaholics» werden die Arbeitstiere dennoch nie …

Reagieren

Wie merken Vorgesetzte, ob Arbeit zum Selbstzweck geworden ist, sich mehr dahinter verbirgt als ethisches Prinzip, Enthusiasmus oder die Überbrückung einer Krise? Eindeutige Indikatoren existieren nicht. Oft handelt es sich um eine Ansammlung von Eindrücken. Letztlich bleibt

- auf Persönlichkeitsveränderungen zu achten (Einengung der Interessen, Meiden von «freier Zeit», Medikamenten-/ Alkoholkonsum)
- Destruktives anzusprechen (Zermürben von Kollegen, Einzelkämpfertum, Konkurrenzieren, Unverständnis/Ungeduld gegenüber Kundinnen)
- den Führungsstil zu prüfen (gemeinsame Ziele, Delegieren, Aufwand für Nachbearbeitung und Kontrolle).

Betriebliche Ebene

Nachstehend drei Empfehlungen:

- negative Folgen von Arbeit thematisieren
- legale, gesellschaftlich akzeptierte Suchtformen im Auge behalten
- Genderaspekte berücksichtigen (geschlechtsspezifische Wahrnehmung und Ausprägung, Co-Abhängigkeit → Mitarbeitende, Partnerinnen etc.).

Am Produktivsten sollen Workaholics in kleinen Gruppen von Gleichgesinnten sein. Für diese These fehlt allerdings der empirische Nachweis.

3.8 Karrierekick statt Karriereknick

Geschickt platziert kann ein Timeout Ihrer Karriere unerwarteten Drive geben: gewachsenes Ansehen, Indiz für Begeisterungsfähigkeit und Durchsetzungsvermögen.

Die positive Einschätzung fliesst z.B. in einen begehrten Auftrag. Von der frischen Kraft erhofft man sich Vitalität, Esprit.

Motivation und Auftrieb nähren sich zudem aus günstigen Umständen:
- Intention/Aktivierung (Branche, Unternehmen, Produkt)
- Beziehungen (Kollegen, Kundinnen)
- Zukunftsaussichten (Potenzial hinsichtlich Arbeit, Person, Umfeld).

Wenn Sie auch nicht zum grossen Sprung ansetzen, so haben Sie zumindest etwas für sich herausgeholt. «Ich bin nicht der Adventure-Typ. Mein Job war rasch wieder ‹Courant normal›: angereichert durch die Sonne Trinidads, einen amerikanischen Fahrausweis sowie den Stolz, sich am gegenüber liegenden Ende der Welt behauptet zu haben.» Katja, 21, Marketing-Assistentin

«Der persönliche Gewinn bestand in der mentalen Erneuerung. Beruflich half mir das, klassische Denkfallen zu überwinden. Solche, in denen sich selbst kluge Köpfe verfangen.» Matteo, 38

Im besten Fall winkt eine Beförderung. «Ich war erholt, auslandarfahren, risikobereit. Hatte in den letzten sechs Monaten niemanden verärgert, meinen Langzeiturlaub gehabt und mich nicht abwerben lassen. Grund genug, mich für den Posten der Vizedirektorin vorzuschlagen!»
Jeanine, 36, Kreditspezialistin

Der fachliche Approach lässt sich auch indirekt anbringen. «Eine Mitarbeiterin wurde nach Washington beordert. Ich vermittelte Kontakte, wusste, wen man als Experten für angelsächsische Medien beiziehen konnte. Plötzlich galt ich als Mann mit Beziehungen ...» Benno, 46, Journalist

4. Formen eines Timeouts

«IF YOU CAN DREAM IT, YOU CAN DO IT!»

WALT DISNEY

4.1 Inhalt, allein/zu zweit, Dauer
Ausrichtung

Alles ganz anders oder Urlaub mal drei? Die Sabbatical-Expertin Dlugozima Hope behauptet, dass der grösstmöglichste Kontrast zum bisherigen Leben das einzig Wahre sei. Andere sehen die Realisierung von zwei, drei Ideen als äusserste Grenze eines Timeouts. Seien Sie bei der Auswahl nicht zu ambitiös: Es muss keine akademische Ausbildung oder eine Expedition zu den letzten unentdeckten Gebieten sein!

Im Zusammenhang mit einer beruflichen Auszeit ist oft von Prominenten die Rede. Spektakuläre Reisen führen sie um den halben Erdball, zu aufregenden Job-Angeboten oder kommerziellen Erzeugnissen → Buch, CD, Film. Durch ihre Risikobereitschaft werden sie etwas Besonderes, heben sich von der Masse der «Illustrierten-Gesichter» ab.

Es gibt indes auch den «Boxenstopp im Stillen», ohne den Anspruch, Weltbewegendes zu leisten (oder andern zu zeigen, wozu man fähig ist). Die Erfahrungsberichte in Kapitel 7.6 belegen dies eindrücklich.[20]

Das vorliegende Buch greift sechs Timeout-Varianten heraus:
- Sabbatical
- Auslandaufenthalt
- Bildungsurlaub
- Sozialzeit
- Familienpause (für die Familie/von der Familie)
- Vorbereitung auf den Ruhestand.

Hinzu kommen Übergangs- und Mischformen. Die einzelnen Prototypen sind nicht klar abgrenzbar, weder durch das Ziel noch den Ablauf (Flug in den Kongo, Sozialzeit im Vorruhestand, Intensivsprachkurs zwischendurch).

Mit dem Ausstieg fängt es an ...

Manchmal löst das eine das andere aus, entwickelt sich aus einem Sabbatical eine fortlaufende Dynamik. Wie bei Christine L.:

- erstes Timeout Mitte Dezember 1998 bis Mitte März 1999 (Reisen, wichtige Entscheidungen getroffen)
- anschliessend neuer Job mit erweiterter Führungsverantwortung (Personalleiterin in einer Business Unit der Bank)
- Mai 2000 Geburt eines Sohnes (zweites Timeout, verlängerter Mutterschaftsurlaub)
- November 2000 Wiedereinstieg in der gleichen Funktion, 60%-Pensum (Jobsharing mit einer Kollegin)
- Sommer 2001 bis Ende 2001 Einsatz als Head HR Consulting Gesamtschweiz in Zürich (Stellvertretung des Vorgesetzten, welcher ein Sabbatical angetreten hatte)
- unterdessen im HR Management Support sowie in Erwartung des zweiten Kindes
- nächster Job in Aussicht – privat wie beruflich.

Allein unterwegs

Wenn ein Timeout an einem vertrauten Ort angesetzt wird, fügt es sich in bestehende Konstellationen ein (Beziehung, Wohnen). Die Frage, ob man alleine oder zusammen aufbrechen will, stellt sich eher bei einem Angebot von aussen oder einer längeren Reise.

Daneben gibt es den bewussten Entschluss, «etwas für sich zu unternehmen», in einer fremden Umgebung, einem anderen Tages-/ Zeitrhythmus. «Ausstieg macht für mich nur Sinn, wenn ich in jeder Hinsicht ungebunden bin.» Francis, 32, Programmierer

Wer wieder Single ist, dem bietet ein «Break» Gelegenheit, die Trennung zu verarbeiten.[21] Marielle, 36, besuchte nach der Scheidung ihre Schwester in Genf. Erleichtert, sich an einem neuen Ort zu bewegen. «In F. fühlte ich mich wie eine verlassene Beilage, als nacktes Zugemüse. Hier ging ich durch die Strassen und realisierte: Hey, du findest dich zurecht. Ich hatte mir das gar nicht mehr zugetraut.»

Die Trainings-Ausbildung in den USA bewahrte eine erfolgreiche Fechterin vor dem Einsturz. Nach der Geburt des ersten Kindes hatte sie die Karriere fortgesetzt, ihr Mann wurde ihr Manager. Die Krise kam mit erneutem Familienzuwachs. Sie sehnte sich nach Privatleben, er nach Abwechslung. Dem

Umzug nach Frankfurt folgte der Aufbau einer Werbeagentur. Er verbrachte die Woche im Büro, sie pendelte zwischen Geschäft, Haus und Kraftraum. Die Beziehung geriet in Schräglage.

«Ich stellte einiges um: Mannschaftssport statt Einzelkampf, Laufbahn als Coach, Verwirklichung des Amerika-Traums. Das war das Zweitbeste in meinem Leben. Das Beste bleiben meine Töchter …»

Wer allein loszieht, muss aktiv werden, sich durchfragen, Kontakte suchen. Die Chance, auf Gleichgesinnte zu treffen (und mit diesen ins Gespräch zu kommen), ist höher. Das Erlebnis hat seinen Reiz: Einerseits ist man auf sich gestellt, andererseits freier in den Entscheidungen.

Zu Beginn braucht es Mut. «Sie werden nicht untergehen, dafür sich neu entdecken. Diese Erfahrung nimmt Ihnen niemand ab!» Margrit, 48

Zu zweit

Obwohl sich die Mehrzahl der Paare bei der Arbeit oder in der Ausbildung kennen lernt, ist die Übereinstimmung hinsichtlich Freizeit zu einem wichtigen Kriterium der Beziehungsqualität geworden. Das Freizeitverhalten von Frauen und Männern hat sich in den letzten Jahren nicht nur angeglichen, die Gestaltung dieser Freiräume entscheidet mittlerweile darüber, «ob man zusammenpasst» (Alexander Salvisberg, SonntagsZeitung, 24.3.2002).

Ein Auslandaufenthalt kann eine Paar- oder Familienaktivität sein bzw. sich als solche herausstellen: «Eric wurde nach Oslo versetzt. Ich wusste, dass er sich nicht halten liess. Also beteiligte ich mich lieber an der Planung.» Ruth, 48, Architektin

Andere konzipieren das Sabbatical an sich als Familienprojekt – in Verbindung mit einem Hobby, Fremdsprachen oder der Entdeckung eines Kontinents.

Ein neues Umfeld hält Überraschungen bereit. Vertraute Menschen bewegen sich anders, erscheinen in einem schonungsloseren Licht. Fertigkeiten treten zutage, frühe Erfahrungen und Improvisationskünste.

Sogar bei eingefahrenen «Doppel-Whoppers» kann es zu Rollentausch oder Umkehr der Machtverhältnisse kommen. Das geht nicht reibungslos! Die Lösung besteht darin, immer mal wieder Abstand zu halten. Sich für einen Ausflug zu trennen. Der eine relaxt, die andere schliesst sich einer Foto-Exkursion an.

Louis, 37, berichtet schmunzelnd vom Thailand-Trip mit seiner Partnerin. «Hier hätte ich mich nie auf soviel Nähe eingelassen. Unter dem Aspekt des ‹Vorübergehenden, Einmaligen› begab ich mich in etwas, was ich zunächst gescheut hatte.

Ich dachte, dass wir den Alltag ausklammern könnten. Aber er zeigte sich trotzdem, z.B. beim Frühstück. Regelmässigkeiten schlichen sich ein, bis zur Routine einer Zweierkiste.»

Krisenerprobte Paare schildern eine gemeinsame Auszeit als innige Phase ihres Zusammenseins,

- aus welcher sie gestärkt hervorgingen
- in welcher sie einiges nachholten
- die ihnen Kraft für «spätere Stürme» gab.

In Gruppen, mit Freund oder Kollegin

Ein Timeout ist individueller als Ferien, lässt sich nicht unbedingt auf mehrere Personen abstimmen. Je nach Typ hält man sich gerne in einer Gruppe auf, mischt sich «unters Volk», klinkt sich unverbindlich ein und aus. Oder es ergibt sich eine bunte Reisecrew, welche eine Weile miteinander verbringt, ohne Verpflichtungen.

Manchmal macht es einfach Spass, mit Freund/innen loszugehen oder die Sprachschule in Madrid zu besuchen. Da ist ein jemand, der ebenso neugierig ist, freie Zeit – evtl. dasselbe Reiseziel – hat. Am Anfang hört es sich intensiv und gehaltvoll an.

Etliche Unternehmen kommen allerdings gar nicht erst zustande: weil der Freund in letzter Minute abspringt, die Partnerschaft gefährliche Risse bekommt – oder die Vorstellungen bezüglich des Ablaufs auseinander driften. Der Umgang mit Geld, in die Auszeit getragene Konflikte oder die Tatsache, dass der eine auf «Aktion» programmiert ist, während die Kollegin lieber in den Tag hineingleitet, können zu herben Dämpfern führen (Reuther, 2002).

Kennen Sie die Erzählungen über Cliquen, welche nach Kenia gefahren und völlig verkracht zurückgekehrt sind? Urlaub im Eimer, Freundschaft auch. Zumal sich Hotels, Jeeps oder Schiffspassagen nicht kurzfristig annullieren lassen. Und jeder Versuch, sich abzusetzen oder mit anderen Reisebegleiter/innen Kontakt aufzunehmen, als Torpedierung der Beziehung angesehen wurde …

Selbst Dreiecks-Konstellationen (Bekannter X. mit Paar Y., drei Kolleginnen, das Trio infernal vom Sportverein) haben diesbezüglich ihre eigenen Gesetze.

Dauer

Die Länge eines Timeouts entscheidet sich

- mit der Form (z.B. klassisches Sabbatical von sechs Monaten)
- durch äussere Rahmenbedingungen (Arbeitssituation, Aufenthaltserlaubnis, Klima)
- anhand weiterer Faktoren (Finanzen, Unabhängigkeit).

Oft wird die Zeit für ein echtes Timeout unterschätzt. Viele gehen von der aktuellen Belastung aus und erklären spontan: «ein, zwei Monate reichen aus!» Wenn man nachfragt, ist eine Verschnaufpause vom Daily Business gemeint → Erholung, Auftanken, Ausgleich. Für ein grösseres Projekt (Vulkane erkunden, ein Boot überholen) bräuchten sie dann drei Monate …

Der nächste Sprung liegt bei einem halben oder ganzen Jahr. Diese Zeitspanne wird häufig in Zusammenhang mit einem konkreten Vorhaben genannt (Auslandaufenthalt, Bildungsurlaub, Familienpause).

«Eine Mindestdauer von drei Monaten ist angezeigt: um das Vorhaben von verlängerten Ferien, einem Praktikum oder vierzehn Tagen Segelfliegen abzugrenzen.» Claudia, 42

Anke Richter bezeichnet eine Auszeit von fünf bis zehn Monaten als ideal. «Wer deutlich länger als ein Jahr ausschert, könnte Probleme haben, sich danach wieder im alten Leben zurechtzufinden. Die Distanz und die innere Veränderung werden irgendwann zu gross.»[22]

Manchmal bleibt der Zeitpunkt des Wiedereinstiegs offen – und damit die Dauer: bis die nächste Stelle kommt, der Bescheid über die Zulassung zu einer Ausbildung eintrifft oder man selbst genug hat. So wusste die französische Sängerin Patricia Kaas bei ihrem Unterbruch nicht, wie lange sie der Bühne fernbleiben würde. «Nach zwei Monaten war es mir langweilig, da wollte ich wieder etwas tun» (SonntagsZeitung, 14.4.2002).

4.2 Sabbatical

Die sprachliche Wurzel dieses Ausdrucks liegt im Hebräischen («schabbat» = ruhen, vgl. Kapitel 1.1). Jessica Korth hat sich in ihrer Studie auf folgende Definition festgelegt: «Jeder Langzeiturlaub, der länger als drei Monate dauert, bezahlt, teilweise bezahlt oder unbezahlt ist.» Den Inhalt grenzt die Autorin zunächst nicht ein. Klar ausgeschlossen bleiben Militärdienst und Schwangerschaft, Kindererziehung gehört dazu.[23]

Die Offenheit für verschiedenste Ausprägungsformen hat sich inzwischen bewährt, in der Praxis wie für die Forschung.

Universitäten

Der englische Anstrich von «Sabbatical» ist kein Zufall ... ebensowenig, dass sich die Hochschulen für dieses Phänomen interessieren. Amerikanische Professoren haben die Tradition einer «Forschungsauszeit» eingeführt. Mittlerweile ist das Modell nach Europa exportiert worden. Mit Erfolg! In einer Vielzahl von Ländern können habilitierte Dozent/innen ein Freisemester beanspruchen, um sich – entbunden von allen Lehrverpflichtungen – ihrer Forschungstätigkeit zu widmen.

Allerdings handelt es sich hierbei eher um eine Verlagerung des Schwerpunkts denn um ein «Pausieren». Die Gelehrten gehen morgens aus dem Haus, sind in Bibliotheken oder Labors anzutreffen, berichten von neuen Publikationen, nächsten Projekten oder dem Kongress in Toronto.

Eine professorale Auszeit muss zwar beantragt werden. Kontrolliert wird sie – im Gegensatz zu den Langzeiturlauben der Volksschullehrer/innen – selten. Auflagen und Organisationsaufwand halten sich in Grenzen (kein Besuch von obligatorischen Weiterbildungsveranstaltungen, um die Stellvertretung kümmern sich die Arbeitgebenden).

Freie Marktwirtschaft

Was der Hochschulbetrieb fest einkalkuliert hat, ist in der Privatwirtschaft Zukunftsmusik. Efforts lassen sich vornehmlich bei Grossunternehmen ausmachen; sofern diese nicht von Restrukturierungen durchgeschüttelt werden, sich auf ihre Marktposition, das geschäftliche Weiterbestehen o.Ä. konzentrieren müssen.

Die Mehrzahl der Lösungen richtet sich auf separate Arrangements, meist für Kaderangestellte. So räumen Grossbanken Direktionsmitgliedern, welche mindestens zehn Jahre in ihrem Dienst stehen, das Recht ein «sich während dreier bezahlter Monate frischen Wind um die Ohren wehen zu lassen» (Weltwoche, 23.7.1998). Die wenigsten machen davon Gebrauch.

Das gleiche gilt für den individuellen bezahlten Urlaub «ibu» eines Grossverteilers oder das «Ferienplus-Angebot» eines Technologie-Konzerns: Wenn, dann kommt es zu einem verlängerten Wochenende oder einer ausgedehnten Safari. Unplanmässige Unterbrechungen zählen zu den Ausnahmen.

Diesen Zahlen zum Trotz geben Expert/innen dem Sabbatical Leave gute Chancen. «Grosspausen sind Teil einer modernen Unternehmensstrategie, auch in Richtung flexible Arbeitszeiten» (Rolf Stiefel, Unternehmensberater).

Die Post bringts (noch nicht ...)

Bei der Schweizerischen Post war im Sommer 2000 ein Modell im Gespräch, wonach 41 Stunden pro Woche gearbeitet worden wäre, der/die Arbeitnehmer/in jedoch nur 38 Stunden ausbezahlt erhalten hätte. Die restlichen drei Stunden wären auf ein Zeitkonto geflossen, über welches individuell hätte verfügt werden können. «41/38» wurde heftig diskutiert, leider nie realisiert.

Maschinenindustrie

Konkreter nimmt sich der 1999 abgeschlossene Gesamtarbeitsvertrag der Maschinenindustrie aus. Er sieht Zeitkonti vor, auf denen Überstunden deponiert werden. Der Bezug geschieht einzeln, variabel sowie in Absprache mit dem Betrieb.

Bislang haben erst wenige Vertragspartner ein Langzeitkonto LZK eingerichtet. Das Modell setzt sich erst durch, wenn es vertraglich institutionalisiert und abgesichert ist.[24] Für den Erfolg der Langzeitkonti dürfte entscheidend sein, ob

- es bei der Vorreiterrolle der Maschinenindustrie bleibt oder andere Sparten nachziehen
- die Konti fest installiert und genutzt werden
- es gelingt, die Sicherheit der angesparten Zeit zu gewährleisten.[25]

Derzeit ist unter den Beschäftigten einerseits Zurückhaltung, andererseits Misstrauen festzustellen.

Umgekehrt ist zu beobachten, dass Firmen vermehrt dazu übergehen, längere Urlaube zu gewähren, durch Summieren von Ferienansprüchen, Gehaltsverzicht oder Gehaltsumwandlung (13. Monatslohn in Stundenguthaben). Vorausgesetzt wird dabei, dass der/die Arbeitnehmer/in nach einem Timeout wieder zurückkehrt.

Sabbatical statt Aktien?

Die Realität sieht so aus, dass eine Auszeit über die Kompensation von Überzeit oder Überstunden finanziert wird. Oder eine Angestellte nimmt unbezahlten Urlaub (und damit eine beträchtliche Lohneinbusse in Kauf).

In den Augen von Vordenkerinnen könnte ein Sabbatical an die Stelle der weit verbreiteten Aktienbeteiligung treten. Die bisherigen Lohn-/ Bonusanteile würden durch eine «Investition in die Mitarbeiter» ersetzt.

Der Gedanke tauchte in Zusammenhang mit der anhaltenden Baisse auf. Läuft die Börse schlecht, bedeuten Aktien für die Mitarbeitenden Verlust. Die Motivation bricht ein. Im Gegensatz dazu wirkt sich ein bezahlter Urlaub für die Firma weniger kontraproduktiv aus, der Anreiz überdauert konjunkturelle Schwankungen.

So verlockend die Idee erscheint, ihr ist entgegen zu halten, dass

- ein solcher «Benefit» allen Angestellten zugänglich sein müsste → im Gegensatz zu willkürlichen Ausschüttungen für die oberen Einkommensklassen;
- es nicht darauf hinauslaufen darf, dass ein «Einbruch in das Privatleben» zum Vornherein – ohne generelle Reduktion der Normalarbeitszeit – einkalkuliert wird (12-Stunden-Tag, Wegfall der Freizeit, Wochenendaktivitäten). Das Sabbatical verkommt in diesem Fall zur dringend notwendigen Regenerierungs-Massnahme.

Exkurs: Sabbatical als Rückzug

Eine andere Situation ist diejenige, wenn auf den raschen, auch öffentlichen Erfolg der persönliche Rückzug erfolgt. So übersiedelte Ute Erhardt nach ihrem Bestseller für ein Jahr nach Australien, gemäss dem Buchtitel «Gute Mädchen kommen in den Himmel, böse überall hin».

Andere leisten sich eine Kreativpause (wie der italienischen Sänger Eros Ramazzotti, 1998, nach der Hochzeit mit Michelle Hunziker) oder klinken sich aus einem bestimmten Gebiet, etwa dem US-Popgeschäft, aus (Robbie Williams, Musikstar, 2002).

«Mediale» Beachtung

Die Presse greift das Thema regelmässig auf, durchaus zum Selbstzweck. Es soll nicht ein theoretisches Konstrukt bleiben, könnte sich als Kriterium für fortschrittliche Anstellungsverhältnisse herauskristallisieren, speziell in ihrem Metier: Viele Medienleute sind burnout-gefährdet, steigen für eine Weile aus. (Übrigens: Als erster deutscher TV-Sender hat das ZDF offiziell Sabbaticals lanciert.)

Plus- und Negativpunkte

Langzeiturlaube gewinnen an Aktualität. Dies beweist Jessica Korth, welche «sabbaticalerprobte» Führungskräfte ausfindig gemacht und interviewt hat. Nachstehend einige Ergebnisse:

- Die Erwartungen an ein Sabbatical variieren: vom Wunsch nach mehr Zeit und Distanz über Argumente hinsichtlich Gesundheit, Freiheit bis zur Erfüllung eines Lebenstraums oder der Aufwertung des sozialen Status.
- Die Vorteile lokalisieren «Sabbatical-Teilnehmende» in der Veränderung ihrer Befindlichkeit, neuen Erfahrungen sowie der – durch den Unterbruch – erhöhten Motivation und Leistung. Das Einräumen einer solchen Chance festigt die Beziehung zwischen Unternehmen und «Profiteur».
- Die Nachteile bestehen im vermehrten Aufwand für die Vorbereitung. Wenn eine Kollegin aussteigt, läuft das Tagesgeschäft weiter. Die Zurückbleibenden verfügen nicht über alle Informationen, müssen Mehrarbeit leisten oder Ablauf-Mängel ausgleichen.
- Sabbaticals führen betriebsseitig zu Imageverbesserung (externer Effekt) und Optimierungsansätzen hinsichtlich der Organisation (interner Effekt).

Eine zentrale Rolle für die Akzeptanz und Unterstützung eines solchen «Experiments» spielt die Unternehmenskultur, zumeist in Person der direkten oder übergeordneten Vorgesetzten.

4.3 Auslandaufenthalt

In anderen Ländern lässt sich vieles, ja fast alles tun: reisen, lernen, leben, arbeiten.[26] Ein Sprachdiplom, die Ausübung eines Hobbys oder der Besuch von Freunden stehen bei Timeouter/innen zuoberst auf der Liste. Zu den weiteren Beweggründen zählen: Fernweh, Kulturaustausch, Vorsondieren für später → Job, Studium, Lebensabend.

Zoe, 27, lebt mit Mann und Kind in Riad. Sie plant in der letzten Phase ihres Aufenthalts mit einer Freundin einen Kunsthandel aufzuziehen (von dem sie hofft, dass er zu einer neuen beruflichen Tätigkeit führt, nach der Rückkehr oder Weiterreise). «Sonst bleibt es ein Hobby … und Grund genug, immer wieder arabische Staaten zu besuchen!»

Maja, 47, Lehrerin: «Mein Mann wurde nach Italien versetzt, ich richtete dort ein ‹Bed und Breakfast› ein. Ein bisschen Schicksal kommt rückblickend hinzu: Als meine Mutter mit mir schwanger war, begleitete sie ihren Mann nach Italien: Rom, Mailand, Florenz. Vielleicht ist Umbrien eine Fortsetzung? Und weit weg von Zürich liegt es ja nicht …»

Transfer

Berufliche Herausforderungen ziehen Leute nicht nur fort, sondern auch hierher. Wie jener Umweltplaner, welcher feststellte, dass der Schweizer Biomarkt im Verhältnis zu Deutschland besser etabliert ist, entsprechende Artikel selbst von Grosshändlern vertrieben werden. Der 26-jährige Berliner verbrachte ein Jahr auf einem Bauernhof in Kölliken und erhielt Einblick in einen echten «Öko-Betrieb». Obgleich ihn seine Partnerin begleitete, sahen sie sich selten. Um sechs Uhr war Tagwache, rund um die Uhr hatte Dirk D. auf dem Feld, im Stall, bei den Bienen zu tun. «Ich schätze die Arbeit im Freien. Ausserdem habe ich erkannt, welch enormen Aufwand die Landwirtschaft erfordert. Was es braucht, bis ein Produkt zur Marktreife kommt» (Aargauer Zeitung, 28.2.2002).

Eine Kollegin meldete sich kurz nach ihrem Urlaub:

«Danke für dein Lebenszeichen und die Idee zu einem Interview. Nur: Ich habe das Ganze noch nicht ausgewertet! Jedenfalls war es wunderschön: zwei Monate England, drei Monate Irland, am Schluss das Cambridge Certificat in Advanced English … Falls ich doch einmal darüber berichten sollte, würde ich mit einer Meistergeschichte von Anthony de Mello einsteigen:
Der Prediger war in verschiedenen fremden Gebieten unterwegs.
Sagten die Schüler: ‹Glaubst du, dass Reisen den Geist weiter werden lässt?›
‹Nein›, gab der Meister zur Antwort, ‹es weitet nur seine Beschränktheit auf ein grösseres Feld aus.› Herzlich: Katrin».

Alternativen

Und wenn es nicht klappt, lässt sich ein Teil des Traums realisieren. Wie bei Edy A., welcher eigentlich nach Florida wollte. Nach fünfzehn Jahren im Gastgewerbe kaufte er einen Anhängerwagen, um mit seinem «Foodexpress» Amerika unsicher zu machen. Als die Arbeitsbewilligung ausblieb, hat er das Business vor Ort aufgezogen: geht auf Tour, lebt vom Verkauf frischer Güggelis und dem Erlös legendärer Barbecue-Partys. Dreimal dürfen Sie raten, wohin er in die Ferien fährt … !

4.4 Bildungsurlaub

Berufliche Bildung

Aktuell stehen in der Schweiz zwei Punkte zur Diskussion:

- die Schere in der beruflichen Bildung
- die politische Auseinandersetzung um einen jährlichen Bildungsurlaub.

Trotz der Devise des lebenslangen Lernens sind hierzulande lediglich 40 %
der Wohnbevölkerung bildungsaktiv, davon 25 % in einer betrieblich unter-
stützten Weiterbildung. Zumeist handelt es sich um Personen mit aussichts-
reichen Schul-/ Berufsabschlüssen, welche eine gezielte Auswahl vornehmen
und sich zusätzliche Qualifikationen aneignen.[27] Je höher die Hierarchiestufe,
desto eher werden sie von ihrem Unternehmen unterstützt (Freistellung, Betei-
ligung an den Kosten, Möglichkeit zur Durchführung interner Projekte).

Im Nationalen Parlament geht es nicht etwa um ein Jahr Bildungsurlaub,
z.B. nach 15 oder 20 Jahren Erwerbstätigkeit, sondern um die Verankerung des
Rechts auf berufliche Bildung (sowie einer Mindestanzahl Tage). Zur Debatte
steht eine Arbeitswoche pro Jahr. Diese bezieht sich allerdings auf die reine
Absenz vom Arbeitsplatz, die Zeit fürs Lernen oder sonstige Einsätze fällt nach
wie vor unter «Privates» oder separate Regelungen.

Gegen diese Schmalspurlösung hat sich der politische Widerstand bereits
formiert. «Vorgeschriebene Bildung bringe weniger als gezielte Investition»,
wird argumentiert. «Wichtig sei die Ausschöpfung des persönlichen Potenzi-
als, unabhängig von staatlichen Vorschriften».

Zieht der Arbeitgeber mit?

Vom Einzelfall und dem Goodwill der Vorgesetzten hängt es denn auch ab, ob
ein längerer Urlaub zu Bildungszwecken realisiert werden kann.

Gleichwohl geniessen ein Fremdsprachen-Kurs in England, das Nachdiplomstudium in Wirtschaftskriminalität oder die Supervisions-Ausbildung höhere Akzeptanz – und berufliche Relevanz – als zwei Monate Wasserskifah-
ren an der Costa Blanca.[28]

Gestaltungsfreiheit

Ein Timeout gibt keine typische Bildungsart vor. Umgekehrt ist es häufig die
gewählte Zusatz- oder Weiterbildung, welche die Eckdaten hinsichtlich Zeit
und Ort setzt.

Variantenreicher präsentieren sich Angebote der Persönlichkeitsentwick-
lung, hinsichtlich Form, Intensität, Inhalt. Zum eigenen Vorteil: Bei freier Wahl
liegt der Griff zum Stress-Workshop, dem Redetraining oder der Zen-Medita-
tion näher, als dies sonst der Fall gewesen wäre …

Einzelne «Bildungsurlauber/innen» rücken ganz von der Arbeitswelt ab,
vertiefen ein Hobby (Metallbearbeitung, Bogenschiessen), entdecken neue
Leidenschaften (Tangotanzen, Kalligrafie), finden Zeit für Ungewohntes (Aus-

flüge ans Meer, Strassentheater) oder betreiben Recherchen zu ihrem ersten Kriminalroman. Andere widmen sich der Quantentheorie oder schreiben ihre Dissertation.

Drei Dinge sind allen gemeinsam: Wissenszuwachs, vielfältige Eindrücke – und die Genugtuung, sich eine Zeit lang auf ein Thema konzentriert zu haben!

4.5 Sozialzeit

Fest geplant

Das Konzept der «Sozialzeit», wie es z.B. in der Forschung der Arbeit oder Freizeit gegenüber gesetzt wird, ist breiter gefasst, als die gebräuchliche Auffassung vermuten lässt.[29] Nachbarschaftshilfe zählt ebenso dazu wie der Einsatz für ein Alternatives Kulturzentrum oder die Regionalpolitik.

Der negativen Definition (Sozialzeit = ein Bereich, welcher weder eindeutig der Erwerbsarbeit noch der Freizeit zugerechnet werden kann) sei hier eine offene Formulierung gegenübergestellt: Sozialzeit = Auseinandersetzung mit gesellschaftlichen Strukturen.

Wer sich aus persönlicher Veranlassung irgendwo engagiert, tut dies oft über längere Zeit/in einem grösseren Zusammenhang. Oft resultiert aus der Pflege eines Angehörigen der Kontakt zu einem medizinischen Assistenzdienst. Als nächstes kommt die Anfrage, ob «man nicht im Vorstand Einsitz nehmen wolle» und ein Jahr später tritt dieselbe Person auf einer Podiumsdiskussion zu «Geriatrie im Alter» auf.

Die oben beschriebene Form entspricht der Freiwilligenarbeit, welche vielerorts zusätzlich zu Beruf, Haushalt, Familie geleistet wird. «Ohne uns geht nichts» lautet ein selbstbewusster, im UNO-Jahr zur Freiwilligenarbeit kreierter Slogan.

Ein Timeout für einen sozialen Einsatz bedeutet indes, die Aufgabe ins Zentrum der eigenen Aktivitäten zu stellen, inkl. Unterbruch oder Einstellung der Haupttätigkeit. Sei es, um in einer Landwirtschaftbrigade auf Kuba mitzutun, einer Camphill-Schulgemeinschaft zu begegnen oder in Anatolien Naturschutz zu betreiben.[30] Die Wahl geschieht zumeist aus einer subjektiven Interessenlage heraus, als Ausgleich zum Bisherigen oder Probelauf für später.

Spontane Eingebung

Ein weitere Variante ist der plötzliche Sinneswandel, zum Beispiel statt des «einmaligen Strandlebens» etwas Gehaltvolleres anzustellen. Oder wie es

Anke Richter in ihrem Sabbatical-Handbuch ausdrückt «für die Umwelt statt im Sand zu buddeln».

Junge Menschen verbinden ein zeitlich begrenztes Engagement oft mit einem Auslandaufenthalt. Dies verschafft zusätzliche Anreize, bedingt keine Arbeitserlaubnis und ermöglicht direkten Zugang zu Land und Leute. «Man zieht los und tut dabei noch etwas Sinnvolles.» Chantal, 39

Von einer finanziellen Entschädigung kann bei den wenigsten Angeboten ausgegangen werden. Häufig gibt es Kost und Logis sowie ein Sackgeld, evtl. Beiträge an die Versicherungs- oder Reisekosten. Je ausgefallener das Projekt, je begehrter die Teilnahme (oder ärmer die Region), desto eher wird neben der Arbeitskraft eine Bezahlung verlangt: als Obolus bzw. Solidaritätsbeitrag.

TIPP: Freiwillig heisst nicht selbstlos. Ansprüche und Versprechungen sollten eingelöst werden, vgl. Kapitel 6.8.

4.6 Timeout und Familie

Die Ausführungen in diesem Abschnitt beziehen sich auf ein Timeout
a) mit der Familie (inkl. Familiengründung, Verschiebung der Auszeit)
b) für die Familie (Rollentausch, Umverteilung von Haushalt-/ Betreuungsarbeit)
c) ohne Familie, von der Familie.

Erfolgreich koordinierte Erwerbs- und Familienarbeit bedeutet ein Hochseilakt zwischen verschiedensten Anforderungen und nur selten den vielzitierten «Schub für das persönliche Wohlbefinden». Zumal die Rahmenbedingungen zur Vereinbarkeit von Beruf und Familie den wirklichen Erfordernissen mitnichten genügen!

Koordination ist bei einem Sabbatical, Auslandaufenthalt oder Bildungsurlaub ebenfalls gefragt: insbesondere dort, wo es zu einem Unterbruch der Berufstätigkeit kommt.

a) Auszeit mit der Familie

Ein Jahr lang alles hinter sich lassen, gemeinsam unterwegs sein. Familie Rösch aus Mannheim tat dies von September 1998 bis August 1999. Zusammen mit den Töchtern Lara und Lisa (damals 10 und 9 Jahre alt) segelte das Paar um die halbe Welt. Die Reise führte sie über den Atlantik, in die Karibik, durch den Panamakanal nach Galapagos und endete auf Tahiti. Ihre Erlebnisse hat Andrea Bergen-Rösch in einem Buch festgehalten.[31] Es ist nicht ausgeschlossen, dass sie wieder dem Wind folgt – entlang der russischen Küste, von Japan nach Norden.

Ein Forschungssemester lässt sich in der Studierstube oder im Ausland verbringen. Weil Sam letzteres anstrebte und Joice eine Lizentiatsarbeit in Ethnologie verfasste, zog das Paar für sechs Monate auf die Insel Java. Die Kinder befanden sich im Vorschulalter, die Wohnung übernahm eine Kollegin. Nach ihrer Rückkehr stieg sie in die Abschlussprüfungen ein, er trat einen neuen Job an. Gemeinsam setzten sie den Spatenstich zum Bau eines Lofts.

Erfolgreiche Rechtsanwältin, eigenes Büro, Familie, profiliert in der Regionalpolitik: Als das Angebot einer international tätigen Anwaltspraxis eintraf, fand Esther H: «Ja, ich stelle mich dem ‹Challenge›, wechsle in die Grossstadt. Zuerst gehe ich aber noch nach San Francisco». Mitte August, zu Beginn des neues Schuljahrs, bestieg sie das Flugzeug. Die beiden jüngsten Kinder kamen mit. Ihre Mutter hatte sich an der Universität für Business Englisch eingeschrieben, die ‹Youngsters› besuchten die deutsche Schule.

Durch Kinder entsteht rasch Kontakt zu Einheimischen, umgekehrt stösst man eher auf Grenzen (Infrastruktur, Grundregeln des Zusammenlebens). Dauerndes Zusammenpacken und Dislozieren nervt den Nachwuchs. Andrea Bergen-Rösch empfiehlt, ihm «Ferien vom Reisen» gönnen.

Was auch vorkommt: dass ein Elternteil «Zeit für sich» anhängt. Wie der in Kapitel 5.1 zitierte Manager, welcher nach einem dreimonatigen Familientrip mit dem Rennrad durch Arizona radelte. Ob vier Wochen ausgereicht haben, um alle Stücke für seine Flamenco-Band zu komponieren?

Auszeit und Familiengründung

In umgekehrter Reihenfolge lief es bei Michelle, 39: zuerst Ausstieg, dann Familiengründung. Sie nennt es heute «Umkehr um 180 Grad».

«Mir war die Scheinwelt der Werbung zu eng. Ich kündigte, zog auf die Malediven, nahm jeden Tag wie er kam. An Kinder dachte ich nie, nicht einmal an eine feste Wohnung. Ich wollte ungebunden sein, Sprachen lernen, mich als Reiseleiterin frei bewegen. Dann traf ich Ivan. Mit ihm kam erstmals der Wunsch nach Zweisamkeit auf. Er betrieb ein Hotel, hatte bereits zwei Söhne. Ich zog in ein Bungalow der gleichen Anlage. Nach einem Jahr kam Merle zur Welt. Mit der Familiengründung knallte ich auf den Boden der Realität. Es war hart, aber lehrreich.»

Exkurs: Familie ja, Timeout später

Nicht alle sehen sich in der privilegierten Situation, zum gewünschten Zeit-punkt ein Sabbatical antreten zu können. Wenn ein Einkommen ausreichen muss, mehrere Kinder in der Ausbildung stehen und das Haus abbezahlt wer-den soll, liegt eine Weltreise fern. Bei den wenigsten verhält es sich so, dass beide Elternteile freiberuflich tätig sind, gut verdienen, sich die Engagements aussuchen und obendrein auf die Familienagenda abstimmen können → wie dies bei Paaren aus der Show- oder Designbranche der Fall ist. Abgesehen vom nötigen Support durch Grosseltern, Haushalthilfen oder Kinderbetreuer/innen …

Bei anderen geht es wirklich nicht: «Ich wäre der erste, der zu einer Atlantik-überquerung aufbräche: wenn da nicht die Unterhaltspflicht, der Lohnausfall sowie die reduzierten Chancen eines 55-jährigen auf dem Stellenmarkt wä-ren …» Walter E.

Die Familie wird häufig, jedoch nicht immer berechtigt, als Hinderungs-grund angeführt. Einmal ehrlich: Was packen Sie sonst alles an (Beruf, Privates, Freizeit), ohne Rücksicht auf diesen Aspekt? Ein Ausflug in die Savannen oder der MBA[32] sind machbar – vielleicht nicht sofort, aber irgendwann. Um mit An-drea Bergen-Rösch zu sprechen: «Der Punkt ist, man muss es einfach tun».

b) Auszeit für die Familie

Anais, Schauspielerin, Moderatorin und Schirmherrin verschiedener Stiftun-gen adoptierte ein Mädchen aus Indien. Sie zog sich für ein Jahr zurück, kon-zentrierte sich auf ihre Tochter.

Beides, Karriere und Kind, schien ihr zu aufreibend. Bei Freund/innen hat sie beobachtet, dass nahezu kein Moment für sie als Mensch blieb. «Früher konnten diese Leute Sport treiben, lesen, ausgehen. Nachher mussten sie ide-enreicher sein. Aber selbst dann wurde es selten. Ich erkannte: Entweder ar-beitet man, ist unterwegs oder mit den Kindern zusammen. Und bei mir hör-te der Tag nicht um 17.00 auf … Ich hatte mich für Lily entschieden, ihr stand meine volle Aufmerksamkeit zu.»

Die Zahl der Paare, bei denen *er* pausiert und sich dem Familienmanage-ment widmet, ist klein. «Dabei handelt es sich um einen bewussten Break, nichts von sich fallen lassen, oder ‹home sweet home›. Am Samstag den Ra-sen mähen oder Gäste bewirten ist kein Vergleich dazu …» unterstreicht Leon, seit acht Monaten Hausmann.

«Man muss davon überzeugt sein. Es gibt Leute, die sagen: «Ich will so schnell wie möglich etwas erreichen, eine Führungsposition, ein Verwaltungsratsmandat. Denen würde ich nie raten, gegen die eigene Überzeugung – aus Verpflichtung oder auf Druck der Partnerin – eine Zeit lang den Haushalt zu ‹schmeissen›. Sie werden dem verpassten Aufstieg nachhängen. Von sich aus hätten sie nicht einmal an ein Sabbatical gedacht. Weshalb sollen sie dann Babys schaukeln?»

Beispiel: Ausstieg aus dem Beruf – Einstieg in Haushalt/Familie

Urs K., 48, ursprünglich in der Elektronikbranche tätig, heute Haus- und Familienmann, gilt als «Exot» oder einmalige Ausnahme. Zünfter, Konfirmandinnen, Medien interessieren sich für seine Lebensform.

Für meine Frau war klar, dass sie Karriere machen und im Falle der Familiengründung weiterhin erwerbstätig bleiben wollte. Wir kennen uns 22 Jahre, in dieser Zeit hatte ich – nach dem überraschenden Tod meiner Mutter – bereits einen Männerhaushalt geführt. Das ging von «Null auf Hundert», von der Situation des Komforts und Verwöhnt-Werdens zum «do it yourself». Zunächst war es ein «Feierabendjob», zur Versorgung von meinem Vater und mir. Daraus entstand Spass an der Sache an sich. Kochen und Garten zählen mittlerweile zu meinen Hobbys.

Für das Zusammenleben zu zweit war ich also bestens gerüstet. Die Idee des «ich könnte doch wechseln» existierte allerdings erst theoretisch. Sie konkretisierte sich, als Nachwuchs in Aussicht stand. Die ersten drei (Still-)Monate haben wir uns Haus- und Betreuungsarbeiten geteilt. Das war unglaublich aufreibend, der Transfer am Mittag – das Hin und Her … übergeben, hetzen, doch zu nichts kommen!

Mittlerweile manage ich das Unternehmen «Haushalt» und es stimmt: freie Zeiteinteilung, etwas für sich tun, unmittelbare Resultate sehen. Ich habe Zeit für unsere Tochter, ehrenamtliche Tätigkeiten (Mittagstisch, Schützenverein) sowie persönliche Engagements, z.B. ein Tageskind.

Günstige Umstände tragen das ihre dazu bei: Die Position und damit das Gehalt der Partnerin ermöglichen ein Auskommen für alle, die Beziehung klappt, wir wohnen in einem tollen Haus (gute Lage, mit Umschwung, Naherholungsgebiet und freundnachbarschaftlichen Kontakten).

Ich bin ausgelastet, fulltime. Selbstbestimmt und zufrieden. «Teilautonom», wie unsere Schule: eigenverantwortlich, mit Bodenhaftung und in vernünftigen Relationen!

Mit der ehemaligen Firma stehe ich immer noch in Verbindung. Es hat mir gefallen, ich wäre heute noch dort – obgleich ich zur Arbeitswelt eine kritische Distanz gewonnen habe. Evtl. kehre ich wieder in einen Betrieb zurück. Inhalt und Form sind offen: Teilzeit-Pensum, Mithilfe beim Aufbau eines Geschäfts oder Selbstständigkeit.

Indes: Auf Mitte Fünfzigjährige hat die Berufswelt nicht gewartet. Überhaupt ist das System noch wenig auf «Rollenumkehr» eingerichtet. Mittlerweile kennt die AHV wenigstens Erziehungsgutschriften und das Splitting. Die Zweite Säule der Beruflichen Vorsorge hinkt jedoch noch hinten nach, z.B. bei der Witwerrente.

Wie der Freundeskreis reagierte? Die Palette reichte von Erstaunen über verhaltene Zustimmung («als Experiment spannend»; «sollte man ausprobieren») bis zur klaren Aussage: «Das könnte ich nicht!»

Ich überrede niemanden zur Nachahmung. Wichtig scheint mir, das Zentrale zu finden. Das ist es im Moment für mich, da bin ich die Idealbesetzung. Wenn es sein muss, hier als erster und einziger Mann.

c) Timeout ohne Familie

Auch hier gibt es verschiedene Formen, sei es dass jemand

- alleine startet (zu einer Gebirgstour) oder mit Kolleg/innen etwas unternimmt (River Rafting, Ballonfahrt über Burma)
- nach einer gemeinsamen Reise eine Fortsetzung anhängt (Ausflug nach Las Vegas, Besuch des Cousins in Simbabwe)
- explizit eine Auszeit von der Familie beansprucht.[33]

Letzteres, d.h. ein Timeout von der Familie, ist immer noch mit Tabus behaftet. Auskunftspersonen liessen sich nur schwer finden. Die meisten erklären das Geschehen nachträglich als

- Krisenintervention (Änderung oder Klarheit herbeiführen)
- Vorphase einer Trennung.

Die Abfolge der Ereignisse ist oft unvorhersehbar. «Ich packte Koffer und Kind, fuhr drei Wochen nach Amsterdam. Dass es der Beginn einer Kettenreaktion war, konnte ich nur ahnen. Gewusst oder bewusst herbeigeführt hatte ich es damals nicht.» Aline, 26

Häufig kommt der Ausbruch aus einem Konflikt heraus. Wie bei Chandra, 37, welche bekennt, sich derzeit in der betäubten Gefühlsmitte einzupendeln. Gut gelaufen ist ihre Geschichte wirklich nicht. «Ich bin gegangen, um eine Auszeit zu nehmen. Dabei wollte ich eine Entscheidung erzwingen. Ich meinte nicht mich, sondern ihn. Das Leben richtete sich nach seinem Plan: sein Haus, sein Geld, seine Ziele. Schliesslich der Schattenwurf seiner Machtgelüste. Und die Affäre …»

Evelyne haute, wie sie selber sagt, von einem Tag auf den anderen aus Frankreich ab. Dorthin war sie vor Jahren übergesiedelt. «Nach Deutschland, neu begonnen. Hart an der Existenzgrenze, die erste Zeit bei Freunden untergekommen. Nie wissend, was nächste Woche, nächsten Monat ist. Wie der Sommer wird, ob ich im Herbst nicht doch zurück möchte. Wiederkehrend von Schuldgefühlen eingeholt. Wut und Verzweiflung legten sich nach und nach. Ich hatte das Gefühl, das Richtige zu tun und doch gegen innerste Prinzipien zu verstossen. Was war vorgefallen, dass es soweit gekommen ist?»

Weniger dramatisch ging es bei Laure, 44, zu: «Ohne Mann und Kinder ans Meer zu fahren, war weder ein Spleen noch ein Befreiungsschlag. Das Vorhaben ging auf eine Tatsache zurück: drei Monate zu verreisen, bedeutete für Jürg Horror. Als selbstständig Erwerbender wollte er nicht so lange weggehen, Haus und Geschäft verlassen. Der Betrieb war sein Leben. Gekocht hat die älteste Tochter. Zu Einkauf und Wäsche sah die Schwiegermutter. Das war er gewohnt. Mich brauchte es zu jener Zeit wirklich nicht. Aber ich den Kuraufenthalt!»

Vera, 49, Cutterin, begleitet für sechs Monate eine Filmequipe in die Sahara. Wild entschlossen, den Berufseinstieg zu schaffen. Die Söhne blieben beim Mann. «Vor einem halben Jahr hätte ich mir diese Situation kaum vorstellen können. Nun ist es eine neue Freiheit, die ich bis zur Neige auskoste – mit allen Risiken und dem nicht mehr Umkehrbaren …»

4.7 Vorruhestand

Topshots …

Von der Leistungsfähigkeit, der längeren Erholungszeit und der bevorstehenden Lebensphase her wäre ein Timeout mit 55 oder 60 Jahren angezeigt. Dennoch ist von Leaders in Wirtschaft, Politik oder Gesellschaft selten so etwas zu vernehmen. Warum? «Am Geld liegt es nicht, sie sind reich. Dumm sind sie auch nicht. Die nicht loslassen, sind durchaus intelligente Leute. Jeder auf seine Art ein Charakterkopf. Vor allem aber lieben sie die Macht» (Roger de Weck, Sonntags Zeitung, 3.3.2002).

Andere nehmen in diesem Alter das erste Mal eine Auszeit. Oft geht diesem Schritt ein einschneidendes Erlebnis voraus. Ob Regulativ oder nicht: Gestandene Sabbatical-Teilnehmer/innen bestätigen, dass ihnen «dieses Unternehmen viel gebracht habe»; wobei sie den Effekt auf ihre Arbeitsmarktfähigkeit – und weniger auf schwindende Kräfte oder den Ruhestand – hin gedeutet haben wollen.

… und Normal Workers

Bis zu einem Drittel der Erwerbstätigen wird heute früher pensioniert – freiwillig, mit sanftem Druck oder wegen der Umstände. Zwar präsentiert sich die Situation hierzulande anders als in Deutschland (wo eine unglückliche Kombination von «Frühverrentung» und einer gegen die Bevölkerungsentwicklung gerichteten, jugendfixierten Personalpolitik zu einer drastischen Reduzierung der Arbeitnehmenden über 55 geführt hat). Dennoch hält die Tendenz zum vorzeitigen Ausscheiden aus der Berufswelt an, vgl. Peter Richter, 2002.

Dass die Schweiz im Gegensatz zu den umliegenden EU-Ländern die Lebensarbeitszeit nicht verkürzte, trug ihr manche Kritik ein. Dafür steht sie dem gleitenden Übergang ins Rentenalter offener gegenüber. Dies zeigen Modelle einer gestaffelten, oft auf eigenen Wunsch hinausgeschobenen Pensionierung (z.B. durch Vermittlungsagenturen von Senior-Expertinnen und Consulting-Beschäftigung in ausgelagerten Firmen). Wobei es nicht unbedingt auf eine Separierung hinauslaufen muss; der Schaffung von lebensspannengerechten Arbeitsplätzen dürfte ebenso viel Aufmerksamkeit zukommen!

Die Schweizer/innen gehen später in den Ruhestand. Dafür bereiten sie diesen aktiver vor, durch Übergangslösungen oder den Start-Up für eine dritte Karriere. Voraussetzungen dafür sind allerdings:
- die frühzeitige Entwicklung variabler Laufbahnstrukturen[34]
- kontinuierliche Weiterbildung
- die Suche nach externen Sinn- und Motivationsquellen.

Den Vorhang wegreissen

Erwin L. lebte zurückgezogen, im Kreis seiner Familie. Mit Politik hat er sich nie gross befasst, als der «Kalte Krieg» zu Ende war und sich die Tore zum Osten öffneten, wollte er in jene Länder reisen, von denen die geflüchteten Vorfahren stets berichtet hatten. Es war eine Erfahrung, welche ihn erschütterte. Materielle Einschränkungen kannte er als einfacher Arbeiter nur allzu gut, die nackte Not jedoch nicht.

Über die Armut in Rumänien konnte er nicht hinwegsehen. Er hielt mit einem Dorf Kontakt, besuchte es regelmässig, reparierte den Brunnen, übersetzte Briefe, half den Behörden.

Nach 60 führte er den privaten Sozialeinsatz weiter, trotz gesundheitlicher Beeinträchtigungen. Nicht als Ausstiegsprojekt aus dem Beruf oder «Timeout vor dem Ruhestand», aber, so betont er «als Zwischenhalt im Leben – und um den Übergang in die nächsten 10/15 Jahre einzufädeln ...»

Einen Schock der anderen Art erlebte René C. Als alleinstehender Versicherungsagent war er dem «Share Holder Value» nie abgeneigt, erhoffte sich von dynamischen Wirtschaftsgrössen Gewinn und Prosperität. Bis er mit 55 brutal ausrangiert wurde, dem jungen Chef ein Dorn im Auge war. Nach dem Kündigungsbescheid flüchtete er zwei Monate in den Fernen Osten: «um mich aufzufangen und den Absprung zu schaffen.»

«Als ich die Maschine für den Rückflug bestieg, war mir klar, dass ich nicht mehr in die frühere Firma gehen, nicht einmal das Outplacement in Anspruch nehmen würde.» Inzwischen ist er in das Recycling-Geschäft eines Kollegen eingestiegen, verdient deutlich weniger, schätzt die neue Lebensqualität und den Umstand, «nicht mehr auf einem Schleudersitz festgezurrt zu sein».

Vision = Wirklichkeit

Seinen Lebensabend früh geplant hat jener Swissair-Capitain, welcher ab dem 40. Geburtstag Ausschau nach einem Investitionsobjekt hielt. In England fand er eine alte Werft, brachte die Gebäude in Stand und die Company zu einem erfolgreichen Neustart.

Als er den Flugdienst frühzeitig quittierte, schüttelten die meisten den Kopf. «Wie kann man nur eine renommierte Firma verlassen, einen Traumjob aufgeben, die Pensionskasse auflösen ...» Heute gibt es die hochangesehene Fluggesellschaft nicht mehr. Zum Glück hat er sein Geld herausgeholt (Kolleg/innen erhalten z.T. nur noch gekürzte Renten).

Nunmehr gehört er zu den Trendsettern. Ist Unternehmer, lebt in verschiedenen Städten, regelt die Finanzen selbst.

SEINE TIPPS: Rechtzeitig Vorkehrungen für die Aufrechterhaltung des Lebensstandards treffen, sich finanzielle Flexibilität bewahren, Steuertermine optimieren, die Erbansprüche der Nachkommen berücksichtigen.

Wer ein Timeout einschaltet und sich mit «der Zeit danach» befasst, gehört sicher nicht zu denjenigen, welche kurz vor der Pensionierung bei Adlatus[35] anrufen und fragen: «Ich gehe nächstens in Rente. Haben sie mir was zu tun?»

Sie nerven sich eher – wie der abtretende Volkswagen-Boss Ferdinand Piëch – über die Frage, «ob es sie nicht in den Fingern jucke, eine Firma zu gründen». Daraufhin meinte der 65-jährige: «Wie Bob Lutz? Nein, ein derartiges Comeback ist nicht meine Sache. Lassen Sie mich doch einfach mit meiner Familie segeln gehen … Für einen Techniker gibt es auf einem Boot immer etwas zu tun. Langeweile wird bestimmt nicht aufkommen» (Sonntags-Zeitung, 7.4.2002).

Oder sie machen – wie Werner Baldessarini, Vorstandschef von BOSS – statt längerer Pausen gleich früher Schluss. Als einer der erfolgreichsten Manager Deutschlands ist er im Frühjahr 2002 ausgestiegen. Mit 57, nach 26 Jahren bei derselben Firma und vor der Unterzeichnung eines neuen Vertrags. Er tat dies trotz gegenteiligen Gerüchten freiwillig, Ziel: das Leben mit seiner Frau Cathrin geniessen (Die Bunte Nr. 4/2002).

4.8. Timeout und Arbeitslosigkeit

Immer mehr Menschen verlieren ihre Stelle. Sei es dass eine Firma eingeht, Arbeitsplätze abbaut oder die Wiedereinsteigerin lediglich ein Teilzeitpensum (statt der angestrebten Vollzeitstelle) erhält.

Timeout während der Arbeitslosigkeit

Anspruch und Bedürfnis

«Bezahlten Langzeiturlaub für Erwerbslose auf Kosten der Arbeitslosenversicherung braucht es nicht», lautet die öffentliche Meinung. Und nach den Bestimmungen des Gesetzgebers gibt es in der Schweiz auch keine solchen (vgl. Kapitel 8).

Gleichwohl ist das Thema nicht von der Hand zu weisen:

- Zum einen muss ein Timeout nicht unbedingt in Zusammenhang mit Erwerbstätigkeit bzw. deren Unterbruch gesehen werden.[36]
- Zum anderen stellt sich die Frage, ob eine zermürbende Stellensuche nicht einen Unterbruch verträgt: um Distanz zu gewinnen, sich aufzubauen oder eine Neuorientierung vorzunehmen.

Wenn Auszubildende oder Pensionierte Ferien verbringen, weshalb soll nicht jemand, der/die – aus anderen Gründen – nicht erwerbstätig ist, das Bedürfnis nach Luftveränderung verspüren? Wie jener Filialleiter, welcher sich für Lohngerechtigkeit einsetzte und «gefeuert» wurde. «Hätte ich mich nicht in der Pferdezucht meiner Tochter nützlich machen können, ich weiss nicht, wie ich die neun Monate überstanden hätte.»

Provokatives und Realistisches

Ob es gleich auf die These von Anke Richter hinauslaufen muss «wer nicht arbeiten *darf*, hat sich immerhin die Freiheit eingehandelt, dass er nicht arbeiten *muss*», sei dahingestellt. Zumindest hat man in einer solchen Situation das, wonach andere sich sehnen: Zeit. Eventuell zuviel Zeit, nicht immer freie, unbelastete Zeit …

Unter Umständen hilft eine Abfindung, zwei bis drei Monate zu überbrücken. In Tat und Wahrheit stellt Arbeitslosigkeit jedoch mitnichten eine ideale Ausgangslage für ein Timeout dar. Im Gegenteil: Arbeitsplatzsicherheit (das heisst die Gewissheit, an den vorherigen Arbeitsort zurückzukehren oder die Aussicht eine neue Tätigkeit zu finden), bildet die Basis für einen unbelasteten Antritt z.B. eines Sabbaticals.

Internationale Modelle

Ob der «Holländische Weg» ein wirksames Mittel gegen Arbeitslosigkeit hervorbringt, wird sich weisen. Die Feststellung, dass in der modernen Welt eine hohe Zahl überbeschäftigter, heillos ausgelasteter Menschen einer Menge von Leuten gegenübersteht, welche sich vergebens um Lohnarbeit bemüht, hat die Niederlande dazu bewogen, gesetzliches Neuland zu beschreiten. Seit 1998 werden Langzeiturlaube finanziell unterstützt, wenn sie einer arbeitslosen Person eine Einsatzmöglichkeit eröffnen. Unklar ist, ob sich jeweils eine adäquate Kraft finden lässt und wer die sonstigen Integrations-Leistungen erbringt.

In Deutschland wird der Sabbatical im öffentlichen Dienst als Mittel für neue Teilzeitstellen diskutiert, bis hin zu laufenden Rotationssystemen mit festen Auszeiten (acht Stellen, neun Mitarbeitende).

Firmen der Auto- oder Flugzeugindustrie haben versucht, drohenden Arbeitsplatzverlusten durch unbezahlte Langzeiturlaube vorzubeugen. Solche Massnahmen dürften von starker Ungewissheit geprägt sein – und zu einer Zweiteilung führen: Wer kann, sucht etwas anderes, wem dies nicht gelingt, fühlt sich erst recht ausgeliefert. Ausser bei hochspezialisierten Gebieten oder wenn konjunkturelle Morgenröte in Greifnähe ist …

Einen anderen Weg wählten Consulting-Firmen zur Zeit der grossen «Berater-Krise» 2001/2002. Neben Radikalmassnahmen (Trennung vom Teil Buchprüfung, Treuhand und Steuern, Kostensenkung, Spekulieren auf Fluktuationsgewinne[37]) schickten sie ihr Personal in Urlaub. Viele nutzten die Möglichkeit, zwei bis sechs Monate frei zu nehmen, trotz der Einschränkung, lediglich 20% oder 40% des bisherigen Lohns zu erhalten; was faktisch auf Kurzarbeit hinausläuft. Allerdings kehrten nicht alle zurück.

Situation in der Schweiz

Vier Fragen, sechs Antworten

Guido Pfister, Amt für Wirtschaft und Arbeit, Aarau, hat im März 2002 wie folgt Stellung genommen:

Frage: Wie sieht es hierzulande mit einem Langzeiturlaub während der Arbeitslosigkeit aus?

Antwort: In der Schweiz gibt es keinen Langzeiturlaub für Arbeitslose. Der Bezug von Ferien (kontrollfreie Tage) ist im Artikel 27. AVIV 1-5 geregelt und lautet wie folgt:

1 Nach je 60 Tagen kontrollierter Arbeitslosigkeit innerhalb der Rahmenfrist hat der Versicherte Anspruch auf fünf aufeinander folgende kontrollfreie Tage, die er frei wählen kann. Während der kontrollfreien Tage muss er nicht vermittlungsfähig sein, jedoch die übrigen Anspruchsvoraussetzungen (Art. 8 AVIG) erfüllen. (…)

2 Als Tage kontrollierter Arbeitslosigkeit zählen Tage, an denen der Versicherte die Anspruchsvoraussetzungen erfüllt. (…)

3 Der Versicherte hat den Bezug seiner kontrollfreien Tage spätestens 14 Tage im Voraus der zuständigen Amtsstelle zu melden. Ohne entschuldbaren Grund gelten die kontrollfreien Tage auch bei Nichtantritt als bezogen. Die kontrollfreien Tage können nur wochenweise bezogen werden.

4 Der Versicherte, der während eines Zwischenverdienstes ihm nach Arbeitsvertrag zustehende Ferien bezieht, hat auch für diese Zeit Anspruch auf Zahlungen nach Artikel 41a. Die während des Zwischenverdienstes bezogenen Ferientage werden von den bis zum Ferienbeginn erworbenen kontrollfreien Tagen abgezogen.

5 Nimmt der Versicherte an einer arbeitsmarktlichen Massnahme teil, so kann er während dieser Zeit höchstens so viele kontrollfreie Tage beziehen, wie sich auf Grund der Gesamtdauer dieser

Massnahme ergeben. Kontrollfreie Tage können nur in Absprache mit dem Programmverantwortlichen bezogen werden.

Ergänzung: Der Versicherte hat Anspruch auf Arbeitslosenentschädigung, wenn er/sie:

Art 8 AVIG

a. ganz oder teilweise arbeitslos ist (Art. 10);

b. einen anrechenbaren Arbeitsausfall erlitten hat (Art. 11);

c. in der Schweiz wohnt (Art. 12);

d. die obligatorische Schulzeit zurückgelegt und weder das Rentenalter der AHV erreicht hat noch eine Altersrente der AHV bezieht;

e. die Beitragszeit erfüllt hat oder von der Erfüllung der Beitragszeit befreit ist (Art. 13 und 14);

f. vermittlungsfähig ist (Art. 15) und

g. die Kontrollvorschriften erfüllt (Art. 17).

2 Der Bundesrat regelt die Anspruchsvoraussetzungen für Personen, die vor der Arbeitslosigkeit als Heimarbeitnehmer tätig waren. Er darf dabei von der allgemeinen Regelung in diesem Kapitel nur soweit abweichen, als die Besonderheiten der Heimarbeit dies gebieten. (AVI

Ergänzung: Ganz auf Reisen verzichten müssen Erwerbslose nicht!

Während der kontrollfreien Tage muss die arbeitslose Person nicht erreichbar sein und keine Arbeitsbemühungen erbringen, d.h. Arbeit suchen.

Innerhalb einer Rahmenfrist für den Leistungsbezug (…) kann eine arbeitslose Person insgesamt 8 Wochen Ferien (= kontrollfreie Tage) beziehen, wobei sich die kontrollfreien Tage à Blöcke von 5 aufeinanderfolgenden Tagen kumulieren lassen.

Frage: Im Zeitalter von PC, Internet und Handy lässt sich eine Bewerbung elektronisch vornehmen. Weshalb kann sich eine erwerbslose Person nicht ungeniert auf Gran Canaria bewegen (erreichbar ist sie gleichwohl, und im Fall der Fälle nimmt sie den nächsten Flieger)?

Antwort: Eine arbeitslose Person sollte ausserhalb der kontrollfreien Tage in der Lage sein, innert 24 Stunden eine Arbeitsstelle antreten zu können. Zudem muss sie nachweisen können, dass sie sich wäh-

	rend und verteilt über die ganze Kontrollperiode (Monat), um zumutbare Arbeit bemüht hat.
Frage:	Was passiert, wenn jemand gleichwohl eine Auszeit nimmt und vergisst, einen Sabbatical bei der Regionalen Arbeitsvermittlung an- bzw. sich abzumelden?
Antwort:	Da es ein Sabbatical in der Arbeitslosenversicherung nicht gibt, stellt sich die Frage so nicht. Vergisst jemand seine «kontrollfreien Tage» 14 Tage im Voraus anzumelden, so hat die Amtsstelle (RAV) die arbeitslose Person in der Anspruchsberechtigung einzustellen. D.h. die/der Arbeitslose bekommt für eine Anzahl Tage keine Arbeitslosenunterstützung.

Stellensuchende können während längstens 4 Wochen ihre Arbeitslosigkeit mit Ferien ohne Anspruch auf kontrollfreie Tage unterbrechen. Für diese Zeit besteht jedoch kein Anspruch auf Arbeitslosenentschädigung. Auch hier muss dies der zuständigen Amtsstelle (RAV) 14 Tage im Voraus gemeldet werden.

Dauern die «unbezahlten Ferien» länger als 4 Wochen, so muss die Vermittlungsfähigkeit überprüft werden.

Während arbeitsmarktlicher Massnahmen (Kurse, Beschäftigungsprogramme) dürfen keine unbezahlten Ferien bezogen werden.

| Frage: | Wie sieht es für «Weltenbummler/innen» aus? Was müssen Leute wissen, welche in die Selbstständigkeit wechseln? |
| Antwort: | Der Anspruch auf Arbeitslosenentschädigung entfällt, sobald jemand den Wohnsitz nicht mehr in der Schweiz hat. |

Um Arbeitslosenentschädigung zu beziehen, muss die Anspruch stellende Person – in der Regel – während der vorausgegangenen 2 Jahre mindestens 6 Monate (bei wiederholter Arbeitslosigkeit während 12 Monaten) Beiträge an die Arbeitslosenversicherung bezahlt haben → unselbstständige Erwerbstätigkeit. Erst dann kann eine sogenannte Rahmenfrist für den Bezug, welche ebenfalls wieder zwei Jahre Gültigkeit hat, eröffnet werden.

Will jemand im Rahmen der Arbeitslosenversicherung eine selbstständige Erwerbstätigkeit aufnehmen, so muss er/sie einen entsprechenden Kurs besuchen. Während diesem Kurs werden Chancen und Risiken genau geklärt. Erfüllt ein Projekt die gesetzlichen Vorgaben, so werden der arbeitslosen Person zusätzlich maximal 60 Taggelder für die Realisierung des Projektes bewilligt. Am Ende dieser maximal 60 Tage entscheidet die Person über die Aufnahme einer selbstständigen Erwerbstätigkeit. Fällt der Entscheid positiv aus, so wird die Person von der Arbeitslosenversicherung abgemeldet.

Beispiel: Timeout als Sackgasse

Uni, Alltag, Familie durchgebracht, den Anfeindungen von aussen widerstanden («die studierende Hausfrau»), fiel Christiane, 41, nach dem Lizentiat in ein Loch. Sie wagte sich kaum einzugestehen, dass sie sich mit dem «Nachher» nicht befasst – geschweige denn eine Vorstellung zur Umsetzung des Kunstgeschichte-Abschlusses gemacht – hatte.

Zunächst erholte sie sich von den Prüfungsstrapazen, nahm Sommerferien, beaufsichtigte die Renovation eines Hauses in der Toskana und half in einem Restaurant aus.

Nach einer vagen Äusserung hinsichtlich Import von Edel-Spirituosen liess sie sich zu einem Kurs für Selbstständigkeit überreden. In Wirklichkeit fühlte sie sich dazu gar nicht in der Lage.

Mit der Zeit wurde das «Easy-Life» bedrohlich. Die Fragen der Aussenstehenden immer drängender, der Druck seitens der Arbeitslosenversicherung grösser und das Geld knapp. Schlussendlich stürzte sich die Akademikerin in die erstbeste Stelle: überqualifiziert, schlecht bezahlt. Sie hofft nun auf «Training on the Job» und einen internen Aufstieg.

Arbeitslosigkeit nach dem Timeout

Die wenigsten lassen sich von der Situation «keine feste Anstellung» überraschen: Es sei denn, sie müssen/wollen nicht wieder ins Berufsleben einsteigen.

Einige jobben, als Übergangslösung oder für den Wechsel in den Alltag. Dies vermittelt Einsicht in andere Unternehmen und wirft weniger Fragen auf denn eine weitere ‹Lücke› im Lebenslauf. Zusätzlich können neue Arbeitsformen ausprobiert sowie ein späteres Engagement «aufgegleist» werden.

Sollten Sie sich gleichwohl dazu entschliessen, Arbeitslosengeld zu beziehen, empfiehlt es sich, rechtzeitig Abklärungen hinsichtlich Bezugsberechtigung, Vermittelbarkeit etc. vorzunehmen. Seien Sie auf folgende Fragen vorbereitet:

- Wozu haben Sie die Auszeit genutzt (Auslandaufenthalt, Laufbahnberatung, Weiterbildung)?

- Was hat Ihre Standortbestimmung ergeben (Resultate, Ergebnisse)?
- Sind die Bewerbungsunterlagen up to date?

4.9 Kinder, Jugendliche

Bisher ist von Abstand zu Karriere und Leistung die Rede gewesen, ausschliesslich bei Erwachsenen. Auch Kinder oder Jugendliche verspüren gelegentlich den Wunsch, aus dem Korsett von «Schule, Lernen, Freizeit» auszubrechen, existenziellen Abhängigkeiten und fixen Vorstellungen von Familie/ Berufswahl zu entfliehen.

Die Entdeckung des «Ich» sowie Ablösungstendenzen vom Elternhaus tragen das ihre dazu bei: Grenzen und Bestätigung müssen her, je wilder desto besser. Alles Neue ist toll, der Rest egal …

Beispiel: Lovely Rita[38]

Die Regisseurin Jessica Hausner porträtiert in ihrem Spielfilmdebüt die kleinbürgerliche Welt aus der Sicht eines Teenagers. Die 15-jährige Rita fällt durch ihre vorlaute, zuweilen lethargische Art auf. Als Aussenseiterin streift sie durchs Leben. Die Mitschüler lachen über sie, die Lehrerin findet sie frech, die Eltern wollen sie zähmen. Je einsamer und unverstandener sich die junge Frau fühlt, desto stärker rebelliert sie. Gleichzeitig auf der Suche nach Anerkennung und Zuneigung. Irgendwann holt sie zum radikalen Befreiungsschlag aus.

Es muss nicht gleich darauf hinauslaufen, aber vielleicht auf eine Reise. Ein Auslandjahr endet oft mit der Rückkehr in dieselbe Klasse: persönlich gereift, mit einer Fülle von Eindrücken und einer Ahnung dessen, was es jenseits des eigenen Horizonts gibt!

4.10 Andere Reihenfolge Arbeit – Timeout

Weshalb das Ganze nicht einmal umdrehen? Zuerst die Erholung und dann die Müh? Wie jene Bildhauerin, welche sich die Fahrt an den Nordpol erst nach Ablieferung des grossen Auftragswerks gegönnt – und in der Arktis die faszinierendsten Eisskulpturen entdeckt – hat. Das nächste Mal macht sie es umgekehrt: erst die Kälte und dann die Plackerei. Der Kreativität kanns nur nützen!

5. Entscheidung

«NICHT TATSACHEN, SONDERN MENSCHEN TREFFEN ENTSCHEIDUNGEN.»

AUS: «1001 WEGE ZUR MOTIVATIONSSTEIGERUNG», FALKEN VERLAG 2001

5.1 Ausgangslage

Zuerst ist die Idee: spontan, wiederkehrend, sich allmählich festsetzend. Sie lässt einen nicht mehr los, sorgt dafür, dass man

- nach einer Reisesendung zum Atlas statt zur Fernbedienung greift
- sehnsüchtig aufblickt, wenn der Lieferwagen mit der Aufschrift «Pausen wirken Wunder» vorbeifährt[39]
- auf jedes Buch zusteuert, welches «das Ende der Einseitigkeit» oder «den Ausstieg auf Zeit» verheisst.

Gesellt sich ein Anreiz von aussen hinzu (Freunde sprechen von einem längeren Urlaub, beruflich kündigt sich eine Zwischenphase an, eine Erbschaft steht in Aussicht), fehlt nicht mehr viel bis zum ersten Schritt, dem Entschluss zu einem Timeout!

Ist das geschafft, taucht gleich die nächste Frage auf. Was will ich mit einem Auslandaufenthalt, der Trecking-Tour oder Ballonfahrt über Burma? Worauf läuft das Ganze hinaus? «Wer kein Ziel hat, segelt mit dem Wind». Diese Devise ist reizvoll für den Verlauf eines Timeouts, vorher geht es jedoch darum

- Informationen einzuholen
- Alternativen zu prüfen (neuer Job oder doch die Reise?)
- Sinn und Zweck des Vorhabens auszumachen
- den Entscheid «Ja» oder »Nein» zu fällen
- die Grundausrichtung zu bestimmen.[40]

Daraus ergibt sich zumeist auch das Ziel. Dieses hilft Schwierigkeiten zu überwinden, Durststrecken auszuhalten und den unausweichlichen Mehraufwand zu leisten. «Der Bezug eines Sabbaticals ist ein Akt, welcher enormen Willen erfordert und seinen Preis kostet», betont der ehemalige Migros-Manager Sergio De-Maddalena. Er blickt auf mehrjährige Erfahrung zurück und verheimlicht nicht, dass er in den vorausgehenden Monaten jeweils Spitzenleistungen erbracht und weit mehr als hundert Prozent gearbeitet hat – u.a. um finanziell vorzusorgen (Weltwoche, 23.7.1998).

Hinsichtlich der Bekanntgabe des Entscheids sowie der Umsetzung rücken zwei Ziele in den Vordergrund:

1. die Realisierung einer Idee   → kreative Auszeit.
2. die Regelungen rundherum (Job, Haushalt)   → erfolgreiche Rückkehr.

Wer richtet gern ein Chaos an, beschwört eine Krise herauf oder hinterlässt Verwirrung, insbesondere wenn er/sie wieder zurückkommen möchte?[41] Ein geschicktes Coming-out sowie klare Verhältnisse – gleich zu Beginn – begünstigen das erfolgreiche Come-back, beruflich und privat!

5.2 Prozess der Entscheidungsfindung

«Warten Sie nicht, bis Ihnen die ultimative Lösung einfällt – treffen Sie die Entscheidung, die für Sie momentan am Besten ist.»

AUS: «1001 WEGE ZUR MOTIVATIONSSTEIGERUNG», FALKEN VERLAG 2001

Klassische, aus der Ökonomie bekannte Mechanismen der Entscheidungsfindung gelangen bei einem Timeout selten zur Anwendung. Eine Auszeit lässt sich nicht auf Jahre hinaus planen oder fix einkalkulieren.[42] Oft bleibt wenig Zeit nachzudenken, Fakten zu studieren und Theorien gegeneinander abzuwägen. Irgendwann steht das Ergebnis im Raum – und statt der Machbarkeitsstudie erfolgt der Reiseantritt!

Zudem gehen nicht alle Menschen rein analytisch vor, setzen hinsichtlich ihrer Zukunftsplanung eher auf Intuition, Sensibilität oder Entdeckerlust. Wie Sandra, 24: «Ich wollte nur kurz den eingeschlagenen Weg prüfen – dabei hatte ich mich bereits aufs Abbiegen (oder Innehalten) eingestellt. Jetzt ging es nur noch darum, die richtige Ausfahrt zu erwischen: auch wenn der Thai-Chi-Kurs im schottischen Hochland nicht zum Repertoire einer steilen Karriere zählt …»

Negative Einflussfaktoren

Statt einer Checkliste für die «ideale Entscheidung» finden Sie nachstehend vier Ausschlusskriterien bezüglich des Zustandekommen eines «Ja» oder «Neins». Darauf sollte es *nicht* beruhen:

- Verzerrungen durch Vereinfachungen, abschreckende Beispiele oder das Ausblenden von Tatsachen (z.B. dass Ihre Energiereserven unbegrenzt sind)
- Stress bezüglich der Ausgangs- oder Entscheidsituation
- Erfolgsdruck hinsichtlich Resultat und Gelingen des Timeouts

- einer negativen Risikoabschätzung (das geringere Risiko und die Kontrolle, Sicherheit zu Hause einem höheren Risiko und Wagnis in der Fremde
vorziehen).

Manchmal holt einen die anfängliche Aufbruchsstimmung ein. Man ist erstaunt ob des eigenen Wagemuts, beiseite geschobene Bedenken kriechen
hoch, man getraut sich nicht mehr, zum springenden Punkt vorzudringen (Gespräch mit dem Vorgesetzten). Diese Unsicherheit ist verständlich, schimmer-
te bei einzelnen Erzählungen durch. Allerdings führte sie bei keinem/keiner
der Gesprächspartner/innen zum vorzeitigen Abbruch!

Häufig stellt sich Frage, wie sich etwas präsentiert (Entscheid über die
Fortsetzung einer Beziehung oder das unverbindliche Angebot einer Freundin: «Ich fahre mit dem Camper durch Kanada, kommst du mit?»), in welchem
Kontext (Phase von Konflikten und Umbruch, ohnehin bevorstehende Änderungen) und mit welcher Aussicht (Ausgleich, Erholung oder berufliche Weiterqualifizierung).

TIPP: Sobald Sie zu einer ersten Entscheidung gekommen sind, erzählen
Sie jemandem davon → strukturieren, klar darlegen, Feedback einholen.

5.3 Macht der Gewohnheit

Gewohnheiten bestimmen unser Leben. Die einen nennen es «Tradition» oder
«Lauf der Dinge», andere fühlen sich – durch daraus entstehende Normen und
Verhaltensregeln – eingeengt.

Die Frage ist: Wie viel Einfluss geben wir dem Festgefügten? Steckt es
den Rahmen ab oder dirigiert es uns in eine bestimmte Richtung? Ziehe ich,
wie gezähmte Elefanten, meine Kreise oder durchbreche ich diese, hebe auch
mal ab?

Das Bedürfnis nach gedrosseltem Einsatz ist verständlich: Aufbruch, Idealismus, Effort kosten Energie (vor allem die eigene). Und nach einer ersten
Phase der Überaktivität oder des intensiven Engagements arrangiert man sich,
z.B. im Job. Man lebt mit den Unwegsamkeiten des Systems, gewinnt diesen
auch mal Spassiges oder Angenehmes ab, geht von der kreativen Unruhe zur
angenehmen Geschäftigkeit über. Und da soll man jetzt wieder heraus? Für
einen Flug nach Nirgendwo?

Ausflüchte gibt es viele, karriere-, umstände- und altersbedingt. Die Regisseurin Tracey W. formuliert es treffend: «Eigentlich passt so eine Unterbre-
chung nicht in die mitteleuropäische Zivilisation. Erst kommt die Ausbildung,

danach fehlt das Geld, die Beziehung ist zu frisch, die Kinder zu klein, in der Firma so viel los. Mit 40 wird das Haus gebaut, mit 50 will man endlich seine Ruhe haben und mit 60 fühlt man sich zu alt dafür.»

Veränderung kontra Stabilität

Warum fällt es so schwer, etwas im Leben zu ändern? Stabilität zählt zu unseren höchsten Gütern, sagen Psycholog/innen. Was uns vertraut ist, ist uns kostbar – selbst wenn wir davon eigentlich gar nicht so begeistert sind.

Umgekehrt taucht der Wunsch nach Veränderung in diversen Umfragen zur persönlichen Befindlichkeit auf. «Mehr für sich tun», «Zeit haben», «sich Gesundheit, Fitness zuwenden» gehören zu den favorisierten Zukunftsvisionen (vgl. BRIGITTE WOMEN Nr. 1/2002).

Die Idee wäre vorhanden. Die meisten scheitern beim Einstieg – oder glauben, das gesamte Leben auf den Kopf stellen, gleich zu Taten schreiten zu müssen.

Es muss nicht alles radikal anders werden (wie es ab und zu doch geschieht). Eine Auszeit bietet Gelegenheit, gerade nicht eine totale Kehrtwende vornehmen zu müssen. Die Welt dreht sich auch so … Aber vielleicht verspüren Sie Lust, das Rad anzuhalten, aus der Tretmühle auszubrechen?

5.4 «Ich kann doch nicht …» (Vorgesetztenproblematik)

«Unmöglich»; «das ist mit meinen Karriereambitionen unvereinbar»; «dann steht hier alles um»; solche und ähnliche Argumente hat Jessica Korth in ihrer Lizentiatsarbeit gesammelt.[43]

Korth nennt es «Vorgesetztenproblematik»; die gleiche Schere dürfte jedoch auch im Kopf von Angestellten ohne Leitungsfunktion oder selbstständig Erwerbenden anzutreffen sein. Als Hintergrund ortet die Autorin:

- Status («kein frisch ernannter Filialchef bricht zu einer Südamerika-Reise auf»; «als Führungskraft bin ich mitnichten erholungsbedürftig, tanke übers Wochenende auf»)
- eingespielte Abläufe
- Besitzstandswahrung
- Gefühl der Unersetzlichkeit.

Hinzu kommen weitere «gute Gründe»:

- äussere Bedingungen (Umwälzung des Marktes, bevorstehende Fusion, kritische Grösse des Unternehmens)
- innere Gegebenheiten (Reorganisation, Einführung einer Qualitätssicherung, Personalrochaden)
- Branchen-/ Aufgabenspezifitäten (einträgliche Beratungsmandate verlieren; plötzlich vor einer Unmenge Projekte stehen; wenig zeitlich begrenzte Aufgaben).

Dies zieht sich dann hin, bis zur Pensionierung. Die spitze Feder des Kolumnisten Roger de Weck schreibt dazu:

«Wer nicht loslässt, hat nicht lockergelassen, bis er oben war. Das zeugt von einem starken Ego und einem festen Willen, aber nicht immer von Souveränität (...) Wer nicht loslässt, hat keinen Begriff vom Leben und einem Glück ausserhalb des Unternehmens, dem er sich verschrieben hat. Er glaubt, der Respekt gelte seiner Person – er gilt bloss seiner Funktion»

(SONNTAGSZEITUNG, 3.3.2002).

Mit anderen Worten: Wird eine Position zum Kern der eigenen Identität, erscheint es absurd, freiwillig Abstand zu nehmen – von Job, Einfluss und Macht.

5.5 Spitz formuliert: Zehn Gründe, ein Timeout auszuschlagen (und die prompte Widerlegung)

1. Timeout? Habe ich noch nie gehört!
   Wirklich nicht? Dann wissen Sie wenig von Sport. Und lesen die falschen Ratgeber.
2. Timeout? Habe ich noch nie gewollt!
   Seltsam! Es ist schön, etwas erreicht zu haben. Aber langweilig, es zu sichern ...
3. Timeout? Habe ich nicht nötig!
   Auch Stehaufmännchen holen sich ihre «Kicks»![44] Wo tun Sie dies?
4. Timeout? Das geht nicht (Firma, Beruf).
   Reden der Ewiggestrigen → «noch nie so gemacht»; «immer so gemacht»; «da könnte ja jede/r kommen».
5. Timeout? Klappt bei mir nicht (Person, Typ)!
   In jedem Arbeitstier steckt ein Globetrotter – und ein Stück Sehnsucht.

6. Timeout? Was meinen die anderen?

   Die sollen denken was sie wollen. Wenn bereits eine Auszeit an Ihrem Image kratzt, was passiert bei einer echten Krise?

7. Timeout? Bringt mir zuwenig!

   Probieren Sie es aus! Ein Timeout gibt Ihrer Karriere unerwarteten Drive → höheres Ansehen durch gezeigte Risikobereitschaft.

8. Timeout? Da macht das Umfeld nicht mit!

   Entscheiden Sie selbst! Sie sind bei Familie/Freunden auch als Mensch gefragt.

9. Timeout? Dazu habe ich keine Zeit!

   Jetzt erst recht …

10. Timeout? Hierzu fehlt mir das Geld!

    Es muss nicht gleich eine Luxustour sein …

5.6 Zeitpunkt

In Laufbahntheorien taucht oft der Siebenjahres-Rhythmus auf. Biografie-Forscherinnen haben beobachtet, dass entscheidende Weichenstellungen im Alter von 7, 14, 21, 28, 35 Jahren erfolgen. Diese Zahlen sind einleuchtend und korrespondieren mit statistisch erhärteten Lebensereignissen (Schulbeginn, Pubertät, Berufseinstieg, Heirat, Familiengründung).

«Mit 42, 49 oder 56 Jahren sieht es anders aus, vorprogrammiert sind da höchstens noch die Midlife-Crisis oder der Ruhestand» meinen die einen. Andere halten fest: «Entwicklungen gibt es: spontan, aus individuellen Umständen heraus oder wenn man sie aktiv sucht.»

Die wenigen Forschungsberichte zu beruflichen Auszeiten liefern keine eindeutigen Aussagen

- zu welchem Zeitpunkt
- in welchem Alter
- in welcher Lebensphase oder Konstellation

ein Unterbruch häufiger ins Auge gefasst wird.

Unter unseren Gesprächspartner/innen kristallisierten sich solche heraus, welche eine Lebensphase abgeschlossen oder voll ausgeschöpft hatten und *das Timeout als Endpunkt, Übergang oder Neubeginn nutzten*.

Management- oder Personalberater empfehlen nach fünf bis sieben Jahren Berufstätigkeit einen ersten «Break». Bis dahin hat sich der erste Frust eingestellt. Man ist erfahren genug, um die Stellung nach der Rückkehr halten zu können (Richter, 1999).

Manchmal ist der Termin vorgegeben, ebenso wie die Dauer: bei der beruflichen Versetzung des Partners ins Ausland, dem Beginn einer Ausbildung oder durch die heranrückende Schulpflicht der Kinder → dann eilt es mit der sechsmonatigen Kajaktour!

Als «klassische Timeout-Situationen» gelten:[45]

- die Zeit zwischen zwei Stellen oder Funktionen
- ein bedeutsamer Wechsel, z.B. vom Angestelltenverhältnis in eine freiberufliche Tätigkeit
- der längere Verbleib in einem Unternehmen, einer bestimmten Branche oder Position (10 Jahre Holzhandel, 15 Jahre Leitung diverser Sprachschulen)
- gewisse Lebenssituationen (Neuausrichtung nach prägenden Erlebnissen oder Einschnitten)
- Phasen der Suche und Standortbestimmung, z.B. nach der Auflösung eines Unternehmens (Fluggesellschaft, Fernsehstation) oder dem Verkauf des eigenen Geschäfts
- die Schwelle zu einer Veränderung (Berufswahl, Familiengründung, Auswandern, vorzeitiger Berufsausstieg etc.)
- von Prominenten bekannt: das Verkraften eines überraschenden, auch finanziell einträglichen Erfolgs (dem Trubel entfliehen, das Ganze einordnen, überlegen was nun).

TIPP: Versuchen Sie den idealen Zeitpunkt zu erwischen: bevor Sie total ausgebrannt oder mit Aktivitäten eingedeckt sind. Um ein Schlagwort zu bemühen: «Nehmen Sie das Timeout vor dem Burnout.» Meist zeichnet sich ohnehin eine Neuorientierung ab (Arbeit, Freizeit, Privates) – oder Sie verspüren schlicht Lust / Kraft für Neues.

Zwei Beispiele:

1. Es hat gerade gepasst ...

Kerstin, 31, Berlin: «Heirat – Aufbruch – Familienplanung. Kurz vor der Abreise wurde ich schwanger: ein gutes Timing. Wir wussten vorher, dass wir Kinder wollten. Der Zeitpunkt war ideal, so konnte ich in den Mutterschutz gehen und nach drei Jahren USA bei derselben Firma, einem Kosmetik-Konzern, wieder einsteigen. Mit lohnenden Kenntnissen des amerikanischen Markts ...»

2. Sich selber vor Entscheid stellen, es jetzt zu tun.

Die Fernsehmoderatorin Sandra Maischberger, reiste mit ihrem Lebensgefährten, dem Kameramann Jan Kerhart, um den Erdball: zuerst nach Prag – Sprung zurück – nachher Abflug nach Nordamerika, weiter zu den Cook-Inseln, Fidschi, Neuseeland, Australien, Thailand, zuletzt Israel.

«Wenn wir auf den Moment gewartet hätten, der opportun gewesen wäre, um abzuhauen, dann würden wir noch immer hier sitzen. Wir dachten einfach, dass wir diese Reise jetzt machen müssten, weil es irgendwie später noch viel schwieriger würde, sich aus dem ganzen Geflecht von Job, Miete, Versicherungen und ähnlichem zu lösen. Ausserdem war es gut, einen erstklassigen Job dafür aufzugeben – bewusst zu sagen: diese Sache ist mir jetzt wichtiger.»

AUS: «AUSSTEIGEN AUF ZEIT. DAS SABBATICAL-HANDBUCH», VGS VERLAGSGESELLSCHAFT 1999

5.7 Anlass

«War es dein Einfall? Kam die Initialzündung von aussen? Hat es dir ausgehängt? Oder war es der Reiz des anderen?» Unzählige Male hat Till, 38, diese Fragen gehört. Als Psychologe weiss er um die Push- und Pull-Faktoren[46] – und erachtet es dennoch als unmöglich, klar herauszuschälen: In diese Richtung ging der Zug, von etwas weg, auf Punkt X zu. Auch wenn Tunesien als Reiseziel feststand.

Marian, 34, damals seine Partnerin, könnte ebenso wenig behaupten: «Das hat mir den Rest gegeben oder jenes zog mich dorthin».

Leichter herauszufinden ist der ursprüngliche Anlass: Entspringt das Timeout einer persönlichen Idee oder geht es auf äussere Ursachen zurück?

Selbst gewählt

Nachstehend einige Beispiele, bei denen der Anstoss von der entsprechenden Person ausging:

- Auslandaufenthalt für ein bestimmtes Vorhaben (Bewerbung für ein Studienjahr in Paris oder den Atelieraufenthalt in Berlin)
- Absolvieren einer Aus-/ Weiterbildung (Zeit, Energie, Finanzen darauf konzentrieren)
- ein Projekt verwirklichen (Theaterstück, Bau eines eigenen Hauses)
- ein spezielles Erlebnis suchen (im Frühjahr die Wüste Gobi durchqueren)
- Engagement in einem anderen Bereich (Natur, Familie, Freizeit)

- innere Motivation: sei es durch ein diffuses Unbehagen (Trödeln am Morgen, zunehmende Lustlosigkeit) oder durch das Hervortreten des DUZ-Faktors (gezieltes Bedürfnis nach Distanz, Unterbruch, Zwischenhalt).

Das Timeout hatte unterschiedliche Funktionen, es diente
- als bewusste Auszeit (10 Jahre in derselben Firma, 12 Jahre freiberufliche Tätigkeit)
- zur Aufhebung einer Blockade (körperliche Grenze erreicht, z.B. beim Spitzensport; mentale Einbrüche, Leistung und Erfolg bleiben aus)
- zur Vorbereitung eines neuen Lebensabschnitts (Karrieresprung, Vorruhestand, definitive Auswanderung)
- als Fortsetzung einer beruflich bedingten Reise oder eines Erholungsurlaubs
- als Überbrückung (zwischen zwei Stellen, beim Wechsel vom Angestelltenverhältnis in die Selbstständigkeit und umgekehrt)
- als Test für eine zukünftige Lebensweise (ständig unterwegs, Wandel als Kontinuum).

So wird es erzählt

«Es war ein Geistesblitz. Voll erwischt, auf der Zielgeraden des Fernwehs. Auf einem Ausflug hat es Klick gemacht, mitten in der schönsten Berglandschaft: Ich brauchte Tapetenwechsel, Inspiration, Time for something New.» Tanja, 23

«Zwischen Matur und Studienbeginn wollten wir etwas erleben. Das hat uns beim Lernen über Wasser gehalten, Spass gebracht und anschliessend nicht in ein Loch fallen lassen. Es war die Sache wert, vom Herrichten des Autos über das Rennen in Dakar bis zum ernüchternden Ausscheiden! Wir haben prekärste Verhältnisse überstanden. Ein verbindendes Element.» Patrick, 19

Anke Richter führt in ihrem Sabbatical-Ratgeber den Aussteigerbericht eines Journalist an. Bei ihm stimmten Zeitpunkt und Bedingungen: «Ich war Single, hatte keine Schulden, kein Eigentum – optimale Voraussetzungen, um solch eine Idee zu realisieren. Worauf wartete ich noch? Es war alles perfekt. Ich musste mich nur noch beurlauben lassen.»

Patricia Kaas, die bekannte französische Entertainerin, hat 2001 für einige Zeit das letzte Konzert gegeben. Auf die Frage eines Journalisten, ob ihr die Lust an Auftritten vergangen sei, antwortete sie: «Überhaupt nicht. Ich wollte mich nur ein bisschen zurückziehen. Umziehen. Und ich wollte ein bisschen an mich denken, auch als Frau. Ich geniesse mein Leben als Sängerin so sehr, dass ich mich selber vergesse» (SonntagsZeitung, 14.4.2002).

Sandrine, 26, holt ebenfalls etwas nach: «Dem Freund zuliebe verzichtete ich auf einen Sprachaufenthalt, folgte ihm ins Tessin. Jetzt ist die Beziehung auseinander gegangen und ich fliege nach London, ein Jahr später.»

Der Wunsch nach Abstand entsteht z.T. vor einer eindeutigen Situation. Wie bei jener Parlamentarierin, welche sich im Hinblick auf die nächsten Wahlen überraschend die Frage stellte: «Knie ich mich voll hinein, belasse ich es bei einem minimalen Einsatz oder steige ich aus? Was will ich in der Politik? Was bringt sie mir? Muss ich mich in dieser Öffentlichkeit exponieren?» Eine Südafrika-Reise brachte Klarheit. «Ich wusste, ich brauche Kraft für das, was nachher kommt: einen Neubeginn oder nochmals antreten ...»

Bei Sven, 47, hat der Turnaround vorher stattgefunden: «Ich orientiere mich nur noch an der Zukunft und an positiven Erfahrungen. Während mir früher vor einer wichtigen Entscheidung ein Film mit den schlimmsten Wendungen, Verletzungen und Niederlagen vor dem geistigen Auge ablief, lege ich heute ein neues Band ein. Es trägt den Titel: ‹Was kenne ich noch nicht? Was Tolles könnte ich erleben?› Das ist das eigentliche Timeout.»

David, 52, machte die Erfahrung, dass Unterbrüche gut tun. Jedoch: «Man muss es selbst an die Hand nehmen, sich mit neuen Sichtweisen konfrontieren. Die tauchen im Alltag nicht auf – oder werden leicht weggestellt.»

Georg, 74, meint heute: «Damals schien es gewagt, ein Schiff nach Amerika zu besteigen. Aber der Einsatz war gering. Wenn man bedenkt, was andere in die Waagschale werfen! Zufällig las ich die Entstehungsgeschichte des Kinohits ‹Vom Winde verweht›. Die Ausgangslage nahm sich denkbar schlecht aus: 4400 Leute warteten auf ihren Einsatz, über 1000 Probeaufnahmen brauchte die Besetzung der Scarlett. Der Hauptdarsteller kostete eine Million, das Skript erwies sich als vermurkst, der Produzent als zahlungsunfähig. Dennoch liefen die Dreharbeiten an, zum erfolgreichsten Epos aller Zeiten ...»

Von aussen initiiert

«Höre auf deine innere Stimme, auch wenn sie von aussen kommt.»
AUS: ALLE UNFRISIERTEN GEDANKEN, CARL HANSER VERLAG 1982

Hier stehen wir vor einer anderen Situation: dass ein Timeout nicht – oder nicht unter diesen Umständen, nicht zu diesem Zeitpunkt – angestrebt worden ist. Es ergibt sich aus der Not, einer Auflage, einer aktuellen Gegebenheit oder einem kurzfristigen Angebot.[47]

Beispiele:

- Aus-/ Weiterbildung: Näher rückende Altersgrenze, Erfüllung einer Aufnahmebedingung oder Vorgabe («ein Jahr Englisch im Ausland»)
- Arbeitsplatz: Entlassung, Freistellung, Umstrukturierung, Kurzarbeit oder Zeitlimite für den Bezug von Überstunden, Schichtguthaben, Ruhe-/ Ausgleichtagen o.Ä.
- institutionalisierter Langzeiturlaub nach einer gewissen Anzahl Dienstjahren (für Lehrkräfte, Hochschulprofessor/innen)
- vom Unternehmen «auferlegtes» Sabbatical (z.B. ab dem 55. Lebensjahr)
- Eröffnung der Frühpensionierung (Vorbereitung darauf)
- Abwahl aus einer öffentlichen Behörde (nächste Etappe avisieren)
- Entwicklungen bei einem öffentlichen Ehrenamt, welche nicht leichtfertig abgetan werden können (neue Verbandsführung, Mehrarbeit für einzelne Ressorts, gleichzeitig wird die Nachwuchsförderung gestrichen)
- Gesundheit, Krankheit, Unfall (Erschöpfung, ausgebrannt sein)
- Versetzung des Partners/der Partnerin nach Übersee
- Unerwartete Erbschaft, Gewinne bei einem Geschäft, an der Börse oder im Spiel.

Die hauptsächliche Unterscheidung liegt darin, ob der Anlass positiv oder negativ gefärbt ist.

Positiv: «Eines Morgens rief eine Unternehmensberatung an. Im Auftrag des EDA[48] würden Leute gesucht, welche eine Delegation in den Iran begleiten und dort – im Rahmen eines nationalen Austauschprogramms – gesellschaftliche Fragen aufgreifen. Aussenstehende reagierten weniger erstaunt als ich. Als der Arbeitgeber mitzog («das ist eine einmalige Chance») und der Partner sich anerbot, in der Zwischenzeit das Haus-Management zu übernehmen, stand dem Entschluss nichts mehr im Wege.

Es hat dann aus terminlichen Gründen nicht geklappt → die Expedition wurde vorverlegt. Ich zog daraus den Schluss: auf ein Wunder musst du nicht warten, du kannst es direkt anpeilen. Nächstens findet Arabien statt, an einer selbst ausgesuchten Destination.»

Karin, 37

Negativ: Entlassung, Verlust der Arbeit oder Erwerbslosigkeit rangieren an oberster Stelle auf der Skala der lebensverändernden Ereignisse.[49]

Davon, dass sich zwei starke Persönlichkeiten nicht vertragen und die Antipathie im Führungs- oder Budgetstreit eskaliert, ist immer öfter zu hören. Eine/r muss dann gehen: zumeist ist es nicht der Chef. Zurück bleibt ein ungelöster Konflikt und für den/die Angestellte die Suche nach einer neuen Stelle. Belastet durch den Misserfolg am letzten Ort, begünstigt durch die sofortige Freistellung.

Die Leiterin des Reisebüros einer Luftverkehrsgesellschaft ist froh, die bezahlten drei «Abgangs-Monate» aktiv eingesetzt zu haben. «Der Untergang einer Firma, auf welche wir alle einst so stolz waren, wütende Kundenanrufe, das Bangen um den eigenen Arbeitsplatz ... Als die Kündigung ausgesprochen wurde, stand die Erleichterung im Vordergrund. Der Schock kam nachher – und sass tief. Ich musste ihn zuerst verarbeiten. Ohne diese ‹Schonfrist› hätte ich es kaum gewagt, mich gleich wieder bei einer Airline zu bewerben ...»

So wird darüber berichtet

Zoe, 27, packte die Koffer für zwei Jahre Riad. Nachträglich sieht sie den Entscheid so: «Der Auslöser bestand aus einem Mix aus Stolz (über seine Berufung) und Verpflichtung als Partnerin. Dazu kamen persönliche Neugierde und die Chance, eine andere Kultur kennen zu lernen. Wenn ich mich gegen Saudi-Arabien entschieden hätte, okay. Hätte ich diese Einstellung jedoch zu jedem Land gehabt, unsere Beziehung wäre auseinander gebrochen.»

Nicht immer kommt die Anfrage wohl dosiert oder lässt einem die Wahl. Wie die Operation, welcher sich der Herausgeber eines deutschen Satire-Magazins unterziehen musste. In den Nächten zuvor setzte er sich hin, um faszinierende Verse zu Papier zu bringen. Nicht im Takt seiner Herzrhythmusstörungen, aber ausgelöst durch diese. Anschliessend nahm er sich Zeit, zum Dichten und für weitere, stets aufgeschobene Hobbys.

Oder jemand erkennt: «Nun liegen die Umstände günstig: Situation im Beruf, Paarbeziehung, Alter der Kinder, gesundheitliche Verfassung der Eltern. In ein paar Jahren sieht es u.U. anders aus.» Jana, 34

Isa, 26, Cutterin, war verheiratet, als sie einen neuen Mann kennenlernte. Amour fou, Schwangerschaft, Trennung: «Die Ereignisse überschlugen sich. Im Laufe dieser Turbulenzen sah ich mich mit Grundfragen des Lebens konfrontiert. Arbeit, Job gehörten zu meinem eigenen Erstaunen nur am Rand dazu.»

«Es erforderte Mut, die Flucht nach vorne anzutreten, zu der neuen Lebensform (mit Kind, ohne Mann) zu stehen. Ich verlängerte den Mutterschaftsurlaub, zog zu Freunden, kehrte erst nach einem Jahr zurück. Heut lebe ich in einer Hausgemeinschaft mit einer Familie: Etwas, was ich mir im Geheimsten immer gewünscht habe und wofür Italien den Weg ebnete.»

Ob von aussen initiiert oder selbst gewählt: Auf einen Anlass folgt stets der persönliche Entscheid, für oder gegen ein Timeout. Oft sind es auch mehrere Beweggründe, welche den Ausschlag geben, vgl. Kapitel 5.8.

Exkurs

Eventuell ist keine Auszeit nötig, um eine Veränderung herbeizuführen, sondern ein Aha-Erlebnis, der folgerichtige Entscheid – und die «Chrutzke», es durchzuziehen. So geschehen bei Sibylle Schrödter, 1990:

Als ich den Kleinstkunstpreis für das erste Soloprogramm erhielt, wusste ich: «Als Anwältin arbeiten kannst du immer noch. Als Kabarettistin musst du es jetzt probieren!»

Die Kanzleitätigkeit tauschte sie gegen die Freiheit und Ungewissheit einer künstlerischen Existenz ein, tourte fortan durch die Lande, begann Chansons zu singen und hatte nach eigenen Aussagen «eine aufregende, atemlose Zeit», welche alsdann in einen Zusatzberuf als Autorin mündete.

AUS: BRIGITTE WOMEN, NR. 1/2002

5.8 Zwei Anstösse

Neben einer leisen Ahnung (z.B. um das künstlerische Talent) gibt es auch konkrete Auslöser für ein Timeout. Ist dies der Fall, sind es häufig zwei – im nachhinein erkennbare – Faktoren, Vorfälle oder Ereignisse, die aufhorchen lassen:

- das Erreichen einer Altersgrenze, parallel zum Durchhänger im Job
- der Herzinfarkt eines Freundes, einen Tag bevor er nach Portugal aufbrechen wollte
- die psycho-sozialen Folgen auf ein einschneidendes Erlebnis (Unfall, Tod, Verlust).

Manchmal steht am Anfang etwas Undramatisches, z.B. die Schlussszene eines Films. Der Held fährt auf und davon, selber trollt man sich heim zu – ohne grössere Pläne, ausser dass morgen um 6 Uhr 30 der Wecker klingelt … Dabei geht einem diese oder jene Entwicklung durch den Kopf (Karrierestau, aufreibende Nebenämter, unbefriedigendes Privatleben).

Hinzu kommen Reibereien mit dem Chef, der raue Wind im Sportklub, die hinausgezögerte Weiterbildung. Oder im familiären Umfeld stellt sich Schwerwiegendes ein, erzwingt eine Änderung → das Erste bringt etwas in Gang, das Zweite verhilft zum Durchbruch und das Dritte liefert die Bestätigung. Bewusst wird einem das zumeist erst in der Rückschau.

Beispiel Max: «Ich verspürte seit Längerem ein diffuses Unbehagen, habe dies jedoch (wie auch sonst persönliche Schwierigkeiten) überdeckt und weggesteckt. Bis zum Tod meines Vaters. Nach hart erarbeiteter Karriere erkrankte er schwer und starb innert zwei Monaten. Ich stellte mit Schrecken fest, dass ich ihm immer ähnlicher geworden war. Nun war ich vor einen Entscheid gestellt …»

Es muss nicht darauf hinauslaufen, dass jemand – wie in einem Sabbatical-Buch geschildert[50] – zum Chef geht und kündigt. «Ich hatte Angst, so zu leben wie bisher. Ich wollte einen Ausbruchversuch wagen».

Oft kommt es indes zu einer Zäsur, wenn bisher selbstverständliche Werte in sich zusammen brechen, Leitlinien nicht mehr greifbar sind.

Was es auch gibt:
Die Ansiedelung des Timeout auf zwei Ebenen

1. Die Absicht etwas zu verändern, liegt auf dem Tisch. Durch das Timeout soll herausgefunden werden, was (Inhalt, Richtung).
2. Das Timeout selbst ist die Veränderung (Unterbruch, Ausgangspunkt für Neues).

Nicht selten geschieht alles miteinander: die Bereitschaft zum Abenteuer, das Zusammentreffen mit einem Menschen, die Umkrempelung des ganzen Lebens! Wie bei Ulrike von Tschirschnitz-Maurer, 32, Industriekauffrau aus Hamburg. 1997 lernte sie bei einem Snowboard-Ausflug «den einen Mann» kennen: Franzose, risikofreudig und im selben Konzern beschäftigt.

Drei Jahre später die entscheidende Frage: «Was hältst du von Kenia?» «Mir war klar, dass er irgendwann für die Firma ins Ausland gehen würde. Im Oktober war es soweit. Trotzdem: Afrika – daran habe ich nie gedacht. Wir sind für ein Wochenende nach Nairobi geflogen. Entscheidungstage sozusagen. Danach wusste ich: Ich will mit diesem Mann dahin. Ich habe noch eine Nacht darüber geschlafen, bevor ich Ja gesagt habe. Ja hiess es eine Woche später nochmals, als Nicolas mich in New York fragte, ob ich ihn heirate …»

AUS: ALLEGRA NR. 4/2002

5.9 Befürchtungen, letzte Zweifel

Das Ringen um den Entscheid: Bei einigen stellt es sich gar nicht erst ein, bei anderen brennt es sich mit bohrenden Fragen im Kopf fest. Der mögliche Image-Verlust, finanzielle Einbussen oder die Furcht, hier etwas zu verpassen, lassen das Risiko grösser erscheinen als den erwarteten Gewinn. Heike Reuther, Autorin eines entsprechenden Ratgebers, kontert geschickt:[51]

«Glückwunsch! Sie liegen voll im Trend. 57 Prozent der Erwerbstätigen in Europa halten die Idee von einem Timeout grundsätzlich für gut – so das Ergebnis einer Studie von Infratest Burke[52] – doch zwischen Wunsch und Wirklichkeit liegen Welten. Nur knapp ein Fünftel der Befragten glaubt, dass eine bezahlte Auszeit an ihrem Arbeitsplatz möglich ist. Und nur sieben Prozent werden ein Sabbatical in Anspruch nehmen wollen.»

Auffallen, ins Gerede zu kommen oder sich zu exponieren, ist für viele ein Gräuel. Die hohe Arbeitsethik, das Kredo des Vollzeitjobs sowie die öffentlichen Leitbilder der 120 %-Beschäftigung lassen «Aussteiger» zusätzlich als Verlierer oder freizeitorientierte Faulenzer erscheinen. Allein der Wunsch zur Pause wird als vermeintliche Schwäche ausgelegt («die besitzt kein Durchhaltevermögen»; «er ist wenig belastbar»; «mit der Stressresistenz von X. ist es doch nicht so weit her …»). Man läuft Gefahr, als träumerisch, unstet oder ziellos eingestuft zu werden.

Die Interpretation hängt zu grossen Teilen von der Führungskultur und Unterstützung des Unternehmens ab. Ein innovativer Geist vermag einiges aufzubrechen. Wer weiss, vielleicht gilt der «Spinner» in drei Jahren als Wegbereiter für eine ausgeglichene Work-Life-Balance …

Allerdings hilft es, sich zu wappnen und Unterstellungen direkt zu begegnen. Stellen Sie klar: «Ich gehe meinen eigenen Weg. Dieser kann durchaus zum Wohl der Firma oder der Kolleg/innen sein!»

Überzeugend machte es Christine L. Kurz nach ihrem «Retour» hatte sie den Chef zu vertreten – weil er seinerseits zu einem Sabbatical aufbrach …

Eigene Skrupel stellen sich ein, wenn gerade eine Beförderung erfolgt ist (Undank gegenüber der Firma, den Kolleg/innen) oder bei Auftreten einer Krise. Schuldgefühle mischen sich mit der Befürchtung, der «Weggang» könnte falsch ausgelegt werden, als

- Karriereunterbruch (jemand avisiert nicht einen Bildungsurlaub oder ein faszinierendes Reiseziel, sondern eine Tätigkeit mit privatem Charakter bzw. hält sich jegliche Option offen)

- Wechsel ins Familienleben (bei einer jungen Frau: Kommt sie zurück? Wird sie unterdessen schwanger, trifft sie jemanden, heiratet vom Fleck weg, bleibt evtl. dort?)
Wie wenn das ein Mann nicht auch tun könnte – ausser Kinder kriegen!

Exkurs

Ein Aspekt wird wenig genannt, spielt indes auch hinein: «Was ist, wenn mir die Ungebundenheit einen Streich spielt? Wenn ich ein anderes Leben entdecke, am Liebsten ein One-Way-Ticket in der Tasche hätte? Trete ich etwas los, was sich nicht abschätzen lässt?» Das ist das wahre Risiko einer jeden Änderung. Und lässt sich kaum vorhersehen …

5.10 Durchbruch

Risikobereitschaft, Innovation und Abenteuerlust werden in unserer Gesellschaft wenig gefördert. Wer sich davon beeindrucken lässt, hat vor «dem grossen Sprung» einiges durchzustehen. Hin und her geht es zwischen Ratio und Gefühl, Gedanken jagen sich: «Was halten die anderen davon? Was passiert, wenn es wirklich eintrifft?»

Der Motivationspsychologie entlehnt ist folgender Trick: Wählen Sie einen Gegenstand, der Ihnen gefällt und Sie täglich an Ihr Vorhaben erinnert. Eine rosa Feder, unter den Spiegel geklemmt; das Foto von Jamaika, als Bildschirmschoner installiert; Ihr Glücksstein, eingesetzt auf das Zifferblatt der Armbanduhr. Es soll Sie daran hindern, das Ganze unter «Träumerei» abzutun.

Die Aussicht auf Neues gibt Auftrieb. Nachdruck verhilft die Überlegung: «Was erhoffe ich mir von einem Timeout?» Eventuell wollen Sie auf das, was herausschaut, nicht länger verzichten. Auf neuen Drive, innere Freiheit und Lockerheit – ebenso wie auf das Erlebnis an sich!

Kristallisationspunkt

Viele sagen: «Es war plötzlich klar». So wie Anita B., Organisations- und Kommunikationsfachfrau, vgl. Kapitel 6.7. Andere können den «Moment X» an einem Erlebnis oder einer Erkenntnis festmachen:

Irene, Galeristin, 48: «Ich bringe ein ungeduldiges Naturell mit. In den letzten Jahren habe ich mich vor allem mit Problemen, Konflikten oder der eigenen Ungenügsamkeit beschäftigt. Es gab Situationen, da musste ich sofort handeln und ins kalte Wasser springen. Aufschieben wäre fatal gewesen. Umgekehrt habe ich lange gebraucht, um mir das Rauchen abzugewöhnen. Als ich in einer ruhigen Minute von mir selber eine neue Haltung, eine Wahl für oder gegen die Glimmstängel verlangte, klappte es. Gleichzeitig ging mir auf, wie wenig das Rauchen eigentlich Wert ist, auf wie viele Anstrengungen ich dabei verzichten kann (ständig Nachschub besorgen, der tägliche Blick in die Mappe: Ist das Feuerzeug dabei?)

Nun verspürte ich Lust auf eine positiv gefärbte, selbst herbeigeführte Entscheidungssituation, in welcher ich dieselbe Taktik anwenden könnte. ‹Ja› zu etwas sagen, statt dieses beiseite zu stellen oder jenes aufzugeben. Der Wunsch war noch nicht zu Ende gedacht, da ‹erschien› mir die Skyline von Manhattan. Es war, als würde die Umsetzung keinen Aufschub erdulden. Kaum hatte ich mich damit befasst, war die Ausführung vorweggenommen! Wenige Wochen später brach ich auf, nach Amerika. Und blieb sechs Monate, für einen Kulturaufenthalt!»

Vielleicht ergeht es Ihnen wie Irene. Eines Tages kommen Sie zum Schluss: Nicht irgendwann, jetzt!

6. Planung, Vorbereitung

«WIR STECKEN NUR ALLZU OFT IN SCHLINGEN DER GEWOHNHEIT – UND VERGES-
SEN DARÜBER, DASS ES NUR EINER EINFACHEN MUTIGEN TAT BEDARF, UM UNSE-
RE FREIHEIT ZU ERLANGEN.»

AUS: «DER WANDERER – GESCHICHTEN UND GEDANKEN», DIOGENES VERLAG AG 1998

6.1 Generelles

Die Vorbereitung ist abhängig von Inhalt, Ort und Dauer des Timeouts (vgl. Kapitel 4). Handelt es sich um ein vorgezeichnetes Unternehmen, einen radikalen Bruch oder einen Sprung ins Leere?

Für die einen verkörpert die Entscheidung den grossen Schritt, für die anderen beginnt das Abenteuer jetzt, wo die Sache Gestalt annimmt.

«Ich streifte mein Unbehagen ab, scheute die Verantwortung nicht mehr.
Wie eine Raupe, die ihrer Puppe entrinnt, die Flügel spannt!»
Vera, 49, Cutterin

Sieben Prinzipien

* Fantasie: Notieren Sie von A bis Z, was Ihnen einfällt (Antarktis bis Zitronen züchten). Legen Sie das Blatt zur Seite oder unter das Kopfkissen.
* Die beste Option für Sie! Nicht zu ambitiös, nicht zu viel aufs Mal. Es geht
  um Lust, Sinn und Gewinn.
* Realistische Erwartungen: Ein Timeout löst weder den Kleinkrieg im Büro,
  noch verhilft es zu einer neuen Partnerin oder der bahnbrechenden Geschäftsidee.
* Den Aufwand richtig einschätzen (Information[53], Abklärungen etc.).
* Step by Step: nur das Notwendige planen. Zuerst die Grundausrichtung,
  dann die Details (Sprachschule, Herberge, Transport).
* Papierkram nicht ausblenden (Administratives, Formalitäten). Was lässt
  sich delegieren?
* Umwege einbeziehen: «Das hatte ich vorher: blind funktioniert, die falschen Ziele verfolgt, am Leben vorbei!» Leo, 47

Exkurs: Löcher im Käse

Der Münchner Professor für Wirtschaftspädagogik, Karlheinz Geissler, rät, Sabbaticals wie einen Schweizer Käse zu planen: «feste Struktur und viele Löcher».

Abgesehen davon, dass nicht alle Sorten dieselbe Oberfläche aufweisen, wie der bekannte Emmentaler: Für die einen mag dies zutreffen, andere benötigen das ganze Volumen, tiefere «Einlassungen», eine cremigere Konsistenz.

Längere Lagerzeit oder würzigere Rinde? Dann greifen Sie zum Vacherin Mont d'Or, welcher rasch gegessen werden muss, weil er sonst über den Tellerrand läuft und – ähnlich der Zeit – unter den Händen zerrinnt. Oder Sie degustieren einen Rohmilch-Brie. Dieser stiehlt sich zwar nicht davon, dafür glänzt er mit unterschiedlichen Füllungen (Lachs, Trüffel, Rucola → von denen mann/frau nicht zu arg naschen darf!). Somit wären wir wieder beim Timeout: erst die Auswahl, anschliessend Bauchweh ...

Diverse Façons

Ein flaues Gefühl im Magen? Viele berichten davon. «Der Absprung kostete Überwindung. Dann tat ich es: loslassen, vergessen, der Intuition folgen. Mit rudimentärer Planung.» Sven, 47

Der Ehemann von Andrea Bergen-Rösch schrieb auf einem Zettel:

- Job klären
- Schiff kaufen
- Finanzierung prüfen
- Schulpflicht regeln (Kinder).

Das war der Auftakt für die Reise. Die Autorin konstatiert: «Man kann sich Monate und Jahre vorbereiten und weiss immer noch nicht genug.» (Aus: «Unter Segel in die Südsee», Verlag Michael Schardt 2001)

Hilfreich für ein Timeout zu Hause:

- eine angenehme Umgebung
- sich nicht mit Aktivitäten zudecken
- Offenheit bewahren → Programm nach Wetter, (Lese-)Laune, momentaner Stimmung.

Wer bin ich?

Spannend: aus der diffusen Ahnung zum eigenen Kern vordringen. Sich aus verschiedenen Perspektiven betrachten:

- Zeittyp (chaotisch-kreativ, ordnungsliebender Perfektionist oder intellektuelle Überfliegerin?)[54]
- Arbeits-/ Handlungstyp (siehe Kapitel 6.5)
- Lerntyp (siehe Checkliste Nr. 3).

Angehörige

Ein Timeout hat Auswirkungen auf Beziehungen. Die Verlautbarung sollte nicht zu abrupt erfolgen («der Ruf des Kondors lockt, Tschüss!»), *Vorstellungen und Erwartungen vorher ausgeleuchtet werden*. Vielleicht hat der Partner insgeheim mitgeplant, auf eine Ménage à deux spekuliert?

Mehrarbeit, Engpässe, Verzicht: Alles lässt sich nicht voraussehen – jedoch ins Bewusstsein rücken, dass eine aussergewöhnliche Situation vorliegt. *Gegenseitigkeit und Toleranz* schaffen ein Commitment: für die Zukunft sowie weitere Experimente.

«Das Eingeständnis meines Manns hat mir imponiert. Durch die Kunstausbildung befürchtete er eine Entfremdung. Wenn die gut situierte Ökonomin plötzlich ausflippt, im Gipsy-Look herumstreunt (Baumwolle, flache Sandalen, Ethno-Schmuck). Das Immaterielle propagiert, ihn als Zahlenreiter abtut, um Mitternacht aufkreuzt, wilde Freaks im Schlepptau ...» Rosa, 42

Teilhabe

Kinder sind keine Fans von Änderungen. Sie lieben weder Umzüge noch ein neues Feriendomizil. Die Spaghettisauce hat wie immer zu sein, das Einschlafritual auch. Ausnahmen: Ausflüge, Spielzeug oder Klamotten. Je abstrakter ein Vorhaben, je losgelöster von ihnen, desto kühler die Reaktion.

Findet das «Adventure» ohne sie statt, stellt sich die Frage nach der Betreuung. Wenn eine Fremdplatzierung unumgänglich erscheint: diese langsam angehen, die Kids nicht aus ihrem Umfeld reissen (Gewissheit vermitteln: «das Zuhause bleibt, die Eltern kehren zurück»).

Und die sonstige Verwandtschaft? Wer Briefe für die Schulkameradin des Onkels einpackt, mit der Nichte den Globus studiert, Treff-Weekends organisiert, schafft die Möglichkeit, Erlebnisse zu teilen, nach der Rückkehr den Gesprächsfaden aufzunehmen sowie bei kurzen Anrufen irgendwo anzuknüpfen.

> **TIPP:** Wer für längere Zeit in eine Grossstadt zieht, kalkuliert Besucher/innen am besten gleich ein.

Aufdringlichkeit

Relaxen, Nichtstun, den Garten auskosten? Wer dies wagt (und so deklariert), muss sich abgrenzen → gegenüber Vereinnahmungen durch das Umfeld. Zum Beispiel die Selbstverständlichkeit, mit welcher Frauen Ämter aufgehalst werden. Getreu dem Motto: «einfach, billig, jederzeit verfügbar».

«Niemand klingelt den Top-Manager heraus, damit er zum Hund sieht, die Tante weckt, Botengänge erledigt. Aktenkoffer und Rolex genügen als Legitimation fürs Anderweitig-Beschäftigt-Sein.» Joe, 35, Soziologin/Journalistin

6.2 Probelauf

Versuchen Sie vorher herauszufinden, wie Sie auf einen «Ausstieg» reagieren (Probelauf, Ferienkurs, Stippvisite).

Nicht immer ist ein Übungsstück planbar:
- bei einer unerwarteten Gelegenheit
- wenn aus einem harmlosen Erholungs-Weekend «mehr» wird
- im Zusammenhang mit erheblichen Strecken (von Kontinent zu Kontinent).

Manchmal ergibt sich eine Art Anlaufzeit:
- Segeltörn: erster Halt (Ladung und Boot flott machen)
- Himalaja-Tour: Zwischenlager (Akklimatisation, Zelt/Proviant deponieren)
- Ralley: Testfahrt im Gelände (Abstimmung von Reifen, Getriebe und Team).

Der Dämpfer kann herb sein:
- «Kurz-Timeout fürs Marathon-Training – das war eine Fehleinschätzung.» Gerd, 43
- «Hinterachse, Sperrdifferenz, Kurvengeschwindigkeit … am Schluss harzte es bei der Mannschaft.» Guy, 55, Wüstenfahrer
- Home sweet home: Mir dämmerte, wie viele Leute herumhängen, sich langweilen, aufdrängen. Geteilte Trostlosigkeit? Nein danke.» Chantal, 39.

Die einen bauen Übergangsphasen ein (Wechsel in Haushalt/Familie, Auswanderung, Vorbereitung auf die Pensionierung), verbringen den Urlaub zu Hause (die Wohnung erkunden, den Tag vertrödeln) oder lockern den Alltag auf (eine Stunde später ins Büro, Cappuccino-Schaum auf der Zunge).

Andere setzen auf *spontane Eingebung*. «Ein Jagdausflug brachte mich auf den Geschmack, bog die Gedankenspirale zurecht. Fertig lamentiert, ich drückte den grünen Knopf, arrangierte ein Englandjahr.» Jean, 48

Dritte kommen auf einen Sprung zurück: Die Fernsehmoderatorin Sandra Maischberger flog mit ihrem Lebensgefährten zuerst nach Prag, dann retour in die Heimat. Koffer sortieren, weiter nach Amerika, den Cook-Inseln, Fidschi, Neuseeland, Australien, Thailand und Israel.

Zuletzt gibt es jene, welche sich minimal ‹präparieren›: «Ich kaufte einzig Bücher. Sie reichen noch für ein zweites, drittes Timeout: Marcel Prousts ‹Auf der Suche nach der verlorenen Zeit› sowie Werke von Luciano De Crescenzo (welcher für die Schriftstellerei seine bürgerliche Existenz aufgab).»
Betty F., Unternehmensberaterin

Tom, ein passionierter Golfspieler, relativiert: «Es muss nicht alles perfekt organisiert sein. Lieber verwende ich die Zeit dafür, mich auszuruhen, auf die Reise zu freuen!»

6.3 Wie sag ichs meinem Chef?

Basis

Ein Timeout sollte man ohne Sorgen und Ängste antreten können. Idealerweise ist die Einstellung des Unternehmens positiv, den Aussteiger/innen wird Zeit und Distanz gewährt (inkl. Rückkehr).

Gudela Grote, Professorin für Arbeits- und Organisationspsychologie an der ETH Zürich, plädiert für «ein hohes Mass an informeller Unterstützung und ein mittleres Mass an formaler Regelung». Prof. Dr. Eberhard Ulich vom Institut für Arbeitsforschung und Organisationsberatung unterstreicht die Sicherung des Arbeitsplatzes sowie eine ausgedehnte Unterstützung.

Aber zuerst muss die Absicht bekannt sein!

Luft holen …

Die wenigsten Vorgesetzten jubeln, wenn Sie mehr Lohn, den Einzug von Überstunden oder einen Bildungsurlaub verlangen.

Für viele Angestellte ist es ungewohnt, etwas für sich geltend zu machen. Gleichwohl zeigt sich, dass ein aktives Vorgehen Erfolg verspricht. Doch: Welche Strategien wählen, um

1. ein Timeout anzusprechen
2. optimale Konditionen auszuhandeln?

… und durch!

Faustregel: Je «exotischer» das Begehren, desto intensiver die Vorbereitung.

- Halten Sie die Haupt- und Zusatzargumente fest (professionelle Unterlagen).
- Definieren Sie vorgängig die Minimal- und Maximallimite (Dauer, finanzielles Entgegenkommen, Anrechnung an die Weiterbildung).
- Konstruieren Sie eine starke Auffanglinie, inkl. Alternativen.
- Schätzen Sie die Ziele des Gegenüber ein, filtern Sie Unterschiede und Konfliktpotenzial heraus.
- Loten Sie den eigenen Handlungsraum sowie denjenigen der Verhandlungspartner/innen aus.
- Üben Sie sich in Selbstinstruktion, spielen Sie das Szenario ein- bis zweimal durch.

«Überzeugende Argumente, selbstbewusstes Auftreten und kluges Taktieren führten zum Erfolg.» Aldo, 64, Manager (nahm 1985 ein Sabbatical)

«Wochen vorher habe ich das Ziel visioniert. Das Statement war massgeschneidert: auf die Personen, die Situation, den Betrieb. Sie konnten nur noch nicken – und sich zu ihrer Mitarbeiterin gratulieren.» Tanja, 23

«Als Globalplayer verwies ich auf Einrichtungen in Europa und Übersee[55].» René C., 57

Timing

Genauso wie Sie sich innerlich auf die Auszeit einstellen, möchte das Unternehmen frühzeitig disponieren:
- vage Andeutung neun bis zwölf Monate im Voraus
- Konkretisierung ein halbes Jahr vor dem Start.

Vorlauf und Fristen hängen vom Metier ab. Projektbezogene Tätigkeiten operieren mit kürzeren Intervallen (Consulting, Wissenschaft).

Jedoch: *keine Überfälle zwischen Tür und Angel*! Lassen Sie sich einen Termin geben. Durch einen unglücklichen Ort (Kantine, Postbüro) oder Zeitpunkt (Kaffeepause, Montagmorgen) kicken Sie sich ins Abseits.

Varianten: eine institutionalisierte Form (Mitarbeiter-Gespräch), die Diskussion zu Kapazitäten oder ein günstiger Augenblick. «Das Quartalsergebnis übertraf die Erwartungen. Der Chef war aufgeräumter Stimmung. Da platzierte ich es → ‹Gefeiert wird im Herbst, auf dem Ozean!›»
Fabio, 37, Radio/ TV-Elektriker

Umgekehrt bietet sich gerade eine schlechte Auftragslage an, um einen Langzeiturlaub einzuschieben (Beitrag zur Senkung der Personalausgaben, vgl. Kapitel 4.8.1).

TIPP: Wenn Sie Führungskräfte in Ihre Pläne einweihen, beachten Sie die Hierarchie. Erst die direkten Vorgesetzten, dann das eigentliche Entscheidgremium → nächsthöhere Instanz oder Personalabteilung.

TIPP: Üben Sie sich in Diskretion. Die vertrauliche Mitteilung «in zwei Monaten bin ich in Arcona, geniesse die Italianita» führt zu Gerüchten und brüskiert die Entscheidungsträger/innen.

Die Eröffnung

Gespräche zu Geld, Karriere, Extra-Wünschen sind heikel. Deshalb empfiehlt sich ein klarer Rahmen.

Strukturierter Ablauf

Kontakt-phase	Klärung der Themen, der Gesprächsziele und des Zeitrahmens	Bearbeitung des Kern-themas	Zusammen-fassung der Ergebnisse	Gesprächs-ende

GRAFIK: «MITARBEITERGESPRÄCHE», CORNELSEN VERLAG 2000

Wichtige Aspekte

* gleiche Interessen hervorheben (beidseitiger Gewinn, Imageaufwertung)
* unterschiedliche Ansichten kennen (Arbeitsethik, Pflichtgefühl, Kostenfaktor)
* sich nicht zwischen zwei Parteien zerreiben zu lassen (Geschäftsleiter und Personalverantwortliche). Es gilt, Ihr Timeout zu sichern!

Kommunikationstipps

* aufmerksam zuhören
* ausreden lassen
* Blickkontakt suchen
* Thema und Gesprächsablauf im Auge behalten
* kurz und präzise formulieren.

So kann es gelingen

- höflicher Umgang (Mimik, Gesten)
- Erfreuliches erwähnen: «Mir gefällt die Arbeit. Sie verdient neue Impulse.»
- rückständige Thesen nicht kritisieren, raffiniert auffangen
- Herausforderung unterstreichen
- Investition in die Zukunft betonen (lohnende Kontakte, Manpower).

Darauf müssen Sie achten

- Kurzlebige Branchen gewichten den «Outcom» (das direkte Ergebnis) stärker als die Länge der Betriebszugehörigkeit.
- Auf Aussagen des Gegenübers aufbauen – insbesondere, wenn Sie diese widerlegen wollen («Das ist die Chance, sich als fortschrittlicher Arbeitgeber zu präsentieren.»)
- positive Emotionen erzeugen («gemeinsam funktioniert es»; «darauf können wir stolz sein»)
- negative Emotionen vermeiden (Unsicherheit, Abwehr, Aggression).

TIPP: Konfliktherde, Reizwörter oder missverständliche Begriffe ausklammern (eher von «kreativer Pause» denn von «Aussteigen» sprechen). Darauf achten, dass die Beweggründe menschlich nachvollziehbar sind: Sie besuchen den Cousin in Neuseeland, frischen Ihr Englisch auf, verwirklichen einen Traum.

TIPP: Vorsicht vor einseitigen Eingeständnissen (unter keinen Umständen kündigen; Übernahme zusätzlicher Dossiers; weniger Absenzen wegen Sozialtätigkeit, Militär/Zivildienst).

Machen Sie sich auf diese Fragen gefasst!

Frage	Antwort
Glauben Sie, dass Sie dies wert sind?	Ja, ich halte das – angesichts meiner Leistung – für angemessen. Nicht zu vergessen, wovon die Firma anschliessend profitiert: erhöhte Produktivität, Inspiration und Begeisterungsfähigkeit!
Sie haben bei der Vertragsunterzeichnung bekräftigt, Sie seien fit. Hat sich das geändert?	Ich bin voll dabei. Der Zuwachs an Wissen und Praxis ist beachtlich. Von Ausgebrannt kann keine Rede sein. Im Gegenteil: Ich rüste mich für zukünftige Anforderungen.
Sind Sie derart auf Abenteuer bedacht?	Ambitionen objektivieren. Ich erweitere meinen Horizont, gehe auf fremde Kulturen zu. Davon profitiert aktuell die Exportabteilung.
Haben Sie das Gefühl, Sie erleben hier zu wenig?	Sich nicht auf der «Kritikschiene» festnageln lassen. Kontern: Ich kann das Erlernte gleich umsetzen, auf der Strasse des Erfolgs!
Wie ist das machbar?	Durch effiziente Planung und Organisation! Ich habe alles aufgelistet, die Übergabemodalitäten skizziert.
Unser Personalreglement sieht keine Langzeitabwesenheit vor.	Zeigen Sie Einfallsreichtum: kumulierte Ansprüche (Überzeit/Urlaub), 13. Monatslohn als Zeitguthaben, Kombination bezahlter/unbezahlter Urlaub.[56]
Wie soll ich das nur der Geschäftsleitung beibringen?	Ich habe eine kleine Dokumentation erstellt → überreichen. Meine Auszeit berücksichtigt saisonale Schwankungen und Auslastungsspitzen.

Ausnahmen bringen Unruhe in die Abteilung.	Unterschiedliche Qualifikationen rechtfertigen unterschiedliche Massnahmen. Und: Muss es eine Ausnahme bleiben?
Alle arbeiten hart – und können trotzdem kein Sabbatical nehmen.	Mir geht es nicht um eine bevorzugte Behandlung, sondern um die Realisierung des «Asientrips» – solange die Kinder im Vorschulalter sind.
Sie sind an nichts gebunden. Aber einfach so herumreisen … Wollen Sie nicht ein Management-Seminar absolvieren?	Das Survival-Training in den Alpen ist härter als teure Assessments. Zudem schaue ich unterwegs bei der CeBIT[57] vorbei.
Sie können sechs Wochen Ferien nehmen.	Ich schätze dieses Angebot, möchte es indes nicht als Timeout-Ersatz sehen.
Uhrenherstellung? Eine konservative Sparte! Da ist der Spielraum kleiner.	Wir arbeiten für Märkte von morgen, mit Rezepten von heute. Präzisieren: Weil ich das Unternehmen als innovativ beurteile, unterbreite ich diesen Vorschlag.
Wer garantiert mir, dass Sie nicht auf den Geschmack kommen, 2003 ein zweites Sabbatical einfordern?	Ich kehre motiviert zurück, zehre noch lange von diesem Erlebnis. In einem Jahr sind *Sie* vielleicht diejenige, welche nach Yukata aufbricht?!

6.4 Nach einem erfolglosen Gespräch

Resultiert beim ersten Anlauf nicht das Erhoffte (kein Timeout; nur unbezahlt; nicht dieses Jahr, später einmal …) stellt sich Enttäuschung ein. Machen Sie das Beste daraus!

Analysieren Sie das Gespräch. Wo liegen die Gründe für einen abschlägigen Bescheid: auf der Unternehmensebene oder in der Person des Chefs? Auf welche Bedingungen können Sie eintreten? Ergeben sich Ansatzpunkte für einen Meinungsumschwung?

Positives

Sie stehen besser da, als Sie denken:

- Ihre Idee liegt auf dem Tisch.
- Die Chancen für eine Fortbildung sind intakt, steigen evtl. noch (Ausgleichsbemühungen seitens der Firma, z.B. wenn ein Bildungsurlaub abgelehnt worden ist).
- Sie haben Ihr Verhandlungsgeschick unter Beweis gestellt.
- Ihre menschlichen Qualitäten offenbaren sich jetzt (unverminderter Einsatz).
- Bei einem Stellenwechsel war dies der Testlauf für das Freistellungsgesuch bei der neuen AG, GmbH …

Zweiter Versuch

Die Situation kann sich ändern: Elektrotechniker sind gesucht, man will Sie halten, schwenkt nachträglich auf Ihr Begehren ein. Die neue Vorgesetzte erweist sich als flexibel, sabbatical-erfahren und/oder Segelfan.

Davon ist auch diesmal abzuraten

- via Langzeiturlaub etwas anderes anpeilen (Privileg, Machtdemonstration)
- Druck machen («die Bilanz lässt Ihnen keine Wahl»)
- Kolleg/innen herabsetzen («Z. leistet weniger und war dennoch in Amerika»)
- Eigengoals schiessen («ich bin am Anschlag, benötige dringend eine Pause»)
- Jammern: (»ich komme zu nichts, stecke in der Tretmühle»)
- persönliche Verhältnisse ins Spiel bringen («meine Freundin zieht nach Hongkong; begleite ich sie nicht, geht die Beziehung in Brüche»)
- Vorgesetzte zu einem Entscheid drängen
- Verhandlungspartner/innen angreifen, provozieren
- zu einen Deal verleiten («im Gegenzug erledige ich die Reklamation X, verzichte ich auf eine Lohnerhöhung»).

Das heben Sie sich für später auf – oder lassen es bleiben

- mit der Kündigung drohen (es sei, Sie befinden sich ohnehin auf dem Absprung)
- eine Notlage ausnutzen («wenn die Reise in die Maghreb-Staaten ausfällt, übernehme ich die anstehende Revision nicht»)
- exorbitante Forderungen stellen (bezahlte First-Class-Tickets, Übernahme der Handyrechnung etc.).

TIPP: Wenn Sie einen Stellenwechsel ins Auge fassen, tun Sie dies nicht unüberlegt. Einerseits macht es wenig Sinn, an einem aussichtslosen Ort zu verharren. Andererseits bewahrt Sie eine Klärung der Voraussetzungen (z.B. Zusatzausbildung) davor, den erstbesten Job anzunehmen.

6.5 Neuorientierung (beruflich)

Die konsequenteste Form des Ausstiegs ist die Kündigung: kein Ringen um Begünstigung, keine Auskunftspflicht. «Das Gespräch war ein Murks, mein Chef empfand das Ansinnen als Affront. Am nächsten Tag geisterte herum, dass ich nach Bora Bora auswandere. Da zog ich einen Schlussstrich.»
Juan, 35, Techniker

Stellenwechsel oder nicht: Eine Standortbestimmung[58] vermittelt Inputs hinsichtlich

- Linienlaufbahn (Vorbilder, Leader, Chefin)
- Fachlaufbahn (inhaltliche Spezialisierung, fachliche Führung, Projektmanagement)
- Arbeitsform (Angestelltenverhältnis, Selbstständigkeit, Übergang/Mix)
- Handlungsmuster, -technik und -typ.

Gewichtung und Lebensalter

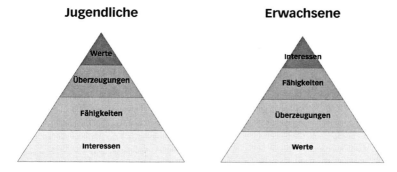

GRAFIK: MARIA GERBER, LIC.PHIL/ EIDG. DIPL. BERUFS- UND LAUFBAHNBERATERIN, ZÜRICH

Am Anfang – z.B. bei Eignungstests für die erste Berufswahl – dominieren Interessen und Fähigkeiten. Nach dem Berufseinstieg beschäftigt man sich mit der eigenen Positionierung, dem «Exploit». Ab 40/45 Jahren schälen sich Erfahrungen und subjektive Zielsetzungen heraus.

Karriere für beide

Moderne Paare richten ihre Karrieren ergänzend aus, beziehen die Haushalt- und Familienarbeit in ihre Zukunftsvorstellungen ein (Kontaktadresse für entsprechende Beratungsangebote vgl. Anhang).

Reflexion

Während des Timeouts sind Sie mit sich selbst konfrontiert, der Ablenkung durch Job und Alltag enthoben. Falls eine Krise auftritt: Tauschen Sie sich mit einem Coach oder einer Supervisorin aus (vor/nach dem Zwischenhalt, regelmässiges Zeitfenster darüber hinaus).

TIPP: Pflegen Sie das Networking, suchen Sie Führungskräfte informell auf, schlagen Sie Headhunter/innen nicht die Türe vor der Nase zu. Ein unverbindliches Treffen kostet nichts, testet höchstens Ihren Marktwert!

6.6. Arbeit und Geld

Je nach Reiseziel, Staatsbürgerschaft und Vorliebe lässt sich ein Nebenverdienst vorab organisieren oder Sie sehen sich vor Ort um.

Achtung: kein Clinch mit der Festanstellung oder einem Konkurrenzverbot! Konträre Einsätze als Erntehelferin, Tennislehrer oder Matrose tangieren Unterlassungsgebote am geringsten.

Was ist sonst noch begehrt?

- handwerkliche Fähigkeiten (Schlosser, Spengler, Gärtnerin)
- spezifische Dienstleistungen (Übersetzen, Sprachunterricht)
- Babysitting, Haushalt-/ Reinigungshilfe.

Arbeitsplatz Europa[59]

Seit dem 1. Juni 2002 sind die bilateralen Verträge in Kraft. Die Niederlassung und Arbeitstätigkeit für Schweizer/innen im EU-Raum gestaltet sich einfacher (mit Einschränkungen → Übergangsfristen, begrenzte Dauer, ausstehender Entscheid über die definitive Einführung).

Treffen Sie Abklärungen hinsichtlich Arbeitsbewilligung, Jobsuche und Diplomanerkennung. Selbstständigerwerbende können in den meisten EU-Staaten sofort arbeiten. Für die Aufbauphase erhält man eine – verlängerbare – Aufenthaltsbewilligung über sechs Monate. Sobald jemand nachweislich freiberuflich tätig ist, kriegt er/sie eine 5-Jahres-Bewilligung.

Finanzen

Geld bildet eines, aber nicht das entscheidende Hindernis.

«Ich kenne Leute, die nur von ihren Zinsen leben könnten und sich trotzdem vor lauter Sicherheitsbedürfnis nicht trauen.» Michael Poliza, Computerunternehmer (erspähte 1998/99 auf einem Forschungsschiff versteckte Winkel dieser Erde. Crew, Finanzierung und Logistik bestritt er z.T. selbst).

«Für manche kann es einer kleinen Erleuchtung gleichkommen, dass es eine Existenz jenseits von Bausparverträgen und teuren Einbauküchen gibt – und das ist eine Lebensqualität, die man nicht kaufen kann.» Anke Richter, Autorin eines Sabbatical-Ratgebers

«Geld ist oft eine Last gewesen. Es ist eine Befreiung, wenn man feststellt, wie wenig man wirklich braucht». Arne Boecker, Journalist

«Es ist ein Irrglaube, dass eine Reise kostspielig sein muss. Es gibt wohl kaum ein Dasein, das auf die Dauer mehr Bares verschlingt als die Sesshaftigkeit in einer westlichen Grossstadt.» Jasmin, 38, Gastronomin

Budget

Wie viel z.B. für einen Auslandaufenthalt veranschlagt werden muss, hängt vom Verdienstausfall, der Art der Auszeit, der Destination – und den Fixkosten zu Hause ab. Letztere fallen am meisten ins Gewicht.

Die Reise mit einem Motorrad umfasst vier Kostenblöcke:

* Miete, Steuern, Versicherungen zu Hause
* Anschaffungs-/ Unterhaltskosten für das Gefährt
* Auslagen unterwegs
* Unvorhergesehenes.

Abfederung

* den Grundstock sichern (Lohnfortzahlung, Stipendien, Sponsoring)
* auf Ersparnisse zurückgreifen
* einmaliger Zuschuss (Veräusserung von Wertgegenständen, Auszahlung der Lebensversicherung)
* Vorbezüge (Erbschaft, 3. Säule[60])
* zusätzliche Einnahmen (Jobben, Darlehen, Ausbildungskredit)
* Verkauf oder Vermietung von Wohnung, Garage, Auto
* Hin-/ Rückfahrt mit einem Geschäftstermin verbinden (Spesenvergütung)
* Reise- und Aufenthaltskosten tief halten.[61]

Insbesondere junge Leute verschenken/verkaufen bei längerer Abwesenheit ihr Hab und Gut: «Mit jedem Möbel, das ich weggab, fühlte ich mich ein bisschen leichter. Willkommener Nebeneffekt: der Zustupf in die Reisekasse.» Merve, 24, Texterin

Luxus?!

Zum «Luxus» eines Timeouts hält die Fernsehmoderatorin Sandra Maischberger sinngemäss fest:

Wir mussten uns anhören, dass wir diese Reise ja nur machen konnten, weil wir so viel Kohle hätten. Eine Kollegin von mir, die sicher weniger verdient, hat sich in derselben Zeit ein kleines Sport-Cabriolet gekauft. Ich habe zusammengezählt, dass das, was wir zu zweit ausgegeben haben, etwa dem entsprach, was ihr Auto gekostet hat. Ich würde für ein Auto nicht diese Summe aufwerfen. Alles andere ist vergänglich, die Reise nicht.

(RICHTER, 1999).

Zukunftsmusik

«Ich stellte mir zwei Fragen: Wie frei bin ich? Welches Risiko gehe ich ein? Solange ich keine Unterstützungspflichten hatte, konnte ich mich kopfüber ins
Abenteuer stürzen. Mit einer Familie ist das anders ...» Judith, 44

Was in der Schweiz fehlt, ist eine Stiftung oder Institution, welche jungen Familien z.B. einen Sommer in den USA ermöglicht (verlängerter Elternschaftsurlaub, Vermittlung von Forschungsaufträgen, Suche nach geeigneten
Unterkünften).

6.7 Beispiel: Aufbruchstimmung

*Anita B., Organisations- und Kommunikationsfachfrau, steht unmit-
telbar vor ihrem Sabbatical. «Ich bin jetzt 47, werde also noch 20 Jahre berufstätig sein. Nach 12 Jahren läuft meine Firma so, dass es eine
dreimonatige Absenz verträgt.» Sie wirkt entspannt und erholt, als
hätte sie ihr Timeout bereits angetreten. Aus jedem Satz spricht Un-
ternehmensgeist und Vorfreude.*

Nein, ich setze erst an, zu meiner «Auszeit». Das Frühlingswetter allerdings trägt mich bereits ein Stück weit fort ...

Warum ein Timeout? Als Sommermensch geniesse ich es, loszu-
ziehen, habe das Bedürfnis, einfach nur zu sein, etwas für mich zu tun
(nicht allzeit geben, mich vorzu auf Entwicklungsprozesse oder neue
Menschen einstellen).

Von der Auftragslage her bieten sich die Ferienmonate an: Sie sind
tendenziell flauer und ein Vierteljahr liegt finanziell einigermassen
drin. So muss ich mir das Abenteuer nicht vom Mund absparen!

Auch sonst ist der Zeitpunkt günstig. Meine Eltern sind gesundheitlich fit, der Lebenspartner kommt für einen Monat nach Italien.

Die restliche Zeit will ich hier bleiben, in der Schweiz und im nahen Europa. Ich liebe es zu sehen, was rund um mich abläuft.

Sechser – plus Zusatzzahl

Dass ich rechtzeitig die Fühler ausstreckte, erweist sich als Vorteil. Ich
werde mich in Häusern von Freunden aufhalten, dort wo mir wohl
ist. Ansonsten habe ich mich bezüglich Planung nicht übernommen.
Es ist die Aussicht auf das Kommende, welche mich beflügelt: die

Freiheit, das Ungebundene, all die Bücher, die ich nur aus Spass lesen kann.

Seit letzten Herbst spiele ich mit dem Gedanken an einen Unterbruch. Das wirft neue Perspektiven auf alles, was geschieht. Tritt Ärger auf, denke ich: «So what? Ich nehme nächstens mein Sabbatical …»

Perfekt wäre ein Lottogewinn. Jetzt oder später; ich nähme es jederzeit – und würde selbst dann kaum von Fernweh gepackt. Japan, das wäre eine Entdeckung … gleichwohl würde ich eher hier bleiben, denn auf Safari oder ans Schwarze Meer zu gehen. Ich habe nicht den Eindruck, zu wenig herumgekommen zu sein.

Verschiedenste Dinge habe ich schon getan: Nach der Matur bin ich ein halbes Jahr durch Europa gereist, vom Balkan bis zum Nordkap. Dann kam die Uni: Als sich Innenarchitektur nicht so verlockend ausnahm, wechselte ich zur Geschichte. Danach leitete ich die Wirtschaftskammer Schweiz-China, absolvierte ein zweites Studium, führte ein Restaurant und stieg in den Weinhandel ein. Am Schluss stand die Organisations-Entwicklung, in eigener Regie!

Symbol und Deutung

Völkerverständigung, Ökonomisches, Psychologie … folgerichtig war das Thema meiner zweiten Lizentiatsarbeit philosophischer Natur.

Im Nachhinein hat sich das Wichtige in Sieben-Jahres-Phasen abgespielt. Nun suche ich erneut das Andere, Intensive.

Rund um den Globus zu tingeln wäre für mich nicht ausruhen, eher ein zusätzliches Programm. Vielleicht bin ich nach meinem «Boxenstopp» frisch und munter für ein anderes Land. Das nehme ich nicht vorweg.

Der Entscheid für ein Sabbatical fiel nicht am Tag X. Irgendwann war es klar. Der Blick in die Agenda sagte: Ja. Es mags leiden! Und das Umfeld? Überrascht reagiert hat niemand. Die meisten finden es toll, ein bisschen Neid schwingt hie und da mit. Ein Büropartner nimmt es als Anreiz, Ähnliches anzudenken.

Ein Probelauf war nicht nötig. Erstens bin ich unkonventionell (breche zwischendurch mal die Zelte ab; lege die Unterlagen zur Seite, wenn es im Büro nicht mehr läuft und gehe ins Kino). Das Exposé verfasse ich anschliessend auf dem Balkon. Inspiriert und evtl. mit einem Glas Aglianico.

Zweitens bin ich gerne – und viel zu wenig – mit mir zusammen. Ich halte es mit Anita B. ausgezeichnet aus. Es ist eine positiv besetzte Sehnsucht: Distanz nehmen, an einem neuen Ort, für sich selbst. Wie in einem Gedicht von Else Lasker Schüler «Ich will ins Grenzenlose zu mir zurück.»

Analog bis digital

Im Jura, einer weiteren Destination, werde ich mich Schritt für Schritt fortbewegen, zielgerichtet auf Unbekanntes zu. Und wenn etwas Aufregendes passiert, warum nicht darauf einsteigen?

Allzeit erreichbar bin ich trotzdem nicht. Ich gehöre wahrscheinlich zu den letzten Menschen, die kein Handy besitzen. Das einzige, was sich trotzdem fortsetzt, ist das Verschwinden öffentlicher Sprechstellen. Sogar in Restaurants sehe ich mich mittlerweile vergebens nach dem silbernen Kasten um ...

Vielleicht verschlägt es mich doch noch in weite Gefilde. Dann werde ich mit offenen Augen heraustreten, erkunden: Was gibt es da noch? Aber so Hineingeworfen-Werden möchte ich nicht. Lieber ein richtiger Kulturaustausch. Dieser bringt weder Nivelliertes noch einen diffusen Mix hervor, sondern ECHT Neues!!

6.8 Konkrete Hinweise zu einzelnen Timeout-Formen

Zwölf Tipps für das erfolgreiche Sabbatical

1. Prüfen Sie ob das Unternehmen geregelte oder teilweise bezahlte Sabbaticals anbietet: individuelle Langzeiturlaube, längere Ferien, Zeitkonti, vgl. Kapitel 4. Wie steht es um die Auflagen (Dienstjahre, Verpflichtung zu Rückkehr/Verbleib, Rückzahlungsmodalitäten, Wettbewerbsverbot)?
2. Klären Sie ab, wie das Timeout in Ihren Lebenslauf eingebaut werden kann (Kompetenzerwerb, Qualifizierung auf einem gesuchten Gebiet, neue Erfahrungen).
3. Werden Sie sich klar über den Preis des Abenteuers (finanzielle Einbussen, Risiko des Karriereunterbruchs, zu erwartende Mehrarbeit vor/nach einem Sabbatical).
4. Informieren Sie den Arbeitgeber frühzeitig über Ihre Pläne (Einstellungs- oder Mitarbeiter/innen-Gespräch). Sobald Sie die Grundausrichtung Ihres

Timeouts kennen oder sich erste Konkretisierungen abzeichnen – spätestens jedoch drei Monate vorher – empfiehlt es sich, die direkten Vorgesetzten einzuweihen. Deren Unterstützung ist zentral für den definitiven Entscheid, die Übergangsregelung sowie den Wiedereinstieg.[62]

5. Wenn man Ihnen nach der Rückkehr einen «gleichwertigen Arbeitsplatz» verspricht, bekommen Sie unter Umständen dasselbe Gehalt, aber nicht dieselben Aufgaben. Neu werden Sie Springer, mit Mehrfachunterstellung. Oder Sie führen weiterhin den Titel «Abteilungsleiterin», aber keine Leute mehr (Stab- statt Linienfunktion).

6. Versuchen Sie eine Vereinbarung bezüglich einer ganzen oder teilweisen Lohnfortzahlung zu erreichen (Freistellung, Anrechnung von Urlaub und Überstunden, Vor-/ Nachholen z.B. bei Projektarbeiten).

7. Sehen Sie zu, dass vermögenswirksame Sozialleistungen aufrecht erhalten bleiben (AHV, Pensionskasse, Lebensversicherung).

8. Wie steht es um vorbeugende Versicherungen (Krankenkasse, Unfallversicherung)?

9. Bringen Sie in Erfahrung, wie es sich mit Zusatzleistungen zum Lohn verhält (Bonus/ Gratifikation, Geschäftsauto, Übernahme der Gebühr für Kreditkarten). Können Sie die Dienstwohnung in der Zwischenzeit untervermieten?

10. Überlegen Sie sich, was Sie von Ihrem Arbeitgeber brauchen (Empfehlung; Adressen von Partnerfirmen; Journalistenvisum für ein Land → verschafft Aufenthalts-/ Arbeitsgenehmigung, evtl. den Zugang zu Sozialversicherungen).

11. Wenn Ihre Chefin mitzieht, heisst das nicht, dass die Arbeitskolleg/innen begeistert sind. Machen Sie sich auf zwiespältige Reaktionen gefasst (Interesse, Neid, Unverständnis, vgl. Kapitel 9).

12. Have a Break: Halten Sie sich während des Sabbaticals nur im Notfall – und für ausgewählte Personen – zur Verfügung, mischen Sie sich nicht in nachträgliche Regelungen ein (Aufgabenverteilung, Stellvertretung). Konzentrieren Sie sich darauf, die Weiterführung zu sichern, übergeben Sie Pendenzenliste, EDV-Daten etc. an die zuständigen Personen.

Elf Tipps für den erfolgreichen Auslandaufenthalt

1. Erkundigen Sie sich rechtzeitig über Einreisebestimmungen, die maximale Aufenthaltsdauer sowie die Gültigkeit/Umschreibung von Dokumenten (internationaler Fahrausweis, Seglerschein, Tauchbrevet).[63]

2. Das Eidgenössische Aussendepartement veröffentlicht regelmässig Informationen über Länder, in denen mit sicherheitspolitischen oder anderen höhere Risiken zu rechnen ist. Die Hinweise können in Ihrem Reisebüro oder über die Internet Hompage des EDA abgerufen werden (www.eda.admin.ch).

3. Zu Reisemedizin orientiert Sie die Website des Budesamtes für Gesundheit BAG (www.bag.admin.ch). Weitere Auskünfte sind bei Instituten der Tropen- und Präventivmedizin sowie Ihrem Hausarzt/Ihrer Hausärztin erhältlich.

4. Benennen Sie eine Vertrauensperson, welche Reiseroute, Zwischenstationen und Erreichbarkeiten kennt (umgekehrt den Überblick über Ihre Angelegenheiten behält, d.h. die Post durchsieht, eine Bankvollmacht hat, mit den Untermieter/innen Kontakt hält).

5. Ungereimtheiten beim Auftakt gehören dazu: verspätete Flüge, vergebliches Warten auf das Gepäck. Es lohnt sich, das Wichtigste (Brieftasche, Necessaire, eine Reservegarnitur Kleider) persönlich mitzuführen. Mit der Zeit nehmen Sie solche Zwischenfälle leichter; bis hin zur Erkenntnis, dass echte Globetrotter/innen aus dem Rucksack leben.

6. Beachten Sie *Kulturspezifisches* (Traditionen, Verhalten). In Asien mit dem Finger auf Menschen zu zeigen ist verpönt, Hierarchien zu übergehen fatal, eine Visitenkarte ungelesen einstecken beleidigend. Nicken wird in Bulgarien als «Nein» interpretiert, Kopfschütteln als «Ja». Körpersprache, Kleidung und Tonfall erfahren anderswo höhere Aufmerksamkeit als wir es – aus der gelösten Ferienstimmung – schliessen. Vorstellungen punkto Emanzipation, Umweltschutz oder Pünktlichkeit müssen z.T. beiseite gestellt werden.

7. Das vermeintliche «*Easy Going*» erweist sich oft als trügerisch. Zwar sind Kost und Logis – im Gegensatz zu unseren Preisen – häufig verschwindend klein; indes nur, wenn die Ansprüche tiefgehalten werden, zu Hause keine zusätzlichen Kosten anfallen (Wohnungsmiete, Versicherungsprämien) und solange nichts Aussergewöhnliches passiert →→ Krankheit, Umbuchungen.

8. Klären Sie vorher die Möglichkeiten des Jobbens →→ als Schwimmlehrer, Serviceangestellte, Animateurin. Den Vorteilen (Geld in der Reisekasse, lustvolles Experimentieren) stehen Nachteile gegenüber (mangelnder Rechts- und Versicherungsschutz, Einsatz hauptsächlich in Tourismuszentren).

9. Falls Sie von unterwegs Geldüberweisungen tätigen möchten, fragen Sie bei der Post oder Ihrer Bank nach geeigneten Adressen (Überweisungsstellen, Konto bei Auslandfiliale).
10. Neben Kreditkarten, Versicherungs- und persönlichen Ausweisen sollten Sie Telefonkarten der jeweiligen Länder besorgen. Öffentliche Fernsprecher sind in der Regel am günstigsten. Handy: Testen, ob das Modell auf internationale Verbindungen eingestellt ist und das Netz im Zielland funktioniert → u.U. auf ein Satellitenmobil-Telefon ausweichen.
11. Nutzen Sie moderne Kommunikations- und Reproduktionsmittel (E-Mail, Funk, Postservice der Langzeitsegler-Vereinigung «Trans Ocean»). Vielleicht interessiert sich eine Zeitung für Ihren Reisebericht?

Zehn Tipps für die Reise

1. Flugverkehr: Sondertarife, Frühbuchrabatte und Last-Minute-Angebote durchkämmen.[64]
2. Fliegen ohne Frieren: heruntergekühlte Terminals sowie der Luftzug im Inneren einer Maschine sind mit Jacke besser auszuhalten.
3. Störungsfrei: elektronische Geräte während des Flugs ausschalten (CD-Walkmann, Handy etc.).
4. Zug: Reservationsmöglichkeiten ausschöpfen, sich nach den Zuschlägen für Expressverbindungen erkundigen. Für längere Reisen Hygieneartikel einpacken (WC-Papier, Erfrischungstücher, evtl. Decke/Frotteetuch → auch als Kissen einsetzbar).
5. Auto: unverzichtbar sind die grüne Versicherungskarte sowie das Europäische Unfallprotokoll (zweifach anfordern → in der eigenen Sprache sowie der Amtssprache vor Ort).[65]
6. Unterwegs: der erster Eindruck zählt, korrekte Kleidung zeugt von Respekt und erleichtert den Umgang u.a. mit Zollbeamt/innen.
7. Durst muss nicht sein: nehmen Sie ausreichend Wasser mit (Petflaschen).
8. Früchte und Frisches als Proviant, z.B. Lou Pan-Bagnat = feuchte, mit Salat belegte Brote.
9. Warten ohne Langeweile: Lektüre, Musik und Bewegung helfen die Zeit vertreiben.
10. Spass für die Kids: das Lieblingstier, magnetische Brettspiele oder ein spannendes Märchenbuch verkürzen die Überfahrt.

Zehn Tipps für den erfolgreichen Bildungsurlaub[66]

1. Bei einem Grossbetrieb oder der öffentlichen Hand (Stadt, Kanton, Bund) treffen Sie eher auf längerfristige Strategien der Mitarbeiterförderung.
2. Wählen Sie beförderungsaktive und lohnwirksame Aus-/ Weiterbildungen.
3. Der Abschluss sollte auf Ihr berufliches Ziel ausgerichtet und international anerkannt sein (Stelleninserate studieren, Fachleute fragen).
4. Achten Sie auf Angebote, bei denen Sie – neben neuem Wissen – neue Fähigkeiten und Kompetenzen erwerben. (Wenige Institutionen haben vor drei, vier Jahren ihre Absolvent/innen auf laufende Umstellfähigkeit, Wissens-Management oder Interkulturelle Kommunikation vorbereitet. Heute zählt dies zu den Eckpfeilern einer internationalen Karriere …)
5. Eruieren Sie, ob ein Lehrgang auf eine Generalisierung (z.B. Betriebsökonomie) oder auf eine Spezialisierung (z.B. Marketing) hinausläuft. Was liegt Ihnen besser?
6. Vergleichen Sie verschiedene Institutionen. Machen Sie sich mit modernen Lern- und Unterrichtsmethoden vertraut: Dies hilft unerfreuliche Lernerfahrungen zu überwinden und gibt Mut für Neues.
7. Prüfen Sie die eigenen Ressourcen (Durchhaltevermögen, Zeit, Geld). Wollen Sie den Urlaub auf dieses eine konzentrieren? Was meint die Familie zu Ihren Ambitionen?
8. Holen Sie für jede erdenkliche Aus- und Weiterbildung Belege ein (Zeugnis, Diplom/Zertifikat, Eintrag in den persönlichen Bildungspass[67]).
9. Wenn Sie Ihre Weltreise für eine Internationale Handelsmesse unterbrechen, in Australien einen IT- Kongress besuchen, in New York an einer Tagung zu Gesundheitsforschung teilnehmen, so ist dies eine Bildungsleistung (Erwerb von Know-how, Ausbau des beruflichen Netzwerks).
10. Wer profitiert, soll sich beteiligen. Treffen Sie mit der Arbeitgeberin verbindliche Abmachungen (Kostenbeteiligung, Zeitgutschrift).

Stipendien

Ebenso unbestritten wie der Tenor vom «lebenslangen Lernen» ist die Tatsache, dass Bildung kostet. Für ein Studium an einer Fachhochschule muss mit bis zu 25'000 Franken gerechnet werden.

Das Stipendienwesen ist kompliziert, jeder Kanton hat ein anderes System, z.B. hinsichtlich Alterslimite. Das Handbuch «Ausbildung – wer hilft bei der Finanzierung?» zeigt auf

• ob Chancen für staatliche Unterstützung bestehen

- wie eine Eingabe aussieht
- auf was bei einem Wiedereinstieg oder einer Umschulung geachtet werden muss.

Förderungsstellen, Stiftungen und Bildungsfonds halten für spezifische Bereiche Gelder bereit. Fragen Sie Berufsverbände oder Gewerkschaften, was sie bieten! Zu weiteren Alternativen zählen: Ersparnisse, Jobben, Ausbildungskredite.

Zehn Tipps für die erfolgreiche Sozialzeit

1. Informieren Sie sich frühzeitig (Literatur, Kontaktadressen, Vermittlungen).
2. Prüfen Sie, ob es sich um eine Sozialzeit, eine Stage, ein Praktikum oder eine Zwischenform handelt (Erlebnistour).
3. Sprechen Sie mit Leuten, welche bereits einmal eine Sozialzeit geleistet haben.
4. Besuchen Sie die gewählte Einrichtung und fragen Sie nach Referenzadressen von ehemaligen «Helfer/innen».
5. Freiwillig heisst nicht ohne Ansprüche: Überlegen Sie genau, wo und in welcher Funktion Sie tätig sein möchten (als Aktivistin in einem Workcamp in Afrika, als Beobachter bei einem internationalen Friedensdienst, als Vollzeitkraft auf einem Bio-Bauernhof).
6. Sozialzeit im Ausland: Klären Sie die Einreisebestimmungen, die maximale Aufenthaltsdauer sowie weitere Auflagen ab.
7. Achten Sie eine auf eindeutige Abgrenzung gegenüber Schwarzarbeit sowie die Einhaltung sonstiger Abmachungen (Zuteilung von Aufgaben, Präsenzzeit, Betreuungs-/ Ansprechpersonen).
8. Früher selbstverständlich, kann heute ein längeres (zum Teil mit Berufsaufgabe verbundenes) Engagement nicht einfach vorausgesetzt werden. Legen Sie die Bedingungen, z.B. für einen Pflege-Einsatz in der Familie, genau fest.
9. Lassen Sie den Kostenfaktor nicht ausser Acht (Zuschuss zu Unterkunft, Essen, Taschengeld, Spesenentschädigung). Oder wird umgekehrt ein Obolus verlangt?
10. Holen Sie eine Bescheinigung Ihrer Einsätze ein (Arbeitszeugnis, Zertifikat, Eintrag im Sozialzeitausweis[68]).

Elf Tipps für ein Timeout mit der Familie

1. Die Entscheidung, einen Elternteil auf einen Auslandaufenthalt, eine Reise, ein Sabbatical zu begleiten, sollte nicht vom Einverständnis der Kinder abhängig gemacht werden. Erstens kommt der Anlass von aussen, zweitens bedeutet das Festlegen auf ein «Ja» oder «Nein» selbst für 10-/12-jährige eine Überforderung.

2. Um eine andere Situation handelt es ich, wenn ein längerer Familienurlaub geplant ist. Dieser bringt zwar einiges Durcheinander, dafür beinhaltet er die Erfüllung eines Traums (Aufbrechen, Neues sehen, die Eltern für sich haben).

3. Eine weitere Variante ist die Vorbereitung im Hinblick auf eine Auswanderung. Einerseits sollte die wahre Absicht nicht verborgen bleiben, andererseits muss klargestellt werden, dass es um einen Testlauf geht.[69]

4. Treffen Sie Abklärungen bei den Schulbehörden (Erziehungs-/ Bildungsdepartemente des Wohnkantons). Weihen Sie Lehrkräfte und Auszubildende in Ihre Pläne ein. Je nach Stufe und Regelung bestehen diverse Möglichkeiten → Unterricht durch eine Begleitpersonen, Besuch einer ortsansässigen Schule, Fernstudium etc.

5. Klären Sie ab, inwiefern man sich zu Hause auf die neue Sprache vorbereiten kann (Sprachkurse/Selbstlernmittel). Gibt es Auffrischungs-Angebote für Familien, als Auftakterlebnis im neuen Land?

6. Jedes Abenteuer birgt Risiken. Hüten Sie sich vor Versprechungen («Weihnachten feiern wir wie immer»; «an deinem Geburtstag schauen die Grosseltern vorbei»).

7. Selbst wenn der Nachwuchs ein Hobby teilt, Sie seit Jahren auf Expeditionen begleitet, kann nicht dieselbe Begeisterung für Ihr «Steckenpferd» vorausgesetzt werden. Fischen verliert als Hauptbeschäftigung seinen Reiz, Seekrankheit tangiert das Wohlbefinden, gewisse Dinge beginnt man zu vermissen …

8. Spezielle, mit Verantwortung verbundene Aufgaben sind Sache der Erwachsenen (erste Erkundigungen auf einer Insel, Nachtwache auf einem Schiff).

9. Kontakte mit den Zurückgebliebenen gestalten sich für Kinder und Jugendliche eher mühevoll. Als Alternative zum klassischen Briefverkehr bieten sich E-Mails an → Rundbriefe versenden, sich mit einzelnen Freund/innen austauschen, die Kommunikation mit der Musiklehrerin oder dem Handballtrainer aufrechterhalten.

10. Es empfiehlt sich, die *Rückkehr so zu planen, dass sie in die Schulferien fällt* → Anlaufphase, nachholen von Aktivitäten, besuchen von Kolleg/innen.
11. Der Wiedereinstieg fällt insbesondere in der Pubertät nicht leicht. Führen Sie den Heranwachsenden vor Augen, was sie in der Zwischenzeit dazugewonnen haben: akzentfreies Englisch, Toleranz und Selbstständigkeit!

Timeout ohne/von der Familie: siehe Kapitel 4 und 9.

Zehn Tipps für ein Timeout im Vorruhestand

1. Am offensichtlichsten ist die Situation, wenn Sie einen Beruf ausüben, welcher eine klare Altersbegrenzung, evtl. bereits mit 50/55 Jahren vorsieht (z.B. im Flugbetrieb).
2. Auch in anderen Berufszweigen existieren Vorruhestands-Regelungen oder Ausstiegs-Erleichterungen (Langzeiturlaub ab einer bestimmten Dienstzeit, Zeitkonti, Ausgleich für Schichtarbeit etc.).
3. Wenn Sie ein kurzes Timeout nehmen, vereinbaren Sie nach Möglichkeit mit Ihrem Arbeitgeber den «*Ferienstatus*» (Lohn-/Gehaltsfortzahlung, Sicherung der AHV-/ BVG-Beiträge).
4. Schaffen Sie die Bedingungen für eine echte Auszeit (kein Forschungssemester oder Antreten einer «verkappten Geschäftsreise»).
5. Nutzen Sie die Distanz, um künftige Optionen zu prüfen (flexibler Übergang, dritte Karriere, berufliche Selbstständigkeit?) Mittlerweise existieren
   - Info- und Beratungsstellen für Berufsleute ab 50, z.B. «karriere plus» am Institut für Angewandte Psychologie, Zürich
   - spezialisierte Outplacement-Einrichtungen
   - Austauschgruppen, Treffen von Leuten in einer ähnlichen Situation.
   Suchen Sie weiterführende Erfahrungen, durch einen «Seitenwechsel» oder ein Ehrenamt.
6. Prüfen Sie, wie es mit einem «Probelauf» hinsichtlich der Zeit nach der Pensionierung aussieht (Vorbereitung mit Partner/in, Familie).
7. Richten Sie Ihre Aufmerksamkeit auf neue Lebensbereiche (Wohnen, Gesundheit).
8. Favorisieren Sie Tätigkeiten, bei denen Sie mit Leuten verschiedener Altersstufen zusammenkommen (Naturschutz, Kunst, Musik).

9. Selbst mit 60 kann mann/frau sich noch einmal verlieben. Wenn Sie allein leben, muss das nicht so bleiben … Sie haben jetzt Zeit, auf Leute zuzugehen!
10. Lassen Sie sich von Anti-Aging-Programmen (Verjüngungskuren, Hormonspritzen etc.) nicht verrückt machen! Es ist ein Fitnesstrend mehr, mit neuem Zielpublikum.

7. Durchführung

7.1 Auftakt

Der Start beinhaltet zwei Dimensionen:

- Absetzen → aus dem Alltag
- Abheben → Flugreise, Abenteuer.

Je nachdem ob das Timeout an ordentliche Ferien oder eine vollbepackte Arbeitswoche anschliesst, liegt der erste Tag «unberührt» vor Ihnen oder es gibt Administratives zu erledigen, eine Aufenthaltsbewilligung einzuholen, Versicherungsfragen zu klären …

Im Gegensatz zu einem klar vorgezeichneten Unternehmen (Auslandjob, Kurzstudium, Segeltörn) stellt der Sprung ins Leere eine echte Herausforderung dar. Die nachstehenden Ausführungen beziehen sich auf diese Situation.

«Ungebunden, unerreichbar, herrlich! Ich kann tun und lassen, was ich will. Essen, schlafen, ausgehen …», so stellt man sich die erste Zeit vor. In der Tat wirkt der Auftakt wie ein Befreiungsschlag – insbesondere wenn vorher die Belastung hoch, der Schlussspurt nervenzehrend und das wahre Erhebende die Aussicht auf das Sabbatical war.

Nach einem Monat werden viele unruhig. Sind froh um erste Termine, vereinbaren zusätzliche Dates, jetten zu einem Kongress. Sie können sich nur schwer losreissen, verspüren Ungeduld: «Was passiert jetzt? Wie geht es weiter?» Erst nach einer Weile realisieren sie: «Der Speedy Run ist vorbei. Du kannst dich aus der Hektik des Erwerbslebens ausklinken!»

Durststrecke

Der Einstieg – wie die Rückkehr – ringen einem etwas ab: Musse für die Umstellung.

Hinzu gesellen sich zwei Aspekte:

- Bemühen um Besitzstandwahrung
- Angst vor dem Neuen.

Lassen Sie der Inspiration freien Lauf, schaffen Sie Raum für verborgene Wünsche! Was schwebte Ihnen in der Jugendzeit vor? Wozu hatten Sie nie Gelegenheit? Die Aussicht auf lang Gehegtes steigert die Vorfreude und verleitet zu Ungeahntem.

Die einen besuchen den früheren Studienort, setzen sich ins Lieblingslokal, lesen Karl May. Nehmen das kleine Schwarze hervor, kaufen Musical-Karten, stossen mit Champagner auf «ihre» Premiere an. Auf dem Hinweg nehmen sie die neue U-Bahnlinie, für die Rückfahrt leisten sie sich eine Limousine.

Andere avisieren ein/zwei Fixpunkte (Fallschirm-Training, fernöstliche Heilpraktiken, Meditation in einem Zenkloster). Danach sehen sie zu, was sich ergibt.

Dann gibt es jene, welche kalte Füsse bekommen, die Auszeit am Liebsten abbrechen und morgen zurück ins Büro möchten. Als ob nichts gewesen wäre. Sie tun es nicht. «Was würde der Chef denken? Und erst die Stellvertretung? Im Grunde wollte ich ja woanders hin, habe mir einiges vorgenommen ...»

Muriel, 32, Kaufmännische Angestellte: «Man hat mich gewarnt, es nicht einfach so auf mich ‹zuschwappen› zu lassen. Tatsächlich: Ist die Wohnung geputzt, der Keller entrümpelt, die Terrasse gefegt, offenbart sich die Unentschlossenheit in ihrer ganzen Heftigkeit. Im Nachhinein deute ich es symbolisch: Ich brauchte einen festen Anlaufpunkt, wo ich ‹einhaken› konnte. Durch das Herstellen einer äusseren Ordnung entstand Übersicht, Ruhe, Gelassenheit.»

7.2 Verschiedene Phasen

Trilogie

Hektische Betriebsamkeit, Erschöpfung, Einhalt, Hinwendung zu Neuem: Die Erzählungen gleichen sich, selbst bei prädestinierten Aussteiger/innen:

- 1. Phase: Euphorie, Aktionismus, lange Listen, viele Vorsätze. Was man unbedingt möchte bzw. zu einem Timeout zählt. Erleichterung, nicht ganz loslassen zu müssen, Glücksmomente und Schrecksekunden
- 2. Phase: Müdigkeit, Durchhänger, Ratlosigkeit, Lethargie[70] und Neuausrichtung
- 3. Phase: Träume ausgraben, in die Sterne gucken, sich der Kunst des Ikebana[71] widmen, die Modelleisenbahn hervorholen.

Die rationale Verdrängung leistet ganze Arbeit. Es kostet Energie, herauszufinden, wonach man insgeheim getrachtet hat. Anke Richter formuliert es treffend: «Dieses Knäuel aus heruntergeschluckten Träumen, verwegenen Ideen und verborgenen Sehnsüchten entrollt sich meist erst im Laufe eines Sabbaticals. Wenn Sie jedoch einen Faden davon zu fassen kriegen, dann sollten Sie der Spur folgen.»[72]

In dieser Etappe zerrinnt die Zeit unter den Händen, die Tage rasen dahin. Sehen Sie zu, dass Sie nicht in die alte Tretmühle zurückfallen. Sie müssen nicht alle Ziele auf einmal verwirklichen!

Try and Error

Eine Kollegin steuerte den Vergleich mit dem Projektmanagement bei: Konzentration auf eine Vision, Go-Entscheid, Zwischenbilanz, Feedback-Schlaufen sowie die Bereitschaft für intensive Suchprozesse. Ein gerader Ablauf.

Oder Sie «chartern» einen Versuchsballon. Experimentieren mit der Zeit, mit sich. Herausgehoben aus dem 08/15-Schema: Wie funktioniere ich eigentlich? Wäre ich eine Frühaufsteherin oder eher ein Nachtmensch? Wie sieht meine Life-Work-Balance aus? Was ist ein optimaler Tagesrhythmus?

Vielleicht praktizieren Sie neue Arbeitsmodelle, versuchen sich im innerfamiliären Rollentausch, mutieren von der «Eule» zur «Lerche» (vom Abend- zum Morgentyp)? Gemäss der Devise von Gudela Grote: «So frei wie möglich, so organisiert wie nötig.»[73]

> **TIPP:** Drei Werkzeuge geben wir Ihnen auf den Weg:
> * eine Stoppuhr um anzuhalten
> * einen Kompass zur Orientierung
> * einen Katalysator um Wesentliches herauszufiltern.

7.3 Unvorhergesehenes: Zehn Stichworte

Verzögerungen, abflauende Begeisterung

Besonders ärgerlich – hauptsächlich unerfreulichen Umständen zuzuschreiben – ist ein verspäteter Reiseantritt. Oder wollten Sie sich gar nicht freimachen?

Auch Kinder/Jugendliche kämpfen mit der Loslösung. Anfänglich Feuer und Flamme («sechs Monate Zweimaster statt Schule»), dominiert mit dem näher rückenden Abreisetermin die Skepsis: «Jetzt sehe ich meine Freundin nicht mehr! Wer schaut zur Katze? Was ist mit dem Garten? Ist es auf Kos wirklich toll?» Auf dies, wie auf eigene Bedenken, gilt es gefasst zu sein.

Technische Pannen

Der Enthusiasmus von Hobby-Sportler/innen wird häufig gedämpft: Navigations-Probleme, defekte Windsteueranlage, gerissene Drahtseile … am Schluss ergeht es einem wie Andrea Bergen-Rösch: sturmerprobt, dass sie es mit jedem Blauwassersegler[74] aufnehmen konnte.

Bei anderen erschweren kyrillische Schriftzeichen, verstopfte Strassen oder umständliches Einkaufen den Alltag. Nicht weniger aufreibend, aber lehrreich!

Neue Situation

Eventuell war die Familie früher nie so eng beisammen wie jetzt in der Blockhütte. Oder ihr wird – z.B. im Diplomatischen Dienst – eine obskure Arbeitsteilung auferlegt: Er hat eine offizielle Mission inne, sie repräsentiert.

Null Bock auf Algebra

Der Nachwuchs besucht eine internationale Schule, hält sich in gehobenen Kreisen auf, bringt ungewohnte Ansichten, ja Standesdünkel nach Hause. Ist Einmischung angebracht, ab wann?

Der Lehrplan sollte eingehalten werden. Büffeln vor Ort? Unterricht durch die Eltern? Das setzt einiges an Konfliktstoff ab.

Kein Berührungsbedarf

Jean, 46, war schockiert: «New York ähnelt einer geschlossenen Gesellschaft. Du bleibst aussen vor. Small Talk, hello, goodbye, that's it! Alles ist sündhaft teuer, sogar die blasierte Distanz!»

An einem neuen Ort fühlt man sich nicht selten eigentümlich fremd – isoliert, nackt. Diese Erfahrung korrigiert die übliche Vorstellung, dass Reisen an und für sich bereits toll ist.

Krankheit

Endlich! Die Safari hart verdient, alles arrangiert. Und nun reagiert der Körper! Den Arbeitsstress hat er durchgestanden. Jetzt, wo es losgeht, zeigt sich eine erhöhte Anfälligkeit für Krankheit (entsprechend den «pflichtbewussten» Angestellten, welche zu Ferienbeginn erst mal das Bett hüten).

Selbst wenn es nervt: Akzeptieren Sie, dass der Organismus auf eine Ruhepause pocht. Gönnen sie ihm Schlaf und Erholung, informieren Sie sich vor einer Auslandreise über allfällige Massnahmen.

Dafür fallen andere Ansteckungsquellen weg: Grippeviren im Berufs-
verkehr, erkältungsgeplagte Konferenz-Teilnehmende, Salmonellen im Take-
Away-Sandwich …

TIPP: Sollten Sie unterwegs erkranken, treten Sie die Rückreise nicht überstürzt an. In der Ferne lässt es sich ebenso gesund werden. Auf Kreta z.B.
ist die medizinische Versorgung ausgezeichnet. Zudem könnte sich die
Versicherung weigern, extra Flugtickets zu bezahlen.[75]

Fehler

Ecken und Kanten sind interessant. Man erhält sie u.a. durch Fehler. Einige
Punkte werden in den Erfahrungsberichten angesprochen (kein konsequenter Schnitt, sich zurückrufen lassen, Zeit knapp bemessen).

Auf Reisen sind Zwischenfälle mühsam, oft folgenreich. Seien es Diebstäh-
le, Übergriffe oder der Zusammenprall mit Ordnungskräften. Einige lassen sich
nicht umgehen, andere gehören in die Kategorie «Leichtsinn» → Sperrgebie-
te betreten, illegale Glücksspiele etc.

Verschnaufpause

Zuweilen wird der Bedarf unterschätzt, irgendwo zu verweilen, ein «Timeout
im Timeout» einzuschalten. Wer will schon reisen ohne anzukommen? Wie
die Touristenströme, welche durch die Gegend hetzen, sämtliche Sehenswür-
digkeit knipsen und anhand des Fotomaterials rekonstruieren, wo sie überall gewesen sind??

Liebe

Die Wahrscheinlichkeit, jemanden kennenzulernen, besteht nicht nur theoretisch. Wer alleine loszieht, keine Berührungsängste hat, sich ungezwungen bewegt, trifft eine Menge Leute (hofft unter Umständen, zarte Bande zu knüpfen). Springt der Funke über, ist es dennoch überraschend.

Im unglücklichsten Fall geschieht es kurz vor der Weiterreise, die Familie
besteht auf sofortiger Heirat, das auslaufende Visum erzwingt eine Entscheidung, das Paar kann sich auf keinen Wohnsitz einigen. Hindernisse existieren
viele. Ein Happy-End wollen wir Ihnen nicht vorenthalten, vgl. Kapitel 10.

Abbruch, vorzeitige Rückreise

Äussere Ereignisse (Tod eines Familienangehörigen, Kauf einer Immobilie, Notfall im Geschäft) oder persönliche Gründe (Unfall, Heimweh, Stellenangebot) können zum Stopp oder Unterbuch eines Timeouts führen. Falls Zweifel auftauchen: zögern Sie nicht, professionelle Hilfe beizuziehen.

Manchmal wird man im richtigen Augenblick zurückgeholt. Die französische Sängerin Patricia Kaas, welche ihre Auftritts-Pause ohne bestimmte Absicht anging, erhielt eine Anfrage für ein Kino-Projekt: «... dann kam der Film und danach die Filmmusik. Da war ich froh, wieder in meinem normalen Leben zu sein» (SonntagsZeitung, 14.4.2002).

7.4 Wichtige Faktoren

Jessica Korth hat in ihrer Lizentiatsarbeit Aussen- und Innenbedingungen definiert, welche ein Sabbatical erleichtern. Sie geht von der klassischen Situation eines Unternehmens der Privatwirtschaft aus.[76] Die Erkenntnisse lassen sich indes auf andere Bereiche übertragen.

Aussenbedingungen:

- keine raschen Veränderungen (Technologie-Umbruch)
- Firma/Betrieb hat die «kritische Grösse» erlangt
- Branche und Art der Aufgabe (ideal: Beratung und zeitlich begrenzte Projekte).

Durchführungsbedingungen:

- keine Sorgen und Ängste (Arbeitsplatzsicherheit, Finanzen, Qualifikation für den Wiedereinstieg)
- realistische Erwartungen und definierte Ziele der Sabbatical-Teilnehmenden (konkrete Vorstellungen, starker Wille, Durchsetzungsabsicht, gereifter Wunsch → Timeout als Lebenstraum)
- kein Zwang (Status → «die anderen leisten sich das locker»; eingeschränkte Wahl durch zu hohe Arbeitsbelastung → «aussteigen müssen»; Auflagen zu Inhalt oder Gestaltung eines Sabbaticals → «Parallel dazu können Sie den Lehrgang in IT-Sicherheit absolvieren!»)
- Zeit und Distanz (wenig Einflussnahme hinsichtlich Dauer und Destination, Respekt des Arbeitgebers vor den Wünschen einer Sabbatical-Teilnehmerin, Respekt des Sabbatical-Teilnehmers vor seinen eigenen Ideen)
- Einstellung gegenüber den «Aufbrechenden» (Akzeptanz, Vertrauen, aktive Unterstützung durch Vorgesetzte und Team).

Nicht alle Faktoren sind direkt beeinflussbar. Deshalb sollten sie vorher genau geprüft werden. Und, das sei nicht verschwiegen: Individuelle Timeouts unterziehen Arbeitgebende einem Härtetest hinsichtlich Flexibilität und Transparenz!

Kommunikation

Nach Auskunft von Franziska Müller Tiberini, Unternehmensberaterin und Spezialistin für Familienbetriebe, kommt der Kommunikation in einer kleinen Firma zentrale Bedeutung zu.

«Handelt es sich eindeutig um einen Erlebnis-/ Bildungsurlaub oder sucht jemand ein Timeout mit (noch) ungewissem Ausgang? Es ist für den Fortgang eines Geschäfts wie die Haltung der Mitarbeitenden ein Unterschied, ob der Juniorchef drei Monate durch die Rocky Mountains tourt und mit neuem Tatendrang zurückkehrt oder ob sich der eine von zwei Brüdern in einer ohnehin angespannten Situation (Geschäftsgang, persönliche Differenzen) plötzlich ausklinkt.

Der Studienaufenthalt in Frankreich, die Stage bei einer Lieferantin, der Vaterschaftsurlaub bedeuten eine «Lücke auf Zeit» – unter Umständen auch einen Anstoss, Ähnliches in Erwägung zu ziehen. Ein plötzliches Verschwinden, unter diffusen Vorzeichen und mit offenem Ausgang («mal sehen, was entsteht»), irritiert die Mitarbeitenden. Es lässt Spekulationen blühen und verleitet zu Fehlschlüssen: Steckt mehr dahinter? Gab es Krach? Stimmt etwas nicht mit den Finanzen? Statt Anregung entsteht Zukunftsangst.»

7.5 Auslaufen, Rückkehr

Irgendwann läuft die Uhr rückwärts. Die Stadt, in der man sich gerade aufhält, gefällt unheimlich gut. Perspektiven tun sich auf: beruflich, bezüglich der persönlichen Zukunft, der Möglichkeit des Auswanderns etc.

Noch drei Wochen, noch zwei … Plötzlich landet man auf einem Flughafen und weiss nicht warum. «Es war schrecklich. Der Flieger setzte auf und ich wollte partout nicht aussteigen. Von mir aus hätte er abdrehen oder auf der Piste verharren können. In diesem Moment hätte ich alles darum gegeben, in den USA zu sein.» Gemin, 28, Elektroingenieur

Zwiespalt

Die Mehrzahl der Auskunftspersonen stutzt, wenn sie nach «Rückkehr-Episoden» gefragt wird. Insbesondere Erstreisende – oder solche mit eingegrenztem Programm – haben die letzte Wegstrecke aus ihrem Gedächtnis gestrichen. Ausnahme: Wenn die Fortsetzung (das «Time in» oder der Start zu etwas Neuem) vorgängig eingebaut war.

Rückblickend fällt ihnen auf, dass sie

- die Auszeit bis zur letzten Minute ausgekostet, z.T. hinausgezögert haben
- dann allerdings rasch in ihr bisheriges Leben eingestiegen sind.

Andere erinnern sich, dass sie dem ersten Arbeitstag mit gemischten Gefühlen entgegensahen. Wobei es weniger um die Firma oder die Kolleg/innen denn um die Begleitumstände ging. «Was erwartet mich da: Aktenberge, Karriere, Disziplin? Jetzt, wo ich das Unkonventionelle entdeckt habe …»

Ankunft

Selbst wenn das Timeout abrupt zu Ende gegangen oder herbeigesehnt worden ist, schwanken die Gefühle zwischen Wehmut und Aufatmen. Heisst es Ende der Unverbindlichkeit und Anfang des «Relaunch[77]».

> **TIPP:** Es erweist sich als Vorteil, nicht überstürzt alles regeln zu müssen: Job, Wohnung, Umfeld.

«Die Flut des Angelaufenen war enorm: Post, Pendenzen. Dazu das unmittelbar Anstehende: Anmeldeformalitäten, Freunde sehen, Kulturschock verdauen … Allein fürs Erste benötigte ich sechs Tage.» Silvan, 47 Lehrer

Epilog

Manchmal kommt es anders als zu Beginn gedacht. Einige bleiben ganz aus: Aus dem Italienisch-Kurs werden fünf Jahre Piemont, aus dem Landwirtschafts-Praktikum der Aufbau eines Weinguts, die Gastprofessur mündet in ein Definitivum.

7.6 Erfahrungsberichte

Zu den Beispielen

Nachstehend finden sich achtzehn Erfahrungsberichte zu unterschiedlichsten Timeouts. Angefangen bei den sechs klassischen Formen

- Sabbatical
- Auslandaufenthalt
- Bildungsurlaub
- Sozialzeit
- Familienpause (für die Familie/von der Familie)
- Vorbereitung auf den Ruhestand

über

- «Gewöhnliche» Timeouts
- Zwischenlösungen
- mehrere Auszeiten

bis hin zu einem

- missglückten Versuch.

Jeder Text hinterlässt einen Eindruck für sich: die Atmosphäre einer speziellen Begegnung.

Sabbatical: Den Wind zum Wehen bringen
Erfahrungsbericht Nr. 1

Chris, 43, Naturwissenschafterin, war im Hochschulbereich, der Industrie und im strategischen Dienst tätig, zuletzt als Geschäftsleiterin einer nationalen Organisation. Sie steht mitten in ihrem Sabbatical. Dieses hat sie «angesprungen», im richtigen Moment (als es ohnehin um die Zukunftsplanung ging).

Aus einer spontanen Idee entstand etwas, was sie ausgiebig geniesst: Zeit, Raum, Ungebundenheit. Und: «Dass ich mir überhaupt diese Freiheit genommen habe ...»

Streifzüge

Ich war mehrere Jahre in der Forschung, nun seit neun Monaten in der Erforschung: meines Sabbaticals. Es ist unüblich – und dem Faktor «Arbeitsmarktfähigkeit» nicht sonderlich zuträglich – einfach so ins Blaue hinaus zu kündigen. Ohne neue Stelle, trotz Management-Ausbildung.

Ich habe mir einiges herausgenommen: a) zu gehen, wenn es noch läuft, b) eben nicht in die Ferien zu fahren und nach einigen Wochen wiederzukommen, c) mich auf Neues/Unbekanntes einzulassen. Mit der Schriftstellerin Christa Reinig gesprochen: «Zwischen allen Stühlen zu einem Ausgang hin, der mich in Freiräume führt, die ich noch nicht kenne».

Zuvor

Ich bin nicht «Ernährerin», unterliege weniger Kontrolle, auch nicht den selben Rollenerwartungen wie ein Mann (der bereits auffällt, wenn er plötzlich zuhause ist oder um 11 Uhr die Wohnung verlässt). Das sind Begleitumstände, die den Entschluss erleichtern.

Aber es beginnt vorher, im Kopf! Sich lösen von Ansprüchen und Zwängen, bezüglich sich selbst wie der Auszeit («Wer sich das leistet, sollte …»).

Der Gedanke daran tauchte zum ersten Mal auf, als wir «Dinks[78]» Finanzpläne und Vorsorgeregelungen studierten. «Weshalb bis zur Pensionierung warten?» schoss es mir durch den Kopf. «Spinnst du eigentlich?»

Kurz davor

Gleichzeitig hatte ich an der damaligen Stelle erreicht, was ich wollte. Die Frage lautete: wie weiter? Zurück in die Privatwirtschaft oder vorwärts in die Selbstständigkeit? Neben einem anspruchsvollen Job Laufbahn-Vision zu betreiben, schien mir unsinnig. Zudem hatte ich verschiedene Branchen zu studieren.

Eine Grundausbildung als Biologin tönt zwar interessant, nimmt sich in der Realität jedoch schwierig aus. Wenn man an die zahlreichen Umstrukturierungen denkt, z.B. in der Chemie. Zur selben Zeit wurde ich 43 und fand: «Jetzt etwas anderes!»

Klarer Abschluss

Zweifel kamen nur kurz auf. (Gelingt der Wiedereinstieg in den Arbeitsprozess? Finde ich etwas Interessantes?) Umgekehrt erachtete ich es zusehends als Chance, aus allem herauszutreten.

Ich legte bei X. einen sauberen Abgang hin, ging im Guten. Kein Abbruch, weder von der Arbeit noch von den Menschen her. Noch heute zählt dort mein fachlicher Rat.

Und jetzt?

Dann war ich zunächst einfach neugierig, wie das so wird. Ausser während ausgedehnten Ferien und bei einem Jobwechsel hatte ich nie Phasen des «Nichtstuns» gekannt.

Ich bin jetzt mittendrin und behaupte: «Es ist Spitze!» Nicht ein einziger Durchhänger ist eingetreten, trotz wenig Vorbereitung.

Klar, es hat optimal angefangen: im Sommer, mit Baden, unserem Haus am See, die Fenster bei prächtigem Wetter ersetzt. Ich legte mich in die Sonne, hielt einen Schwatz mit den Handwerkern, trank ein kühles Bier. Es war rundum angenehm, selbst die körperliche Aktivität im Garten.

Dazwischen traumhafte Ferien in Botswana, Französisch-Lektionen, ein Marketing-Kurs, Tennis spielen. (Versuchen Sie das einmal: drei Trainingseinheiten pro Woche, neben dem Tagesgeschäft …). In der Tat: Ich hab von allem etwas mehr gemacht. Mehr Bewegung, mehr geraucht, mehr getrunken. Intensiver gelebt.

Das Produkt «Ich»

Eine Herausforderung steht an: mich selber verkaufen. Ich lese die Inserate und Kaderangebote. Nicht mit dem Gefühl «du musst». Eher aus Neugierde: «Was hält der Markt bereit?» Dank Handy bin ich selbst auf der Luftmatratze erreichbar, beim Velofahren oder Grillieren.

Die Stellensuche betreibe ich gezielt, mit mehr Selbstbewusstsein. In den seltensten Fällen reiche ich ein ganzes Dossier ein. Mein Lebenslauf ist up to date, ein perfekt abgestimmter Brief, fertig. Insbesondere bei Führungspositionen komme ich gut an.

Weite Kreise ziehen

Die Reaktionen im Umfeld variierten: von Skepsis bis Bestätigung. Meine Schwester meinte: «Genial, du hast ja immer hart gearbeitet!» Der Ehemann zog nach: «Lieber nichts antreten als sich in etwas hineinstürzen, was nicht stimmt».

Im Januar versuchte ich ein früher erstelltes Business-Konzept zu vermarkten. Mit begrenztem Aufwand, gereizt haben mich die Präsentation sowie daraus resultierende Kontakte.

Der Sinn fürs Auftreten drückt auch beim Nähen durch. Zunächst entstand ein Deuxpièces, nun ist ein Abendkleid in Fertigung. Am Liebsten zügle ich alle Utensilien nach draussen, wo Kopf und Körper dem Lauf der Stoffbahnen folgen können.

Das andere Sein

Die Schönheiten des Lebens entdecken: Lustvoll-Sinnliches, sich treiben lassen, mit der eigenen Person klarkommen – tolle Erfahrungen, die man erst gemacht haben muss.

Die Alltags-Freiheit in der Alltags-Atmosphäre einatmen, nicht im Sonntags-Staat (dieser künstlichen Festtags-Ruhe). In feierlicher Stimmung sein, dann wenn die Läden öffnen, man sich unter die Leute mischt.

Näher dran

Kleinere Einbrüche stecke ich weg (im Erwerbsleben gibt es solche zuhauf; man beachtet sie kaum, kann ihnen gar nicht nachgehen).

Und wenn die elektronische Agenda abstürzt oder sich ein Arztbesuch aufdrängt, dann halte ich mich nicht weiter darüber auf. Gehe ich hin, lass es richten und okay. Kein Gestürm zuvor, kein Gehetz danach. Das, was ist, akzeptieren. Manchmal ist es halb so schlimm, sogar aufregend …

Ab und zu überlegte ich – weil es sich so leicht ausnimmt – wie lange wir den gleichen Lebensstandard halten können. Aber es funktioniert. Wir haben den Überblick. Ich äussere eher Bedenken, mein Mann nicht.

Konzentriert

Das ist speziell: nicht zum Briefkasten eilen, die Post zwischen Knirps, Aktentasche und Mobile klemmen, alles auf den Hintersitz des Autos werfen, absausen. Einfach nur eine Sache erledigen: Zeitung und Couverts aus dem Schlitz ziehen. Sich über die Ansichtskarte freuen, bei einer Tasse Kaffee.

Kreative Langsamkeit, echte Entspannung, weniger Strenge. Die Antennen dafür existierten bereits früher, aber ich hatte sie nicht danach ausgerichtet. Selbst die Arbeit erscheint in einem neuen Licht. Nicht mehr «Job, Job, Job», sondern: «Es beginnt, das Abenteuer Job-Suche!»

Gelassenheit – statt Coolness

Ich rege mich kaum mehr auf, wenig nervt oder stört mich. Ich hoffe, ich kann dies in die Berufswelt hinüberretten. Keine Gräben abstecken oder Zäune hochziehen. Trotzdem wachsam sein, Empfänglichkeit bewahren, die Energie dosieren.

Ich mach mir keine Illusionen, dass es beim «Easy going» bleibt – deshalb hole ich mir soviel wie möglich von diesem «Feeling». Statt abzudriften habe ich ein besseres Gespür entwickelt, Intuition und Wahrnehmung geschärft.

Dynamik

Noch gehört der Tag mir. Ich bin die Regisseurin des Geschehens. Das aufzugeben, wird nicht leicht …
Vielleicht bin ich in einem Monat wieder voll drin, steige morgens in die volle S-Bahn, stehe zwischen tropfenden Schirmen und feuchte Trenchcoats.

Ich werde voll Power sein, gereift und gestärkt. Eine, die ihre Ressourcen kennt und darauf zurückgreift. Hat der Glück, der Personalchef, welcher so jemanden bekommt: motiviert, leistungsfähig. Mit klarem Kopf, ausgerichtet auf das Kommende!!

Sabatical: Die klassische Variante
Erfahrungsbericht Nr. 2

Aldo, 64, Manager im aktiven Ruhestand, nahm 1985 – als dies noch ungewöhnlich war – ein «Sabbatical». Ursprünglich beabsichtige er, sechs Monate wegzugehen. Drei Monate wurden es; auf diese Dauer ließen sich die Vorgesetzten ein. Die Reise in die «Neue Welt» möchten weder er noch seine Frau missen. Nachträglich wäre er mutiger und würde die Zelte (zumindest vorübergehend) hinter sich abbrechen.

Genaue Vorstellung

Den Ausdruck «Sabbatical» gab es damals noch nicht. Ich wusste trotzdem, was ich wollte: Eine Reise, unbezahlten Urlaub, klare Verhältnisse.

Ich bin Realist. Von Haus aus habe ich einteilen gelernt. Nach dem kaufmännischen Abschluss bin ich zur Buchhaltung, zum Marketing, dann in erste Führungspositionen gekommen. Das Vorausschauende (z.B. die Finanzplanung) hat mich immer mehr interessiert als die reine Abwicklung der Transaktionen.

Schlagende Argumente

Mein Chef war zunächst wenig begeistert. Ich habe die Absicht offen auf den Tisch gelegt, auch nicht verborgen, dass ich privat etwas erleben möchte (keine Weiterbildung vorgeschoben oder das Ganze mit einer geschäftlichen Angelegenheit zu kombinieren versucht). Dieses Vorgehen hat mir Respekt eingetragen.

«Wenn Sie krank werden oder verunfallen, muss es auch gehen», meinte der Chef, und ich ergänzte blitzschnell: ‹Nur dass dies plötzlich kommt, während meine Auszeit längerfristig angekündet und gut organisiert ist.› Damit hatte ich gewonnen, und die Aussicht, dass ich – in bester Verfassung, erholt und motiviert – zurückkehren würde, liess die Vorgesetzten zustimmen. Kürzer als beantragt, aber mit Rückkehrgarantie. Die entsprechende Vereinbarung setzte ich selber auf. Heute gibt es hierfür Musterverträge ...

Persönliche Motive

Wenn mich jemand darauf ansprach, ob ich genug hätte oder die «Midlife-Crisis» aufkomme, stand ich dazu.(Nicht wie ein Kollege, dem bereits davor graute, dass jemand herausfinden könnte, dass er 50 geworden war.)

Tatsächlich fragte ich mich gelegentlich: «War es das? Wohin führt mich die Zukunft?»

Familiäre Hintergründe

Hinter der Idee einer Weltreise stand ausserdem meine Frau. Sie ist zehn Jahre jünger, verspürte Lust, etwas zu unternehmen, gab mit

Leichtigkeit ihre Teilzeitstelle auf (um nachher zu sehen, was sich ergibt).

Meine Mutter war verstorben, die Eltern der Partnerin gesundheitlich «zwäg», die Kinder draussen, Tiere gab es keine. Wir konnten unbelastet gehen. Zum Haus sahen Nachbarn, die Schwiegermutter schickte zweimal Post nach.

Bilanz

Wenn jemand eine Kaderstelle hat, denkt jede/r: «Der ist dynamisch, dem läufts!» Als ich Rückschau hielt, musste ich mir eingestehen, dass es sich überholt hatte. Immer dasselbe: entscheiden, handeln.

Damals war die Zeit anders. Strukturen nahmen sich stabiler aus, Firmentreue und Arbeitsplatzsicherheit galten viel.

Das Umfeld reagierte verschieden. Von Unverständnis über Bewunderung bis Neid. «Stark, das sollte ich auch tun!» bis «was ist in dich gefahren?» oder «ich kann mir so etwas nicht leisten …». Dass es tiefer ging (sich selbst überwinden, die Bedingungen optimal auszurichten) interessierte wenige.

Die Linie durchziehen

Mir schwebte ein Zwischenhalt vor und nicht der totale Ausstieg[79]. Ausbruchfantasien schob ich beiseite, richtete den Elan auf Übergangslösungen.

Eine Stellvertretung hatte ich nicht, die Betreuung der laufenden Arbeiten war jedoch gesichert. Vertrauliches übernahm ein Notar, einige Dinge wurden zurückgestellt (bei einer Absenz von einem Vierteljahr eher möglich als bei einer längeren oder ungewissen Abwesenheit).

Hinter dem Einsatz der Mitarbeitenden stand Überzeugungsarbeit. Die Kolleg/innen hatten einzuspringen, ohne dass ich ihnen etwas versprechen konnte ➟ mehr Lohn oder ebenfalls ein Sabbatical. Ich musste sie für die Sache an sich, mein Projekt begeistern. Als alles geregelt war, konnte ich ruhig abreisen.

Reise mit Fixpunkten

Die grosse Freiheit im Sinne des ziellosen Umherziehens hatten wir uns nicht vorgenommen, (Jahre später kam es zu spontanen Entscheiden, z.B. an einen beruflichen Aufenthalt in Hongkong drei Ferienwochen anzuhängen).

Mein bester Schulfreund wanderte jung nach Australien aus. Aus unseren Kreisen hatte ihn seit 20 Jahren niemand mehr besucht. Die erste Destination war also gesetzt.

Das Programm hatten wir festgelegt, die Zwischenstationen bestimmt, den Camper reserviert etc. Innerhalb der einzelnen Etappen ergaben sich noch Änderungen, z.T. aus der Not: So hatte ein Wirbelsturm das Hotel auf den Fidschi-Inseln derart zugerichtet, dass wir gleich nach Hawaii weiterzogen.

Erholung, Auslaufen

Den Auftakt würde ich wieder so wählen. Zuerst zwei Wochen Badeferien. Dass Bali ein verzaubernder Ort ist, kam als erfreulicher Nebeneffekt hinzu. Leider sprachen wenig Einheimische Englisch, die Verständigung gestaltete sich schwierig.

In Indonesien machten wir erste Bekanntschaft mit australischen Feriengästen. Den meisten lag das Surfen allerdings näher als die Beschäftigung mit Gesellschaft und Kultur.

Der kleinste Erdteil

Auf der Insel Tasmanien eingetroffen, suchten wir sofort den Schulkollegen auf. Er führte uns in Land und Leute ein; wobei die Vegetation von der unsrigen nicht stark abweicht. Komplizierter ist die Sprache, die wir diesmal zu verstehen/sprechen glaubten.

Zuerst dachten wir, wir hätten uns geirrt! Selbst im Fernsehen verstanden wir kein Wort. Bis wir die Zeitung aufschlugen und uns gegenseitig bestätigten: Doch, es handelt sich um Englisch. Sie sprechen es nur anders aus …

Innerhalb Australiens ging es weiter nach Adelaide, Alice Springs, Darwin, Cairns, dann drei Wochen die Ostküste hinab bis Brisbane. Die Fortsetzung bildeten vierzehn Tage Neuseeland. Fidschi, Hawaii und San Francisco gehörten zu den letzten drei Anlaufpunkten.

Zu zweit

Als Paar sind wir öfters gereist. Wir hatten immer ein gutes Einvernehmen, die Aktivitäten gemeinsam ausgewählt. Kurze Abstecher (Besuch des Fahrzeugmuseums, eine Schifffahrt, Shopping) absolvierte eine/r auch mal allein, die meiste Zeit verbrachten wir indes zusammen. Diese und weitere Unternehmungen haben zusätzliche Verbundenheit gebracht. Wenn wir die Dias und Fotografien ansehen, sagt meine Frau: «Weisst du noch … ?»

Verbindung, Erinnerungen

Da es noch keine Handys oder E-Mail gab, beschränkte sich der Kontakt zu den Zurückgebliebenen auf Briefe/Karten. Ich habe Notizen angefertigt und später den Eltern des Schulfreundes als Reisedokumentation unterbreitet. Zehn bis zwölf solcher Berichte, auch anderer «Touren», liegen vor. Die Illustrationen müssen noch eingescannt und das Layout fertiggestellt werden.

Das während des Sabbaticals Festgehaltene war eher unpersönlich. Überhaupt bot sich wenig Gelegenheit, sich irgendwo einzulassen → Zeitfaktor, gedrängtes Programm.

Unverbindliches

Wenn wir auf dem Zeltplatz jemanden trafen, hiess es nach zwei Tagen «goodbye» und das Ganze verlief sich. Wenn ich Aufnahmen von jemandem gemacht hatte, tauschte man die Adressen aus. Ich sandte die Bilder jeweils zu, hörte aber häufig nichts mehr. Man darf das nicht übel nehmen. Es entsteht aus einem Augenblick heraus, das Leben läuft weiter. Nobody is perfect.

Wäre ich länger geblieben, hätte ich mir als Hobby vielleicht Motorfliegen zugelegt. Und wer weiss, ob wir nicht ein Stück Land gekauft hätten (gemessen an den heutigen Erstehungspreisen äusserst günstig). Die Aufenthaltsbewilligung, Arbeit, Wohnmöglichkeiten etc. hätte man uns «eingefädelt». Ich winkte ab; konnte die Vermittler nicht damit brüskieren, dass ich in der Schweiz viel mehr verdiente … Zudem hatte ich das Retourticket in der Tasche.

Welcome back

Als wir das Flugzeug nach Zürich bestiegen, war es nicht überraschend. Ich hatte die Rückkehr vor meinem geistigen Auge visioniert, es letztlich darauf ausgerichtet. Die Vorgabe, am 2. August wieder in der Firma zu sein, gab mir eine gewisse Orientierung. Heute würde ich es als «Risikodämpfung» bezeichnen.

Am Samstag kamen wir an. Am Montag machte ich mich auf, zu Fuss ins Büro. Der Jetlag hat mir nie zugesetzt. Zudem fliegt es sich von West nach Ost leichter.

Die Ankunft wurde dadurch aufgefangen, dass meine Frau die Infrastruktur «aufbereitete». Im Geschäft wollten die Mehrzahl wissen wie es war (nach Australien gehen, konnten damals lediglich wenige). Vereinzelte fragten: «Kommst du gerne wieder?»

Aufwachen

In den Träumen sind immer wieder Impressionen dieser Reise aufgetaucht. Im Wachzustand erinnerte ich mich u.a. an das Gefühl, wenn man irgendwo die Augen aufschlägt und im ersten Moment nicht weiss, wo man ist: bedingt durch die Zeitverschiebung, den umgestellten Rhythmus … Gewisse Leute geniessen diesen Schwebezustand. Andere irritiert es. Ich zähle zu den letzteren.

Mutiger wäre ich bezüglich der Ausgangssituation. Wenn man zuhause keine hohen Fixkosten hat, unterwegs nicht «überbordet», einen gewissen Standard einhält, ist vieles machbar – auch finanziell. Der verstorbene Bundesrat Willi Ritschard sagte einmal: «Ich bin schon für das einfache Leben, aber es sollte eine Wasserspülung haben!»

Ja, und eines würde ich nachträglich tun: Als Nichtraucher Zigaretten einpacken! Gerne hätte ich den Arbeitern in den Reisfeldern oder einem stolzen Machetenträger einen Glimmstängel angeboten, trug jedoch keine bei mir.

Nachschrift

Später habe ich gleichwohl den Arbeitgeber gewechselt. Es wurde fusioniert, umstrukturiert, gestrafft. Ich stieg auf und dann ganz aus. In der neuen Funktion, bei einem anderen Unternehmen, konnte ich mehr bewirken (dafür war ich froh, das Sabbatical früher genommen zu haben).

Bei der klaren Ankündigung, z.B. bei der Aufgabe eines VR-Mandats, ist es geblieben. Konsequenter bin ich in der Umsetzung. Auf dass nicht eintrifft, wovon Marie von Ebner-Eschenbach spricht: «Wenn die Zeit kommt, in der man könnte, ist die Zeit vorbei, in der man kann.»

Clevere Reiseveranstalter preisen mittlerweile einen Kurzsabbatical an: Toskana, 5500 Dollar, eine Woche. Die haben nichts verstanden – oder eine Marktlücke entdeckt?

Sabatical: I had a dream …
Erfahrungsbericht Nr. 3

Joe, 35, Soziologin/Journalistin, Mitarbeiterin einer wissenschaftlichen Dokumentationsstelle, erhielt überraschend einen Buchvertrag. Innerlich trug sie sich bereits länger mit der Idee eines Unterbruchs. Zeit für sich, für Laufbahn-Visionen, die neue Liebe und fürs Schreiben. Kurz: Das tun, was sie als Studentin immer wollte, ein «KKL-Leben führen» (Kaffeehaus, Kino, Literatur).

Neue Wege

«Und das für ein Buch!» Sichtlich begeistert klang es bei den wenigsten, denen ich meine Sabbatical-Pläne unterbreitete. Sechs Monate schreiben, einen sicheren Verdienst aufgeben, einfach so ins Blaue hinaus … Sie kannten mich anders.

Noch vor einem Jahr hätte ich erst eine neue Stelle gesucht, dann gekündigt und dazwischen vielleicht noch einige Tage frei genommen. Von einem Intermezzo oder einem Projekt wie diesem wäre gar nicht erst die Rede gewesen …

Die Existenzsicherung verleitete mich auch während des Studiums dazu, einen Temporär-Job einzuschieben, diesen Auftrag zu erfüllen oder jene – schlecht bezahlte – Recherche auszuführen. Die finanziellen Ängste reduzierte ich durch laufende Anstellungen. So hielt sich die Unsicherheit in Grenzen.

Und ich hatte ja sonst meine Freiheiten, eingeschrieben in Modefächer wie Soziologie, Kunstgeschichte, Film. So dachten viele und ich glaubte es manchmal selbst. Wenngleich ich selten ausschlief, die

Nachmittagsvorstellung des «Studio 4» besuchte oder an der Uni-Bar herumhing. Fuhr ich mal weg, dann mit Lernstoff im Gepäck und der festen Absicht, bis zur Rückkehr die nächste Klausur vorbereitet, das Vorlesungsprogramm zusammengestellt und die neueste Fachliteratur gesichtet zu haben.

Bereits in der zweiten Januarwoche hielt ich nach ergänzenden Sommerkursen Ausschau, hirnte an der nächsten Seminararbeit herum oder wusste, was ich mir bis zum Ende des Semesters anzueignen hatte.

Flair fürs Wort

Übers Schreiben läuft bei mir vieles. Aufsatz war die Paradedisziplin in der Schule, die Welt erschloss sich über Bücher. Das Talent wurde erkannt und gefördert. Der bevorzugte Ausdruck war der schriftliche, zunächst in privaten Briefen, später durch Veröffentlichungen. Sonst eher zurückhaltend, liebe ich es, mich in Beiträgen, Leserinnenbriefen oder Kolumnen zu präsentieren. Dieser «Kick», wenn du ein Heft mit deinem Text in den Händen hälst. Zu blättern beginnst, deinen Namen im Inhaltsverzeichnis erspähst, den Artikel auf Seite 16 ankündend …

Journalistin war seit jeher mein Wunschberuf. Er deckte sich mit dem erwachten Interesse für Geschichte, Politik und Gesellschaftsfragen. (Die Schriftstellerei erachtete ich als brotlose Kunst, zu welcher mir – angesichts der ersten, gescheiterten Versuche, ein Gedicht zu verfassen – die Eingebung fehlte.)

Zunächst kam das Studium, dann die Stelle im Archiv. Ich stürzte mich anfänglich in die neue Aufgabe. Mit der Zeit wurde sie einfach zum Broterwerb. Sprachlich hatte ich mich eher in die Breite denn wirklich weiterentwickelt. Die wissenschaftlichen «Codes» beherrschte ich perfekt, kannte mich im Amtsdeutsch aus, bediente mich der in der Verwaltung gängigen Begriffe. Aber es war alles so trocken, sachlich, nüchtern.

War es das? Ein Versuch

Ich schrieb für diverse Zeitungen, besuchte Vorträge und Fernkurse zu Journalismus. Die Leiterin eines renommierten Verlags erzählte, dass die meisten Autor/innen ein fixfertiges Manuskript einreichen würden. Die Entstehungsgeschichte liesse sich – insbesondere bei Fachpublikationen – nicht mehr nachvollziehen. Oft müsse die Leitidee verworfen, ganze Passagen geändert, die Abfolge umgestellt werden. Das Ganze sei für beide Seiten konfliktreich und unbefriedigend.

Also beschloss ich clever vorzugehen, eine Überraschung zu platzieren. Ich schickte ihr ein Kurzkonzept zu. «Pressefreiheit und Politskandale», Darlegung anhand von zehn Beispielen.

Zu meinem Erstaunen kam nicht ein grosses Couvert zurück, begleitet von einigen Computerzeilen («wir bedauern … , jährlich viele Zusendungen … , eine Auswahl treffen …»). Im Gegenteil: Man lud mich zu einer Besprechung ein.

Reaktionen und Relationen

Auf dem Weg dorthin begegnete ich einem richtigen «Medienmenschen», Redaktor beim Fernsehen. Ich berichtete ihm vom Auftaktserfolg. «Jetzt willst du denen ein Buch anhängen» meinte er herablassend. Mokierte sich über Inhalt und Idee. Als ich konterte, wurde klar, dass er weit weg vom Fenster war. Einmal aktiv in der Studentenbewegung, wusste er kaum noch etwas zu den Ereignissen um Uwe Barschel, den Fall Aldo Moro, die Guillaume-Affäre. Solche Erlebnisse sollten sich noch häufen.

Zunächst fanden jedoch Gespräche mit dem Verlag statt. Dieser baute gerade aus, mein Vorschlag passte in eine neue Sparte. Zudem kannten sie meine Arbeitsweise aus früheren beruflichen Kontakten.

Das Kurzkonzept geändert, ein Inhaltsraster erstellt, zwei Arbeitstitel formuliert: der Kontrakt lag unterschriftsbereit vor. In meiner Naivität hatte ich mich auf eine Nennung des Honorars inkl. Vorschuss eingestellt. Nichts von alledem stand da. Ein Prozentsatz des späteren Verkaufspreises wäre meine «Ausbeute», selbst die Rubrik für Spesen fehlte. Ich schluckte leer, überschlief das Ganze und rief am nächsten Tag einige Verwandte an.

Nach den Sternen greifen

Privat befand ich mich im Aufbruch: nach dem Abschluss gleich eine Arbeit gefunden, eigenes Geld, neue Liebe, Lust nach Freiheit und

Abenteuer. Ich ging aus, liess mir Haare wachsen, bezog eine grössere Wohnung, mit Arbeitszimmer und Balkon.

Jan war viel im Ausland und als Regisseur nachts im Theater anzutreffen. Weshalb sollte ich die Zwischenzeit nicht mit einem «eigenen Ding» überbrücken?

Es stellte sich rasch heraus: Schreiben und Lohnarbeit haut nicht hin. Die Gedanken waren bei den Recherchen, hierzu reichten die Mittagspause oder der abendliche Sprung in die Buchhandlung nicht aus. Im Institut unterliefen mir Fehler, ich war unkonzentriert und stiess mich am Geringsten. Jan hatte wenig von meiner «inspirativen Phase» – ausser dem Gejammer, dass der Tag nur 24 Stunden hätte.

Als eine Reorganisation im Betrieb anstand, deponierte ich die Kündigung. Auf dem Heimweg atmete ich tief durch, fand mich leichtsinnig und mutig zugleich.

Die Familie versprach Rückhalt. «Ja, wenn das mit dem Buch was Rechtes werden solle, sei evtl. doch mehr als ein Zwischenspiel angesagt.» (Ich flocht ein, noch eine Laufbahnplanung zu machen. Zudem sei ich ja jetzt in festen Händen …)

Auftakt

Jan zog tatsächlich bei mir ein. Weniger mit festen Absichten denn aus finanziellen Überlegungen heraus: die Kosten für zwei Haushalte waren hoch, zudem hockte er ja meist ohnehin hier.

Träumen ist das eine. Die Träume antreten etwas anderes. Ich gehörte wohl zu denjenigen, welche sich von einem Sabbatical mehr Freiheit, Selbstbestimmung, echtes Lebensgefühl – auch Selbstsicherheit erhofften: weniger den Luxus, sich so etwas leisten zu können (für das hätte es Golf in Übersee oder eine Himalaja-Tour sein müssen). Eher den Luxus, *es sich leisten zu wollen!*

Ausserdem konnte ich Inhalt und Form aufeinander abstimmen: Für mich standen Pressefreiheit und Politik nun im Zentrum, entsprechend richtete ich die Haupttätigkeit danach aus.

Der letzte Arbeitstag nahte. Beim Apéro krochen eigentümliche Gefühle hervor. Keine Antwort auf die Frage: « Was tust du als Nächstes? Wohin gehst du?» Ich wusste es selber nicht. In die unsichere Existenz einer Autorin? Die zurechtgelegten Begründungen kamen mir konstruiert vor. In die anfängliche Begeisterung hatten sich Zweifel und Unsicherheit geschlichen.

Euphorie

Der erste Monat verging wie im Flug. Kurztrip nach Mailand, lange Wochenenden, Premiere-Feiern im Theater. «Brunch or Lunch?» hiess es beim Aufstehen. Ich war ständig unterwegs, richtete die Wohnung ein, genoss die Zeit für mich, verwöhnte Jan, suchte alte Bekannte auf.

Die Nacht wurde zum Tag, ich schwebte, erledigte tausend Dinge mit grosser Leichtigkeit (was habe ich mich früher so darüber aufgehalten?). Nur um den Schreibtisch machte ich einen weiten Bogen.

Ebenso wie um die Nachbarschaft. Die glaubte, mich im Reigen der Hausfrauen begrüssen und gleich mit Aufträgen eindecken zu können (Kinder hüten, Möbellieferung entgegen nehmen, bei Frau X. nach dem Rechten sehen). Aber die wussten nicht, was «freiberuflich» ist. Vielleicht hätte ich ein goldenes Schild an die Haustür montieren sollen: «Trading GmbH, Empfang nach telefonischer Vereinbarung ...».

Ernüchterung

Irgendwann hatte ich genügend ausgeschlafen, die aktuellen Filme gesehen, die trendigen Kaffeehäuser besucht, alle Zimtsterne (Gebäck des Fernwehs!) gegessen, drei Krimis gelesen – und noch keine Zeile geschrieben.

Zu Hause fiel mir die Decke auf den Kopf. Jan ging seiner Arbeit nach, der Partnerin und ihrer Unzufriedenheit ausweichend. Ich suchte mir einen festen Platz in einer Bibliothek, befasste mich mit praktischen Angelegenheiten (Laptop oder Diktafon, feste Arbeitszeiten oder freie Einteilung?) und verbrachte zwei Wochen bei einer Freundin. Half ihr beim Obst ablesen, fühlte mich wieder richtig nützlich, zu etwas fähig.

Zurückgekehrt liess sich der Einstieg nicht weiter hinausschieben. Er gestaltete sich schwierig: nichts vom Hauch der Bohème. Weisses Papier, Schreibblockaden, Neun-Uhr-Pause allein, fehlendes Feedback. Zunächst hiess es aushalten: Bedenken, Einsamkeit, materielle

Einschränkungen. Einmal lief es besser, ein anderes Mal notierte ich lakonisch: «Wie viel Ausschuss produzierst du heute?»

Dann die Ungewissheit, wohin das Ganze zielt. Während andere über Erleichterungen und Hindernisse bei Sabbaticals berichteten, hatte ich niemanden, bei dem ich diese festmachen konnte. Den alten Arbeitgeber gabs nicht mehr, der Verlag lag in weiter Ferne, die neue Stelle war unklar. (Die anfängliche Vorstellung einer späteren Karriere als Publizistin hatte ich längst beiseite geschoben.)

Wenigstens erwischte ich im Lesesaal einen Fensterplatz, mit Blick auf die Limmat.

Widrigkeiten des Alltags

Fürs Herumtapsen im Leben war ich nicht geschaffen. Ich schätzte es, mich nach dem Läuten des Weckers nochmals umzudrehen, das klassische Konzert zu Ende zu hören und erst dann aufzustehen. Dann aber los in die Bibliothek, mindestens bis in den frühen Nachmittag hinein. Dazwischen schnappte ich kurz frische Luft, suchte Zerstreuung in einer Galerie, erledigte den Einkauf.

Zuweilen kam es zu Ärger statt Ablenkung. Schlange vor dem Postamt, kein Geld für ein flippiges Kleid (nicht mal für ein richtiges Essen). Vom pulsierenden Leben spürte ich wenig. Es regnete oft, war grau und kalt. Um 11.00 tummelten sich spezielle Leute in den Strassen, Spazieren im Park wurde rasch langweilig, Zürich kannte ich bereits.

Jan hatte sich daran gewöhnt, dass ich den Hauhalt schmeisse. Ich war ja da – und offensichtlich nicht so entrückt und schreibverzückt … einmal hörte ich, wie er mein Buch eher als Ausweich-/ Nebenbeschäftigung abtat.

Wir haben uns oft gestritten. Nähe und Distanz, Lebenssinn, meine Identität als Soziologin, seine Auffassung von einem «echten» Künstler: um diese Punkte drehten sich die Auseinandersetzungen.

Krise

Montag bis Donnerstag stand das Programm. Freitag galt dem Gesellschaftsleben (und war eh speziell). Am Samstag brach es jedoch über mich herein. Ich hatte den Eindruck, diesen Tag nicht verdient zu haben, kam mir vor wie ein falsches Stück.

Ich fühlte mich als Nichts. Sah mit Neid auf die entgegenkommenden, zielstrebigen, elastischen jungen Menschen. Erfüllt von ihrer Aufgabe – und gebraucht.

Wenn mich jemand fragte, wie der Titel meines Œvre laute, scherzte ich. «Drama im Saftladen – Zitronen fordern Pressefreiheit». Etwas Resignation schwang auch mit. Ich war allein mit Thema und Projekt. Vielleicht kam es mal zu einem Austausch über Pressefreiheit. Aber bereits beim Tendenzenschutz oder den konkreten Polit-Skandalen hörte es auf. Dazu kamen Einwände des Verlags, zum Lektor fand ich keinen Draht. Ich haderte: was ist, wenn das Buch nicht herausgebracht wird?

Zur Finanzknappheit gesellte sich der innere Kritiker: «Geschieht dir recht, abgehoben wie du bist. Zu sehr von dir, der Idee eines Buchs eingenommen!»

Wie jener Bär, welcher sich zu weit hinaus wagt (nur um die tanzenden Fische besser zu sehen). Er verliert das Gleichgewicht, fällt in die eiskalten Fluten, treibt hüpfend auf und ab. Manchmal sieht man den Kopf oder ein Bein aus dem Wasser auftauchen, in der schäumenden Gischt auf den Wasserfall zu. Kurz vorher erwischt er einen Felsvorsprung, rappelt sich auf, krabbelt ans Ufer. Pitschnass und ein wenig klüger, was die Wasserkraft und seine eigenen Möglichkeiten angeht.[80]

Lichtblicke

Den Samstag-Blues überlistete ich mit Jogging. Der Kälte trotzend, Vertrauen in meine Kräfte gewinnend, Neuem entgegen laufend. Zuhause erwartete mich regelmässig eine Überraschung: ein Blumenstrauss, eine Karte, Konzert-Tickets. Dadurch fand Jan eine Möglichkeit, Unterstützung und Anerkennung zu zeigen.

«Es ist in Ordnung, aus der Art zu schlagen», meinte er zwischendurch. «Eine realistische Risikoabschätzung hat noch niemandem geschadet», wandte ich ein – und entkorkte die letzte Flasche des kostbaren Rioja. «Wer wollte denn ein Timeout nehmen?» feixte er. «Ich» gab ich zurück. «Und ich würde es trotz allem wieder tun! Allein um des Wagnisses willen …»

In solchen Momenten kam ich ein gewaltiges Stück weiter. Wie in der Ausstellung einer Freundin, als ein Glasobjekt zu Boden stürzte, zerbrach. Die Anwesenden rauften sich die Haare, ich schlug vor: «Wenn wir es schon nicht zusammensetzen können, lachen wir wenigstens darüber!» Ich hatte die Leichtigkeit zurück gewonnen, konnte mich auf das Sabbatical einlassen, berichtete allen von meinem «Zimmer mit Aussicht».

Orientierung

Es war Zeit für die Laufbahnberatung. Die Eignungsabklärung nervte mich zunächst. Dann packte ich die Diagnostikbogen und Frageblätter ein, setzte mich mit «Myers Briggs Typen-Indikatoren»[81] in den Zug und fuhr nach Lugano. Die Gotthard-Region kannte ich. Während draussen die Gesteinsmassive vorbeizogen, ging ich meinen Denkstrukturen auf den Grund. Zwischenstation, die steile Treppe hinab zum Seebecken, in die Sonne blinzeln, einen Cappuccino trinken. Schmunzelnd den Temperaments-Test ausfüllen. Die neue Joe drückte immer mehr durch. Ich freute mich ob der Veränderung!

Noch vor wenigen Wochen hätte ich von der Laufbahnberaterin ganz anderes wissen wollen: Ob ich mich fürs «Big Business» eigne. Rein theoretisch, natürlich … Wie es inhaltlich weitergeht: Forschung, Organisationsentwicklung, Fachjournalismus? Welche Aufgaben für mich geschaffen wären: Fachliche oder Personen-Führung, verschiedene Projekte oder kontinuierliche Aufträge. Wie es um die neuen Berufe stehe (Kulturmanagement, Coaching)?

Nach der zweiten Sitzung war mir klar: einen Rezeptschein kann ich hier nicht holen. Es ist toll, verschiedene Optionen anzusehen und mit den Test-Ergebnissen zu vergleichen. Am spannendsten sind die Gegensätze. Und oft entscheidet es sich mit konkreten Angeboten, wie bei meinem Buch.

Fliegende Reporterin

Die Journalistin gab es noch. Ich musste nicht so viele Aufträge abwehren, wie ich anfangs gedacht hatte. Manchmal war ich echt froh um ein «Aufgebot». Ab und zu hätte ich einfach gerne gehört, dass ich gefragt war. Und dann cool, mit Hinweis auf das Buch, absagt …
Zu einem Artikel hatte mich vor dem Sabbatical verpflichtet. Das Thema «Ferien» passte gut hinein. Wenngleich der Tenor ein anderer sein sollte: Immer mehr scheuen sich davor, ihre Frei-/ Ferientage einzu-

ziehen, haben Angst, den Arbeitsplatz zu verlassen. Der Text sollte anfangs Juli erscheinen.

Ferienfurcht ...

Einige Erfahrungen hatte ich ja bereits mit meiner Sabbatical-Ankündigung gemacht. Dieselben Leute, welche mich ungläubig anstarrten, das Vorhaben überhaupt nicht nachvollziehen konnten (wenn sie wenigstens eine Dissertation schreiben würde ...), die gleichen wurden bereits beim Stichwort «Urlaub» durchgeschüttelt. Nur nicht darauf antworten müssen ... Die Furcht vor dem Stirnrunzeln des Chefs («der/die ist wohl doch nicht so ambitioniert ...»). Gleichzeitig waren sie blank entsetzt, dass Kollegin X. auf drei Wochen Kreta bestand. Und termingerecht abreiste ...

Dabei würde es die Arbeitsmenge zulassen. Aber – überlegt sich der fiktive CEO[82] – was ist, wenn nachher ein ehrgeiziger Neuling auf meinem Stuhl sitzt? Derweil ich mit Nachdenken beginne: welche Bücher lesen, welche Ausflüge unternehmen, welche Leute sehen? Am Strand sollte ich mich mit den Kindern beschäftigen, die mir fremd geworden und inzwischen Jugendliche sind. Abends, bei Kerzenlicht, verlangt die Partnerin eine Aussprache über die Aufteilung Job-Haushalt.

Machtverlust in der Firma, Leere vor Ort und obendrauf Beziehungsknatsch – dann lieber im klimatisierten Büro ausharren, als Held der Arbeit.

... und wie es wirklich ist

Einen solchen traf ich dann zum Interview. An einem sonnigen Apriltag, im Mantel, rasch auf einen Kaffee. Allerdings musste ich mein Urteil revidieren: Er ist kein fanatischer Workaholic, nimmt sich «kleine» Ferien, im Stillen. Er geniesst, aber diskret. «Auf keinen Fall so, dass man meinen könnte, es gehe mir zu gut.»

Das habe ich erkannt: Der Journalisten Wahrheit ist nicht die einzig richtige. Manchmal stimmt der Aufhänger für eine Story nicht, inzwischen liegen neue Erkenntnisse vor – oder ich selbst beurteile es anders.

Mag sein, dass Freizeit und Ferien bei extrem Arbeitswütigen als negative – weil gegensätzliche – Seite von Arbeit gilt. Als Erholung für neue Arbeit angesehen wird (und nicht als Wert an sich). Weil das Verständnis für ziel-/ zweckfremde Musse fehlt, die Übergänge fliessend, nicht belegte Stunden allenfalls als Puffer zulässig sind. Dass dann der Kontakt zur Firma selbst im Urlaub nicht abreisst, scheint logisch ... Aber ich habe niemand solchen gefunden. Die Betreffenden «outen» sich nicht öffentlich, wären vielleicht gar nicht so viele oder haben schlicht keine Zeit für Medienleute!

Was auch noch interessiert

Am Schluss stellten wir uns gegenseitig eine Frage. Ich zeigte ihm ein fiktives Inserat aus der Satirezeitung «Nebelspalter».[83] Darin stand:

«Intelligenter Mann, verheiratet, 32, in ungekündeter Stellung, sucht interessante Tätigkeit mit weniger Zukunft und mehr Gegenwart.» Der Text sagte ihm sehr viel ...

Er zögerte, deutete es mehr an (als dass er es aussprach). Ob so ein Timeout nicht auch eine Flucht vor sich selber sei? Ich lachte: «Nein, eher eine Reise zum ICH! Aber das wusste ich zum Glück vorher nicht.»

Courant normal

Mit der Zeit hatte ich meinen Rhythmus gefunden. Die Literatur war gesichtet, das Wichtigste ganz, anderes quer gelesen. Das Thema sagte mir immer noch zu, ich hatte einen Überblick erhalten und den anfänglichen Reiz in eine professionelle Haltung umgesetzt. Bezüglich Vollständigkeit und Exaktheit wurde ich lockerer: Es gibt immer wieder neue Analysen und Erkenntnisse, noch ein Aspekt kommt hinzu, dieses Argument taucht auf. Bereits die Zeitung von morgen stürzt alles um. Ich brachte eine Linie ins Ganze. Die Karteikarten spuckten drei bis vier Hauptaussagen aus. Mehr würde nicht hängen bleiben: weder bei den Leser/innen noch bei der Kritik.

Nun wusste ich: Ich kann mich in eine Sache hineinknien! Im Gegensatz zum Tagesjournalismus ist es befriedigender, sich intensiv mit einem Aspekt zu beschäftigen, dran zu bleiben – und sich zu einem selbstgewählten Zeitpunkt wieder auszuklinken. Zudem neigte sich das Halbjahr dem Ende entgegen. Die Planung der Vernissage sowie die Gestaltung des Werbeflyers winkten als Abschluss.

Stolz und Genugtuung stellten sich ein. Ein ganz neues Gefühl! Dazu kam die lockere Distanzierung: Ein Buch eignet sich notfalls zum Schenken, als Briefbeschwerer oder zum Pressen bunter Herbstblätter. Jan kann damit auf nächtliche Mückenjagd gehen!

Stopp statt Auslauf

Das Ende meines Timeouts erfolgte überstürzt. Ich dachte immer, dass ich langsam ausschwinge, das ganze evtl. hinauszögere oder mich dem «Downshifting»[84] hingebe.

Doch kehrte ich weder zur «neuen Einfachheit» zurück, noch fand ich Gefallen daran, mein Leben weiter auf den Kopf zu stellen. Im Gegenteil: Ich konnte es kaum abwarten, die Unterschrift unter einen neuen Arbeitsvertrag zu setzen, frühmorgens aufzustehen und loszulegen.

Mit dem Abgabetermin wurde es gleichwohl ein Gehetz, von den Änderungen und Korrekturen ganz zu schweigen …

Pläne, Perspektiven

Inzwischen arbeite ich bei einer Werbeagentur. Die Aufgabe gefällt mir, ich lerne den neuen Job von der Pieke auf; und kann mich – dank dem neu gewonnenen Selbstbewusstsein – gut darauf einstellen, nochmals «unten einzusteigen». Die Anstellung ist auf drei Jahre befristet.

Früher unvorstellbar, empfinde ich das heute eher als Vorteil: Im Team hatte ich von Beginn weg einen Bonus, weil ich sofort einstieg (und die Arbeit nicht wie befürchtet liegen blieb). Ich kann mir wesentlich mehr herausnehmen → bei einer befristeten Anstellung ist die Wahrscheinlichkeit, kritisch beurteilt oder vorzeitig entlassen zu werden, äusserst gering. Alle Beteiligten trachten nach einem Auskommen über die kurze Dauer.

Parallel absolviere ich einen Ausbildungsgang in Fachjournalismus, habe diverse Aufträge als «Freie» und erhalte 2 Franken für jedes verkaufte Exemplar meines Buchs! Gut, dass ich mich einzuschränken weiss. Es steht weniger Geld zur Verfügung, dafür bleibt Raum für Kreativität, Produktivität und Lebensfreude.

Und da wäre noch der Traum, mit einer Freundin ein Pressebüro zu gründen. Zunächst will sie sich jedoch ein Timeout gönnen: womit der Ausspruch von Stanislaw Jerzy Lec widerlegt wäre. Er behauptete: «Ein gutes Beispiel erkennt man daran, dass es nicht ansteckend ist.»[85] Bezüglich des Sabbaticals täuscht er sich!

Nachtrag
Moment beim Lesen

Manchmal, o glücklicher Augenblick, bist du in ein Buch vertieft, dass du in ihm versinkst – du bist gar nicht mehr da. Herz und Lunge arbeiten, dein Körper verrichtet gleichmässig seine innere Fabrikarbeit – du fühlst dich nicht. Nichts weisst du von der Welt um dich herum, du hörst nichts, du siehst nichts, du liest. Du bist im Banne eines Buchs. (So möchte man gern gelesen werden.)

Doch plötzlich lässt die stählerne Bindung um eine Spur nach, das Tau, an dem du gehangen hast, senkt sich um eine Winzigkeit, die Kraft des Autors ist vielleicht ermattet, oder er hat seine Intensität verringert, weil er sie für eine andere Stelle aufsparen wollte, oder er hat einen schlechten Morgen gehabt ... plötzlich lässt es nach. Das ist, wie wenn man aus einem Traum aufsteigt. Rechts und links an den Buchseiten tauchen die Konturen des Zimmers auf, noch liest du weiter, aber nur mit dreiviertel Kraft, du fühlst dumpf, dass da ausserhalb des Buches noch etwas anderes ist: die Welt. Noch liest du. Aber schon schiebt das Zimmer seine unsichtbaren Kräfte an das Buch, an dieser Stelle ist das Werk wehrlos, es behauptet sich nicht mehr gegen die Aussenwelt, ganz leise wirst du zerstreut, du liest nicht mehr mit beiden Augen ... da blickst du auf.

Guten Tag, Zimmer. Das Zimmer grinst, unhörbar. Du schämst dich ein bisschen. Und machst dich, leicht verstört, wieder an die Lektüre. Aber so schön, wie es vorher gewesen ist, ist es nun nicht mehr – draussen klappert jemand an der Küchentür, der Strassenlärm ist wieder da, und über dir geht jemand auf und ab. Und nun ist es ein ganz gewöhnliches Buch, wie alle andern (...).

AUS: «GESAMMELTE WERKE IN ZEHN BÄNDEN», RORORO 1960

Auslandaufenthalt:
Als Matrose auf dem Canal de Bourgogne
Erfahrungsbericht Nr. 4

Laurin, 42, ist kein Abenteurertyp, bevorzugt traditionelle Lebensformen, sichere Eckwerte. Trotzdem heuerte er mit 23 Jahren in Frankreich auf einem Hotelschiff an: ohne Vorkenntnisse, mit dem leidlichen Fremdsprachenwortschatz der Schule gerüstet. Das Zwischen-

jahr diente u.a. der Berufsfindung. Heute bildet es einen Farbtupfer in der persönlichen Laufbahn. Und ist die Erklärung für drei Vorlieben: Französischen Wein, «Crazy British» und dass es ihn in jeder Stadt sofort zum Hafen zieht.

Timeout mit 23?

Die Matura geschafft, die Rekrutenschule absolviert. Durchschnittliche Begabung, keine konkreten Karriereabsichten, «akademischer Background». Stellte sich mir nur noch die Frage: welches Studium in Angriff nehmen? Diese Knacknuss liess sich nicht lösen. Deshalb kam das Angebot eines Bekannten, welcher im Burgund eine Bootsbasis betrieb, gerade recht: Als Faktotum konnte ich zwei Wochen verschiedenste Arbeiten auf Freizeitschiffen ausführen.

Das Problem für den Centerleiter bestand darin, dass er als Deutscher von den französischen Behörden genauer kontrolliert wurde – und Schweizer/innen nur in Ausnahmefällen eine Arbeitserlaubnis erhielten.

So machte er mir schmackhaft, es doch als Matrose auf einem Hotelschiff zu versuchen, da es dort (auf Grund des permanenten Unterwegsseins) kaum Inspektionen gab.

Unverzüglich wurde der Kontakt zu einem französischen Kapitän hergestellt. In der folgenden Saison zeichnete dieser für ein Hotelschiff der Englischen Gesellschaft «Continental Waterways» verantwortlich. Alles klappte, ich wurde am 18. März 1983 in Paris erwartet. Zwei dieser Hotelschiffe hatten dort während des Winters festgemacht.

Englisch oder Französisch?

Unvergesslich die Ankunft: früher Morgen, die «Litote» lag an der beschriebenen Stelle. Die Uhr zeigte 8 Uhr, niemand erschien an Deck. Unsicher wartete ich, bis jemand schlaftrunken hervorkroch. Es stellte sich heraus, dass es sich um den zukünftigen Steuermann (Englisch: «pilot») handelte. Nach und nach wurde ich von den anwesenden Personen begrüsst: ein buntes Gemisch aus Europa und Amerika.

Wir befanden uns in Paris, die Sprache an Bord war jedoch klar Englisch. Trotz des Talents für Fremdsprachen fiel es mir am Anfang schwer, der allgemeinen Konversation zu folgen; z.B. beim gemeinsamen Essen, wenn alle durcheinander redeten. Nach knapp einer halben Stunde brach meine Konzentration ein.

Erst nach Monaten bemerkte ich, dass ich – mit fortschreitendem Hörverständnis, auch bei passiver Aufmerksamkeit – verstand, um was es ging. Interessant der Umstand, dass mit der Zeit selbst die Gedanken vor dem Einschlafen auf Englisch geschaltet hatten (und ich bei sporadischen Telefonaten nach Hause die Pausen mit «okay», «you know», «isn't it?» füllte). Gegen Ende der Saison machte ich mir jeweils einen Spass daraus, die Gäste raten zu lassen, woher ich stammte: auf die Schweiz tippten sie nie!

Die Unterhaltung entlang des Kanals, mit den Einheimischen, erfolgte in der Landessprache. Letztlich lernte ich fliessend Englisch und vergass dabei das Französische nicht …

Matrosenalltag

Ich war dafür zuständig, am Morgen frische Croissants und Baguettes aufzudecken. Manchmal, wenn wir für die Nacht «in the Middle of Nowhere» anlegten, musste ich mit dem Mofa weite Strecken fahren, um zu einer Boulangerie zu gelangen.

Nach dem Frühstück legten wir ab. Bald schon - zumindest auf dem Canal de Bourgogne - passierten wir die erste Schleuse. An gewissen Tagen mussten wir mehr als 40 dieser Überführungen hinter uns bringen. Meine Aufgabe bestand darin, den Schiffsführer durch Zurufe exakt in die Anlage zu lotsen. Der Abstand zwischen der Schleusenwand und unserem Hotelschiff (einem umgebauten Frachtschiff von 38 Metern Länge sowie 5 Metern Breite) betrug pro Seite lediglich 5 cm. Nach dem Festmachen mussten die Tore verriegelt, das Wasser eingelassen, anschliessend die Beckenverschlüsse auf der anderen Seite geöffnet werden.

Unsere Gäste stammten vornehmlich aus Amerika, Grossbritannien, Australien. Die wenigsten steuerten die «Litote» direkt an. Häufig schoben sie im Rahmen einer Europareise eine beschauliche Woche ein – stationär und doch auf einem Gefährt! Die Manöver bei den Wasseranlagen verloren rasch ihren Reiz; die Passagiere wichen aufs Fahrrad aus oder unternahmen einen Spaziergang, bis zum nächsten Schleusenhalt.

Als Matrose hatte ich zu verrichten, was aktuell anstand: Material herausgeben, kleine Reparaturen, Service-Leistungen. Dazwischen blieb Raum für intensive Gespräche mit den Crew-Mitgliedern. Der Barkeeper stammte aus den USA, alle anderen - ausser dem französischen Kapitän – aus England.

Was im Ausland immer wieder Erstaunen hervorruft, ist die Tatsache, dass sich die Schweizer/innen gegen alles Mögliche und Unmögliche versichern. Dieses extreme Sicherheitsbedürfnis (insbesondere das ausgebaute Zivilschutzwesen mit Schutzplätzen für die gesamte Bevölkerung), wird oft belächelt; hie und da unterschwellig bewundert …

Das Herrichten des Boots musste innert zwei Tagen geschehen, dann rückten die neuen Gäste an. Der Kapitän holte sie jeweils in einem Hotel in Paris ab, mit dem Bus der Company. Die «passagierfreien» Phasen versprühten eine spezielle Atmosphäre, die Platzverhältnisse gestalteten sich weniger eng. Jede/r hatte seine Jobs (Einkäufe, Reinigen, Mal-/ Lackierarbeiten, Wartung der Motoren). Dazwischen genossen wir das, was die Tourist/innen schätzten: Ausflüge in die Umgebung, die fantastische Gastronomie, la Vie en rose.

Weinliebhaber

Bis zum Einchecken an Bord machte ich mir absolut nichts aus Wein. Gleich am ersten Abend wurde zum Essen eine Flasche entkorkt. Ich wollte nicht hintenan stehen, probierte den Tropfen. Es dauerte nicht lange, bis ich die Burgunder Weine entdeckte.

Wenn die Passagiere zu einer Degustation ausschwärmten, begleitete ich sie, wurde auf vergnügliche Art und Weise in die Geheimnisse der Önologie eingeweiht.

Neben den zum Diner gereichten Preziosen verfügten wir über eine gut bestückte Bar. Der Kontakt zu den Mitreisenden war ungezwungen. Man traf sich zu einem Glas, tauschte Nettigkeiten aus, talkte small (Amis sind leicht zugänglich, z.T. oberflächlich).

Der Barkeeper verleitete mich zu einem Drink, den er «Long-Island-Icetea» nannte. Mit Eistee hatte dieses Getränk einzig die Farbe gemeinsam, ansonsten setzte es sich aus «harten Sachen» zusammen: Gin, Wodka, Cognac, etc. Nach dem Genuss von drei Gläsern war ich derart betrunken, dass ich mir vor versammelter Mannschaft den Schnauz abrasierte …

Filmstar

Ferien auf dem Kanal sollten bei den amerikanischen Reisebüros besser bekannt gemacht werden. Continental Waterways beauftragte eine Firma, den entsprechenden Videofilm zu realisieren.

Wir hatten Glück: Die Passagiere erwiesen sich als aufgeschlossen, guter Laune, einem Promotionsgag nicht abgeneigt. Sie störten sich weder an der Drehequipe noch an der Tatsache, laufend ausgestellt zu sein.

Ich hatte einen wichtigen Auftritt, inklusive Töff. Die Einstellung fokussierte zuerst den Bäcker, wie er die Baguettes in einen Sack stopfte. Daraufhin klemmte ich die Frischware zwischen die Beine und brauste Richtung Schiff.

Die Szene musste mindestens vier Mal wiederholt werden: Aus unerfindlichen Gründen sprang das Mofa an diesem Morgen nicht an. Und eine (lange) Kameraeinstellung mit einem verschwitzten Typen, der ein Mofa starten will, dabei in die Pedale tritt wie ein Berserker, schwebte dem Regisseur mitnichten vor!

The real rich

Urlaub auf der «Litote» war nicht billig. Gleichwohl hatten wir für eine Woche eine texanische Grossfamilie an Bord, welche das ganze Boot charterte. Diese Leute waren selbst für die englischsprachigen Crew-Mitglieder nur schwer zu verstehen. Ihre Aussprache tönte so, wie wenn sie die sprichwörtliche Kartoffel im Maul versteckt gehabt hätten. Trotzdem funktionierte die Kommunikation gut, der Umgang war locker, der Fun gross.

Die Texaner buchten eine Heissluftballonfahrt: unbeschreiblich das Spektakel, als die zwei Ballone auf unserem Dach – sowie demjenigen eines anderen Hotelschiffes – mit Heissluft gefüllt wurden. Die lokale Bevölkerung strömte in Scharen herbei.

Ein verlorenes Jahr?

Trotz der Unbeschwertheit drängte die Berufswahl. Da sich etliche meiner Freunde in der Zwischenzeit für die Primarlehrerausbildung eingeschrieben hatten, kam ich zum Schluss, dass die Höhere Pädagogische Lehranstalt eine valable Alternative darstellt: überblickbare Ausbildungsdauer (zwei Jahre), rasche Verdienstmöglichkeit, Beginn anfangs November.

Im Sommer kehrte ich für das Aufnahmegespräch zurück und erhielt kurz darauf die Zusage aus Zofingen.

Ich kann nicht behaupten, dass mir der Aufenthalt in Frankreich die Berufswahl erleichtert hätte. Auf jeden Fall war es eine wertvolle Erfahrung, als «Person ohne Vorgeschichte» in eine fremde Welt einzutauchen.

Ein Zwischenjahr – bei mir hatte es den Charakter eines Berufsfindungsjahres – verkörpert eine immense Bereicherung: auch in Ausprägungen, die nicht mess- oder sichtbar sind. Heraustreten aus dem Courant normal, interkultureller Austausch, Öffnung für Neues.[86]

Heute noch zieht es mich in fremden Städten zum Hafen, sofern die Destination an einen Fluss, See oder das Meer grenzt. Schiffe und Boote sehen, den Duft der grossen weiten Welt einatmen, die Flaggen studieren.[87] Leise meldet sich das Fernweh und ich male mir aus, wie es denn wäre, wenn …

In diesem Sinne gibt keine verlorene Zeit – es gibt nur Erfahrungen. Entscheidend ist, ob man diese nutzt, aus ihnen lernt oder stets denselben Fehlern erliegt.

Auslandaufenthalt: Reisen als Kontinuum
Erfahrungsbericht Nr. 5

Wechsel, Abenteuer, Zwischenstationen gehörten seit jeher zu ihr. Mittlerweile hat sich das Unterwegs-Sein für Caroline, 39, zu einer Lebenseinstellung entwickelt. Heute strebt sie ein Arbeitsmodell an, welches ihr ermöglicht, ein halbes Jahr hier zu sein (voll, intensiv) und ein halbes Jahr aufzubrechen (in eine andere Welt).

Erstes Aufflackern

Am Liebsten wäre ich bereits in der Stifti weg, in ein Kibbuz. Damals intervenierten meine Eltern. Also machte ich die Abschlüsse: Schneiderinnen-Lehre, Seminar und zuletzt das KV. Ich empfand die Ausbildung jeweils als Freiraum und Bereicherung, ansonsten hätte mich das Fernweh früher gepackt.

Gelegenheit für einen Abstecher ergab sich immer wieder: über Interrail, während der Ferien oder spontan. Im Strassencafé kam einmal ein braun gebrannter Typ vorbei, back from Ibiza. Seine Schilderungen liessen nichts offen. Drei Tage später war ich auf der Hippie-Insel. Trotz haarsträubender Vorfälle (Gepäck gestohlen, Geld weg) habe ich mich durchgeschlagen, am Schluss einzig mit der Identitätskarte …

Als ich länger in einer Region blieb, realisierte ich, dass ich mich auch woanders akklimatisieren kann. Sich zuhause fühlen, heisst mit sich selbst zurecht kommen. Grenzen und Werte erkennen, Ruhe und Distanz finden.

Big City und Monsun

New York, das erste Mal auf einem anderen Kontinent. Ich hatte ein Ziel, flog zu einem Mann – in eine Grossstadt, welche ich nur von Filmen kannte! Ich stellte sie mir imposanter vor: Sie polarisiert mehr, als dass sie einen erdrückt.

Ganz anders Indien und Thailand. Ich war allein unterwegs, ging Web-/ Färbetechniken nach, entdeckte Kulinarisches, tauchte in den dortigen Alltag ein.

Klassische Reiseführer liess ich beiseite, ausser Bücher zu Kultur und Religion. Atmosphäre, Intuition leiteten mich. Kontraste, das pulsierende Leben zogen mich an. Einiges lässt sich transferieren, anderes muss man stehen lassen, zum Beispiel die Armut.

Absonderliches

In unseren Breitengraden wird strukturiert, organisiert, festgelegt. In Asien folgte ich Gerüchen, einer Idee oder plötzlichen Eingebung. Unvergesslich der Tag auf der Beauty-Farm oder die Tuk-Tuk-Fahrt, durch stinkende Strassen. Die Fahrer hatten sich Tücher ums Gesicht gebunden. Vor dem Postoffice standen die Kund/innen Schlange, die Paketaufgabe kostete ein Vermögen → 50 einfache Mittagessen …
Zu Beginn rechnete ich laufend in unsere Währung um. Mit der Zeit legt sich das. Selbst wenn es irritiert. Wer kann sich eine Sendung ins Ausland leisten, wenn der Transport ein Mehrfaches des Inhalts ausmacht? Eine Massage einen Wochenlohn verschlingt??

Respekt

Bezüglich Feilschen heisst den ortsüblichen Wert kennen und die Ehre nicht zu verletzen. Handeln ist ein gesellschaftlicher Akt. Wenn jemand hundert gleiche Tücher verkauft, gehört es zum zentralen Punkt, dass es jedes Mal auf eine andere Weise geschieht.

Ich versuchte den Menschen mit Achtung zu begegnen, ohne mich selbst zu verleugnen. Als Frau bin ich in Bangkok nie behelligt worden, habe die Traditionen hinsichtlich Kleidung, Religion berücksichtigt und nicht unnötig provoziert.

Es mutet nahezu komisch an, wenn Tänzerinnen zwischen zwei Auftritten Handarbeiten verrichten oder sich über Lebensmittelpreise unterhalten. Ich konnte mich einfach dazusetzen.

Um die Ecke traf ich dafür auf Engländer, welche nur Sun und Fun im Kopf hatten.

Passing by

Reisebekanntschaften? Eine Momentaufnahme. Nach dem Austausch von Adressen herrscht zumeist Funkstille. Eine hat sich gemeldet, für mich war es jedoch zu weit weg.

Eine witzige Episode ist mir in Erinnerung geblieben. An einer Küste kramte ich etwas von dem wenigen, was ich eingesteckt hatte, hervor: Jasskarten. Zu dritt spielte ich mit zwei Eidgenossen einen «Bieter». Tausende Kilometer von Zürich entfernt, bei brütender Hitze, unter Palmen, direkt am Strand!

Reduktion

Jedesmal nehme ich leichteres Gepäck mit. Statt Wäsche zu reinigen, kaufe ich (klima-)günstige Kleidung vor Ort. Probiere Farben, Schnitte, Kombinationen aus. Die «Alegi» erscheint in einem anderen Licht. In diesem lasse ich sie für die Einheimischen zurück, wenn ich weiterziehe.

Für Abklärungen und Vorbereitungen betreibe ich keinen speziellen Aufwand (Formulare, Gesundheit, Versicherungen). Umgekehrt hatte ich nie das grosse Zittern. «Jetzt findest du keine Arbeit mehr. Wer gibt dir nachher eine Chance?» Ich bin nicht die klassische Aussteigerin, welche sich ungern bindet, vorab das nächste Flugticket im Kopf hat.

Selbst eine Beförderung würde ich nicht ausschlagen. Im Gegenteil: Anspruchsvolles, bei dem ich mein Wissen anwenden kann, reizt mich. Leider ist es oft an Bedingungen geknüpft (Verpflichtung zu fixem Engagement, keine grösseren Abwesenheiten).

Nirgendwo und überall

Zeit wird zur Zeitlosigkeit. In der Schweiz fliegen die Monate nur so dahin. In diesen Ländern lässt sich jeder Tag ausschöpfen. Ich hatte nie das Gefühl, etwas zu verpassen. Trug keine Uhr; nur der Wecker zeigte an, ob die Schweiz gerade schlief …
Selbst die Gestirne nehmen sich anders aus! Den Mond sehen wir bei uns nie als liegende Sichel.

Solche Beobachtungen lassen sich übertragen, öffnen den Blickwinkel. Manchmal sieht man Dinge wirklich anders (oder gar nicht). Ich kann das anhand meiner Tagebücher verfolgen. Weil ich häufig allein herumgezogen bin, hatte ich das Bedürfnis, Eindrücke einzufangen, das Erlebte mitzuteilen.

Eine Paar-Beziehung habe ich auf Reisen nie gesucht. Meist war dies ein «männerloser» Abschnitt. Auf mich gestellt bewegte ich mich unbefangener, mutiger, bestimmt.

Konsequenz

Ich komme jeweils gerne zurück. Obgleich ich z.T. die Zelte hinter mir abgebrochen, Wohnung und Job aufgegeben habe. Anstatt zwei Wochen in einem Ferienklub zu verbringen, setze ich 3000 Franken lieber für sechs Monate Fernost ein. Reisen ist für mich keine Flucht, eher Neugierde, Abstand von der Hektik. Mich in einer fremden Umgebung wahrnehmen, dadurch meine Stärken und Schwächen ausloten.

Daran sind die «frischen» Tourist/innen zu erkennen. Sie rennen immer noch herum, müssen erst mal ausspulen …

Was mich stört: dass ich nicht überall zu meiner Lebensform stehen kann. Langzeiturlaube werden durch fortlaufende Verträge getarnt, das Arbeitsamt rät, ja nichts von Reiseplänen zu erzählen …

Bei schriftlichen Bewerbungen wähle ich diesen Weg, in Interviews gebe ich mich authentisch. Fortschrittliche Chefs sind allerdings rar.

Wo bleibt die Flexibilität?

Die jetzige Stelle bildet eine Ausnahme. Ich habe offengelegt, dass ich etwas Vorübergehendes suche, zu neuen Ufern aufbrechen möchte, diesmal mit einem vielgereisten Lebenspartner. Ich werde nicht vereinnahmt, bin dennoch in ein Team eingebunden.

Jobsharing-Modelle mit Sechs-Monats-Einsätzen gibt es selten. Dabei wären die Leute topmotiviert, die Aufgabe würde weitergeführt – nur durch verschiedene Personen!

Deshalb strebe ich eine Weiterqualifizierung an. Gesuchte Spezialist/innen können sich die Arbeitszeit einteilen, bei höherem Gehalt.

Anlaufpunkt

Der kürzliche Erwerb eines Eigenheims bedeutet keineswegs, dass wir sesshaft werden. Wir geniessen die Vorteile, ohne uns zu binden (sind bereit, das Objekt irgendwann zu verkaufen). Eher verzichte ich auf materielle Güter denn auf meine Lebensform!

Vielleicht bin ich in Zukunft mit Familie auf Tour. Es wird sich fügen, in das Kontinuum von Ein-/ Ausstieg, Kommen und Gehen.

Fürs Alter sehe ich mich in einem Nachbarland, die Sicherheit der Schweiz in der Nähe. Ein weiterer Traum bestünde darin, einen alten Hof zu restaurieren, eine Herberge einzurichten, Durchreisende zu empfangen.

Der Augenblick zählt

Caroline hat keine Karten, Dias oder Reiseberichte ausgebreitet, auch nicht eine Chronologie der Abläufe. Sie hält es mit Joseph Beuys: «Das Mysterium findet im Hauptbahnhof statt». Dahin geht sie, nach unserem Gespräch …

Bildungsurlaub: Kein Sturm im Wasserglas
Erfahrungsbericht Nr. 6

Fiona W., 38, Kauffrau, fühlte sich wohl in ihrer Haut. Im «sicheren» Hafen einer langjährigen Beziehung lebte sie ihre berufliche Vielseitigkeit, verwirklichte einige Jugendträume und schmiedete unverbindlich Pläne für die Zukunft. Die schwere Depression, welche ihr Lebensschiff vor drei Jahren arg ins Schlingern brachte, traf sie völlig unvorbereitet. Und zwang sie, den sicheren Ankerplatz zu verlassen, Kurs auf unbekanntes Neuland zu nehmen.

Das Unerwartete

Während eines eindrücklichen Ostafrika-Aufenthalts vor vier Jahren merkte ich, dass dieses unbestimmte Gefühl, das mich schon so lange durch mein Leben begleitete, nun endgültig mehr Beachtung verlangte. Die Spurensuche endete niederschmetternd, eine tiefe Depression setzte mich für ein halbes Jahr ausser Gefecht. Dank professioneller Hilfe und hilfreicher Unterstützung (im privaten wie beruflichen Umfeld) konnte ich Verborgenes hervorholen. Heilungsprozesse in Gang bringen, langjährige Bilder aus heutiger Sicht betrachten und mich selber neu/näher kennen lernen. Mein Lebensverständnis wurde geöffnet und weiter entwickelt. Ein oft schmerzhafter, anstrengender und gleichzeitig wunder-voller Prozess.

Die Erkenntnis

Wie in einen Mantel, der mir zu klein geworden war, passte ich nicht mehr in den bestehenden Lebensrahmen. Die Erkenntnis, einen grösseren Mantel anziehen und in ihn hineinwachsen zu müssen, stand am Neujahrsmorgen des besonderen Jahres 2001 plötzlich und glasklar vor meinem inneren Auge. Aussteigen! Zeit für mich und mit mir. Zur Erholung, zum Auftanken. Meine Sichtweise klären, herausfinden, ob und wo ein Wechsel der Blickrichtung angezeigt ist.

Der Schritt

Letzten Juli startete ich offiziell in eine Auszeit, die ich – in typisch sicherheitsorientierter Manier – zeitlich auf ein halbes Jahr festgelegt und organisiert hatte. Teil 1: bewusst und legitim Ferien machen. Teil 2: für einige Zeit auf örtliche Distanz, sprich ins Ausland gehen. Bei-

des verlief planmässig und war herrlich. Auch Teil 3, die Inangriff-
nahme meiner beruflichen Neuorientierung, startete gut. In der Laufbahnberatung trat jedoch zutage, dass ich noch einige Vorarbeit zu
leisten hatte, bevor ich eine Entscheidung treffen konnte. Das wurde
zur Hauptbeschäftigung der vergangenen Monate.

Jetzt denke ich, einen Weg gefunden zu haben, der mich meinem
Wunschziel näher bringt: Fähigkeiten und Bedürfnisse möglichst als
Ganzes im Leben verbinden!

Rückblick

«Stell dich auf ein paar Jahre ein!», lautete der nicht gerade ermutigen-
de Kommentar eines Freundes am Anfang dieser Wegstrecke. Tatsächlich ist es seit dieser Aussage drei Jahre her. Damals wollte ich
kein Wort glauben, heute kann ich der Aussage Recht geben. «Learning by doing», so mein neues Lebens-Motto, betrachtete ich (auf Anregung eines anderen Freundes) als «Learning by experience». Dies
hat sich im Laufe dieser Zeit als nicht immer einfach, aber gleichwohl
befriedigend und lebendig erwiesen.

Zwischendurch zogen erneut Stürme auf. Dann hiess es, ruhigere
Gewässer ansteuern: damit die Segel geflickt, die Planken geteert werden konnten. Erstaunlich, wo sich überall eine Anlegestelle fand!

Ausblick

Eine neue Beharrlichkeit hat mir zu Gelassenheit, einem besseren
Durchblick und einer natürlichen Selbstständigkeit verholfen. Jetzt
bin ich in meinem einjährigen Timeout (die Verlängerung der geplanten sechs Monate habe ich mir mittlerweile zugestanden!) an einem
Wendepunkt angelangt.

Schaumkronen und Wellentäler kann ich nicht umfahren, indes
mit vollen Segeln ansteuern. Ich behalte neugierig den Kurs aufrecht.
Freue mich an den Flickstellen in Segel und Planken. Stolz, dass sie
dicht halten!

Auch «Zeit» ist für mich ein relativer Begriff geworden. Mit 38
ein vierjähriges Vollzeitstudium zum Fachhochschul-Abschluss beginnen? Kein Grund zur Aufregung!

Bildungsurlaub: Zeilensprünge
Erfahrungsbericht Nr. 7

Claudia H., 42, Rechtsanwältin, hat zwischen zwei Jobs ein längeres Timeout eingeschaltet. Für diese Zeit nahm sie sich nur eines vor: nichts planen, nichts wollen, abwarten, was sich herausbildet. Und es wurde «Bildung für sich».

Meine heimliche Leidenschaft ist die Früh-Klassik, in verschiedensten Sparten. Ab und an habe ich eine Konzertkritik verfasst. Als die nächste Anfrage eintraf, fiel es mir wie Schuppen von den Augen: Eine Konzertreise, das ist es, was mir immer vorschwebte! Meine eigene Tournee zu verschiedenen Zyklen, Musikhallen und Weltstädten: London, New York, Paris.[88] Stücke hören, Interpretationen vergleichen, Eindrücke geniessen. Dazwischen Urlaub, nichts tun. Vielleicht mal eine Partitur studieren oder das dortige Feuilleton lesen, aber nicht mehr …

Zum Finale die Festwochen in Gstaad und Luzern (wo die Akustik den Dissonanzen moderner Kompositionen standhält).

Danach fühlte ich mich reif für Free-Jazz! Richtig ungezogen, zu allem bereit. So wie am Anfang dieser acht Monate. Sich jede Freiheit herausnehmen, der ersten Idee nachgeben …

Jemand schenkte mir die Neuauflage von «Begegnung mit dem Fremden». Eigentlich eine Jugenderinnerung. Kaum hatte ich mich ins erste Flugzeug gesetzt, war ich bei der «Sache mit der Kuh»:

Kapitel 2
Nichtsahnend und fromm stand mein Bruder eines Tages auf der Wiese, als plötzlich eine Kuh umfiel und ihm ein paar Rippen eindrückte. Er hatte die Kuh nicht gereizt, noch war er ihr nachgelaufen, kein Mensch konnte ihm einen Vorwurf machen.
Man verbot uns, in Zukunft gleichzeitig mit den Kühen auf der Wiese zu stehen, aber darauf legten wir ohnedies keinen Wert mehr.
Dieser Unfall hatte zur Folge, dass wir misstrauisch zu werden begannen. Wenn man auf Bäume kletterte – was ein sehr arges Vergehen war –, kratzte man sich das Knie auf, und wenn man gar nichts verbrochen hatte, bekam man gleich drei Rippen eingedrückt? Irgendetwas war daran verdächtig.
AUS: «BEGEGNUNG MIT DEM FREMDEN», CLAASSEN VERLAG GMBH 1985

Die Hauptfiguren begannen sämtliche «Tabus» zu brechen: liefen schnell, assen Schnee, spielten mit Werkzeug, verdrehten die Augen, balancierten auf dem Zaun. Ihre Gewissensbisse schwanden, bald waren sie ungehorsam und fröhlich wie die Nachbarskinder.

Ich muss heute noch lachen. Fast hätte es mich gepackt, trotz Business Class und Bodenferne. Am liebsten wäre ich aufgestanden und auf den Sitzen herumgeturnt, hätte den Atem angehalten oder jemanden gekitzelt – alles streng verboten!

Später habe ich tatsächlich das Metier wechselte. Derart überdreht ist es allerdings nicht geworden.

Bildungsurlaub: Von Gotthelf bis zum Maggiatal
Erfahrungsbericht Nr. 8

Roland G., 57, nutzte die Möglichkeit eines Bildungsurlaubs freier Wahl. Was der Markt als gelungene Inszenierung preist, hat er in einem Nachdiplomstudium vorweggenommen: die Verbindung von Landschaft und Literatur!

Heute noch geht er dem Thema nach, als Berufsschullehrer oder in der Freizeit. Dazu gekommen ist ein weiteres Element: das Gefühl für den eigenen Rhythmus.

An der Grenze

Irgendeinmal erstarrt Erfahrung zur Routine und statt Neues zu kreieren repetiert man ab Endlosband. Eigentlich hatte ich mir vorgestellt, so mit 45, spätestens mit 50, die Chance eines Neustarts zu packen: irgendetwas im redaktionellen und publizistischen Bereich. Wer möchte nicht von meinem breiten Allgemeinwissen, meiner vielseitigen Neugier und meinem Schreibtalent profitieren? Irgendwie bin ich dann halt doch geblieben – einerseits gefiel und gefällt mir mein Lehrerberuf nach wie vor, andrerseits bin ich zu wenig mutig oder zu wenig leichtsinnig, alles an Sicherheit und Geborgenheit aufs Spiel zu setzen.

Und doch: Die Fragen nach dem Sinn des eigenen Tuns häufen sich, auch leeren sich die Batterien – weil die Energie nur noch für den Vollzug, aber nicht mehr für das Suchen und Ausprobieren reicht. Burnout droht am Horizont, der Körper beginnt Warnsignale zu senden. Wenn die Möglichkeit bestünde, eine Auszeit zu nehmen, einmal echt Ferien zu machen (die nicht im Aufräumen des letzten und Vorbereiten des nächsten Quartals sich erschöpfen)?

Bedingungen

Ein Bildungsurlaub ist an unserem Institut (noch) möglich. Dem Schulvorstand und der Schulleitung ist ein Projekt vorzulegen, welches in unmittelbarem Zusammenhang mit der Lehrtätigkeit steht. Zudem ist zu gewährleisten, dass der Schulbetrieb reibungslos weiterläuft. Stellvertretungen zu finden, zu instruieren und zu begleiten ist Sache des/der Urlauber/in. Diese Vorurlaubszeit – sie reichte notabene in die belastende Zeit der Lehrabschlussprüfungen hinein – war die «happige Vorspeise» meiner Auszeit.

Das SIBP-Angebot

Das Schweizerisches Institut für Berufspädagogik SIBP bietet ein Nachdiplomstudium NDS an, welches insgesamt 15 Monate dauert, Vorbereitungstage und Nachbearbeitungsseminare eingeschlossen. Kernpunkt bildet ein halbes unterrichtsfreies Jahr. Pflicht sind der Besuch der vier «Kernseminare» und die Verfassung eines Berichts.

Die Teilnehmer/innen haben die Wahl, im Rahmen des IP (Individuelles Programm) ein Attest zu erwerben oder eine fachspezifische Arbeit zu verfassen, was – sofern von der Prüfungskommission angenommen – mit einem «Zertifikat inkl. Zusatzqualifikation» honoriert wird. Zudem darf man eine unbegrenzte Zahl von Wahlseminaren besuchen. Dazu gehören offizielle Bildungsveranstaltungen des SIBP oder ähnlicher Anbieter/innen bzw. selber organisierte Seminare, für die sich mindestens sechs der am NDS-Beteiligten einschreiben müssen.

Eigene Zielsetzungen

- mentale und physische Erholung
- mich in einem anderen Arbeits- und Lebensrhythmus versuchen
- die «Batterien» aufladen: sich endlich wieder einmal intensiv mit lange vernachlässigten Wissensgebieten beschäftigen
- eine Arbeit schreiben, die dem Unterricht zugute kommt.

Die Seminare

Ein erstes Wahlseminar habe ich initiiert – damit flossen die Sommerferien vor der Auszeit gleich in diese über! Eine Zielsetzung war bereits umgesetzt: vernachlässigte Wissensgebiete aufarbeiten. Ich erweckte meine alte Gotthelf-Liebe zum Leben. Mit acht der siebzehn Teilnehmer am NDS-Projekt wandelte ich anfangs August auf den Spuren Gotthelfs.

Ein weiteres Wahlseminar möchte ich noch herausgreifen: die herbstliche Kreativwoche in Romainmôtier. Zu sechst experimentierten wir hinsichtlich Aquarellieren, Zeichnen, Fotografieren und in verschiedenen Drucktechniken. Für mich, der seit Kantonsschulzeiten nie mehr einen Pinsel in der Hand hielt, ein nachhaltiges tiefes Erlebnis!

Von den obligatorischen Kernseminaren erwähne ich zwei: das erste Mitte August, in prächtiger Umgebung im Maggiatal. Zwar hatten wir uns an den Vorbereitungstagen schon ein wenig kennen gelernt, doch jetzt wurde es mit der Annäherung ernst. Man stelle sich vor: Siebzehn Erwachsene mit individueller, oft gar nicht sanft verlaufener Lebens- und Berufsgeschichte sollten sich zu gemeinsamen Projekten zusammenfinden. Thema: Umgang mit Zeit bzw. Wiederfinden der Zeit: Slow Motion statt Stress! Tat das gut!![89]

Das zweitletzte Kernseminar diente der gegenseitigen Präsentation der Arbeiten, die in diesen paar Monaten geleistet wurden. Die Palette umfasste u.a. Australientrips mit First-Abschluss, eine Mount-Kenya-Besteigung, Minergiehäuser, elektronische Steuerungen, Metallwalztechniken, Berufsarbeit in Schreinereien und beim Elektromonteur, Praktikum in englischen Telecomfirmen, Arbeit in Erziehungsheimen, Literaturlehrmittel für Berufsschulen, Lehrmittel für Telematiker/innen, Besuche in Berufsschulen der Nachbarländer (Deutschland, Österreich), Modelle für Praxisberatung an Berufsschulen usw.

Die Facharbeit

Ich selber habe eine Facharbeit verfasst: eine kommentierte Sammlung von Texten aus der deutschsprachigen Literatur aus dem Mittelalter bis heute. Es ist eine willkürliche, nicht strikt systematische Auswahl mit ungewohnten Schwerpunkten. Literatur vor allem als Ausdruck und Illustration bestimmter Epochen, mit Verbindungen zu den gesellschaftlichen und kulturellen Entwicklungen in Europa.

Das Ganze war sehr aufwändig, sehr intensiv und sehr lustvoll. Ich bin stolz darauf, kann einiges für meinen Unterricht brauchen. Zudem kommt das Werk auch meinen Kolleginnen und Kollegen zugute. Zentral dabei: das Erlebnis, Zeit zu haben für stetiges, für nachhaltiges und gelassenes Arbeiten.

Das Fazit

Die selber gesteckten Ziele habe ich vollumfänglich erreicht. Vielleicht liegts daran, dass ich allen Lehrveranstaltungen grundsätzlich erwartungsfrei begegne – das verhindert Enttäuschung (ent-täuscht kann ja nur sein, wer sich ge-täuscht hat!). Zudem setzte ich mich nicht unter Druck, indem ich ein klares Ziel formulierte, sondern ein Ziel sozusagen in rollender Planung entstehen liess. In einem Wort: «Das Erlebnis der Musse». Ein Begriff, den nur noch wenige kennen.

Wichtiger als Seminare, Facharbeit und mehr oder weniger messbarer Nutzen für die Schule ist das persönliche Ergebnis: Es gibt ein spannendes/sinnvolles Leben jenseits der Berufsarbeit! Und einer Partnerschaft führt ein Wechsel des Lebensrhythmus neuen Sauerstoff zu; es sei denn, ein solcher Wechsel sei der letzte Schubser, welcher eine leer gewordene Fassade zum Einsturz bringt.

Ein Urlaub von mindestens einem halben Jahr ist für viele Berufstätige schlicht eine Lebensnotwendigkeit. Niemand fragt nach den Kosten, z.B. beim 20'000-Kilometer-Service für ein Auto. Service an Mitarbeiter/innen scheint jedoch in vielen Fällen zu teuer zu sein. Allerdings fragt auch niemand nach den Kosten unmotivierter Arbeit, nach den Kosten psychischer und physischer Zusammenbrüche. Wie sollen Strukturen verändert werden, wenn man nicht die Zeit hat, über sich selber, über eigene Veränderungen nachzudenken?

Sozialzeit: Tauchen, wenn Perlen gefragt sind
Erfahrungsbericht Nr. 9

Margrit, 48, Inhaberin eines Kosmetikgeschäfts, konnte die Operation, in welcher ihr ein neues Kniegelenk eingesetzt wurde, nicht länger hinauszögern. Die verordnete Badekur liess sie aus und flog stattdessen zu einer Ayurveda-Behandlung nach Indien.[90]

«Revitalisiert» kam ihr alles anders vor. Der Norden schien kälter denn je, der Lebensmittelpunkt hatte sich gegen Süd-Ost verschoben. Sie hielt einen Winter durch, regelte das Nötigste und ging nochmals hin: für einen Spital-Einsatz.

Aufkeimendes

«Bist du nun frei?» Es war dieser Satz, welcher alles auslöste. Dabei hatte ich schon früher Ähnliches gewagt. Nur nicht gross darüber nachgedacht, es unter «jugendlicher Ungezwungenheit» abgetan.

Wie damals, als ich mit zweiundzwanzig den Job in einer Gärtnerei hinschmiss, kurz nach Stellenantritt, frisch ausgebildet. Aber ich wusste: das ist es nicht! Auf Stecklinge und Grünzeug verstehen sich andere besser … Zwei Monate später lief mir am Wiener Zentralbahnhof ein sympathischer Mann über den Weg. Mit ihm bereiste ich halb Europa. Zuletzt zog es ihn in die Schweiz, wir heirateten und kauften ein Haus.

Er war viel unterwegs, ich entdeckte die neue Umgebung. Belegte Vorlesungen an der Universität, organisierte mit der Nachbarin einen Theater-Workshop, wunderte mich über die Verzagtheit und Zukunftsangst hierzulande.

Unternehmerin

Nach einem Jahr kam Noelle zur Welt. Ein ruhiges Kind, welches Zeit zum Lesen liess. Die Bücher und das Radioprogramm wurden zu Begleitern meines Alltags. Aber sie gaben keine Antwort, wenn ich zu ihnen sprach. Nicht einmal streiten konnte man mit ihnen …

Weil eine Mutter damals nicht arbeiten ging, ich jedoch die Menschen vermisste, liess ich mir etwas einfallen. Ein Kellerraum stand leer, Gäste waren stets willkommen. Also begann ich eine Ausbildung zur Kosmetikerin. Die Kundinnen bemühten sich zu mir, meist Frauen aus gehobenen Kreisen.

Nach dem frühen Tod des «Ernährers» setzte ich voll auf dieses Geschäft. Ich fand eine günstige Lokalität im Zentrum. Zu wenig diskret für die vornehmen Damen, gerade recht (und erschwinglich) für junge Bürokräfte, angehende Models, die ersten schönheitsbewussten Männer.

Zwiebeltürme

Ich baute das Angebot aus (Solarium, Figurkorrektur, Bachblüten). Wer mit einem Problem kam, erhielt mehr als eine Gurkenmaske. Die Leute legten mir nicht selten ihre Seele auf den Stuhl: aus den Schuhen geschlüpft, den Pullover über den Kopf gezogen, abgeschminkt – los gings.

Hier war mein Lebensmittelpunkt. «Taubenschlag» nannten es die einen, «Ersatzfamilie» die anderen. Je nach Wirtschaftslage lebte ich vom Salon oder für ihn. Die Tochter studierte in Österreich und schaute alle paar Wochen herein. Abends lernte ich Arabisch, hing der Philosophie nach oder mixte neue «Zaubermittel». Zog eine dunkle Wolke auf, dann verscheuchte ich diese mit einem Bild von Hundertwasser.[91]

Zäsur

Als die Gelenkschmerzen unerträglich wurden, begab ich mich knurrend unters Messer. «Er reisse mich mitten aus dem Leben», warf ich dem Arzt vor. «Und ein Kurzentrum, wie er es herausgesucht hatte, könne er gleich vergessen.»

Als ich nur noch eine Krücke benötigte, buchte ich den Flug. In einer Ayurveda-Klinik wollte ich der Konkurrenz über die Schultern sehen (und nebenbei wieder zu Kräften kommen). Ich realisierte vieles, zuerst jedoch meine eigene Müdigkeit. Weshalb war ich nicht schon früher weggefahren, als ich noch fit war?

Nach dem Entgiftungsprozedere durchstreifte ich die Gegend. Einen Kulturschock erlitt ich nicht (der kam nach der Rückkehr, in unsere laute, kalte, kaschierte Welt). In Kerala lagen die Tatsachen offen da: unverdeckt und ungeschönt.

Soziales Engagement

Natürlich machte ich meine Erfahrungen. Mit der – sich herumgesprochenen – Freizügigkeit gegenüber allen, welche so aussahen, als ob sie etwas brauchen könnten. Bis der Direktor des Zentrums meinte, ich müsse mich entscheiden. Entweder akzeptiere ich die Verhältnisse hier oder ich gehe gleich als Mutter Theresa. Aber mit der morgendlichen Ansammlung von bettelnden Kindern sei jetzt Schluss.

Daraufhin änderte ich meine Strategie. Statt die Leute am Morgen auf mich warten zu lassen, fuhr ich zu ihnen. Ich besuchte Privathaushalte, Armeneinrichtungen und Heime. Was ich sah, erschütterte mich. Junge Frauen, welche mangels Beinprothesen Metallstangen umgebunden hatten, den Stumpf in einen Plastikeimer gestellt. Männer mit undefinierbaren Brandverletzungen, von Arbeitsunfällen aus der nahe gelegenen Fabrik. Die Greisin, welche sich auf allen Vieren fortbewegte.

Die eine trabt davon ...

Meine Freundin hatte sich rasch erholt. Ihr nächstes Ziel hiess Ägypten (wo sie, wie ich nachträglich erfuhr, ein Taxiunternehmen gründete. Das heisst sie kaufte ihrer Gastfamilie ein Gefährt und hielt dazu eine Rede über unternehmerische Grundsätze. Diese haben verfangen: jährlich erhält sie Neujahrsgrüsse – und die Reparaturrechnungen ...).

Die andere landet hart ...

Die Rückreise war einsam. Angekommen erwarteten mich nichts als «Troubles». Die Taggeldversicherung drückte sich um die Zahlungen, im Geschäft war eingebrochen worden. Alles durchwühlt, nichts gefunden. Das Schlimmste: die Aufräumerei, begleitet von diesem schalen Gefühl ...

Zu den Kundinnen hatte ich eine eigentümliche Distanz. Die grazilen Inder/innen gefielen mir mittlerweile besser als die bleichen Stadtgestalten. Gezupfte Augenbrauen. Damenbart und Pickel trieben mich nicht mehr um, Hormonpräparate und unterspritzte Falten waren mir egal. Anderswo verhungern Menschen ...

Einzelne Stammgäste kamen hereingeplatzt, beschwerten sich, dass ich so lange ausgeblieben sei. Glaubten, ich hätte nur auf sie gewartet (wahrscheinlich war es umgekehrt).

Was sie sagten, interessierte mich nicht. Was sie beschäftigte, berührte mich kaum. Verpasst hatte ich wenig. Und nun sollte ich tatsächlich in diese Bedeutungslosigkeit einsteigen?

Turnaround

Abgrenzung war angesagt. Ich bediente nicht mehr ohne Voranmeldung, passte die «Freundschaftspreise» ortsüblichen Tarifen an, pflegte lieber neue Gesichter als die immer gleichen. Fuhr Frau X. nicht rasch dorthin, bestellte ihr Selbstbräuner oder brachte am Samstag eine Creme vorbei.

Wenn es mir zu früh war, stand ich nicht um 07.00 auf der Matte. Sah ein anderer Auftrag spannender aus, wählte ich diesen ➙ Make-up fürs Varieté, Visagistin einer Nachwuchs-Show.

Wie jene Fischer auf den Felsen in Kerala. Fürs Leben reichen die frisch angespülten Tiere. Bei speziellen Anlässen tauchen sie auf den Meeresgrund und holen kostbare Muscheln herauf. Die darin enthaltenen Perlen verkaufen sich gut.

Aber sie tun es nur, wenn ihnen danach ist. In der Zwischenzeit belassen sie das kostbare Gut in den Fluten.

Und die Freiheit?

Zu der eingangs zitierten Frage. Die Frau meinte, ob ich nun frei von Schmerzen und Mühsal sei. Ich jedoch deutete den Satz in anderer Weise. Denn an und für sich war sie jetzt angebrochen: meine Freiheit.

Noelle beendete ihre Ausbildung, meine zuletzt pflegebedürftige Mutter starb kurz darauf. Ich war immer noch ungestüm, neugierig, aber nicht mehr so sprunghaft wie früher. Die Kämpferin und Pionierin hatte ausgedient, sehnte sich nach Unbeschwertheit. Und Sinn.

Frei sein bedeutete in diesem Moment klar weggehen, woanders hin. Nochmals nach Indien. Nicht um aufzutanken, auch nicht um zu bleiben. (Wie dieser Europäer, welcher einen billigen Coffee-Shop aufgemacht hatte. Zu allem Übel rentierte der noch, wenngleich hauptsächlich Touristen bei ihm einkehrten. Für die hatte er die Packungen eines Schweizer Grossverteilers im Regal stehen. Importierte Beutel, im Land des Tees …)

Umsetzung

Zuerst dachte ich an homöopathische Behandlungen für Patient/innen der Ayurveda-Farm. Doch ich hätte den dort tätigen Leuten den Verdienst genommen – und mir die Gelegenheit, etwas anderes auszuprobieren.

Ich rechnete: Ich hatte eine Erbschaft, vermietbare Güter (Auto, Haus) und eine Nachfolge fürs Beauty Business. Ohne Fixkosten lebt es sich überall billiger als hier.

Über ein befreundetes Paar knüpfte ich Kontakte zu einem kleinen Spital nahe Trivandrum.

Dorthin reiste ich zunächst für einige Tage. Zivilstand, Alter, Ausbildung spielten keine Rolle. Zwei Dinge wollte die Stationsleiterin wissen: Ob ich zupacken kann und wie lange ich bleibe.

Das war vor drei Monaten. Ich bin immer noch dort. Zuweilen nimmt es sich krass aus: enges Zimmer, schlechtes Essen, drückende Hitze. Ich spüre das Schwinden der körperlichen Kräfte. Gut, dass ich mir freie Tage ausbedungen habe (und wegen des Visums die eine oder andere Aus-/ Einreise vornehmen muss). Diese kombiniere ich jeweils mit einer Fahrt in den Urwald, ein/zwei Tagen in einem Luxushotel oder bei europäischen Freunden.

Grüsse nach Hause

Wenn es mich packt und ich Deutsch sprechen will, zücke ich das Handy. Schreiben ginge auch, aber das dauert. Und wer unterwegs ist, hat anscheinend mehr zu erzählen. Jedenfalls melden sich nicht annährend so viele, wie ich gedacht habe …

Wenn ich selbst zum Stift greife, dann nur für Karten. In erster Linie tue ich damit ein gutes Werk. Zuerst glaubte ich, die Post bliebe in den alten Kästen liegen. Dem ist nicht so. Noch bevor die offizielle Leerung erfolgt, haben schlanke Finger die Auslandkorrespondenz herausgeholt, wertvolle Marken abgeklaubt und gegen Lebensnotwendiges eingetauscht.

In den wenigsten Fällen wird der zurückgeworfene, unfrankierte Gruss nach Hause weitergeleitet.

… Weiter gehts

Als ich sie das letzte Mal am Draht hatte, bat ich Margrit, einen Luftpostbrief für mich aufzugeben, nein zwei gleich. Mit bunten Marken, in einer zentral gelegenen Letterbox.

Sie lachte und meinte, das könne sie sich genauso gut für die nächste Destination aufsparen. «Ja willst du ...» entfuhr es mir. «Russland habe ich noch nicht gesehen, Usbekistan, die Mongolei – und dann kommen die Anden!»

Ich schluckte. «Schau doch einmal bei mir vorbei», foppte sie mich. «Triff mich irgendwo. Ich habe noch viele Reisen vor. Denn überall wartet die Endlichkeit des Nichts!!»

Timeout mit der Familie: That's the Spirit
Erfahrungsbericht Nr. 10

Yasmin, 42, staunte nicht schlecht, als ihr Mann ankündigte, dass er beruflich in die Türkei gehe. Auch sie trug sich mit dem Gedanken an einen Ortswechsel, indes nicht so: fremdbestimmt, als Frau des Hoteldirektors ... Und die geplante Reise?

Sie setzte eine Familien- und Bedenkzeit durch, näherte sich dem Bosporus geografisch – über Italien/Griechenland. Unterwegs geriet einiges in Bewegung.

Den Schleier lüften

Sommer 1999: Mit einer Freundin wollte ich über die deutsche Grenze, die Sonnenfinsternis bestaunen. Im letzten Moment entschloss ich mich hier zu bleiben. Das Naturspektakel stand für etwas, was ich längst hätte tun wollen: Licht in die verfahrene Paar-Beziehung bringen. Ich dekantierte eine gute Flasche, legte die Jazzplatte auf, überraschte Carlo mit Rosen. Punkto Neuigkeiten sollte er mir jedoch zuvorkommen.

Als er im Zweireiher unter der Tür stand, wusste, ich, dass heute kein gewöhnlicher Geschäftstermin war. «Schatz, wir fliegen nach Istanbul. Ich habe zugesagt, die Leitung des Excelsior[92] zu übernehmen. Ich baue das Wellness-Angebot aus, bereite den Sprung ins Management vor. Du sprichst ja seit längerem vom Weggehen ...»

Ich überlegte: Zu einem Abenteuer war ich bereit, aber nicht in diesem Tempo, ohne Mitsprache und Entscheidungsfreiheit. Ein islamischer Staat? Ich hatte Vorbehalte (Religion, Europafrage, Zypern-Politik). Tourismus? Fremde Unterkünfte kannte ich von der Durchreise. Jetzt erhielt ich Gelegenheit, hinter die Kulissen zu blicken.

Utopia

Ich klappte den Atlas auf: Zuerst die Reise! Rom, Sizilien. «Syros, Kythara, Milos» fuhr Debbie, unsere Tochter fort. Sie war inzwischen dazu gestossen, hatte die Unterhaltung mit Erstaunen verfolgt. «Dann lernen wir die Region kennen, Stück für Stück.»

Er hatte ohnehin eine Auszeit vorgesehen, für sich: Mustangjagd in den USA, Bootsferien an der Küste Irlands. Währenddessen hätte ich die Überfahrt organisiert, ohne Relaxen, gepackt vom »Auslandfieber».

Ich intervenierte. Langzeiturlaub: ja – jetzt und gleich. Aber zu dritt. Ob und wie lange ich mich im nachher im «Thalasso-Ressort» aufhalten würde, blieb offen.

Tor zum Glück?

Ferne hiess Freiheit. Als frisch Verliebte «büxten» wir jeweils zusammen aus, einige Tage Florenz, Paris, London … Aus der Distanz fielen wichtige Entscheide (Heirat, Eigenheim, Kind). Dennoch: Er hätte sich lieber mit den Kumpels amüsiert. Ich beharrte auf der Insel-Tour.

Debbie war hin- und hergerissen: Wut (dass er sie aus seinen Überlegungen ausgeklammert hatte), Neugierde (ein Europa-Trip!), Erleichterung (hinausgezögerte Berufswahl). Sie hatte die Matur hinter sich. Alle vermuteten, die 18-jährige würde sich bei einer Hochschule einschreiben, evtl. zum Freund ziehen.

Zweigleisigkeit

Die Vorbereitungen gestalteten sich unterschiedlich. Carlo richtete sich auf eine dreijährige Abwesenheit aus.

Das Haus vermieten: vernünftig. Das Auto ausleihen: clever. Wir gaben nichts aus der Hand, senkten die Fixkosten. Es sei, ich entscheide mich für die Rückkehr …

Die Enttäuschung ob Carlos Vorgehen schob ich beiseite – ebenso die Ahnung der sich anbahnenden Krise. Freute mich auf den Penepoles, las Ilias und Homer. Mit Medusa schlief ich ein, mit Apollon wachte ich auf.

Börsenblues

Ich war froh, aus der Bank ausbrechen zu können. Mein Leben verlief glatt wie die Oberfläche der blank polierten Konferenztische (an die ich immer öfter gebeten wurde). Durch die Reise hatte ich wieder ein Ziel!

Den Job in der Kreditabteilung kündigte ich mit Wonne. In geheimnisvolles Schweigen gehüllt, gelöst, heiter. Die Kolleg/innen interpretierten es auf ihre Art: «Sie hat eine Top-Stelle, schwebt im goldenen Fallschirm davon».

Man überbot sich in Nettigkeit. Kritisch einzig der Abschiedstrunk; wo jede/r unter dem Siegel der Verschwiegenheit doch gerne gehört hätte, wohin ich jetzt wechsle. Zur Konkurrenz war klar, aber zu wem?

Der Chef erachtete den Weggang als persönliche Kränkung. Liess durchblicken, ich wäre ohnehin aufgestiegen, hätte eine Chance vertan. Fiel deshalb das Arbeitszeugnis nicht so grandios aus wie die letzte Qualifikation? Nun konnte er sich nicht mehr in meinem Licht sonnen, die Aktientipps zu Geld machen.

Nebengeräusche

Die offizielle Version lautete: «Vor der Übersiedlung an den neuen Arbeitsort erkunden wir die Ägäis».

Die Verwandten äusserten Bedenken. Nicht wegen uns. Es ging um Debbie. Sie könnte sich auf eine Hippie-Insel absetzen, hätte Anspruch auf Umgang mit Gleichaltrigen, würde den akademischen Einstieg nicht schaffen, etc …

Der Aufbruch erinnerte mich an den Beginn unserer Ehe. In diese hatten wir uns geradezu hineingestürzt («sonst kriegen wir uns nie!»). Dachten, wir hätten das Schicksal überlistet. Dass sich Gräben nicht überspringen lassen, realisierten wir erst später.

Warten

Mai 2001: der Start. Carlo erneuerte in Rom seinen Pass. Er glaubte, den Eintrag für die Jüngste rasch in eine italienisch-schweizerische Staatsbürgerschaft umwandeln zu können.

Auf den Ämtern herrschte Bürokratie, das Gesuch verfing sich in den Instanzen. Man riet uns, auf der Heimreise nachzufragen.

Zusammensein

Als grösste Herausforderung erwies sich die Koordination der Wünsche. Wir hatten bewusst keine Route fixiert. Nun harrten wir zu dritt, in Erwartung des Unerwarteten: Blühende Orangenbäume (Taormina), Gebirgspfade (Lefkada), neue Ess- und Trinkgewohnheiten (Hydra).

Ich erinnere mich an Debbies Erstaunen, dass nirgendwo Eistee erhältlich war. «Den konsumieren eh nur Japaner», witzelte ich.

Die Herzlichkeit der Einwohner/innen tröstete über das Fehlende hinweg. Selbst der vergessene Drachen wurde der «Swiss Familiy» nachgetragen: Der Busfahrer übergab das Gestell dem Bäcker. Dieser legte es am Morgen vor die Tür, zusammen mit duftendem Brot.

Träume, Hingabe

Zakynthos: Kalkgebirge, imposant und hafenlos. Santorin: geprägt von Erdbeben und Vulkanausbrüchen. Anafi: karges Hügelmassiv, eindrückliches Kloster. Chios: Wein und Feigen seit der Antike.

Mykonos treibt es bunt: Kultstätte, Lifestyle. In Epano Koufonissi hat sich der Lauf der Geschichte gekehrt: Heute öd und verlassen, nähren Ausgrabungen die These, dass die kykladische Inselgruppe einst ein Handelszentrum gewesen ist. Einzig der Fischfang prosperiert.

Kreta, die Zügellose

Topografisch zwischen Europa, Afrika und Kleinasien. Jedes Dorf funktioniert autonom: archaisch, wild. Faszinierend die Samaria-Schlucht, einsame Hochebenen, versteckte Strände. Blautöne in Reinform.

Debbie kurvte mit einer Vespa herum, Carlo entdeckte Mezé mit Schnaps[93], das Kafenion – eine leise Annäherung an fremde Sitten? Abends spielten wir Tavli, tagsüber durchstreiften wir die Gegend.

Trafen wir auf ein leeres Haus, umkreisten wir es. Bis jemand auftauchte und sich erkundigte. Ob uns das Anliegen zusage, wir es mieten möchten? «Nur für eine Nacht», antwortete ich stets. Gefiel die Unterkunft, verweilten wir. Wenn nicht, zogen wir weiter, testeten diverse Schlafstätten → Wiege, Klappsofa, Himmelbett.

Immobilien und Leute

Die Bautätigkeit nahm sich zaghaft aus. Bis 1990 galten strikte Erwerbsvorschriften, ein Kauf bedingte aufwändige Recherchen. Verdeckte Ansprüche, langwierige Verfahren sowie minime Steuervorteile trugen dazu bei, dass die Investor/innen auf die dalmatinische Küste, die Halbinsel Chalkidiki oder das aufstrebende Kos umschwenkten.

Mittlerweile hat der Boom die Nordküste Kretas erfasst. Die Preise für ein Luxusobjekt übersteigen die Millionenmarke. Aufkeimende (Besitz-)Gelüste erledigen sich von selbst.

The wild one

Debbie lockte die «Volta», die Promenade junger Leute. Auf Dorfplätzen, in der Hafenbar stiess sie auf richtige Cliquen.

Carlo reagierte verunsichert; ich steckte ihr Geld zu; auf dass sie jederzeit ein Logis oder Taxi hätte bezahlen können. Sie kam nie in eine heikle Lage, wurde respektvoll behandelt. Auch ich schätzte die Einwohner/innen: nichts Gekünsteltes, Gesuchtes, keine Überheblichkeit.

Zurückhaltung

Aus Zentralasien wusste ich, dass Bemerkungen zu Umweltsünden verpönt sind. Einerseits springen uns Raubbau/Monokultur sofort ins Auge. Andererseits sind wir mit Kritik schneller zur Hand als mit der Reflexion über unser Land.

«Hier versickern die EU-Subventionen vor dem Regenwasser» spottete ein Naturwissenschafter. Als ich ihn auf die Schweiz ansprach, argumentierte er, dass es dort keine Abfallberge gäbe – zumindest nicht in der City. Der war noch nie in Zürich!

Reisekoller

Mykonos: ein Albtraum. Beginn der Schulferien, teure Last Minute-Tickets, überall Getümmel. Schlangen vor jedem Schalter, selbst vor den Getränkeautomaten. Das Schiff: wacklig, vollgestopft, kaum seetauglich. Die Hoffnung, das «hellenische Ibiza» vor Mitternacht zu erreichen, zerstob.

Debbie hatte genug. Die aktuelle Situation – inkl. der aufflammenden Spannungen zwischen Carlo und mir – behagte nicht. Sie wollte «back to Kreta». Wir folgten ihr.

Schattenwurf

Rhodos, die nächste Destination: Pauschaltourismus, Sport und Shopping. Dazu eine unbequeme Bleibe, teuer und klein. Zu den Unwägbarkeiten kam die Konfrontation mit unseren eigenen Verhältnissen.

Hatten wir unterwegs über gesellschaftliche Werte diskutiert (Wohlstand, Sicherheit, Reichtum, wo liegt die Steigerung?), sahen wir uns jetzt gezwungen, bei uns als Paar hinzuschauen. Lockerung und Neuformierung? Probelauf oder Trennung??

Eingeständnis

Einzelne Verletzungen sassen tief. Was geschieht bei einem tektonischen Drama? Die Eruption reisst das Zentrum ins Meer. Lava ergiesst sich über die Flanken, modelliert den Krater neu, zu fruchtbaren Terrassen.

Das hatten wir versäumt: die Aufarbeitung. Uns (zu)viele Freiheiten eingeräumt. Mein Mann provozierte, lotete die Grenzen aus. Ich spielte die Überlegene.

Er deutete dies als mangelndes Interesse. Mit den Jahren wurde es das – verbunden mit der Haltung: «Er ist eben so». In Wirklichkeit war er weniger glücklich als ich es mir einredete.

Auseinandersetzungen hätten Konsequenzen gehabt. Also wähnte ich mich lieber in einer Schein-Harmonie, wo jeder den anderen leben – in Tat und Wahrheit alleine – liess.

Nicht dieser Hut

Debbie hatte sich gefangen. Carlos Unruhe wuchs, ab dem vierten Monat drängte er nach Istanbul. Transfer, die Stunde der Wahrheit. Wenigstens ansehen musste ich mir die «Wahlheimat».

Sofort stellte sich heraus: das wird eine Stippvisite. Handfester Krach, Quartierwechsel, Entscheid in Windeseile. Ich überschlug die Finanzen, schnürte mein Bündel, buchte den Rückflug.

Es soll Leute geben, die wohnen die ganze Zeit im Hotel, umgeben von geschäftiger Atmosphäre und Bediensteten. Dazu eigne ich mich nicht. Auch nicht als Hoteliersgattin. Diskret oder dekorativ, Zimmerpflanze oder Sahnehäubchen? Die Auswahl war begrenzt, keine der Rollen passte.

One Way-Ticket

In mir tobte es, Debbie war verwirrt. Der Italien-Aufenthalt fiel ersatzlos aus. Nicht mal zum Umsteigen reichte es.

Unvermittelt standen wir auf Schweizer Boden. Unser Haus war besetzt. No Problem: im Improvisieren hatten wir Geschick.

Fortsetzung

Ich kam bei einer Freundin unter, stieg als Geschäftsleiterin in deren Boutique ein.

Die Tochter schnappte sich das Sparbuch, brauste zu Bekannten nach Berlin, anschliessend nach Lissabon (die «In-Städte» der Szene). Seit dem Herbst studiert sie Publizistik, jobbt als Velokurierin, managt Konzerte. Sie, die sich letzlich zu einem Timeout durchringen musste, profitiert am meisten.

Ihre Essstörungen sind weg, sie hungert nicht mehr nach Anerkennung, wirkt als Frau. Hat an Gewicht zugelegt, tritt gewandt auf, spricht mehrere Sprachen. Verliebt in einen Spanier jettet sie hin und her. Universell, auch ohne EU-Bürgerschaft.

Mut und einen kritischen Geist hat sie sich bewahrt – sowie Zugang zu verschiedenen Kulturen.

Reifezeit

Wenn ich unser Unternehmen bilanziere, konzentriert es sich auf das Feuerwerk: Aufsteigen, Leuchten, Verglühen. «Gemeinsame Erlebnisse, Rücksichtnahme und Verständnis» würde Debbie hinzusetzen.

Tatsächlich klärte sich einiges. Ich habe mich freigestrampelt, Ideen umgesetzt.

Tautropfen

Neu bin ich freiberuflich tätig. Als Consultant im Detailhandel: Standort-Analysen, Verkaufskonzepte, Marketing. Auf der Referenzliste stehen Grossverteiler, die Kleinmetzgerei, der Znüni-Express.

Unterschätzt werde ich nicht mehr, trotz der zierlichen Statur. Der kreativ-chaotische Arbeitsstil ist innovativer Disziplin gewichen.

Look to the Sky

Aus dem Timeout herübergerettet haben wir – neben der Inspiration – das Morgenessen: Joghurt mit Honig. Zudem die mediterranen Spezialitäten, welche Debbie am «Jour fix» für Geschäftspartner/innen kredenzt.

Edel-Catering: eine Marktlücke für Carlo. Sein Vertrag läuft in Kürze aus, das Haus wird frei. Unser Kontakt hat sich – nach anfänglicher Funkstille – intensiviert.

Wenn er zurück ist, wird es sich zeigen. Er telefoniert häufig. Gäbe es das Handy nicht, es müsste erfunden werden! Der kleine Austausch zwischendurch gehört zu den verlässlichen Punkten des Tages. Ich höre von Erfolgen, Ärger, Troubles. Er nimmt Anteil an meinen Aufträgen, dem Mühsal und den Highlights.

Zweite Chance?

Es geht nicht um die Tochter, das Auto, den Frühjahrsputz. Nur um uns. Die Verbindung hält, zwischen Marmarameer und Rhein.

Was in Istanbul unmöglich schien, ist zumindest nicht ausgeschlossen. Dass wir wieder zusammenfinden.

Timeout für die Familie: Es ist, wie es ist
Erfahrungsbericht Nr. 11

Fred, 38, hat sich diverse Male neu ausgerichtet. Beruflich nahm er zweimal eine Auszeit. Während der Ausbildung brach er zu einer Auslandreise auf, nach zwölf Jahren als Militärinstruktor wechselte er 2002 ins Haus-/ Familienmanagement. Er konzentriert sich auf das, was ihm wichtig ist, beschäftigt sich mit spirituellen Kräften und steht vor der Aufnahme einer freiberuflichen «Profession».

Erstes Timeout

Ich stamme aus gutbürgerlichen Verhältnissen. Ursprünglich habe ich Feinmechaniker gelernt, dann die Berufsmittelschule absolviert und ein Abendstudium ergriffen. Der Job gefiel mir. An der Hochschule vermisste ich jedoch die Menschen – ob all der Sinuskurven und Berechnungen. Ich hatte bereits damals ein Gespür für das Metaphysische.

Gleichzeitig reizte mich die Welt ausserhalb des Rheintals. Mit der Firma kam ich überein, mich weiterzubilden und nach sechs Monaten zurückzukehren. (Ursprünglich hatte ich vor, alle zwei Monate vorbeizuschauen. Hauptsache ich konnte das Technikum auslassen.)

Zwickmühlen

Als ich in Montpellier aus dem Zug stieg, überfiel mich das «Laisser faire» wie ein Schock. Von diesem erholte ich mich allerdings rasch, dehnte die Europatour aus, zeitlich und geografisch → England, Spanien.[94]

In Madrid lernte ich eine Pianistin kennen. Eine neue Entscheidungssituation bahnte sich an: feste Beziehung, mit jemandem zusammen leben, wo? Aus dem eidgnössisch-iberischen Paar wurde nichts, die freundschaftliche Verbundenheit konnten wir erhalten.

Die berufliche Frage blieb ungeklärt. Einen Ausweg bot das Militär. (Wie ich später erfuhr, hatte sich mein Vater zur selben Zeit, quasi synchron, neu orientiert.) Die Zentrale Instruktorenschule absolvierte ich mit links. Konditionell war ich auf der Höhe, kannte mich in Sprachen aus, konnte mit Leuten umgehen.

Guter Draht

Ich wurde Berufsmilitär: Lenkwaffen und Minenwerfersektor. Schulte junge Männer, unterrichtete in Deutsch und Französisch, kam mit tausenden Personen in Kontakt.

Sechs Wochen war ich auf mich allein gestellt, mit unterschiedlich motivierten Truppen. Das Ziel: Sie befähigen, überzeugen → hinsichtlich der Führungsarbeit, nicht der Armee!

Die «Grünmützen» fühlten sich ernst genommen, wuchsen über sich hinaus, erhielten ein Gefühl für Verantwortung. Befehlsgewalt ist das eine, das Richtige tun etwas anderes. Wenn Freude und Spass dabei sind, umso besser! Als Vorgesetzter versuchte ich diesen Ansprüchen zu genügen. Erachtete es als gelungen, wenn die Leute selbstständig handelten.

Ich ging in dieser Tätigkeit auf. Allerdings schränkte mich das System zusehends ein.

Wendepunkt

Das auslösende Moment kam im Jahr 2001, durch die Beschäftigung mit meiner Herkunft. Die Familien-Aufstellung zeigte klar, dass ich den Beruf aufgeben würde.

Privates lief nebenher, so wie ich in diesen Job eingebunden war. Die Familie kannte mich vom Kommen und Gehen. Ich stand im Morgengrauen auf, sah das Haus – wenn überhaupt – um Mitternacht wieder, schlief drei oder vier Stunden. Am nächsten Tag die Fortsetzung: oft improvisiert, mit wenig Personal, ohne Rückhalt von oben.

Rechtliche Regelungen, die Zersprengung einzelner Gruppen sowie der Mangel an Nachwuchs-Instruktoren führten dazu, dass ich im Herbst die Kündigung einreichte.

Ausgeschert

Ich verkniff mir die Hoffnung, dass der Rücktritt etwas auslösen würde. Wer geht, ist ein «Gefallener», gestrichen, weg – mit oder ohne Austrittsgespräch. Die Kiesgrubenkollegen zuckten mit den Schultern, der Kommandant fiel aus allen Wolken.

Als sich die Sensation gelegt hatte, hielt man Distanz. «Fahnenflüchtige» verursachen Unruhe und Abwehr. Erinnern daran, dass es ein ziviles Leben gibt, man sich theoretisch dieselbe Freiheit gönnen könnte – jenseits von Ansehen, finanzieller Sicherheit und Bequemlichkeit.

Dass militärische Führungserfahrung in der Wirtschaft schlecht honoriert wird, schreckte mich nicht ab. Perspektiven muss man sich immer wieder aufbauen. Und auf die Steigerungsformel «befördert bis überfordert» treffe ich vielerorts, das ist nahezu ein Gesellschaftsphänomen!

Ich engagierte mich bis zuletzt. Ich hätte langsam auspendeln, vermehrt zu Hause – meinem neuen Arbeitsplatz – bleiben können. Keiner hätte reagiert. Aber ich wollte einen geradlinigen Abgang.

Ernstfall Familie

Ein Puzzleteil fehlt noch: die Anfrage an meine Frau, am Mittwochmorgen zwei Lektionen zu unterrichten. Kurz darauf wanderte eine Kollegin nach Australien aus. Ihre Stunden antreten, bedeutete den Wiedereinstieg als Lehrerin – und einen internen Rollentausch.

Die Zitterpartie dauerte drei Wochen: erste Abklärungen (Budget, Vorsorge, Versicherungen), Warten auf die Bestätigung durch die Schulpflege, Anlaufen meiner Kündigungsfrist. Am liebsten wäre ich gleich ausgestiegen …

Ansonsten war es ein Kaltstart. Innerhalb von sechs Ferientagen erfolgte die «Regimentsübergabe». Ich gehöre zu den praktisch veranlagten Menschen. Aber das Kochen musste ich erst lernen! Zuerst mit Menüplan, unterstützt von der Kleinen. Am Montagmorgen zogen wir los, zum Grosseinkauf.

Unterdessen ist es ein Jahr her. Drei, sieben und neun: Die Kinder befinden sich in einem spannenden Alter. Trotzphase, Schulreife, erste Ablösung. Ich begleite sie ein Stück weit. Bevor das Heranwachsende abfällt, sie weggleiten.

Arbeitsteilung

Umgestellter Rhythmus, neue Aufgaben, Mittag- und Abendessen als Fixpunkte. Was ich visioniert hatte, mir durch die innere Stimme bestätigen liess, klappte auf Anhieb.

Ich habe alle Arbeiten im Griff. Meine Frau besteht einzig auf dem Wäsche-Einräumen. Sie kann gut abgeben, lässt sich von meinen Talenten überraschen. Wenn sie die Kinder hütet, sagt sie schon mal: «Wie schaffst du das nur, den ganzen Tag?»

Gleichwohl ist sie die Mutter, selbst nach einem Zehn-Stunden-Tag. Wenn sie die Tür öffnet, liegt die Post auf dem Tisch, der Gratin brutzelt im Ofen, Matthias ruft «Hallo», Annika nimmt sie sofort in Beschlag, auch Rebekka will begrüsst werden. Zumeist klingelt noch das Telefon.

Was, du?

Gleichaltrige beurteilen unser Modell als «lässig», «mutig». Frauen äussern sich begeistert. Männer gestehen den heimlichen Wunsch ein, Ähnliches zu probieren. Vorerst beobachten sie, wie es bei der Testfamilie läuft.

Meine Eltern waren entsetzt. Erst dem Militär abtrünnig werden, dann die Frau als Ernährerin! Was denken die Nachbarn, der gute Ruf, das Ansehen …

Mein Befreiungsschlag zwang zu klärenden Gesprächen: über die Rolle des ältesten Sohns, Erwartungen und Übertragungen.

Der Schlüssel liegt darin, es so zu präsentieren, wie es ist. «Ich mache das jetzt. Habe es mir gut überlegt. Verstehe, wenn es euch irritiert.»

Am Lockersten nahmen es die Kinder. Die Standardfrage «wann kommst du wieder?», entfiel. Ich war nicht mehr der uniformierte Abwesende. «Du bist da und bleibst», stellte Matthias fest.

Wenn fünf mittun … .

Die Erwerbstätigkeit der Partnerin wirft einiges auf, persönlich, auf der Paarebene und in der Familie. Jede/r hat Einblick in den Alltag des anderen, reflektiert sich selbst.

Zwischen uns existiert echte Auseinandersetzung. Einerseits gibt es mehr zu diskutieren, andererseits opponieren die Kinder heftig, wenn Konflikte ausgetragen werden. Sie ziehen Harmonie der vielgerühmten «Streitkultur» vor.

Letzthin haben wir ein Gegenwartsbild mit den Figuren der Kernfamilie aufgestellt. Die Kids schienen verwirrt, wir prüften die innere Ordnung. Ich stellte mich an den Platz meiner Frau und umgekehrt.

Energetisch passt es. Die Beteiligten sind einverstanden. Das Tempo indes haben wir unterschätzt … Es ist wie in einem Unternehmen: Veränderungen brauchen Zeit! Und ich fühlte mich sicherer, als ich es bei der Umgebung voraussetzen konnte.

(Un-)Geduld

Meditation unterstützte mich in der Gewissheit, dass es eine gute Wendung nehmen würde. Ich begab mich in Unbekanntes und fand mich selbst. Weder setzte der prophezeite Entzug ein, noch die Isolation eines Hausmanns.

Die Herrichtung des Hofs meines Grossvaters, ehrenamtliche Tätigkeiten, ein kleines Sportpensum an der Ober-/ Mittelstufe stellten eine willkommene Abwechslung dar – aber nicht die wesentlichen Komponenten.

Der Drive liegt anderswo: Grundsätzlich bin ich der «Anreisser». Anfang und Aufbau reizen mich. Nachher soll das Initiierte seinen

Lauf nehmen. Sei es der Ferienpass der Pro Juventute, ein Kulturprojekt oder der gepflanzte Christbaum.

Kraft und Polarität

Das spricht für eine freiberufliche Tätigkeit. Selbstständigkeit tauchte bereits vorher als Thema auf. Nun stehen Metier, Risiko und Zeitpunkt im Raum.

Ich habe Detektoren für Energiestaus, körperliche und strukturelle Auswirkungen von Blockaden. Das lässt sich umsetzen, bei Forschungsprozessen, für Konzerne, in Einzelberatungen.

Sicherheit ist der eine Faktor. Es gilt, ihn zu nutzen. Als Ressource, verknüpft mit Spirituellem (= Entwicklung) und Schematik (= Eingrenzung). Unabhängigkeit verkörpert den anderen Aspekt. Im Sinne eines bewussten Entscheids, fern von Ablenkung oder dahindämmern.

Gewöhnliches Timeout: Abenteuer Leben
Erfahrungsbericht Nr. 12

«Eigentlich nichts Besonderes» fand Eliane, 45, Sekretärin, als sie beschloss, den Auslandaufenthalt ihres Vorgesetzten zu nutzen und zwischen verschiedenen Angeboten einen einjährigen unbezahlten Urlaub wählte [95].

In den kommenden Monaten überstürzten sich die Ereignisse. Rückblickend war es für sie eine Zeit, in «welcher ich mich zum Glück auf das Private konzentrieren konnte und nicht um 7 Uhr aus dem Haus musste, um eine Stunde später mit freundlicher Stimme geschäftliche Anrufe zu tätigen».

Komfort

Ich ging arbeiten, weil ich es wollte. Nicht weil ich musste oder wir das Geld brauchten. Mein Lohn war Zusatz: für die Ausbildung der Söhne, Ferien, den Zweitwagen. Gelegentlich spielte ich mit dem Gedanken, das Pensum zu reduzieren. Ein Haushalt mit drei Männern wirft einiges an Arbeit ab, und den «freien Freitag» verbrachte ich meist doch im Büro. Ein eigenes Hobby lag nicht drin.

So kam es nicht ungelegen, dass mein Chef für ein Jahr nach Atlanta ging – und mich weder dabei haben (noch als «untätige Vorzimmerdame» festsetzen) wollte. Einen Wechsel in die Fakturierung schlug ich aus, ebenso den Einsatz als Assistentin für verschiedene Herren der Geschäftsleitung.

Diskreter Rückzug

Ich machte meine Auszeit nicht allzu publik, sprach scherzhaft von »Reisen ohne Wegzugehen», richtete den Byebye-Apéro für den Vorgesetzten aus. Ohne Aufhebens transferierte ich ins «neue», aus der Familienpause bekannte Leben.

Erster Auszug

Im ersten Monat eröffnete Yves, der Jüngste, dass er ein Geschäft gründen und nach Genf ziehen werde. Den Mietvertrag hatte er bereits unterzeichnet, alles organisiert und mit der Mitteilung zuwarten wollen, bis ich wieder zu Hause sei. Zwei Wochen später trat Marc, sein Bruder, in die Rekrutenschule ein (um nachher bis zum Offizier weiterzumachen).

Dass es in der Rhone-Stadt keinen Velokurier geben soll, vermochte ich erst nicht zu glauben. Unternehmerisch denken stand hoch im Kurs. Deshalb schluckten wir leer – und waren gleichzeitig stolz, dass ausgerechnet unser Sprössling eine solche Marktlücke entdeckt hatte. Während der andere Militärdienst leistete!

Das Haus war durchgeputzt, der Garten umgestochen, die Kellerräume für den Umbau bereit. Nun sassen wir da, zu zweit statt zu viert, mein Mann und ich. Etwas hilflos, wie ein verlassenes Paar.

Charles fehlte das «Jungenhafte» nach Feierabend: Joggen, der Austausch über Fussball oder Informatik. Vielleicht auch schlicht die Genugtuung «hier wohnt eine intakte Familie unter einem Dach».

Blasse Stunden

Also probierte ich mich in neuen Kontakten. Nach den ersten (beschwerlich organisierten, eher nichtssagend verlaufenen) Kaffee-Treffen merkte ich, wie sehr wir bisher als Viererteam funktioniert hatten. Eine fixe Gemeinschaft, kompakt gegen innen und aussen, sich selbst genug. Die Zirkuspremiere bestritten wir im Quartett, an einer Vernissage unterhielten wir uns prächtig, «entre nous». Selbst der 60. Geburtstag eines Freundes geriet zum Familienausflug.

Misserfolg Nummer zwei: Den Englischkurs brach ich nach fünf Lektionen ab. Ich fand keinen Zugang zu fremden Leuten, vor denen ich Vokabeln radebrechen oder ungezwungene Konversation machen sollte.

Dritte Erkenntnis: Sogar Berufskolleg/innen hatten sich verlaufen. Ich pflegte die Beziehungen wenig und nun waren sie weg. Der Rest fügte sich von selbst: fehlende Freizeitbeschäftigung, seltene Begegnungen auf der Strasse, Schluss mit Elternabenden, Pfadihöcks oder Berufsschulanlässen.

Schlechte Nachrichten

Als kurz darauf meine Schwester verunfallte, sah ich das als Wink des Schicksals. Das Spital, in welches sie eingeliefert wurde, sollte zur letzten Wegstation werden.

Sechs Wochen dauerte der Kampf: Leiden, Loslassen, Tod. Ich verbrachte die Nächte bei ihr, den Tag fürs Nötigste (und etwas Schlaf) nutzend. Das heisst nein, in Wirklichkeit rannte ich zwischen N. und Z. hin und her, brachte ihre Wohnung in Ordnung, erledigte Zahlungen, benachrichtigte Verwandte, sah zum Hund. Ständig auf Achse, dauernd zu spät, nervöser als je zuvor.

Sonstige Angehörige liessen sich wenig blicken. Weil ich von Anfang an involviert (und ja wieder Hausfrau) war? Oder scheuten sie den Gang zur Sterbenden? Nachträglich bin ich froh, es getan, letzte Gespräche geführt und ihr Weggehen mitbekommen zu haben.

Erschütterung

Administratives, Formalitäten sowie Regelungen zur Erbschaft halfen über den ersten Schock hinweg.

Die Trauer schlug dann doch noch durch: in unerwarteter Heftigkeit. Ich hatte meine weibliche Bezugsperson verloren. Zuweilen dachte ich, der Boden löse sich unter mir auf. Verzweiflung beim Aufwachen, Leere tagsüber, Schmerz beim Einschlafen … Dazu die Furcht, dass noch jemandem etwas zustösst.

Den ebenfalls zurückgebliebenen Terrier wollte ich anderswo unterbringen. Das ging nicht so leicht, zumal er anfangs die Nächte durchjaulte. Mich störte es nicht – und als er eine Weile hier war, gehörte er zu uns.

Er verleitete zu Waldläufen oder wenigstens einer Runde im Quartier, stellte keine Fragen, wenn ich im Auto kreuz- und quer durch die Gegend fuhr, immer wieder die Johannes-Passion hörte. Im Hinterkopf die Erkenntnis. «Helen ist nicht mehr da, der Verlust definitiv und du nun die Älteste dieser Familie!»

Ein Job hätte mich zu Beginn abgelenkt, Gefühlsregungen kanalisiert, Normalität verkörpert (evtl. auch Unterstützung eingetragen). Stattdessen sah ich mich mit Leuten konfrontiert, welche nach 40 Tagen kaum mehr den Todesfall präsent hatten – oder zur «Aufheiterung» einen Kabarettbesuch vorschlugen …

Gerade heraus

Die «schwarzen Tage» beurteile ich im nachhinein als intensiv, wichtig. Gerade weil ich mich nicht in eine Aufgabe flüchten konnte. Mein Mann nahm sich sehr zurück, leistete volle Unterstützung. Vorher hatten wir nichts zu überstehen: alles lief glatt (Job, Gesundheit, Finanzen, keine Sorgen um die Kinder).

Die Trauer dominierte nicht nur mein Leben, sie schlug auch Brücken. Ich trat echter auf, weniger verschlossen, wurde fassbarer. Der Vierbeiner brachte mich unter die Leute – und auf andere Gedanken.

Der Verarbeitungsprozess verläuft bei jedem anders, es gibt kein Anfang oder Ende, weder eine bestimmte Länge noch eine «einzig wahre» Form. Was hilft, ist trauern können. Sich nicht verstellen oder blind funktionieren müssen.

Wer Ähnliches erlebt hatte, spricht das Vorgefallene an, lässt Einblicke in tiefere Schichten zu. Das tut gut, neben dem Gefühl des Unnahbaren.

Hin- und wegsehen

Den Haushalt bringe ich nicht mehr auf Hochform. Das hat seinen Reiz verloren. Dafür habe ich die alte Kamera hervorgekramt[96], erkunde die Umgebung, experimentiere im Kleinen: Konditoreien testen, Bücher nur zum Ansehen kaufen, in der Coiffeurschule – statt im teuren Salon – die Haare schneiden. Mit einem langen Einkaufszettel losziehen und mit wenig, aber Sinnlichem zurückkehren ➝ Wein, Obst, Blumen.

Olympia nicht nur im Sportteil nachlesen, sondern nachts aufstehen und mitfiebern. (Mein Chef hat, obwohl die Sportanlässe in den USA stattgefunden haben, nicht eine einzige Entscheidung live mitbekommen. Selbst von den Schweizer Medaillen erfuhr er erst durch den Newsticker.)

Leichtigkeit des Aufstehens

Früher gehörte der Morgen der Familie, sie gab den Rhythmus vor. Ich stand zuerst auf, weckte die anderen, ging zum Briefkasten, stellte das Frühstück bereit, passte eine freie Minute im Bad ab, programmierte die Waschmaschine, ein Prüfblick: haben alle ihre Mappen, Sportsäcke, Znünibrote dabei? Reicht es auf den Bus?

Heute stehe ich auf, wann mir danach ist, die Zeitung bereits da liegt und es nach Kaffee riecht. Ich stehe vor dem Spiegel und blicke mir in die Augen: Wie fühlst du dich: kühn, kühl, mutig? Oder noch müde??

Das Tageshoroskop lesen → Sternzeichen abdecken, sich für denjenigen Text entscheiden, welcher am besten gefällt: «Ungewöhnliches tritt ein. Neue Ideen verändern Ihr Dasein ...» Mal sehen. Tatsächlich werden Gespräche und Aktivitäten von Sensibilität geprägt, der Umgang mit andern Menschen erscheint heute besonders wach.

Ebenso intuitiv habe ich einen Sprachlehrer gefunden: Inserat gesehen, angerufen und gebucht. In der Früh ist er frei, unternimmt mit mir Spaziergänge, Zugfahrten oder einen Ausflug zum Gemüsemarkt.

Kulinarisches

Ich sehe mir Kochsendungen an, probiere Rezepte aus (die ersten sind gründlich misslungen, z.B. die Tomaten-Consommé, dünn wie Wurzelsuppe).

Allmählich hantiere ich souverän mit Kalbsmedaillon und Santeuse, kann jungen Knoblauch von Frühlingszwiebeln unterscheiden und weiss, dass «flüssiges Gold» kaltgepresstes Olivenöl ist. Ich geniesse es, Vitello Tonnato, Seeteufel und Crêpe Suzette mit den Augen zu essen – ohne ein Gramm zuzunehmen!

Mittags schaut die Nachbarin zu Sushi herein, gibt Tipps bezüglich Zutaten, Technik und Meerrettichpaste. Mein Mann findet: «Du kochst fantastisch! Aber was ist das grüne Zeug da?»

Do the right thing

Solche Momente sind selten geworden. Ein 14-Stunden-Tag zählt bei ihm zum Üblichen.

Wäre ich ausser Haus beschäftigt, wir würden uns nahezu nicht mehr sehen (und in den wenigen gemeinsamen Minuten Termine abstimmen, parallel weiterspulen – evtl. synchron, aber sicher aneinander vorbei).

Früher brachte es mich aus dem Konzept, wenn er nicht ruhig und gelassen war. Heute akzeptiere ich es, hole ihn auch mal «herunter». Seit ich Paare beobachtet habe, bei denen die Entfremdung offensichtlich ist, achte ich mich mehr auf das Atmosphärische, die Notwendigkeit des Augenblicks.

Was hätte ich davon, wenn er sich unverstanden fühlt, zurückzieht, tatsächlich in den Akten vergräbt (nachdem ich ihm das x-mal vorgeworfen habe)? In dunklen Stunden war Charles für mich da. Ich besitze nun – wenn nicht seine ungeteilte Aufmerksamkeit – so doch einen guten Draht zu ihm. Und ausserdem Zeit für mich!

Den Fokus neu ausrichten

Inzwischen ist einiges dazugekommen: Tätigkeitsgebiete, Interessen, Menschen. Der Flying Teacher trainiert mich für das «First[97]» und im Untergeschoss entsteht eine Dunkelkammer.

Mit dem Chef korrespondiere ich auf Englisch, für den Prospekt von Yves' Firma erstelle ich einen kleinen «Fotoroman» und in zwei Wochen steige ich wieder ein, am neuen/alten Arbeitsort. Mal sehen, wie das wird!

Zwischenform: Überraschende Freiheit
Erfahrungsbericht Nr. 13

Vier Wochen Ferien zwischen zwei Stellen! Nicole, 27, freute sich auf den neuen Job in einem Einrichtungsgeschäft. Vorher half sie in einer Metallwerkstatt aus und besuchte Freunde in Cannes. Dort erreichte sie der Anruf des zukünftigen Arbeitgebers. Umbauverzögerung,

Lieferrückstände ... Ob sie zwei Monate später beginnen könne? Sie überlegte kurz, genoss den Rest des Urlaubs und kehrte mit konkreten Vorstellungen zurück.

Nägel mit Köpfen

Klar ärgerte ich mich zunächst. In Gedanken stand ich bereits hinter einem topgestylten Desk, umgeben von lauter Exklusivitäten. Doch dann überschlug ich meine Finanzen (auch das immaterielle Konto «unerfüllte Wünsche») und beschloss, das Ersparte einzusetzen: für ein Update hinsichtlich Fach-/ Branchenkenntnissen sowie Kurse an der Volkshochschule.

Wenn schon in ein Timeout hineinschlittern, dann bewusst! Bevor Alltagsverpflichtungen, Haushalt und kleine Nebensächlichkeiten Tag um Tag schlucken, bis du vor einem halbwegs geordneten Leben stehst: atemlos und um deine Zeit gebracht. Ohne auch nur ein Hauch dessen erlebt zu haben, was du dir ausgedacht hast ...

Dimensionen sprengen

Wie meine Pubertät gewesen sei, fragte mich mal jemand. Ich erinnere mich nur vage an jene erste Aufbruchzeit: Unbehagen, Pickel, Kippen der Stimme. Weibliche Rundungen und überhöhte Ansprüche, «masslos, unverschämt» nannte es mein Vater. Besondere Kreativität, Gedichte schreiben oder tänzerische Avancen blitzten nicht auf.

Vielleicht holte ich dies nun nach? Jedenfalls verspürte ich Lust, mich mit Architektur, Grafik und Design auseinander zu setzen, in neue Ebenen vorzudringen.

«Betriebsspionage»

Doch zuerst machte ich mich auf, die Konkurrenz zu studieren. Suchte Läden in verschiedenen Citys auf, sondierte Lage, Ausstattung, Präsentation der Waren sowie Typ der Laufkundschaft. Ich spielte mit den Rollen: Mal gab ich mich als versierte Kundin aus, mal als Vertreterin einer Möbelkollektion, mal als Journalistin. Wenn sich unser Start schon verzögerte, dann sollte er wenigstens gelingen!

Ich habe es mir nie leicht gemacht, trotz des scheinbar anspruchslosen Berufsabschlusses einer «Technischen Zeichnerin». Das Herausfordernde reizte mich. Aber ist das nicht das Spannende, Antreibende?

Jetzt, wo es neben den Schlagzeilen auch für den Kulturteil der Zeitung reichte, las ich, dass Robert Walser zu den meistvertonten Dichtern gehört. Obgleich seine Texte der Musik manches Kopfzerbrechen bereitet.

Nicht dass ich die gleiche Bekanntheit anstrebe (oder meine Verrücktheiten für vertonbar halte). Aber vielleicht findet etwas von mir auch mal den Weg auf ein Notenblatt: eine Idee, ein Eindruck.

Fiktion

Die Vorlesungen abends «packten» mich, insbesondere die Aufzeichnung der Sendung «AULA» von SWR 2. Walter Grasskamp referierte zu Spielräumen des Auges: «Warum betrachten wir Räume, die wir nicht betreten können?»

Wir studieren Filme, Fotografien, dreidimensionale Skizzen. Gleichzeitig vermögen die meisten kaum die Umgebung zu beschreiben, in der sie sich täglich bewegen. Umso genauer malen sie sich ihre Wunsch-/ Fluchträume aus.

Perfekte Illusionen sind hochwillkommen, in der Kunst wie bei Präsentationen. Spielen mit dem, was nicht ist, vielleicht jedoch sein könnte, hebt die Eckpfeiler unseres Daseins auf.

Die Szenerie strahlt Zuversicht, Frische, unverbrauchten Zauber aus. «Irgendein Geheimnis verbirgt sich dahinter. Und solange wir es nicht lüften können, inspiriert es uns». Diese These liess mich nicht los, allerdings reichte sie nicht aus. Für mich, die sich aktuell zwischen verschiedenen Welten bewegte.

Realität

Ich achtete mich auf Aussenräume, unscheinbare Strassen. Folgte ihnen – und stellte fest, dass sich nicht immer vorhersehen liess, ob sie ins Leere laufen, plötzlich in einem Feldweg enden oder eine Hauptverkehrsader ausspucken. Zumeist war indes eine übergeordnete Linie erkennbar. Diese wollte ich in andere Bereiche übertragen: Design und Kommunikation.

Abheben, fliegen können. Wie an jenem Tag, als ich das Stahlgerüst der Haggen-Brücke hochkletterte: Kitzel der Höhe, Bewusstsein der Gefahr, Sinn für Tiefe.

Tücken des Objekts

Telefonkabinen werden gestylt, Zahnbürsten, Autos und Flugzeuge. Schirmständer hingegen lässt man schnöde aus. Dabei sind sie prominent platziert. Wie oft hab ich sie nach dem Eintreten als erstes angesteuert!

Es muss der unliebsame Zusammenhang mit Regen sein, welcher zu diesem Vakuum führt. Spezielle Aufmerksamkeit kommt dem Stück meist dann zu, wenn es Teil einer teuren Garderobenserie bildet.

So stehen wir dann mit tropfendem Knirps vor einem Glaszylinder oder einer Metallschraube – und wissen nicht, ob es sich um eine Vase, eine Installation oder den gesuchten Gegenstand handelt. Im besten Fall entdeckt man eine Auffangschale. Der Regenschutz wird versenkt, entschwindet des Blicks (und geht prompt vergessen).

Chromophobie

Ich nahm meinen Übermut zusammen und machte mich an das Design dieses Alltagsobjekts. Zwei Blöcke habe ich verzeichnet, unzählige Entwürfe erstellt. Ein Modellbauer fertigte den Prototypen an, in Aluminium und Kunststoff.

Über die Farbe bin ich gestolpert: Wer in der Szene etwas auf sich hält, konstruiert in Schwarz, Weiss oder Chrom. Farblegierungen oder Spiegeleffekte gehören ignoriert. Aber heisst farblos zeitgemäss?

Ich bin ein bunter Vogel. Und die Moderne wäre es auch! Selbst das Design als reine Gestaltung ist auf der Zielgeraden vom Sachlich-Funktionalen überholt worden. Deshalb kennen wir zwei Arten von Schirmständern: futuristische Aluminiumröhren und scheussliche Plastikkübel. Erste schön elegant, zweite sofort auf ihren Zweck hin erkennbar. Mein Ding liegt folgerichtig dazwischen …

Nach Luft schnappen

Es gab auch bange Momente, Kleinmut und Zweifel. Ich entwickelte neue Ansprüche, schwang mich als schlichte Angestellte zu Diskussionen über Architektur und Stilrichtungen auf. «Du übernimmst dich, bist zu abgehoben. Würdest gescheiter eine zweite Ausbildung absolvieren!» mahnte die innere Stimme.

Und dann die Bestrebung klar aufzutreten. Die neue Transparenz war zu durchlässig, verunsicherte mich mehr, als ich dachte.

Unvorhergesehenes

Am 1. Januar hatte ich notiert: «Neujahrsmorgen, einsam aufgewacht. Drei Mails, fünf SMS, zwei Nachrichten auf der Combox. Kurze Aufmunterung: Ich habe Post, bin jemand. Obgleich ich nichts und niemanden brauche (oder doch?). Das Telefon verharrt stumm: zum Glück. Ich wüsste nicht was sagen. Bei E-Mails bleibt die Wahl, wann ich sie ansehe, ob und wie ich reagiere. Im anonym-unverbindlichen Rahmen, spät in der Nacht, lässt sich Intensives besser mitteilen. Und darin übe ich mich ja erst seit kurzer Zeit.»

Mein Exfreund hat Recht: Ich bin eine Verdrängungskünstlerin. Auf jeden Fall kein Erinnerungsfan. Während er das Vergangene analysiert, stürze ich mich kopfüber in die Zukunft. Sie kann nur besser werden …

Trotzdem ein kurzes Resumé

Erst die Côte d'Azur, dann berufliche Recherchen, die Beschäftigung mit Räumen und die Umsetzung einer Designidee: Mein Timeout war ebenso überraschend wie strukturiert, (nahezu schon zerstückelt). Wenig spektakulär und doch ein lohnender Zwischenhalt. Ich musste nicht Delfine streicheln, durchs Feuer laufen oder meditieren, um zu erkennen, was in mir steckt. Just try!

Das Rüstzeug für den neuen Job habe ich mir geholt. Und gleichzeitig realisiert, wie stark mich der Beruf lenkt. Ich nahm ja nur indirekt Abstand, indem ich ähnlichen Interessen nachhing.

Dazu gewonnen habe ich ein Stück Selbstbewusstsein – unabhängig war ich schon immer. Ich weiss jetzt eher, was ich will. Bin zielstrebiger, offener, direkter.

Was bleibt

Die Erfahrung des Reisbretts überträgt sich aufs Tägliche: Ich plane konsequent, jeweils mit 60 Minuten Reserve. Wenn Unvorhergesehenes eintritt, bin ich vorbereitet. Passiert nichts dergleichen, gehört ein Teil des Tages mir bzw. dem neuesten Kinofilm.

Auch wenn vieles um diese 8.5 Stunden Arbeitszeit herum organisiert ist. Ich zähle zu jenen, die ihr Privatleben gerne am Empfang abgeben. Hole es mir abends einfach wieder zurück, spätestens auf der Heimfahrt.

Am neuen Ort hielt ich mich nicht vornehm zurück: Der Geschäftsinhaber staunte, als ich zwei Tage vor Stellenantritt aufkreuzte, mich gleich in die Eröffnung einklinkte. Layout, Druck und Verteilung der Einladungskarten wurden zu meiner Sache. Nach dem Auftaktapéro schaltete ich einen Tag der offenen Tür sowie den «Monatshit». Nächstens gibt es Wechselausstellungen, Trendwochen und Special Offers. 2003 kommt ein Fenster aus New York dazu. Täglicher Trend, mit einer fetzigen Überschrift. Ich bin aus einer anderen Situation heraus gestartet, der Pole-Position!

Mehrere Timeouts: Geschickt gepackt
Erfahrungsbericht Nr. 14

Marie, 54, Sozialpädagogin, blickt auf mehrere Timeouts zurück: freiwillige (Reisen, Bildung, Projekte) und unfreiwillige (Klinik, Arbeitslosigkeit, Burnout). Dazwischen liegen nicht minder spannende Lebensphasen. Höhen und Tiefen haben sie zu aktiven Übergängen geführt. Diesen Fluss lebt sie, voller Tatendrang!

Vorbemerkung

Eigentlich müsste hier die ganze, faszinierende Lebensgeschichte erzählt werden. Diese würde mindestens 100 Seiten umfassen, evtl. auch einem nächsten Buch vorgreifen. Deshalb beschränkt sich der nachstehende Text auf einige Ausschnitte, angefangen bei der Quintessenz.

Sturm und Klang

Ich bin Risiken eingegangen, habe Wellentäler durchschritten, Freiräume entdeckt und Türen aufgestossen. Sturm und Drang haben mich zu Höchstleistungen geführt. Beruflich habe ich Erstaunliches erreicht, Anerkennung erhalten, innere Bestätigung gefunden.

Kollegen sind aufgestiegen, im gepolsterten Unbehagen einer Beamtenlaufbahn. Ich hatte an der letzten Stelle die Wahl – und traf sie. Zu Gunsten von Experimentierfreude und einer gesteigerten Lebensqualität!

Strukturlos heisst nicht ziellos. Ich bin offensiv, positioniere mich auf dem Markt, akquiriere. Die Selbstständigkeit hat sich so ergeben – aus der Ausbildung heraus. Ich musste für den Abschluss 100 Therapiestunden vorweisen. In einem kleinen Zimmer fing es an und hat sich unterdessen zu einem profitablen Einfrau-Unternehmen entwickelt: Erwachsenenbildung, Beratung und Projekte. Es gibt Spitzenzeiten und Flauten, denen ich schon mal ein Schnippchen schlage. Zum Beispiel trotz vermehrter Kursanfragen im Herbst Ferien einschalte …

Ausbalanciert

Wenn der Fokus auf Alter, Besitzstand und Vorsorge gerichtet ist, was bleiben dann für Optionen? Ich bin gesund, habe theoretisch noch 30 Jahre vor mir und einen guten Rückhalt.

Es geht mir blendend. Selbst wenn es schwierig ist, als Allrounderin Profil zu gewinnen (meinem internen Management kommen die vielseitigen Talente allerdings zugute).

Ich bestimme selbst, wann ich aufstehe, schwinge mich aufs Fahrrad, treffe mich mit einer Auftraggeberin. Am frühen Abend sitze in einem Gartenrestaurant, freue mich und bin gerne auf der Welt.

Früh regulieren ist wichtig. Das Beziehungsnetz nicht einzig über den Beruf spinnen, bestehende Freundschaften pflegen, Kontakte mit Jungen knüpfen.

Ideal wäre es, wenn die finanziellen Dinge so stünden, dass man einen Teil seines Know-hows ohne Gehalt – oder gegen einen symbolischen Beitrag – für ehrenamtliche Einsätze zur Verfügung stellen könnte (als Senior-Expert/in, so wie dies pensionierte Juristinnen, Buchalter oder Manager tun).

Verzweiflung

In einer mir aussichtslos erscheinenden Situation beging ich mit 23 Jahren einen erweiterten Selbstmordversuch. Ich wollte etwas durchschneiden. Der nachfolgende Klinikaufenthalt hob mich für eine Weile künstlich aus dem Leben. Die Tatsache, dass meine Tochter und ich überlebten, schrieb ich einer höheren Macht zu. Ich hatte Glück: Bei Anwalt und Ärzt/innen fand ich Unterstützung (statt Verurteilung), konnte das Kind rasch zu mir holen.

Ich konzentrierte mich auf die Zukunft, wechselte den Wohnort, zog in die Anonymität der Stadt. Neben der Familie hatte ich zwei 50%-Jobs, Sekretariat und Hausabwartin. Der Partner studierte, konnte sich weder für noch gegen uns entschliessen. Letztlich lief es auf die Trennung hinaus. Es war hart, gleichzeitig schaffte es klare Verhältnisse. Als Ausgleich leistete ich mir zwei Eroberungen: Saxofon und Autofahren.

Hochseilakt

Ich bin die klassische Pionierin, welche eine Idee anschiebt und weiterzieht → oder einen Aspekt differenziert unter die Lupe nimmt. Das hat sich im privaten Bereich (u.a. bei der Gründung eines Schülerladens) gezeigt wie im beruflichen Umfeld (beim Aufbau des ersten Spitex-Zentrums in Zürich, konkret der Zusammenführung zweier Vereine mit dem Stadtärztlichen Dienst).

Der Job gestaltete sich aufreibend und anspruchsvoll. Als Newcomerin hatte ich einen schweren Stand. Veränderungen rufen Widerstand hervor. Einerseits galt es, das Auftragsziel hochzuhalten. Andererseits mit Geduld und Verständnis auf die Konflikte, Ängste und Machtkämpfe zu reagieren, diese mit diplomatischem Geschick zu schlichten und «alle bei der Stange zu behalten». Da kam ich an meine Grenzen.

Lebenskrise, Lebenschance

Das zweite Timeout führte mich auf die Alp – erschöpft und ausgebrannt. Mit einer Kiste zog ich in die Höhe. Erlebte Archaisches, Natur, Ursprünglichkeit. Chrampfen, Körperarbeit, Selbstvertrauen. Kühe melken, Käse herstellen, Feuer entfachen. Es war eine «Knochenbüez». Echte Befriedigung, keine Sinnfragen, nichts an weitergehenden Ansprüchen.

Für Steffi bildeten die Berge ein Gegenstück zum trockenen Schulwissen. Nach drei Monaten standen wir am Hauptbahnhof und erkannten: Tolle Zeit, aber wir sind keine Bauersleute ...

Nachher hatte ich keine feste Anstellung. Für den Bezug von Arbeitslosengeld fehlten mir – nach aufwändigen Abklärungen – fünf Tage.

Karl Marx hatte nicht Unrecht. Die Geschichte ereignet sich zwei Mal: das erste Mal als Tragödie, das zweite Mal als Farce.

Den Nachweis für die Ausstände hätte ich leicht erbringen können. Doch mir reichte es. Ich beschloss, mich allein durchzuschlagen.

Spinnerin

Ich begann in der Stube Wolle zu spinnen und verkaufte diese auf dem Rosenhofmarkt. Nach jedem Markttag (1-mal in der Woche) hatte ich abends Geld in der Tasche. Parallel dazu färbte ich Textilien, wurde zur Anlaufstelle für Stoffverarbeitung und Mischtechniken. «Ich habe diesen Sari in Indien gekauft. Kannst du ihn abdämpfen, in aubergine?»

Ich arbeitete gerne, nicht ausschliesslich für den Verdienst, auch aus persönlichem Engagement heraus. Fabrizierte in der eigenen Waschmaschine, fuhr mit der Vespa von Ort zu Ort.

Der Erfolg stellte mich nach fünf Jahren vor einen Entscheid: voll ins Geschäft einsteigen oder es lassen. Ein Lokal mieten, Leute anstellen, Marketing – das hätte mich zu sehr eingeschränkt. Zudem absolvierte ich gerade eine Gestaltausbildung, befasste mich mit der energetisch-kybernetischen Wirtschaftslehre.

Titanic Zwei

Verantwortungsvoller Umgang, ökologisches Denken, Solidarität: Diese Möglichkeit sah ich durch die Assistenzstelle bei einem Berufsverband. Ich nutzte die erweiterten Handlungsräume, füllte Defizite aus, regte ein Frauenressort an.

Die Gefahr bei einer solchen Konstellation besteht darin, dass man sich übernimmt, ins Steuer greift, zurückgepfiffen wird – und unvermittel im Dauerclinch landet. Mit sich selbst, dem Ausgelösten, den Vorgesetzten …

Untergang statt Höhenflug, Mobbing neben Gewinnmaximierung: So hatte ich mir das nicht vorgestellt. Dennoch nahm ich wertvolle organisatorische und administrative Fähigkeiten mit.

Überlebenskunst

Beim wievielten Timeout sind wir jetzt? Jedenfalls führte mich das nächste nach Georgien. In der einst blühenden Touristenregion begegnete ich kollektivem Trauma, Krieg und Depression. Ausgerüstet mit Destillateur, Kocher und Thermounterwäsche leistete ich Erste Hilfe.

Strom und Wasser gab es nicht, Werkzeug und Schulmaterial ebenso wenig. Erschütterndes spielte sich ab: Not neben Lebensfreude, Verschwendung neben Armut, kaukasische Gastfreundschaft als Ritual und Bedarf.

Ich habe mir überlegt: «Wenn jener Effort, das Zusammenkratzen aller Ressourcen in die Planwirtschaft geflossen wäre, läge diese jetzt nicht am Boden.» Aber so simpel ist es nicht; gleich wie einfache Rezepte und Idealismus bei der Entwicklungsarbeit oft aus den Angeln gehoben werden.

Troubleshooting

Mein Geschick, in Kürze etwas hinzukriegen, der Bezug zu Randgruppen, die Unvoreingenommenheit gegenüber Behörden sowie das systematische Vorgehen bewährten sich, als Zürich jemand suchte, der/die Notschlafstellen errichtete. Zur Zeit der offenen Drogenszene hatte ich bis zu sieben Unterkünfte, 70 Mitarbeitende und nahezu 200 Kund/innen zu betreuen.

Trotz der neuen fachkundigen Vorsteherin folgte auf das Sozialdepartement nicht die Verwaltungskarriere, sondern die private Praxis.

Lebensstandard

Ich bin stets mit wenig Mitteln ausgekommen. 5000 Franken lagen als unantastbare Reserve auf dem Sparbuch. Gleichwohl schätzte ich zwischendurch die Situation eines geregelten Einkommens und einer Genossenschaftswohnung.

Steffi wurde dies zu konventionell: nach der Alphütte, der WG in einer alten Villa, Kinderladen und der 68-er Rebellion. Sie zog mit 19 aus.

Schräge Töne

Kleine Auszeiten hielt die Fastnacht bereit: Tag und Nacht vertauschen, der Eifer der Vorbereitung, Aufbruch zu Überraschendem, Abtauchen in den Wirbel des Geschehens. Dies zog sich wie ein roter Faden durch Ups und Downs. Bis zum Golfkrieg, da mochte ich nicht mehr tuten und blasen.

Nachher trat ich in einer Musikband auf. Der Mix aus Rock, Evergreen und Schlager brachte drei Generationen zum Tanzen.

Ich liebe das Aufgehen in der Gruppe, solide Atemtechnik, gute Arrangements. Soloauftritte sind weniger mein Ding. Ich will nicht steil herauskommen, weder real noch im Theater – dem aktuellen Hobby.

Reisen

Urlaub bedeutete immer etwas Spezielles. Kein wiederkehrender Luxus oder der übliche Flug nach Mallorca. Dafür fiel die künstliche Unbeschwertheit weg, im Stil: Es wäre schön, wenn es so bliebe, doch in zehn Tagen ist alles vorbei …

Weggehen beinhaltete jedes Mal Distanz zur alten, Hinwendung zu einer fremden Kultur.

Zum 40. Geburtstag gönnte ich mir Ferien in der Türkei. Ich spürte die Abenteuerlust, aufs Leben! Die Sehnsucht für sich zu sein, als Mensch. Seither bin ich laufend unterwegs: auf Trekkings, zu Wüstentrips, für Städtebesuche.

Integration

Ich habe mir eine gewisse Seelenruhe angeeignet, trotz meines Temperaments. Sehe über den Tag hinaus, nehme das Business mal mehr, mal weniger wichtig. Heute kann ich mir das erlauben: in der Lebensmitte, unabhängig, frei von existenziellen Notwendigkeiten.

Mit 45/50 dringt die Souveränität durch. Eine Frau in diesem Alter hat etliches erreicht, ist sich ihrer Stärken bewusst, unterliegt weniger dem Schönheits- oder Gesellschaftsdruck.

Sie muss nicht alles mitmachen, kann sich mehr herausnehmen. Authentizität und Persönlichkeit erhalten – jetzt, wo sie gefunden sind – ihr Gewicht. Glück heisst auch mal drei Kilo zu viel wiegen, sich gut dabei fühlen. Geniessen, eine duftende Tasse Kaffee, einen Krimi, Mozart zu einem erlesenen Glas Wein …

Ausgeglichenheit stellt sich täglich neu ein, ohne grosse Korrekturbewegungen. Ich hüpfe nicht mehr von Insel zu Insel (und zurück in den Alltag). Abstand und Erholung fügen sich in die sonstige Tätigkeit. Zeitfenster öffnen sich von selbst.

Ungebrochener Mut

Hypothesen bröckeln, Feindbilder relativieren sich. Anstelle der Ideologie rückt die Biografiearbeit – ich ärgere mich weniger über andere, versuche eher, sie in ihrem Verhalten zu verstehen. Bei Grundsätzen bin ich jedoch kämpferisch geblieben.

Timeout vom Sport: It's TIME to go OUT – of order! Erfahrungsbericht Nr. 15

Spitzensport ist mehr als ein Hobby, eher eine professionelle Nebenbeschäftigung. Von dieser nimmt Edi W., 53, seit zwei Jahren ein Time Out[98]. Der Ausstieg erfolgte klar, aber nicht unüberlegt. «Nichtstun» heisst freie Zeit, Entspannung, Lebensgenuss. Das Umfeld staunt – und er überlegt, wie er die Win-Win-Situation in ein nächstes Projekt lenkt: die berufliche Neuorientierung.

Vorgeschichte 1: Hobby

Saison-Start: erneute Tiefschläge, diese feinen, kleinen, absolut wirkungsvollen Dämpfer aller positiven Erwartungen. Stammspieler Nummer Eins – der gut honorierte, das Budget dominierende Ausländer – hat in einem bedeutungslosen Trainingsspiel den rechten Mittelhandknochen gebrochen. Als ob es nicht schon genug wäre, dass die interne Nachwuchshoffnung den Rücktritt erklärt hat. (Medizinische Gründe, persönlich nachvollziehbar. Vor die Wahl gestellt: weitermachen, Risiko Sportinvalidität oder sofortiger Rücktritt.)

Schade um das Talent, Pech für die junge Mannschaft! Die Spielmacher-Position ist unbesetzt, das Team fällt in ein punktuelles Tief.

Dieses dauert an. Was folgt? Niederlagen, Zittern um den Liga-Erhalt.

In solchen Momenten werden die Kritiken laut, jede/r weiss seit Monaten, dass es im Team klemmt, die Leitung nichts taugt. Und überhaupt sollte man sich der eigenen Wurzeln erinnern. («Weisst du noch vor 15 Jahren, da hatten wir Erfolg ...»)

Ziele verfehlt, trotzdem gelingt es dir, dich für eine neue Amtsperiode zu motivieren. Für diesen ehrenamtlichen Job, welcher 20 bis 30 Stunden pro Woche in Anspruch nimmt ...

Jeden Herbst dieses Kribbeln, die Herausforderung etwas zu bewegen, es sich und der Konkurrenz zu beweisen. Mit weniger Mitteln mehr herauszuholen.

Irgendwann ist das Fass voll, droht zu überlaufen. Die Familie und der Freundeskreis kommen zu kurz, daneben hast du noch einen 100 %-Beruf!

Kurz nach der letzten grossen Enttäuschung, dem letzten Misserfolg steigt die Bereitschaft, auszusteigen. Wenn der langjährige Weggefährte, ebenfalls Mitglied des Vereinsvorstands, von «schöpferischer Pause» spricht, ist es passiert: die Zeit reif für ein Time Out!

Wer hat versichert, dass ein sogenannter «Break» – wenn auch nur auf Zeit – wohl überlegt, von innen, ja von selbst kommt? Ich behaupte, dass es ein, zwei oder drei Anstösse von aussen braucht. Diese bilden die Triebfeder zum kreativen, das Leben neu ausrichtenden Experiment. Meistens steht am Anfang eine Enttäuschung oder ein Misserfolg. Als Auslöser der Veränderung.

Die Vorgeschichte, positive und negative Faktoren zusammengezählt, die Summe kleiner Details, welche (wenn überhaupt) nur der vertrautesten Person erzählt wurden: all dies führt schlussendlich zum entscheidenden Schritt.

Koordinaten zum «Hobby»

Sportler, Hochleistungssportler. Relativ später Beginn mit 15 Jahren. Nationalliga A mit 19 Jahren, Nationalmannschaft mit 21 Jahren. Total 22 Saisons auf Schweizer Spitzenniveau, davon 13 als Spieler und Funktionär (in Personalunion).

277 Nationalliga-Einsätze und 22 Tore. Zuletzt nochmals acht Meisterschaften – als Trainer und Funktionär (Spielerkarriere been-

det). 10 Jahre Nationalmannschaft, 76 Länderspiele, 3 Weltmeister-schaften und eine Olympiade.

Dann, im Alter von 51 Jahren, eine Verschnaufpause: Übergabe der Funktionärstätigkeit an einen jüngeren Nachfolger. Abtreten sämtlicher Sport-Verpflichtungen (welche seit jeher Begleiter, Zeitvertreib, Identität verkörperten).

Einen geheimen, nur von mir selber einlösbaren Wunsch erfüllte ich mir bei dieser Gelegenheit: keine Kompromisse! Keine Zusage zu einem weniger anspruchsvollen, harmlosen Ämtli!

Dies war der happigste Teil des anstehenden Time Outs. Man(n) möchte gebraucht werden, «nein» sagen fällt schwer, irgend etwas sollte man doch tun. «Du kannst doch nicht einfach nichts mehr machen, nach so vielen Jahren Handball. Einfach Schluss, ohne Auslaufen?»

Doch, es ist möglich! Die unmittelbare Zukunft zeigte es. Ein realistisches, herrliches und erfolgreiches Unternehmen. Für das individuelle Wohlbefinden, die Gesundheit und … für die Umwelt! Sei es die private Umgebung, die Arbeitskolleg/innen, Sportbekanntschaften. Einer für alle, Alt- und Neu-Beteiligte, Aktive und Zurückgetretene. Insbesondere letztere profitieren: eine Riesen-Chance, sozusagen eine Win-Win-Situation.

Vorgeschichte 2: Beruf

Nie und nimmer hätte ich mir träumen lassen, 33 Jahre im Dienst der gleichen Firma zu stehen. Von den Sternzeichen her Wassermann, Aszendent Schütze, liebe ich die Abwechslung, benötige den Challenge, das Pulsierende. Und werde nun in derselben Branche pensioniert, in welcher ich begonnen habe. Dieses «an einem Ort verharren», schlicht unvorstellbar für mich!

Okay, so viele Arbeitgebende weist die Branche nicht auf. Die frühe Pensionierung – und somit eingegrenzte Anstellung – gehört dazu. Jeden Tag eine andere Einsatzzeit, eine neue Verkehrskonstellation, eine variierende Crew, das ist spannender als manch andere Aufgabe! Zudem hat der Betrieb zwei Mal den Namen gewechselt (von «Radio Schweiz AG» über «Swisscontrol» zu «Skyguide»).

Tatsache ist, dass ich den Job als Fluglotse immer noch mit Begeisterung ausübe. Dies liegt zu einem beträchtlichen Teil am Arbeitsort:

der Flughafen mit seinen Farben, Nationalitäten, Sprachen. Den Ups und Downs, Eile und Warten, Hoffnung und Bangen …

Geschäfte, Restaurants, Business-Corner: ein faszinierendes Stück Welt, welches Passagiere, Passant/innen, Fernwehleidende und Sonntagsausflügler gleichermassen anzieht. Diese Szenerie, der Mix aus Unruhe, Vorfreude und Illusionen wird mir fehlen!

Der Abschied vom hektischen Beruf kommt eher willkommen; der Abschied von der Arbeitsweltumgebung hingegen dürfte gewisse Nachwehen verursachen!

Koordinaten zum Beruf

Die Welt der Fliegerei. Als 12-jähriger Modellflugzeuge bauen, mit 17 Jahren Fliegerische Vorschulung in Grenchen, mit 18 Privat-Piloten Brevet, mit 19 Piloten Rekrutenschule. Ab 21 Ende der Karriere als Militärpilot, Ausbildung zum Flugverkehrsleiter bei der Radio Schweiz AG.

Linearer Aufstieg entlang der Lohnskala. Supervisor, Dienstleiter, nach 33 Jahren in die frühzeitige Pension! Schluss, Ende, Aus.

Abgang? Nein, Neuanfang! Im Alter von 55 Jahren! Ungeahnten, früher gehegten oder sich jetzt einstellenden Visionen nachgehen.

Momentaufnahme, Alter 53

Eines dieser zwei Time Outs praktiziere ich nun bereits seit zwei Jahren. Sport nur noch zum Vergnügen, zur Gesunderhaltung, zur viel beschriebenen Balance zwischen Körper und Geist. Handball als interessierter Zuschauer, abseits von vereinnahmenden, den Blickwinkel einschränkenden Verpflichtungen.

Keine fixen Termine mehr, null Sitzungen (früher ein zwei bis drei pro Woche), Ausfall der Trainingseinheiten (Montag bis Freitag täglich). Fax, E-Mail und Telefonate nur noch privat, zu «zivilgesellschaftlichen» Zwecken.

In Gesprächen mit Leuten aus der Handballszene taucht immer wieder die Frage auf, wann ich bei welchem Club unterschreibe. Bis heute ist es mir gelungen, die gewonnene Freiheit für Spontanes, Familiäres, Zwischenmenschliches – vor allem jedoch für «Nichts» – einzusetzen.

«Nichts» bedeutet «Nichtstun», wird gegen aussen – und aus Taktik – als «Aktivität» verkauft; offen gehaltene Zeit hilft, den in Riesenschritten, d.h. gut einem Jahr, nahenden Ruhestand fantasievoll anzudenken.

Freund/innen registrieren mit Genugtuung, dass meine Präsenz nicht mehr begrenzt ist, ich endlos Zeit habe. Aus dem Durchreisenden ist ein Gast geworden, der Vielbeschäftigte hat plötzlich Musse, Lust zu diskutieren, den Abend auszudehnen. Gleichzeitig sind solche Aktivitäten für mich erholsamer, interessanter geworden. Genuss: früher die Ausnahme, heute Kontinuum.

In diesen Augenblicken entwickelt sich Unglaubliches, jagen sich Gedankenblitze. Scheinbare Notwendigkeiten werden hinterfragt: Überaktivität, ausuferndes Pflichtbewusstsein, eine volle Agenda. Dinge, welche von der Struktur zur Einengung geworden sind. Last – Überlast – Überlastung – Stress – unerfüllte Erwartungen – Unzufriedenheit!

Mut zu Ungewohntem, Luft zum Atmen, Kraft zur Vitalisierung, hierzu sind Ausgleich und Distanz ratsam. Bei mir war es der forcierte Ausstand, das «Time Out».

Was hat sich verändert?

Ich bin toleranter, erweitere den Handlungsraum. Die Lebensqualität hat sich verbessert, ich trete angenehmer auf, wirke lockerer.

Heute ist es für mich undenkbar, 20–30 Stunden Handball pro Woche einzuschieben. Zu Lasten der Familie sowie der eigenen Erholung: Bedürfnisse unterdrücken, auf Lesen/Kultur/den Garten verzichten, Einladungen hinauszögern …

Ganz losgelassen hat mich das Coaching nicht. Zusammen mit zwei Sportlehrern gebe ich Know-how, Technik und Erfahrung weiter. Wir bieten gezielte Torwartschulung an (Training-Weekends, Stützpunkttrainings. Selbstbestimmt, nach unserem Rhythmus.

Erwartungen

Nun, was erwarte ich vom nächsten, erzwungenen Time Out? Das Wichtigste: Ich kann auf die geprobte Auszeit zurückgreifen! Auf die gefreute Neuausrichtung der Lebensnavigation.

Die Versuchung ist gross, den Tag X minuziös zu planen. Sämtliche Wünsche heute schon aufgleisen, den Sprung ins kalte Wasser auffangen, den «Unruhezustand» wortgetreu auffassen …

An Ideen mangelt es nicht: Sprachaufenthalte in Frankreich, Italien und Spanien; Anstellung in der Basisausbildung (Rekrutierung von jungen Flugverkehrsleiter/innen); Fulltime-Management für einen Sportklub, und, und, und … Nicht zu vergessen das Botanikstudium an einer Hochschule für Erwachsene!!

Vorruhestand: Dann eben jetzt …
Erfahrungsbericht Nr. 16

Raoul, 58, hat – nach abgeschlossener kaufmännischer Lehre – Leuchtreklamen verkauft, Mixer demonstriert, Wäsche ausgeliefert und fand später (trotz der zeitweiligen Devise «nie mehr ins Büro») in der Personalentwicklung eine Aufgabe, welche mehr als ein Job war. Frühzeitig aus einem Sabbatical zurückgeholt, realisierte er, dass der Karrieresprung ihn zusehends von dem wegbrachte, was er gerne machte. Nach drei Jahren nutzte er das Frühpensionierungs-Programm seines Arbeitgebers. Seither ist er teils angestellt, teils als freier Berater tätig.

Biss und Hartnäckigkeit

Ich bin in meiner Arbeit aufgegangen. Als Betriebsorganisator, anschliessend als Erwachsenenbildner konzipierte ich Schulungen in Kommunikation, Konfliktfähigkeit und Teamgeist – bevor in Managermagazinen von «Human Ressources», «Soft Skills» etc. die Rede war.

Kurse für neue Mitarbeitende dienten neben der Info-Vermittlung der Identifikation mit dem Unternehmen. Wer sich in einem komplexen Umfeld zurechtfindet, erhält neben Selbstvertrauen auch die Zuversicht: «Ja, es ist es wert, dass ich hier meine Energie investiere!»

Wenn es hiess «das ist unmöglich», habe ich jeweils zwei Fragen gestellt:
- Verträgt es sich mit unserem Business?
- Fehlen überzeugende Argumente?

Beides liess sich in der Regel beheben. So setzte ich die Lehrlingsausbildung durch. Ebenso Prozesslernen, Coaching und Weiterbildung im Ausland.

Ich engagierte mich diskret, wirkungsvoll. Wie es so geht: plötzlich wird man Chef. Vieles ändert sich, Ressorts divergieren, expandieren. Man beginnt mit fünf Angestellten, plötzlich sind es dreizehn. Der CEO[99] wechselt, die amerikanische Geschäftskultur zieht ein. «Personalförderung» wird zu «HR Development», Consultants schwirren herum, suchen nach Optimierungs-Potenzial.

Leise Zweifel

Ich konnte in dieser Phase viel bewegen, versuchte zusätzlich die Beobachterrolle beizubehalten. Das zwingt, den eigenen Standpunkt laufend zu definieren, Vorstellungen zu relativieren.

Am Puls der Veränderung zu sein, steigerte meine Begeisterung. Ich stürzte mich in Herausforderungen, Abstriche machte ich bei der Familie.

Ein Schlüsselerlebnis bildete der Tod meines Vaters. Er ist im frühen Rentenalter gestorben. Für meine Mutter war dies bitter. Erst hatte er keine Zeit, nachher ging er für immer weg. Ich sagte mir: «Das kann es nicht gewesen sein. Bis 65 »voll bügle», nachher «Clean Cut»?!». Die Idee eines Übergangs zwischen Vollbeschäftigung und Ruhestand flammte auf. Ich diskutierte sie mit Expert/innen der Personalvorsorge. Einerseits liess ich nicht locker, andererseits fühlte ich mich noch zu jung – sah keinen konkreten Anlass für die Umsetzung.

Der interne Richtungswechsel beschäftigte mich mehr (Visionen von aussen, Konzentration auf Kaderleute, Aufsplittung des Personalwesens). Ich verfolgte einen anderen Ansatz: Konzentration aller Kräfte, breite Streuung, Tiefgang und Nachhaltigkeit statt Show.

Grossartige Auftritte begeistern im Moment, kaum ist der «Guru» weg, weiss die Versammlung dennoch nicht, wie der Geschäftsführer «tickt» oder die Abteilung weiterfahren soll. Am folgenden Tag steht sie mit tausend Fragezeichen vor dem Schreibtisch, «still confused, but on a much higher level!»

Lauter Widerspruch

Wer an der nächsten Veranstaltung eine kritische Ansicht vortrug, exponierte sich. Einige haben es gewagt, das Denken nicht an der Garderobe abgegeben. Sie wollten Theorien hören und verstehen.

Was für eine Weile hinhaut, ist auf die Länge unbefriedigend. Für eine Firma bedeutet Know-how-Einkauf, dass Wissen kurz aufblitzt, jedoch wieder «abgezügelt» wird. So wie es in der Unternehmensberatung üblich ist.

In der Organisationsentwicklung, meinem Steckenpferd, geschieht der Transfer intern. Mit Ringen, Abstrichen und Konsequenz: Wer sich auskennt, meldet sich zu Wort!

Der Erfolgszwang bei der Personalrekrutierung spitzte sich zu. Das Angebot als Personalchef einer Division kam mir gelegen. Gleichzeitig zwang es mich, Farbe zu bekennen: Bleibe ich, setze mein Renommee ein, halte ich die «OE-Fahne[100]» aufrecht – in einer internationalen Division?

Sabbatical

Ich ging zur Chefin und verkündete: «Ich brauche Distanz». Das war 1995, Sabbaticals fassten – aus den Staaten kommend – auch hierzulande Fuss. Ein Kollege auf höherer Hierarchiestufe hatte das beansprucht. Vorbilder sind bei solchen Experimenten wichtig.

Ich ging professionell vor: wenn ein Unterbruch, dann richtig! Etwas ganz anderes tun, nicht heimlich weiterwerkeln. Formell war die Sache auf drei Monate angesetzt. Die letzten Augustwochen bezog ich Ferien (mit meiner Frau, zum 1. Mal ohne Kinder). Danach sollte der Start sein, bis Ende November.

Die Zeit wollte ich für mich und bestimmte Aktivitäten einsetzen:

• Wanderungen (früher oft gemacht)
• Sprachkenntnisse verbessern (zu kurz gekommen)
• das Ferienhaus umbauen (lange geplant)
• in andere Betriebe hineinsehen (von Grossbritannien bis Norwegen).

Ferngespräch

Es dauerte nicht lange. Mitte September erreichte mich ein Anruf. «Aufbau eines neuen Marktes, hier liegt die Zukunft. Bist du dabei?

Das wolltest du doch immer, die Personalentwicklung von Anfang an implementieren. Die ersten sondieren bereits in New York.

Du könntest von hier aus die Leitung übernehmen.» Die Krux: sofortige Zusage, umgehender Stellenantritt.

Ich hatte nicht losgelassen, liess mich in England erreichen. Zudem wollte ich eine Entscheidung herbeiführen. Für die Personalchef-Offerte lag der Enthusiasmus anfangs höher. «All Risk Finanz» hingegen revolutionierte die Branche …

Heute räume ich ein, dass ich unbedacht zu einem Abbruch meines Timeouts bereit war, voreilig auf etwas aufgesprungen bin.

Start up

Zum zweiten Mal liess ich mich halb zu etwas drängen, halb von etwas verführen. Das Doppelbödige der Botschaft überhörte ich: «Du hast zwar dein Sabbatical. Aber so läufts eben …»[101]

Ich stieg ins Flugzeug. Lernte die Crew kennen, nahm an einer Retraite teil, sagte zu. Formal zog ich noch einen Teil der Auszeit ein, verbrachte vierzehn Tage im Ferienhaus, reiste nach Skandinavien. Real befand ich mich im hohen Norden, gedanklich am Hauptsitz in Zürich.

Der erste Arbeitstag war gesetzt, innerlich hatte ich die neue Funktion vor Augen. Ich verhielt mich wie ein Bungee-Jumper, welcher den grossen Schritt gewagt hatte, indes gar nicht hinunterstürzte. Sich schnell am Seil hochziehen liess, zurück auf die Ausgangsbasis.

Come down

Ich wurde 53, der Sektor blieb spannend. Wenngleich mich die Führungsarbeit stark absorbierte, auf Machtkämpfe und Abgrenzungsgeschichten hätte ich allerdings verzichten können.

Letzteres provozierte die Überlegung: «Was nun, in den restlichen sieben Jahren? Lediglich noch führen? Was ist mit meinen anderen Qualifikationen??»

In Grosskonzernen steht das Pensionsalter häufig mit 60 Jahren an. Dieses Limit erwies sich als hilfreich. Menschlich zog es mich nicht weg. Trotzdem ergriff ich die Initiative (statt abzuwarten, bis ein Turnaround schwieriger würde). Zumal das Beabsichtigte klar war: zurück zum Support.

Die Einverleibung einer anderen Firma führte dazu, dass interne Lösungen für eine beachtliche Anzahl Leute gesucht wurden (→ zu jung für die Pensionierung, zu wertvoll um sie ziehen zu lassen, interessiert an einer Übergangstätigkeit).

Ausserdem zeigte sich, dass die Meinungen zwischen mir und meinem letzten Vorgesetzten diametral auseinander gingen – selbst bei E-Learning oder der Interpretation von Kündigungsgründen.

Aufbäumen

Nach der Aussprache auf einem Meeting war ich geknickt, verletzt. Zirkuszelt, Schifffahrt sowie das Drumherum verdeutlichten das Absurde meiner Situation.

«So nicht!» schoss es mir durch den Kopf. «Jetzt wähle ich meinen Weg. Öffne den goldenen Käfig.» Die Tatsache, dass andere sanft hinausgeschubst wurden und plötzlich ohne Optionen dastanden, gab mir Auftrieb.

Ich plante eine dritte Karriere, erinnerte mich an externe Anfragen, kontaktierte den obersten HR-Verantwortlichen. Den Vorschlag eines gleitenden Übergangs fand er grundsätzlich interessant. Er könne nichts zusichern, ich sollte mich in acht/neun Wochen (?!) nochmals melden. Das tat ich, so alle vierzehn Tage. Auch um zu bekräftigen, dass dies keine Eintagsfliege sei, ich als Pionier zur Verfügung stünde.

Das Flexi-Modell wurde aufgegleist. Ich gehörte zu den ersten, welche den neuen Dienst angetreten haben. 80 Tage bin ich fix verpflichtet, der Rest steht für Berater-Mandate frei.

Nachklang

Das Sabbatical hat diese Massnahme insofern beeinflusst, als dass
- ich mehr Distanz zu den Dingen gewonnen habe
- mein Blick geschärft wurde
- Unkonventionelles seinen Reiz beibehalten hat
- Überraschendes weder blendet noch vereinnahmt.

Die innerbetrieblichen Scheuklappen sind weg. Gleichsam strebe ich kein «Revival» an, will die Auszeit nicht nachholen.

Statt einem Timeout oder der Urlaubsromantik nachzujagen, habe ich das Leben neu ausgerichtet. Verfolge eine Linie, bin souveräner im Umgang mit der Zeit, unabhängig, selbstbestimmt. Abwechslung sowie körperliche Aktivität prägen den Tag. Abends freue ich mich auf den Zieleinlauf.

Akzeptanz, Erkenntnis, Verwirklichung

Ausgleich und eine ganzheitliche Optik passen eher zu meinem Charakter als vorauseilender Gehorsam, Pushen oder Drängen. Deshalb der abgefederte Boxenstopp. Ich steuere und lenke lieber. Auf Strecken, die ich abschätzen kann, mit solidem Material und motivierter Mannschaft. Früher habe ich an der Bremse gezogen, aber das Gefährt hielt nicht an – rollte weiter, selbst im Sabbatical.

Das wahre Wagnis ist das, was ich jetzt tue! Verbunden mit finanziellem Verzicht, gekrönt durch immateriellen Ertrag.

Auch meine Partnerin hat sich neu positioniert. Aktuell prüft sie – mangels attraktiver Teilzeitstellen – eine freiberufliche Tätigkeit. Wir diskutieren die gemeinsame Durchführung von Seminaren. Was Flexibilität alles auslöst …

Vorruhestand: Späte Entdeckung
Erfahrungsbericht Nr. 17

Christian, 56, Ingenieur, zählt zu denjenigen, welche eher von «langen Reisen» als von einem Timeout sprechen. Über 30 Jahre lebte er nach eigener Aussage «vor sich hin». Von einem Tag auf den anderen änderte sich das. Er brach zu neuen Ufern auf, erlebte Verzweiflung, Einsamkeit – und das Befreiende eines Asientrips.

Zurück aus Malaysia beantragte er gleich einen ibu (individuellen bezahlten Urlaub). Inzwischen gehören ferne Länder zu seinen Leidenschaften. Nächstes Jahr zieht es ihn wieder fort, diesmal nach Libyen.

Illusionen

Nie vergesse ich dieses Foto, welches auf der ersten Seite des Katalogs prangte. Ein Paar in der Abendsonne, einen Drink in der Hand, einander tief in die Augen blickend. «A World of Difference» stand darunter. Das Bild verfing nachhaltig. Die Idylle erschien mir unwirklich, trügerisch, verlogen. Heftig verurteilte ich die damit verbundene Vorstellung des »Glücks auf Raten». (Woran erinnerte mich das so schmerzlich?).

Frau und die Kinder fuhren alleine. Ich brachte sie zum Flughafen. Ahnend, dass ich etwas anderes wollte. Aber was? Nicht grübeln, in der Lethargie verharren, die «Blaue Lagune» wegschieben.

A World of Difference … Erst später realisierte ich, dass der Reiseveranstalter den gleichen Untertitel für alle Angebote verwendet. Es hätte genauso gut ein Prospekt für Städtereisen oder Klettertouren sein können, welcher den entscheidenden Auslöser setzte.

Die Wende

Nach dem Urlaub eröffnete die älteste Tochter, dass sie ausziehen werde. Mit einem Schlag realisierte ich meine freudlose, perfekt arrangierte Existenz: öder Job, eine erkaltete Beziehung, totale Entfremdung. Innerhalb eines Monats wechselte ich in eine andere Filiale, begann die hinausgezögerte Informatik-Ausbildung, suchte eine neue Bleibe, trennte mich von Haus und Heim. Erstaunen allenthalben: «Da geht einer ohne eine andere Beziehung in Aussicht zu haben.» Den wahren Grund wollten sie gar nicht hören. Soweit zu meinen Freunden …

Ich hatte mit allem gerechnet: dem beruflichen Scheitern, dass mir die neue Umgebung nicht gefallen, ich das eine oder andere vermissen würde. Aber nicht mit der Einsamkeit! Diese überfiel mich jeden Tag, wenn ich die Wohnungstür aufschloss. Ich flüchtete – nein nicht ins Reisebüro, aber in eine kurzfristig ausgeschriebene Asientour. Gruppen waren nicht mein Ding. Gleich nach der Ankunft klinkte ich mich aus und zog alleine los.

Mehr als ein Traum

Es wurden die aufregendsten drei Wochen meines Lebens. Licht, Farben, die Fülle der Sinneseindrücke! Das Beklemmende fiel weg. Ich bewegte mich ungezwungen, sprach fremde Leute an, kam neuen Interessen auf die Spur. Empfand mich als offen, fröhlich, ja liebenswert. Die letzten Tage verbrachte ich auf Malaysia, trunken von der Exotik (und überhaupt nicht gewillt, die Insel je wieder zu verlassen). Vor dem Rückflug beschloss ich, einen bezahlten Langzeiturlaub einzuziehen. Dieses Hochgefühl musste wieder her!

Zu Hause marschierte ich sofort ins Personalbüro. Ich war noch nicht zehn Jahre im Betrieb (wie es die Regelung für Langzeiturlaube vorsah). Meine Veränderung jedoch blieb niemandem verborgen. Kundschaft und Kolleg/innen profitierten davon, zeigten sich erfreut.

Zudem war ich während der Hochkonjunktur geblieben, trotz Abwerbeversuchen der Konkurrenz. Im Gegenteil: Ich arbeitete teuer eingekaufte Spezialist/innen ein, versah zeitweise drei Stellen, übernahm die Lehrlingsausbildung. Jetzt wurde mir dies angerechnet. Der damalige Chef meinte: «Spinner! Soll er es machen, der kommt wieder».

Ferien heute

Auch heute noch kann ich es kaum erwarten, eine Reise zu planen. Es ist wie ein Virus. Ein Fieber das dich packt, dem Hier und Jetzt entreisst. Ich gehe auf in Erkundigungsfahrten, überbrücke «Durststrecken» mit verlängerten Wochenenden oder fahre an einem schönen Sommertag mit dem Boot hinaus.

Zur Begeisterung beigetragen hat der Kreis von Gleichgesinnten, welcher sich um mich geschart hat. Wir stecken uns gegenseitig an, ziehen Zögernde mit – und treffen uns schon Mal auf Kuba oder Hawaii.

Das Älterwerden ist für mich kein Thema. Im Gegenteil: Ich fühle mich wesentlich besser als mit 40 Jahren: gesellschaftlichen Pflichten entledigt, vieles erreicht und an Profil gewonnen. Manchmal treibt mich sogar der Leichtsinn um. Ja, ich wäre sogar bereit, mich wieder zu verlieben.

Einmal hatte ich eine kurze Beziehung. «Liaison mit einem harten Brocken …» nannte es die betreffende Frau.

Ferien früher

Lange Zeit scheute ich die «scheinbar schönste Zeit im Jahr». Nicht als Kind, da hatte ich mich auf die langen Sommer gefreut. Mit 18 wollte ich in ferne Länder aufbrechen, aber das Militär machte mir einen Strich durch die Rechnung. Dann kam die Ausbildung, der erste Job. Die nächste Flugreise führte in die Flitterwochen, später wurde gespart. Wir leisteten uns ein Chalet – von da an war das Reiseziel klar.

Zwei Stunden hin, zwei Stunden zurück. Die Berge waren toll. Trotzdem sah ich den Tagen in Z. mit zusehends gemischten Gefühlen entgegen. Wie Martin Beck aus der gleichnamigen Krimireihe. «Der Mann, der sich in Luft auflöste» lautete der Titel einer Geschichte. Und das hätte ich auch am Liebsten getan, wenn Urlaub angesagt war ...

Für meinen persönlichen Bedarf packte ich fast nichts ein. Kaum angekommen stürzte ich mich in Aktivitäten und hoffte inständig, auf ein Telefonat: «dringende Umstände», «könntest du kommen, ausnahmsweise ... ?». Die wenigsten Male trat dieser Fall ein.

Wenn, dann dehnte ich die Stippvisiten lange aus. Bei der Rückkehr erging es mir wie Beck, welcher den Fall abgeschlossen und keine vernünftige Ausrede für einen Verbleib in Stockholm hatte. Nur, dass ich an der Seilbahnstation wartete, während der Kommissar ein Schiff bestieg.

«Als noch eine Viertelstunde bis zur Abfahrtszeit fehlte, ging er an Bord des Schärenbootes, das nun Dampf bekam und weissen Rauch aus dem Schornstein stiess. Er ging aufs Oberdeck und setzte sich auf denselben Platz wie damals, als er vor knapp zwei Wochen seinen Urlaub begonnen hatte. Diesmal würde ihm nichts mehr dazwischenkommen, dachte er. Aber er empfand weder Freude noch Enthusiasmus bei dem Gedanken an die bevorstehenden Inselferien.
Die Maschine polterte, das Boot legte ab, die Dampfpfeife tutete. Martin Beck lehnte sich über die Reling und starrte in den schäumenden Wasserwirbel herunter. Das Sommerurlaubsgefühl war weg. Er fühlte sich miserabel. »
AUS: «DER MANN, DER SICH IN LUFT AUFLÖSTE», ROWOHLT TASCHENBUCH VERLAG GMBH 1986

Selbst das Verhältnis zu Iris war inzwischen abgekühlt, ähnlich der Empfangsszene im Buch.

«Auf der Insel angekommen ging er zum Häuschen hinauf. Im Windschutz lag seine Frau auf einer Decke, sonnte sich.
‹Hallo.›
‹Tag. Ich hab dich gar nicht kommen gehört.›
‹Wo sind die Kinder?›
‹Draussen mit dem Boot.›
‹Soso.›
‹Wie war's in Budapest?›
‹Ganz nett. Habt Ihr meine Ansichtskarte nicht bekommen?›

‹Nein.›

‹Dann kommt Sie wohl noch.›

Er ging in die Küche, trank ein Glas Wasser und blieb stehen. Starrte auf die Wand ...»

Nächste Reise

Libyen ist mein nächstes Reiseziel. Zweieinhalb Monate bin ich fort, drei Monate weg von der Arbeit. Jetzt ist der Urlaub unbezahlt. Ohne Fallschirm, aber mit Auffangbecken: meine Funktion ist mir sicher.

Kulturgüter abseits der Touristenpfade werde ich ansteuern. Die Kamera stets griffbereit. Allerdings belasse ich es meist beim persönlichen Eindruck, ohne «ablichten».

Neben Zeus' Tempeln reizt mich die grösste Baustelle der Welt: Eine Wasserleitung quer durch die Wüste, errichtet von einem nordkoreanischen Konsortium. Das Nass stammt aus unterirdischen Kammern der Urzeit. Jetzt wird der kostbare Rohstoff umgeleitet, zu den Leuten, in die Städte. (In die Einöde hinausziehen wollten nur wenige.) In Kürze entstehen riesige Rohre, Zwischenstationen und Kanalsysteme – mit moderner Technologie und unter härtesten Bedingungen. Das möchte ich vor Ort sehen; hier kann ich in keiner Zeitung davon lesen!

Grauer Panther

Inzwischen habe ich gelernt, allein zu leben. Spanne aus, erhole mich aktiv, geniesse den Augenblick. In der Schule lernte ich das logische Denken, nachher das kritische Hinterfragen. Nun übe ich mich in «positiver Einstellung».

Die Berufskollegen sehen mich als «unverbesserlichen Träumer». Einen halbwegs Verrückten, ohne Anhang (aber mit dem Privileg, Karrierechancen sausen zu lassen, nur um wieder irgendwohin zu fahren). In Anzug und Krawatte spurten sie durch die Gegend, das angesammelte Zeitkonto evtl. für eine Kreuzfahrt antastend: Ansonsten ist man dynamisch, leistungsfähig und keineswegs ferienreif ... Selbst die Altachtundsechziger haben ihre Visionen abgelegt.

Ich unternehme vieles, aber – um einen anderen Slogan des eingangs erwähnten Reiseanbieters zu zitieren – sicher keine Ferien, «in denen ich alles vergesse»!

Unterwegs bin ich hellwach, knüpfe Kontakte, gebe über Persönlichstes Auskunft. Die Sterberituale anderer Länder sowie der Besuch fremder Grabstätten haben mich veranlasst, über den Tod nachzudenken. Seither fürchte ich auch diesen Moment weniger.

Der typische Aussteiger bin ich nicht. Eher ein Einsteiger, der sich aus der Erstarrung gelöst, ins Leben zurückgefunden hat. Zuerst kam die Veränderung, dann die (Reise-)Entdeckung und zuletzt das Timeout!

Gescheitertes Timeout: Zu früh ausgeklinkt
Erfahrungsbericht Nr. 18

Renée, 42, Kaufmännische Angestellte, kam dem unvermeidlichen Zusammenprall mit ihrem Chef zuvor, indem sie die Kündigung einreichte. Sie wurde per sofort freigestellt, musste das Büro räumen, konnte sich kaum von den Arbeitskolleg/innen verabschieden. Gegen aussen steckte sie die Demütigung weg, überspielte den Vorfall und deklarierte die neue Situation als «selbstgewählte Auszeit».

In Wirklichkeit fühlte sie sich aus dem System herausgekippt und suchte verzweifelt eine neue Stelle. Im Nachhinein denkt sie, auch sonst weniger der Typ für längere Pausen zu sein ...

Vorbemerkung

Eine Kollegin hat den Kontakt hergestellt. Es hat eine Weile gedauert, bis die Frau zu einem Treffen bereit war. Zweimal verschob sie den Termin, am Schluss hat sie ihn vorverlegt. Sie wirkte angespannt: elegante Erscheinung, leicht «overdressed» für diese Tageszeit und das – von ihr vorgeschlagene – Szenenkaffee. Hier verkehren junge, unbeschwerte Leute in Jeans und Pullover.

Renée sass an der Bar. Zufällig hereingeschneit, rasch etwas erledigend. Auf den ersten Blick zu erkennen und doch mit jeder Geste bemüht, nicht aufzufallen. Der Kellner brachte den dritten Espresso. Sie sprach abgehackt, mal laut und leise. Kaum hatte ich mich gesetzt, legte sie los.

«Es ist jetzt fünf Monate her, zum Glück! Hier bin ich noch nie gewesen. Ich suche immer neue Orte, wenn ich die Geschichte hervorhole. Nachher will ich keine Gespenster von den Wänden verscheuchen müssen ...

Ja, die Sache sitzt tief. Bringen wir es hinter uns – und eben, es war kein richtiges Timeout. Vielleicht taugt es gar nicht für Ihr Buch!»

Wie es dazu kam

Seit längerem hatte ich Friktionen mit dem Geschäftsleiter. Im Geiste führte er eine dritte und vierte Buchhaltung. Effektive Zahlungen liefen darüber und persönliche Abrechnungen ...

Als ich einige Dinge vorbrachte (weil ich fürchtete, sie würden von der Revision entdeckt), kam ihm das in den falschen Hals.

Von da an war ich die «illoyale, hinterlistige Mitarbeiterin». Als ich mich gegen die neue Pensionskassenlösung aussprach, war das Mass voll. Ich erhielt immer unbedeutendere Arbeit, blieb bei Sitzungen aussen vor, das Gesuch für eine Weiterbildung wurde kommentarlos abgelehnt.

Eskalation

Neue Auseinandersetzungen bahnten sich an. Ich fühlte mich der Situation nicht gewachsen und kündigte. Es hätte ein Befreiungsschlag sein sollen – und wurde zur persönlichen Berg- und Talfahrt.

Die Souveränität ob des eigenen Schrittes konnte ich genau 72 Stunden geniessen, von Freitag bis Montag. Danach kam der eingeschriebene Brief mit Bescheid, dass ich per sofort freigestellt sei und bis am Dienstagabend das Büro zu räumen hätte.

Das Ganze lief wie in Trance ab. Eine Kollegin um ihr Auto gebeten, alles in grosse Kisten gepackt, durch die Eingangshalle gestürmt. Wie versteinert sah ich mir an diesem Abend den Krimi an, rang um Fassung. Wenn ich wenigstens eine Million unterschlagen (oder sonst etwas verbrochen) hätte.

Etikettenschwindel

Ich versuchte mich darauf zu freuen, dass ich morgen nicht früh raus musste, gar nie mehr in diesem Betrieb! Redete mir ein, dass in letzter Zeit die negativen Gefühle überwogen. Früher verspürte ich Stolz, Befriedigung bei der Arbeit. In den vergangenen Monaten häuften sich Ärger, Frust, Enttäuschung. Dann die persönlichen Querelen, die Unberechenbarkeit des Vorgesetzten. Seine Absichten waren klar, ich konnte nichts dagegen unternehmen, meine Zukunft dort wäre keine tolle gewesen. Dennoch krochen die ersten Ängste hoch.

Anfänglich war es Bange um die Existenz, trotz der dreimonatigen Lohnfortzahlung. Ich lebe allein, muss selbst für meinen Lebensunterhalt aufkommen. Gut, ich habe keine Unterstützungspflichten und einen bescheidenen Lebensstil. Jedoch auch keinen Partner, der eine Weile einspringen würde.

Nachher kam das Nicht-Wahrhaben-Wollen. Ich ertappte mich dabei, wie ich gegenüber Bekannten vom Job sprach (als wäre ich noch dort) oder alte Geschäftscouverts benutzte.

Mein Selbstwertgefühl war stark angegriffen. Aufbruchstimmung oder Erleichterung mochten nicht recht aufkommen. Ich fühlte mich zerschmettert, wie ein auf dem Boden zerschelltes Glas. Mangels Alternativen (in der Firma hatte ich von einer neuen Stelle geflunkert) und um die erwerbslose Phase mit einem anderen Titel zu überschreiben, verkündete ich kurzerhand, ich würde ein Timeout nehmen. Ich las davon in einem Magazin.[102]

Schraube rückwärts

Die kommenden Monate möchte ich nicht noch einmal durchmachen. Herbstferien, Advent, alle hatten zu tun. Ich schlich wie ein geprügelter Hund herum. Die Kündigung habe ich eher verdrängt denn verarbeitet. Hin und her getrieben von aufbrechenden Gefühlen, auf der Suche nach Ablenkung.

Ich führte viele Selbstgespräche. Versicherte mir, dass ich mich nicht habe verbiegen lassen; mich niemand zu etwas gebracht hat, was ich nicht wollte. Zudem kam ich am alten Ort ohnehin nicht weiter. Gleichwohl fühlte ich mich ungerecht behandelt. Wenn ich ehemaligen Arbeitskolleg/innen begegnete, blickte ich zur Seite, gab mich kühl und reserviert.

In einem dieser aufbauenden Frauenbücher stand, dass die Schauspielerin Nicole Kidman nach ihrer Scheidung auf einer beruflichen Erfolgswelle reite. Ich hatte weder das eine noch das andere, weder Arbeit noch Partner. Gut, wie es in ihr drinnen aussieht, weiss niemand. Und öffentlich abgehandelt wurde die Geschichte erst noch …

Wahrscheinlich hat sie im Verborgenen gelitten. Und dass sie zum Ausgleich im Doppeldecker Sturzflüge am Himmel geübt (bzw. nächtelang durchgetanzt) haben soll, kann ich mittlerweile – auf Grund der eigenen Gefühlsbäder – verstehen.

Ruhe- und rastlos

Ich bin viel durch fremde Städte gestreift, getrieben von Hilflosigkeit, in der Hoffnung auf
Zerstreuung und Trost. Tagsüber trank ich Alkohol, was mir früher nie in den Sinn gekommen wäre. Das Essen schlang ich in mich hinein. Ich hatte ja keine Vorgaben mehr, musste nicht auf die Linie achten. Dass ich nicht arg zugenommen habe, lag einzig am psychischen Stress.

Ich gehörte nie zu den «galoppierenden Geniessern», welche von Anlass zu Anlass tingelten, um ja nichts zu verpassen. Jetzt wäre ich das gerne gewesen. So hätte ich in etwas eintauchen können. Bereits hatte ich den Eindruck, nicht mehr dazu zu gehören, am Leben vorbeizuleben. Nicht am Speziellen, aber an der Normalität: an dem was alle hatten!

Und dann die Ankündigung des Timeout. Zuerst waren tausend Pläne. In Angriff genommen habe ich nichts; die Verunsicherung durch noch grössere Veränderungen wäre total gewesen. Ich schlenkerte wie ein Boot auf stürmischer See.

«Zu Beginn sind alle euphorisch» wurde mir gesagt. «Nimm dir nicht zuviel vor. Die Zeit rast, und eh du dich versiehst, ist der Urlaub vorbei.» Wenn die gewusst hätten …

Jenseits des Regenbogens

Was sich einstellte, würde ich heute als «Entzug» bezeichnen: Arbeit, Karriere, Leistung bedeuteten für mich – auch wegen der ärmlichen Herkunft – alles. Ich war zu 100 Prozent auf den Job zentriert. Denken und Fühlen drehte sich darum, andere Bereiche hatte ich vernachlässigt.

Die voreilig geäusserte Idee eines Timeouts schützte mich. Das andere Vorhaben, den Schritt in eine freiberufliche Tätigkeit, verwarf ich rasch wieder. Ich traute es mir schlicht nicht zu: fachlich, persönlich, finanziell. Ausserdem verfügte ich nicht über das notwendige Beziehungsnetz, mir graute vor dem Akquirieren und «Hausieren».

Als Single wollte ich beruflich unter Leuten sein, am liebsten in einem kleinen Team.

In einem Anflug von Trotz und Aufbruch suggerierte ich mir jeden Dienstag und Donnerstag beim Gang zum Kiosk: »Was ich will gibt es, ich finde es gleich, eventuell schon im heutigen Stellenanzeiger. Und sonst trete ich eine Weltreise an!«

Ohne sinnvolle Tätigkeit dazustehen, war enorm belastend. Es benötigte Disziplin, sich morgens aufzuraffen, den Tag über die Runden zu bringen und abends, im Fitnessklub, dahin geredete Bemerkungen zu überhören («Wer arbeiten will, findet auch Arbeit»). Das trifft, tut weh. Mittlerweile kann ich es nachvollziehen, wenn Ausgesteuerte sagen: «Stütze»[103] verdiene ich mir durch die Entgegennahme von Demütigung». Das Abgeschobensein muss erst mal ausgehalten werden.

Die lieben Freunde

Einerseits verspürte ich den Drang, mich zu verkriechen. Andererseits war es ernüchternd, als zum Geburtstag weniger Anrufe, Karten und Geschenke eintrafen. Punktuell hatte ich immer gern Kontakte.

Klar: Ich feierte jeweils im Geschäft. Traf noch jemand auf ein Bier oder trommelte ein paar Freunde zum Essen zusammen. Dies alles fiel weg.

Später erklärte mir eine Psychologin, dass, wer etwas Traumatisches erlebt, sich anderen gegenüber oft entfremdet. Wenn sich Schock, Furcht, Schrecken ständig wiederholen, rückt vieles in weite Ferne. Man ist den Rückblenden ausgeliefert, baut unsichtbare Wände auf. Was andere bewegt, ist einem egal.

Ein solches Verhalten provoziert auch. Einzelne Leute sind irritiert, andere fordern einen heraus. Neugierige und Sensationshungrige melden sich, haben was von Stunk in der Firma und kreativer Auszeit gehört. Bestürmen einen – nicht aus Interesse, sondern aus Lust am «Aufregenden». Weil es sie Wunder nimmt: Was tut sie nun, was macht sie als Nächstes?

Weihnachten war eine echte Wohltat! Privat- statt Arbeitszeit, der gleiche Rhythmus wie alle anderen. Sich wieder einklinken können.

Schluss mit den Heimlichkeiten. Das Umfeld sollte eingeweiht werden. Die Zäsur war hart: Wem kann ich das sagen? Reinen Wein einschenken ohne Vorwürfe zu hören, Distanz und noch mehr Verlust zu riskieren?? Es waren wenige … und hing weder von der Dauer des Sich-Kennens noch von der Enge des bisherigen Kontakts ab. Wenigstens konnte ich auf die Maskerade verzichten, mich irgendwohin flüchten, erhielt soziale Unterstützung.

Letzte Durststrecke

Am happigsten war der Januar. Ich stand kurz vor einem körperlichen Zusammenbruch. Setzte mich morgens in den ersten Zug, verpflegte mich in einem Ausflugrestaurant, besuchte ein Museum, um abends (mit etwas scheinbar Erlebtem) nach Hause zu kommen.

Eine Freundin sagte, ich hätte sie an die Hauptdarstellerin des Films «Sue – eine Frau in New York» erinnert.[104] Eine Einsame, welche durch die Welt irrt.

Zum Arzt ging ich wegen Magenbeschwerden und Muskelverspannung, die Erwerbslosigkeit behielt ich für mich. Ich versuchte mir einzureden, dass ich mich auf die neue Konstellation ausrichten, evtl. die Arbeitslosenkasse in Anspruch nehmen müsse. Gleichzeitig wollte ich es nicht dabei belassen, klapperte Stellenvermittlungen und Temporärbüros ab.

Die Vorstellungsgespräche verliefen verkrampft. Ich machte voreilig Zugeständnisse und war zu sofortigem Stellenantritt bereit. Man hätte sich toll, überlegen, gefragt geben sollen (mir war zum Schreien zumute). Absurd wurde es, wenn ich über Erfolge am letzten Ort zu berichten hatte …

Als es nach vier Monaten klappte, stürzte ich mich wie eine Ertrinkende in das Neue. Die Freiheiten und den anderen Ton auf einem Schulsekretariat realisierte ich erst mit der Zeit.

Neue (Aus-)Sicht

Ich gehe jeden Tag gerne zur Arbeit. Die Wohnung ist für Wochen aufgeräumt und geputzt, die Pendenzenliste à jour. Ich kann mich voll auf den Job konzentrieren. Achte jedoch darauf, mich nicht gleich zu übernehmen; auf dass es dann doch falsch ausgelegt wird … Manchmal koste ich die Aufträge richtiggehend aus, schau sie genau an, behalte sie ein bisschen bei mir.

Das Besserwisserische/Belehrende habe ich abgelegt. Ungeduldig bin ich immer noch. Aber der Erfolgszwang wandelt sich zum «angemessenen Ehrgeiz». Dafür habe ich anderes schätzen gelernt: echte Freundschaften, gute Gespräche, spontane Begegnungen. Menschen ohne Erwartungen und Vorurteile.

Jetzt, wo ich den Kopf wieder heben kann, habe ich die Kraft, das Vorgefallene anzusehen, inklusive der Erschöpfung. Zum Glück nahen die Frühlingsferien.

Wenn ich heute nach meinem «Zwischenspiel» gefragt werde, schlucke ich leer. Es war mitnichten ein Timeout, eher eine akute Krise: mit diffusem Start und Ende. Dazwischen lagen unheilvolle Momente, aber auch wichtige Erkenntnisse. Tja, und für längere Pausen – oder radikale Umbrüche – eigne ich mich definitiv nicht!

8. Timeout und Arbeitsrecht

Autor: Peter Böhringer, lic. iur.

8.1. Einleitung

Meist denkt man an das Rechtliche erst dann, wenn aus ihm bereits ein Rechtsproblem geworden ist. Dies zu verhindern, ist die Absicht hinter dem folgenden Kapitel. Zunächst einige einleitende Bemerkungen:

8.1.1 Inhaltliche Beschränkung

Im Zusammenhang mit einem Timeout sind direkt oder indirekt unzählige Rechtsgebiete relevant. Hier nur einige Beispiele:

- das Vertragsrecht im Zusammenhang mit der Absolvierung einer Ausbildung,
- das Steuerrecht bezüglich der steuerlichen Auswirkungen eines längeren Timeouts,
- das Kaufrecht beim Erwerb eines Occasionsautos für eine Auslandreise,
- das Sportrecht bei einer intensiven sportlichen Betätigung als Kern eines Timeouts,
- das Familienrecht hinsichtlich einer Familienpause,
- das Mietrecht im Zusammenhang mit dem Überlassen der Wohnung an einen Untermieter,
- das Stiftungsrecht und die Spezialnormen bezüglich kontrollierter Betäubungsmittelabgabe bei einem Sozialeinsatz in einer sich für die Reintegration von Drogensüchtigen engagierenden privaten Stiftung,
- das Verlagsvertragsrecht im Hinblick auf das Verfassen eines Fachbuchs,
- das Gesellschaftsrecht im Zusammenhang mit der Gründung einer GmbH,
- die Visums- und Zollbestimmungen oder das Reiserecht im Hinblick auf einen Bildungsurlaub in den USA usw.

Auf all diese und unzählige weitere rechtliche Aspekte kann an dieser Stelle nicht näher eingegangen werden, da für die allermeisten Fälle eines Timeouts arbeitsrechtliche und sozialversicherungsrechtliche Fragen im Vordergrund stehen und allein schon deren knappe Beantwortung den hier zur Verfügung stehenden Raum beansprucht.

8.1.2 Fachliche Spezialberatung lohnt sich

Wenn Sie Ihr Timeout und die sich damit ganz spezifisch stellenden Rechtsfragen seriös abklären wollen, dann wird es unumgänglich sein, sich von einer Fachperson beraten zu lassen. Mit komplizierten Steuerfragen gehen Sie
am besten zu einer ausgewiesenen Steuerexpertin, mit arbeitsrechtlichen
Problemen zum Arbeitsrechtler, betreffend versicherungsrechtlicher Aspekte
zum Versicherungsexperten und für die Gründung einer GmbH zu einer Treu-
händerin bzw. einer Gesellschaftsrechtlerin. Im Übrigen sind die jeweiligen Behörden von Gemeinden, Kantonen und Bund auch zur Auskunft an Privatper-
sonen verpflichtet; im Allgemeinen erhält man dort, wenn man die auf einen
Fragenkomplex spezialisierte Person gefunden hat, kompetente und freundliche Auskünfte.[105]

8.1.3 Keine spezielle gesetzliche Regelung des «Timeouts»

Sie werden vergeblich in unseren Gesetzbüchern den Begriff «Timeout» suchen. Das Schweizer Recht kennt weder den Begriff an sich noch enthält es
eine spezielle Regelung. Es regelt aber einzelne Fragen ganz allgemein, die
sich auch bei einem Timeout immer wieder stellen (Arbeitszeugnis, Kündigung, Arbeitslosigkeit, Krankenversicherung, Untermieter, Weiterbildung, Ein-
reisevisum etc.). Auf die wichtigsten geht das vorliegende Kapitel kurz ein.
Wieweit sie auf Ihr Timeout anwendbar sind, hängt von den konkreten Umständen Ihres Einzelfalls ab. Sie müssen zunächst möglichst präzise wissen,
welche Art von Timeout Sie planen (z.B. mit oder ohne Kündigung Ihres Arbeitsverhältnisses, mit oder ohne Verlassen Ihres Wohnorts, für wie lange, eine
vorzeitige Pensionierung oder nur ein Sabbatical usw.). Danach sollten Sie
überlegen, welche konkreten Rechtsfragen zu den einzelnen Aspekten dieses Timeouts sich stellen und dazu die entsprechenden Regeln suchen: z.B.
die Normen zur Kündigung des Arbeitsverhältnisses, wenn Sie Ihre Anstellung
wegen des Timeouts beenden wollen.

8.1.4 Aufbau der folgenden Ausführungen

Der Überblick über die arbeits- und sozialversicherungsrechtlichen Aspekte
des Timeouts gliedert sich in zwei Teile:
- Zunächst geht es im Kapitel 8.2 um die Probleme am Arbeitsplatz, die u.U.
  lange vor einem Timeout vorhanden sind, die aber durchaus zu einem
  solchen führen können (unerträglich viel Überstundenarbeit, Krankheit
  etc.).

- Kapitel 8.3 wendet sich denjenigen Fragen zu, die sich konkret auf das Timeout beziehen (Anspruch auf ein Timeout, Job künden, Absicherung gegen Risiken, Jobben zwischendurch).

8.2 Probleme am Arbeitsplatz als Mitauslöser

Der Grund für Ihr Timeout muss nicht in schwerwiegenden Problemen am Arbeitsplatz liegen. Im Gegenteil: Sie können mit Ihrer beruflichen Situation durchaus zufrieden sein und trotzdem realisieren, dass ein anderes, bisher zu kurz gekommenes Bedürfnis nach einer Auszeit ruft.

In diesem Kapitel geht es hauptsächlich um eine Ausgangssituation, in welcher Probleme am Arbeitsplatz Ihre Befindlichkeit so stören, dass Sie für eine längere Zeit aussteigen müssen, um wieder einigermassen ins Gleichgewicht zu gelangen bzw. sich neu zu orientieren. Diese Probleme haben neben der sozialen und menschlichen Dimension meist auch arbeitsrechtliche Aspekte, die im Folgenden kurz beleuchtet werden sollen.

Tiefgreifende Veränderungen haben unsere Arbeitswelt in den letzten zwei Jahrzehnten erschüttert. Der resultierende Druck auf das einzelne Individuum ist enorm. Althergebrachte Werte wie Beständigkeit, Loyalität und Solidarität sind zweitrangig geworden. Wir sollen zu sogenannten Lebensunternehmern mutieren, die sich ein Leben lang in einem möglichst freien Markt möglichst unternehmerisch bewegen und ihre Fähigkeiten (schliesslich sich selbst) möglichst gewinnbringend verkaufen. Dies verursacht Unsicherheit und Ängste. Und Ängste lassen sich von der stärkeren Gegenpartei im freien Markt ausnutzen, indem immer mehr Leistung für immer weniger Gegenleistungen und schliesslich immer weniger Selbstentfaltung abverlangt wird. In diesem Zusammenhang stehen einige typische Belastungssituationen, die im Folgenden skizziert werden.

8.2.1 Übermässige Überstundenarbeit

Kein Wunder, dass die Überstundenarbeit massiv zugenommen hat. Wer nicht marginalisiert, disqualifiziert oder gar arbeitslos werden will, muss offenbar bereit sein, immer mehr Überstundenarbeit zu leisten. Was sagt das Arbeitsrecht dazu? Sie werden überrascht sein zu lesen, dass nach der schweizerischen Regelung von OR 321c *Überstundenarbeit die Ausnahme sein muss.* Fällt sie laufend an, ist sie für die Betroffenen unzumutbar und damit arbeitsrechtlich unzulässig (siehe OR 321c I). Die betroffenen Mitarbeitenden könnten deshalb – rechtlich gesehen – die Leistung der betreffenden Mehrarbeit verweigern, ohne deswegen den Arbeitsvertrag zu verletzen. Empfehlenswert ist jedoch, vorher die Arbeitgeberin auf die Unzumutbarkeit und damit die Unzulässigkeit aufmerksam gemacht sowie betriebliche Gegenmassnahmen gefordert zu haben. Nützt das nichts und wird man weiterhin zu laufender Überstundenarbeit gezwungen, dann könnten die Betroffenen sogar ihre Arbeit niederlegen, ohne deswegen ihren Lohnanspruch zu verlieren (allgemeines Recht bei wiederholter Verletzung der Fürsorgepflicht durch die Arbeitgeberin).

Häufig stellt sich auch die Frage, ob und wie geleistete Überstunden kompensiert werden dürfen. Auch dazu enthält OR 321c eine Antwort: Abs. 3 verpflichtet die Arbeitgeberin zur Abgeltung der Überstunden mit dem Normalstundenlohn plus einem Zuschlag von 25 %, sofern nicht etwas anderes im Arbeitsvertrag oder im anwendbaren Gesamtarbeitsvertrag (GAV) vereinbart ist (höhere, tiefere oder gar keine Überstundenentschädigung oder Ausgleich durch Freizeit). Eine abweichende Abmachung der Parteien setzt allerdings voraus, dass dies schriftlich geschieht (siehe Abs. 3 von OR 321c; ein pauschaler Verweis auf ein Firmenreglement genügt dazu nicht!). Wenn sich also in Ihrem Arbeitsvertrag keine solche Klausel findet und Ihr Arbeitsverhältnis auch nicht einem Gesamtarbeitsvertrag untersteht, welcher etwas anderes bestimmt, dann steht Ihnen ein gesetzlicher Anspruch auf eine Überstundenentschädigung im Umfang von 125 % zu.

Noch strenger ist die Regelung im Arbeitsgesetz betreffend der sog. Überzeit (Art. 12). Das sind jene Überstunden, welche über der zulässigen wöchentlichen Höchstarbeitszeit liegen (45 Stunden für Angestellte und das Verkaufspersonal in Grossbetrieben des Detailhandels, für alle anderen 50 Stunden). Werden die Überzeitstunden nicht im Einverständnis (!) mit der Arbeitnehmerin durch entsprechende Freizeit kompensiert, so ist ihre Abgeltung mit 125 % zwingend (für die Angestellten und das Verkaufspersonal in Detailhandelsgrossbetrieben allerdings nicht für die ersten 60 Überzeitstunden pro Kalenderjahr, Art. 13). Diese Entschädigung muss also selbst dann bezahlt werden, wenn im Einzelarbeitsvertrag (oder einem Firmenreglement) eine tiefere Abgeltung vereinbart oder diese sogar ganz wegbedungen worden ist!

8.2.2 Ungleichbehandlungen

Am Arbeitsplatz gegenüber den anderen benachteiligt zu sein, kann einen sehr verletzen und ärgern. Sollten Sie deswegen ein Timeout erwägen, so hilft Ihnen vorübergehend u.U. auch das Arbeitsrecht. Dieses verbietet nämlich die willkürliche, d. h. nicht durch einen sachlichen Grund gerechtfertigte Schlechterstellung gegenüber der Mehrheit der anderen Arbeitskollegen (allgemeiner arbeitsrechtlicher Gleichbehandlungsgrundsatz).

Die in unserem Rechtssystem grundlegende Vertragsfreiheit geht diesem Grundsatz allerdings vor: die beiden Vertragsparteien können jederzeit individuelle Arbeitsbedingungen vertraglich vereinbaren, welche im Vergleich zu jenen der Mehrheit schlechter sind. Das ist ihnen nur soweit verwehrt, wie zwingende Normen des Gesetzes oder eines anwendbaren Gesamtarbeitsvertrags dies ausschliessen oder beschränken. Der allgemeine Gleichbehandlungsgrundsatz hat deshalb seine praktische Bedeutung vor allem bei freiwilligen Leistungen und als Schranke des Weisungsrechts des Arbeitgebers. Er darf also z.B. nicht ohne triftige sachliche Gründe einzelnen oder einer Gruppe von Arbeitnehmenden eine Gratifikation auszahlen oder ihnen Weisungen erteilen, welche diese gegenüber der Mehrheit der anderen schlechter stellen.

Eine Ungleichbehandlung besonderer Art ist die Diskriminierung aus geschlechtsspezifischen Gründen. Die Gleichbehandlung von Mann und Frau schreibt bereits die Bundesverfassung vor. Das Gleichstellungsgesetz (GlG) regelt diese für den Bereich des Erwerbslebens detaillierter. Sie können sich auf das Gleichstellungsgesetz berufen, wenn Sie das Gefühl haben, dass Sie

- wegen Ihres Geschlechts im Bewerbungsverfahren, bei Beförderungen oder den Arbeitsbedingungen benachteiligt werden (insbesondere Lohn, Arbeitszuweisung, Weiterbildungsmassnahmen, Ferienzuteilung, Zugang zu betrieblichen Einrichtungen, Arbeitszeitgestaltung),
- sexueller Belästigung ausgesetzt sind (Sonderfall der geschlechtsspezifischen Diskriminierung) oder
- bei der Auflösung des Arbeitsverhältnisses diskriminiert werden.

Das Gleichstellungsgesetz gibt Ihnen einen Anspruch auf Feststellung und Beseitigung der Diskriminierung sowie einen allfälligen Schadenersatz und eine Genugtuung. Handelt es sich um eine diskriminierende Nichtanstellung, eine sexuelle Belästigung oder eine geschlechtsdiskriminierende Kündigung, dann könnten Sie zusätzlich eine Entschädigung («Strafzahlung des Arbeitgebers») von bis zu 6 Monatslöhnen einfordern. Gehören Sie nicht einer Gewerkschaft an, bei deren Rechtsdienst Sie sachdienliche Unterstützung bekommen, so empfiehlt es sich, sich bei der Schlichtungsstelle, welche die Kantone speziell für geschlechtsspezifische Benachteiligungen einrichten mussten, bezüglich Ihrer Ansprüche und des weiteren Vorgehens beraten zu lassen. Vielleicht gibt es in Ihrer Firma auch eine Personalbeauftragte oder eine Betriebskommission, zu welcher Sie Vertrauen haben und an die Sie sich in solchen Fällen wenden können.

Und noch ein Hinweis: sollten Sie sich innerbetrieblich oder bei der kantonalen Schlichtungsstelle oder dem Gericht gegen eine geschlechtsspezifische Diskriminierung gewehrt und deswegen während dieses Beschwerdeverfahrens oder während der 180 Tage danach die (Rache-)Kündigung bekommen haben, dann gibt Ihnen das Gleichstellungsgesetz das Recht, diese Kündigung anzufechten und vom Gericht die Weiterbeschäftigung bzw. Wiedereinstellung zu verlangen. Sie können aber auch darauf verzichten und stattdessen von Ihrer Arbeitgeberin eine Strafzahlung von bis zu 6 Monatslöhnen verlangen.

8.2.3 Qualifikationen/Arbeitszeugnis

Ein weiteres Problem, welches in der Wirklichkeit der Arbeitswelt häufig zu Frustration, Ärger und Spannungen führt, sind Qualifikationen und Arbeitszeugnisse, die nach Ansicht der Betroffenen ihre Arbeitsleistungen und ihr Verhalten im Betrieb nicht angemessen, unvollständig oder ungenau bewerten. Im Rückblick auf meine jahrelange Tätigkeit als Arbeitsrechtler muss ich in einer Mischung aus Erstaunen und Ärger feststellen, dass leider enorm viele Vorgesetzte und Betriebe dieses äusserst wichtige Element jeden Arbeitsverhältnisses sträflich vernachlässigen (was letztlich ja auch für Betriebskultur und -ergebnis wenig förderlich ist).

Verlangen Sie von der Ihnen vorgesetzten Personen regelmässige Qualifikationsgespräche, mindestens alle 2 Jahre, noch besser jährlich. Diese Gespräche sollten nicht unter Zeitdruck erfolgen, kurz und oberflächlich sein, sondern in einer Atmosphäre von Ernsthaftigkeit und gegenseitiger Achtung stattfinden und die Leistungen sowie das Sozialverhalten im Betrieb detailliert thematisieren.[106] Die betroffene Arbeitnehmerin bzw. der Arbeitnehmer müsste Gelegenheit zur Stellungnahme erhalten (speziell zu grundloser Kritik oder ungerechter Bewertung). Wichtig ist im Übrigen, anlässlich solcher Gespräche die gegenseitigen Wünsche und Verbesserungsvorschläge bzw. Zielsetzungen präzise zu äusseren bzw. möglichst konkret zu vereinbaren. Qualifikation und Ihre Stellungnahme sollten unbedingt schriftlich fixiert, in Kopie an Sie ausgehändigt und in Ihrem Personaldossier abgelegt werden. Denn Arbeitszeugnisse müssen Qualifikationsbögen und allfällige Stellungnahmen berücksichtigen. Diesen Umstand sollten Sie nicht, wie das leider immer wieder geschieht, vernachlässigen.

Und damit zum Arbeitszeugnis: wie auch immer Ihr Timeout und Ihr späterer Wiedereinstieg in die Berufswelt aussehen mögen, das Arbeitszeugnis spielt dabei eine wichtige Rolle. Nachstehend einige arbeitsrechtliche Ratschläge. Zum einen gilt das, was betreffend der Qualifikationen gesagt wurde, auch für das Arbeitszeugnis (siehe vorhergehender Abschnitt). Zum andern stellt das schweizerische Arbeitsrecht folgende Anforderungen an ein korrektes Arbeitszeugnis:

- Vollständigkeit: Das Arbeitszeugnis sollte Name und Anschrift des Arbeitgebers, Name, Geburtsdatum, Bürgerort (nicht jedoch die Wohnadresse) und Funktionen des Arbeitnehmers, eine Liste der wahrgenommenen Aufgaben, eine Beurteilung der wichtigen Leistungsfaktoren, eine Bewertung des Sozialverhaltens, die Erwähnung des Austrittsgrunds sowie Name, Funktion und Unterschrift einer zur Vertretung des Arbeitgebers befugten und der Arbeitnehmerin vorgesetzten Person enthalten.
- Klarheit: Das Zeugnis muss klar formuliert sein, was insbesondere verlangt, dass keine Missverständnisse möglich sind – deshalb sind die leider immer noch verwendeten Zeugniscodes unzulässig.
- Genauigkeit: Das Zeugnis hat die wahrgenommenen Aufgaben präzise aufzuzählen sowie Leistungsqualifikationen und Beurteilungen des Sozialverhaltens genau vorzunehmen, damit ein möglichst exaktes Gesamtbild der Arbeitnehmerin entsteht.
- Wahrheit: Das Arbeitszeugnis muss wahr sein, worunter das schweizerische Arbeitsrecht objektivierte Richtigkeit versteht: die Arbeitgeberin hat nicht etwa ihr subjektives Urteil zu fällen, sondern sich zu bemühen, Leistungen und Verhalten der Arbeitnehmerin möglichst objektiv zu beurteilen. Deshalb sind die leider immer noch gebräuchlichen Zufriedenheitsformeln wie z. B. «arbeitete stets zu unserer Zufriedenheit» eigentlich unzulässig und sollten durch eine objektivierte Bewertung als «gut», «sehr gut», «genügend» oder «ungenügend» ersetzt werden.
- Wohlwollende Formulierung: Es dürfen insbesondere nicht nebensächliche negative Vorkommnisse bzw. schlechte Leistungen genannt werden, welche mehrere Jahre zurückliegen und in den vergangenen Jahren durch gute Leistungen kompensiert worden sind. Zudem sind Formulierungen zu wählen, welche das berufliche Fortkommen des Arbeitnehmers fördern. Das heisst allerdings nicht, dass der Arbeitgeber seinem Arbeitnehmer ein Gefälligkeitszeugnis ausstellen muss; er würde sonst Gefahr laufen, einem anderen Arbeitgeber, welcher sich auf das gute Zeugnis ver-

lassen und daraufhin den Arbeitnehmer angestellt hatte, u.U. den Schaden ersetzen zu müssen, welcher diesem wegen schlechter Leistungen des betreffenden Mitarbeiters entstanden ist.

Entspricht das Arbeitszeugnis, welches Sie erhalten haben, den beschriebenen Anforderungen nicht, so steht Ihnen ein Anspruch auf Berichtigung und Ausstellung eines neuen Zeugnisses zu. Im Übrigen haben Sie nicht nur am Ende des Arbeitsverhältnisses einen Anspruch auf Erhalt eines korrekten Zeugnisses, sondern Sie dürfen auch – und es ist sehr empfehlenswert, dass Sie dies auch wirklich tun – bereits während des Arbeitsverhältnisses jederzeit ein sog. Zwischenzeugnis verlangen, wenn Sie dazu ein berechtigtes Interesse haben (insbesondere: Vorgesetztenwechsel, interner Stellenwechsel, nach einer Beförderung zu einer Position mit überwiegend neuen Aufgaben, u.U. also auch vor einem längeren Timeout).

8.2.4 Probleme mit dem bzw. der Vorgesetzten

Wenn Sie sich mit der Ihnen vorgesetzten Person in einem derart belastenden Konflikt befinden, dass Sie am liebsten die Stelle gleich verlassen möchten, dann empfiehlt es sich, dies nicht unüberlegt zu tun. Analysieren Sie die Konfliktsituation sowie Ihre Chancen auf dem Arbeitsmarkt, evtl. unter Beizug einer Fachperson.

Das Arbeitsrecht kann in solchen Situationen erst dann behilflich sein, wenn der Konflikt derart scharfe Formen angenommen hat, dass eine Verletzung des Arbeitsvertrags, eines allfälligen Gesamtarbeitsvertrags oder von gesetzlichen Schutznormen vorliegt. Das ist etwa dann der Fall, wenn die vorgesetzte Person unzumutbar viele Überstunden anordnet (vgl. Kapitel 8.2.1), die zu einem Vertragsbestandteil erklärte «Job Description» nicht einhält, eine unzulässige Versetzung ausspricht, unerlaubte Weisungen erteilt, sich an einem Mobbing gegen Sie beteiligt bzw. ein solches nicht mit Gegenmassnahmen unterbindet. Solange aber das Arbeitsrecht nicht verletzt wird, kann Ihnen dieses leider nicht behilflich sein. Sollten mehrere Kolleginnen und Kollegen unter dem betreffenden Vorgesetzten leiden, dann ist es ratsam, die übergeordnete Stelle um ein vermittelndes Gespräch zu bitten und – wenn auch dies nichts nützt – die allenfalls gewählte Personalkommission oder die Gewerkschaft für die Konfliktbewältigung einzubeziehen.

8.2.5 Krankheit

Sind Sie infolge Krankheit arbeitsunfähig, so haben Sie das Recht, der Arbeit fern zu bleiben, bis Sie wieder genesen. Während dieser Zeit sind Sie vor einer Kündigung durch den Arbeitgeber durch die Sperrfristen von OR 336c geschützt (siehe dazu Kapitel 8.3.2). Ob Sie trotz der Arbeitsverhinderung Ihren Lohnanspruch behalten und wie lange, das hängt zum einen davon ab, wie hoch Ihr jährlicher Lohnfortzahlungsanspruch ist und wieweit Sie dieses «Konto» schon durch andere Absenzen aufgezehrt haben, zum andern davon, ob ein allenfalls anwendbarer GAV oder Ihr Arbeitsvertrag nicht eine günstigere Regelung vorsieht (insbesondere eine betriebliche Krankentaggeldversicherung), vgl. dazu Kapitel 8.3.3.

Wichtig im Hinblick auf die Frage, ob und wie Sie ein Timeout aus einer solchen Situation heraus planen oder aufnehmen wollen, sind folgende Aspekte:

1. Halten Sie Ihre Arbeit nicht – wie ich das in meiner Beratungspraxis vor allem bei älteren Generationen immer wieder erlebe – zu lange durch, bis Sie einen Zusammenbruch oder sonstige ernsthafte gesundheitliche Probleme erleiden. Gehen Sie rechtzeitig in ärztliche Untersuchung/Behandlung und besprechen Sie mit einer Fachperson, ob und wieweit Sie überhaupt noch arbeitsfähig sind. Falls Sie krank geschrieben werden, teilen Sie dies dem Arbeitgeber umgehend mit und senden Sie ihm das Arztzeugnis, von welchem Sie zuvor eine Kopie angefertigt haben, zu.

2. Auch psychische Belastungen können Ihre Arbeitsunfähigkeit bedingen, und zwar oft schneller, als Sie es selber wahrnehmen. (Diese Art von Belastungen führen gemäss Statistiken der Invalidenversicherung zu rund $2/3$ zur Invalidität!) Begeben Sie sich nicht zu spät in Behandlung. Sollte der Arzt (oder eine ausgebildete Psychologin) Sie als arbeitsunfähig ansehen, glauben Sie ihnen. Gemäss unserem Arbeitsrecht haben Sie auch dann einen Anspruch, der Arbeit unter Lohnfortzahlung fernbleiben zu können – gerade, wenn bestimmte Umstände an Ihrem Arbeitsplatz zu schwereren psychischen Belastungen führen.

3. Es gelten zwar für die Kündigung der Arbeitgeberin die Sperrfristen gemäss OR 336c. Sie als Arbeitnehmer oder Arbeitnehmerin können aber trotz Krankheit Ihr Arbeitsverhältnis kündigen.

8.3 Rechtsfragen zum Timeout

Dieses Kapitel beleuchtet kurz die typischen arbeits- und sozialversicherungs-rechtlichen Fragen, welche sich im Zusammenhang mit einem Timeout allge-mein stellen und die Entscheidung beeinflussen, ob Sie ein Timeout ins Auge fassen wollen und wie Sie dieses genau planen:

- Habe ich Anspruch auf ein Timeout?
- Soll ich meinen Job behalten oder kündigen?
- Bin ich gegen die wichtigsten Risiken versichert?
- Welche typischen rechtlichen Probleme stellen sich, wenn ich während des Timeouts erwerbstätig sein will/muss?

8.3.1 Anspruch auf ein Timeout?

Die Antwort ist – wie so oft im Recht – zweigeteilt: in Grundsatz und Ausnah-men.

8.3.1.1 Der Grundsatz: Nein

Das Schweizer Arbeitsrecht gibt grundsätzlich keinen Anspruch gegenüber der Arbeitgeberin bzw. dem Arbeitgeber, während einer Anstellung ein Time-out beziehen zu können. Ohne bzw. nach einer Anstellung ist dies selbstver-ständlich immer zulässig. Zudem existiert (noch) keine allgemeine Sozialver-sicherung, die den Versicherten unter gewissen Bedingungen ein Timeout be-zahlen würde.

8.3.1.2 Die Ausnahmen

Ein Anspruch gegenüber dem Arbeitgeber bzw. der Arbeitgeberin auf Gewäh-rung (und allenfalls auch auf Bezahlung) eines Timeouts kann ausnahmswei-se doch gegeben sein, nämlich in folgenden Situationen:

1. Wenn ein Spezialgesetz einen Anspruch vorsieht (insbesondere die AHV und das BVG auf eine vorzeitige Pensionierung oder das öffentliche Per-sonalrecht für bestimmte Staatsangestellte auf Bildungsurlaube, Sabbati-cals oder eine vorzeitige Pensionierung).
2. Wenn ein Gesamtarbeitsvertrag, der auf Ihr Arbeitsverhältnis anwendbar ist, unter bestimmten Bedingungen einen Anspruch auf ein Timeout gibt (vor allem auf einen Bildungsurlaub oder auf eine vorzeitige Pensionie-rung bzw. Überbrückungsleistungen bis zur ersten Auszahlung der ordent-lichen AHV-Rente, vgl. Kapitel 4.2).

3. Wenn Sie in Ihrem Arbeitsvertrag mit Ihrem Arbeitgeber speziell vereinbart haben, dass Sie unter bestimmten Bedingungen ein Timeout beanspruchen dürfen (Gratulation, dann gehören Sie zu den wenigen, denen das aufgrund Ihrer Marktposition bzw. Verhandlungsmacht gelungen
ist!).

4. Wenn die Arbeitgeberin von sich aus im Rahmen der sog. Allgemeinen
Arbeitsbedingungen («Firmenreglement», «Allgemeine Anstellungsbe-
dingungen», «Mitarbeiterhandbuch» u.Ä.) ganz generell den Mitarbeitenden (meist unter genau geregelten Bedingungen) einen Anspruch auf ein
bestimmtes Timeout verschafft (etwa ein Sabbatical, einen Bildungsurlaub, z.T. auch eine Sozialzeit); sind diese Allgemeinen Arbeitsbedingungen durch einen pauschalen Verweis im Arbeitsvertrag zum Bestandteil
des einzelnen Arbeitsvertrags geworden, dann haben Sie einen vertraglichen Anspruch auf das betreffende Timeout, sollten Sie die gestellten Bedingungen erfüllen. Dasselbe gilt für den Fall, dass zwar ein pauschaler
Verweis im Arbeitsvertrag fehlt, sich die Zusammenarbeit im Betrieb aber
über längere Zeit nach dem «Firmenreglement» oder dem «Mitarbeiterhandbuch» richtete und anderen Mitarbeitenden bereits ein dort geregel-
tes Timeout gewährt wurde; dann gelten die entsprechenden Regelungen ebenfalls als Bestandteil des Einzelarbeitsvertrags (stillschweigende
Vereinbarung durch sog. konkludentes, d.h. schlüssiges Verhalten), weshalb Sie unter den entsprechenden Bedingungen auch einen Timeout-Anspruch haben.

5. Wenn die Arbeitgeberin Mitarbeitenden bereits verschiedentlich ein frei-
williges Timeout gewährt hat. Im Rahmen von freiwilligen Leistungen
des Arbeitgebers ist der arbeitsrechtliche Grundsatz der Gleichbehandlung zu beachten. Danach darf niemand gegenüber der Mehrheit der
Arbeitskolleg/innen ohne triftigen Grund benachteiligt werden. Zulässig
wäre es jedoch, einzelne gegenüber der Mehrheit der anderen zu bevorzugen.

6. Das Timeout ist von kürzeren Arbeitsunterbrechungen wie Pausen, Feier-
tagen, Wochenenden, Weiterbildungkursen, Betriebsausflügen und natürlich Ferien zu unterscheiden. Deren geringere Dauer lässt es in der Regel
nicht zu, aus der Arbeitswelt wirklich herauszutreten und Pflichten, Pendenzen, Spannungen und Konflikte hinter sich zu lassen. Trotzdem erlebe ich es in meiner Beratungspraxis immer wieder – ja eigentlich viel zu
oft –, dass Arbeitnehmende während Jahren soviel gearbeitet haben, dass

sich eine Unmenge von Überstunden akkumuliert hat oder/und ein noch nicht bezogener Feriensaldo mittlerweile mehrere Monate ausmacht. In solchen ungesunden Ausnahmesituationen kann dann tatsächlich ein arbeitsrechtlicher Anspruch darauf bestehen, nun endlich einmal während einiger Wochen der Arbeit fernbleiben zu dürfen. Für wie lange und wann genau, muss aufgrund der konkreten Umstände im Einzelfall geprüft werden. Denn es ist das Recht (und die Pflicht) des Arbeitgebers bzw. der Arbeitgeberin, den Ferienbezug zuzuweisen und dabei auf die Wünsche der Arbeitnehmerin soweit Rücksicht zu nehmen, «als dies mit den Interessen des Betriebes vereinbar ist» (siehe OR 329c II). Wie Sie übrigens Abs. 1 von OR 329c entnehmen können, sollten die Ferien «in der Regel im Verlauf des betreffenden Dienstjahrs» gewährt werden, und zwar wenigstens 2 Ferienwochen zusammenhängend! Wenn sich also mehrere Monate Ferien über die Jahre hinweg ansammeln, dann verstösst dies gegen die zwingende Vorschrift von OR 329c!

Noch zwei Bemerkungen zu den akkumulierten Überstunden: Dass diese nur unter gesetzlich einschränkenden Bedingungen zu leisten sind, wurde bereits erwähnt (vgl. Kapitel 8.2.1). Wurden Überstunden geleistet und anerkennt der Arbeitgeber sowohl deren betriebliche Notwendigkeit als auch ihr Ausmass, dann fragt sich, ob sie mit entsprechender Freizeit kompensiert werden können (was im Hinblick auf ein Timeout dann interessant wäre, wenn es sich um viele Überstunden handeln würde). OR 321c und ArG 13 geben hier eine klare Antwort: ein Anspruch auf zeitliche Kompensation besteht nur, wenn der Arbeitgeber dazu sein Einverständnis gibt oder dies bereits im Arbeitsvertrag getan hat. Ist das nicht der Fall, bleibt nur noch die Chance zu prüfen, ob ein allfälliger Gesamtarbeitsvertrag eine für den Arbeitnehmer günstigere Regelung zwingend vorschreibt. Besteht ein solcher Anspruch, ist aufgrund der betreffenden vertraglichen Regelung zu prüfen, ob diese Überstundenkompensation in einem zusammenhängenden Block, quasi als Teil eines Timeouts bezogen werden kann. Das hätte den grossen Vorteil, dass während dieser Zeit der Lohnanspruch und die Absicherungen gegen die Risiken Krankheit, Unfall, Tod und Alter normal weiter bestehen würden, da das Arbeitsverhältnis ja noch nicht beendet ist.

8.3.2 Job behalten/kündigen?

Eine der zentralen Fragen bei der Abwägung des Für und Wider bzw. bei der Planung eines Timeouts ist diese: Soll bzw. kann ich meinen Job trotzdem behalten oder muss/soll ich diesen kündigen? Die Antwort ist primär keine rechtliche, sondern hängt von ganz verschiedenen und je nach Einzelfall unterschiedlichen Faktoren ab, u.a. natürlich von:

- der Art des Timeouts, welches Sie wählen
- von einer allfälligen Regelung der betreffenden Art von Timeout im Einzelarbeitsvertrag, in einem Firmenreglement oder einem allenfalls anwendbaren Gesamtarbeitsvertrag
- von der Dauer des Timeouts
- von Ihrer Position im Betrieb bzw. und Ihrem «Wert» für den Arbeitgeber
- vom Nutzen Ihres Timeouts für Ihre weitere Tätigkeit im bisherigen Betrieb
- von einer allfälligen Dringlichkeit, sich von der bisherigen Arbeitgeberin «endlich» zu trennen, um sich im Laufe eines Timeouts neu orientieren zu können
- von Ihren Chancen, nach dem Timeout mehr oder weniger leicht wieder einen attraktiven Job finden zu können
- und schliesslich von Ihren finanziellen Möglichkeiten und weiteren persönlichen Umständen (Familie, Partnerschaft, Gesundheit, Interessen etc.).

8.3.2.1 Beibehaltung des Arbeitsverhältnisses – wie am besten?

Wenn Sie zum Schluss gelangt sind, ein Timeout sei unter Beibehaltung Ihres Arbeitsverhältnisses für Sie die beste Lösung, dann sollten Sie folgende Hinweise beachten:

- Klären Sie ab, ob Ihr Arbeitsvertrag (bzw. das zu diesem gehörende Firmenreglement) bzw. ein allenfalls für Sie geltender Gesamtarbeitsvertrag – oder, falls Sie öffentlich-rechtlich angestellt sind, das Personalrecht – Regelungen zu einem Timeout enthalten. Sollten Sie zu Ihrer freudigen Überraschung tatsächlich fündig werden, dann müssen Sie in einem nächsten Schritt möglichst genau prüfen, unter welchen Bedingungen Ihnen ein entsprechender Timeout-Anspruch zusteht. Dann versuchen Sie am besten, rechtzeitig mit der Ihnen vorgesetzten Person das Gespräch über die generelle Möglichkeit eines Timeouts aufzunehmen und feinfühlig herauszufinden, wie gross die Unterstützung seitens dieser vorgesetzten Person sein könnte. Ohne deren Unterstützung werden Sie – je nachdem, wie unmittelbar Sie sich auf eine vertragliche Regelung berufen können – Ihr Timeout kaum zugesprochen erhalten.[107]

- Sollten Sie keinen gesetzlichen oder vertraglichen Anspruch auf ein Timeout haben, dann sind Sie auf das Entgegenkommen bzw. das Einverständnis der Arbeitgeberin angewiesen. In diesem Fall gilt es, gut vorbereitet und taktisch geschickt die Rahmenbedingungen Ihres Timeouts auszuhandeln (vgl. Kapitel 6.3) und schliesslich – das ist sehr zu empfehlen – in einem schriftlichen Vertrag möglichst genau zu regeln.

Dieser Vertrag bzw. die Einigung zwischen Ihnen und Ihrer Arbeitgeberin sollte neun Fragen unbedingt regeln:

1. Die Einigung, dass Sie ein Timeout nehmen dürfen, zu welchem Zweck Sie das machen, von wann bis wann es dauern soll und dass der Arbeitgeber dieses Vorhaben unterstützt.

2. Den weiteren Verlauf des gemeinsamen Arbeitsverhältnisses: wird es beendigt, wie wird es beendigt (Ablauf eines befristeten Arbeitsverhältnisses, Kündigung oder gemeinsamer Aufhebungsvertrag?), falls durch Kündigung, wer kündigt (Arbeitgeber oder Arbeitnehmer?), auf welchen Zeitpunkt hin wird es beendigt? Oder wird das Arbeitsverhältnis weitergeführt? Alternative: Das Arbeitsverhältnis wird beendet, Sie schliessen aber mit derselben Arbeitgeberin bereits einen neuen Arbeitsvertrag zu neuen Konditionen ab, welcher nach dem Timeout gelten soll.

3. Allfällige Ansprüche, noch nicht kompensierte Überstunden bzw. nicht bezogene Ferien in einem grossen Block für das Timeout beziehen zu können (oder eine andere Vereinbarung, etwa eine Mischung aus Auszahlung und Realbezug). Vergleiche dazu Kapitel 8.2.1 und 8.3.1.

4. Eine allfällige finanzielle Unterstützung (wie viel Geld, für welchen Zweck, unter welchen Bedingungen, wann, wem, wo zu zahlen?).

5. Eine allfällige Vereinbarung über die Amortisation der Unterstützungsgelder (beispielsweise die Verpflichtung, nach dem Absolvieren der Ausbildung noch eine bestimmte Zeit lang bei der Arbeitgeberin weiterzuarbeiten, ansonsten man den ganzen Unterstützungsbeitrag zurückzuzahlen habe, allenfalls reduziert pro Monat, welchen man bei der Arbeitgeberin weiterarbeitet). Solche Vereinbarungen halten einer arbeitsrechtlichen Beurteilung nicht immer stand; es ist daher ratsam, die konkreten Einzelheiten von einer Fachpersonen begutachten zu lassen.

6. Das Abmachen eines Qualifikationsgesprächs und das Ausstellen eines Zwischenzeugnisses (worauf Sie vor einem längeren Timeout einen arbeitsrechtlichen Anspruch haben). Vergleiche dazu Kapitel 8.2.3.

7. Eine Einigung darüber, wann und wie die noch laufenden Aufgaben beendet bzw. dem Stellvertreter/der Nachfolgerin übergeben werden sollen.

8. Im Fall eines Wiedereintritts bzw. einer Wiederaufnahme der Arbeit im bisherigen Betrieb die Einigung darüber, an welchem Arbeitsplatz Sie welche Funktionen mit welchen Aufgaben und welchen Kompetenzen bzw. Verantwortungen in Zusammenarbeit mit welchen Mitarbeitenden für welche Gegenleistung (Fixlohn, Lohnzulagen etc.) aufnehmen werden.

9. Die Klärung weiterer Restfragen (z.B. die Auszahlung eines Bonus, einer allfälligen Umsatzbeteiligung, die Rückgabe oder die Möglichkeit der fortgesetzten Benützung eines Geschäftsautos, eines Notebooks u.Ä.).

8.3.2.2 Auflösung des Arbeitsverhältnisses – wie am besten?

Wenn feststeht, dass das Arbeitsverhältnis vor oder mit dem Timeout beendet wird, dann stellt sich die Frage, wie dies am besten geschehen soll. Dazu gibt es grundsätzlich zwei verschiedene Lösungen: Kündigung (entweder durch Sie oder den Arbeitgeber) oder Aufhebungsvertrag.

Der Aufhebungsvertrag

Genau so wie Sie und Ihre Arbeitgeberin den Arbeitsvertrag abgeschlossen haben, können Sie – verpflichtet sind Sie dazu allerdings nicht – gemeinsam mit ihr diesen Vertrag mittels Aufhebungsvertrag wieder auflösen. Das können Sie auch mündlich tun, wenn im Arbeitsvertrag dazu nicht Schriftlichkeit vorausgesetzt ist. Es empfiehlt sich jedoch ein separater schriftlicher Vertrag. Dieser sollte folgende Punkte regeln:

- Die Einigung darüber, dass beide Parteien mittels Aufhebungsvertrag das Arbeitsverhältnis beenden wollen.
- Den Grund, aus welchem die Parteien gemeinsam ihre Zusammenarbeit beenden wollen. Falls nicht unmittelbar Ihr Wunsch nach einem Timeout, sondern *Umstände, die nicht Sie zu verantworten haben*, Anlass für die Auflösung sind, dann sollte dies im Aufhebungsvertrag auch so genannt werden (könnte für eine spätere Beanspruchung von Arbeitslosenentschädigung bedeutsam werden). Ebenso, wenn der Aufhebungsvertrag auf Druck des Arbeitgebers zustande gekommen ist.
- Den Aufhebungstermin, d. h. den Zeitpunkt, auf den hin das Arbeitsverhältnis beendet werden soll.
- Den allfälligen Wiedereintritt in das Unternehmen, falls man sich darauf einigen konnte (sowie alle wichtigen Modalitäten wie Zeitpunkt, Funkti-

onen, Aufgabenkreis, Lohn, Ferien, Krankentaggeldversicherung, allfällige Probezeit, Kündigungsfristen u.Ä.).

- Die Einigung über ein durchzuführendes Qualifikationsgespräch (mit wem, wann, worüber), die arbeitsrechtlich korrekte, d.h. vollständige, genaue, klare, objektiv richtige und wohlwollende Beurteilung Ihrer Leistungen, Ihres Sozialverhaltens sowie über die Ausstellung eines entsprechenden Zwischen- und/oder Schlusszeugnisses. Sie dürfen parallel dazu oder statt eines qualifizierten Zeugnisses auch eine reine Arbeitsbestätigung verlangen. Vergleiche zum Ganzen Kapitel 8.2.3.
- Eine Absprache über die Erteilung von Referenzen (d. h., *wen* Sie dazu ermächtigen). Ohne entsprechende Ermächtigung darf nämlich niemand im Betrieb Dritten gegenüber eine Beurteilung über Sie abgeben.
- Die Klärung und ein Einverständnis darüber, ob und wie viele Überstunden von Ihnen erbracht wurden, sowie darüber, wie diese kompensiert werden sollen (entweder durch Bezug entsprechender Freizeit oder durch Auszahlung gemäss OR 321c, einer allfälligen arbeitsvertraglichen Regelung oder der im Aufhebungsvertrag betroffenen Einigung; der Realbezug kann bei einer grösseren Anzahl von Überstunden für die Durchführung eines Timeouts wesentlich sein, vgl. Kapitel 8.2.1).
- Die Klärung und ein Einverständnis darüber, ob und wie viele Ferien Sie noch nicht bezogen haben bzw. bis zum Ende des Arbeitsverhältnisses auch nicht mehr beziehen können (weil gewichtige Interessen des Betriebs wie z.B. der Abschluss wichtiger Arbeiten Ihrem persönlichen Bedürfnis nach Ferienbezug vorgehen). Zusätzlich die Einigung darüber, ob Ihnen die nicht mehr beziehbaren Ferien am Ende des Arbeitsverhältnisses ausbezahlt oder am Schluss des Arbeitsverhältnisses real gewährt werden – unter Fortführung des Arbeitsverhältnisses für die entsprechende Dauer, d. h. insbesondere unter Fortzahlung des Lohns. Vergleiche dazu Kapitel 8.3.1.
- Das Festhalten einer allfälligen Einigung über eine Unterstützung Ihres Timeouts durch Ihre Arbeitgeberin, insbesondere finanzielle Beiträge, Vermittlung einer anderweitigen Verdienstmöglichkeit während des Timeouts, Zur-Verfügung-Stellen einer Wohnmöglichkeit im Ausland, Abgeltung eines Erfahrungsberichts, Fortführung gewisser Sozialversicherungen mit teilweiser oder gänzlicher Übernahme der Prämien, der Bezug einer oder mehrerer Dienstleistungen, die Sie während oder nach dem Timeout zugunsten Ihrer Arbeitgeberin erbringen können (zum Beispiel Bilder, die Sie

in der Toskana malen werden, oder ein spezielles Computerprogramm, das Sie während des Timeouts schreiben wollen) oder die Unterstützung des Aufbaus Ihrer selbständigen Erwerbstätigkeit, um nur einige Möglichkeiten einer Unterstützung aufzuzählen.

- Die Regelung sämtlicher noch offener rechtlicher Fragen im Zusammenhang mit Ihrem Arbeitsverhältnis (z.B. Spesenentschädigungen, Bonus, Gratifikation, Prämien und sonstige Erfolgsbeteiligungen, Übergabe von Arbeiten, Einarbeitung einer Nachfolgerin bzw. Stellvertreterin, Kommunikation Ihres Weggangs gegenüber der Belegschaft, Kunden und anderen Drittpersonen, die Aufhebung oder Einschränkung eines allfälligen Konkurrenzverbots, Klärung der Kommunikation gegenüber der Arbeitslosenversicherung → vor allem bezüglich der Frage, wer das Arbeitsverhältnis warum auflösen wollte.
- Die Aufnahme der Klausel, dass allenfalls neben diesem Aufhebungsvertrag bestehende Vereinbarungen ungültig seien, falls sie dem Inhalt dieses Vertrags widersprechen.
- Die Aufnahme der Klausel, dass Abänderungen dieses Aufhebungsvertrags der Schriftlichkeit bedürfen, damit sie gültig zustande kommen.

Schliesslich noch ein wichtiger Hinweis: Mit einem Aufhebungsvertrag dürfen keine zwingenden Schutzvorschriften (v.a. Kündigungsfristen und Lohnfortzahlungen bei unverschuldeten Arbeitsverhinderungen wie Krankheit, Unfall, Schwangerschaft) umgangen werden, ohne dass der Arbeitnehmer gleichwertige Gegenleistungen von der Arbeitgeberin erhält: z.B. eine finanzielle Unterstützung des Timeouts oder die sofortige Beendigung auf Wunsch der Arbeitnehmerin hin, weil sie dann sofort eine ihr wichtige Ausbildung beginnen kann. Der Arbeitnehmer kann auch nicht auf bereits fällige Forderungen, auf die er einen zwingenden gesetzlichen Anspruch hat, verzichten: z.B. auf die Abgeltung von geleisteter Überzeitarbeit gemäss Art. 13 des Arbeitsgesetzes mit 125% Stundenlohn oder die Bezahlung von Krankenlohn für eine vor dem Abschluss des Aufhebungsvertrags liegende Krankheit gemäss OR 324a.

Die Kündigung

Sie kommt im Unterschied zum Aufhebungsvertrag nicht durch gegenseitiges Einverständnis zustande, sondern wird einseitig ausgesprochen und automatisch, d. h. ohne das Mitwirken der Gegenpartei (insbesondere auch ohne deren Zustimmung) wirksam, sobald die Gegenpartei die Kündigung zur Kenntnis genommen hat oder aufgrund der Umstände dies hätte tun können. Zum Kündigungsschutz können hier lediglich einige Stichworte aufgezählt werden:

- *Die Kündigung hat nur dann schriftlich zu erfolgen, wenn das vertraglich so vereinbart wurde.*
- Sie gilt ab dem Zeitpunkt als wirksam, in welchem sie von der Gegenpartei zur Kenntnis genommen wurde bzw. dies hätte tun können.
- Ab diesem Moment muss die Zeit bis zum Auflösungstermin (sog. Kündigungstermin) so lang sein, dass die gesetzliche bzw. vertragliche Kündigungsfrist, welche man vom Kündigungstermin her rückwärts zählt, eingehalten werden kann; zu den gesetzlichen Vorschriften betreffend Kündigungstermin und Kündigungsfristen siehe OR 335 ff.
- Im Übrigen ist jeweils zu prüfen, ob ein Gesamtarbeitsvertrag auf das Arbeitsverhältnis anwendbar ist, welcher strengere Kündigungsschutzvorschriften vorsieht.
- Während einer Arbeitsverhinderung der Arbeitnehmerin infolge Krankheit, Unfall, Militärdienst, Schwangerschaft oder Niederkunft u.Ä. gelten sog. Sperrfristen gemäss OR 336c: eine vom Arbeitgeber während einer solchen Sperrfrist ausgesprochene Kündigung ist ungültig und muss nach Ablauf der Sperrfrist erneut ausgesprochen werden; und die vor einer Sperrfrist ausgesprochene Kündigung ist zwar wirksam, der Ablauf der Kündigungsfrist wird aber während der Sperrfrist unterbrochen und danach weitergeführt, was das Arbeitsverhältnis schliesslich auf den nächst möglichen Kündigungstermin hin beendet (für Kündigungen seitens der Arbeitnehmenden gelten keine Sperrfristen bei einer eigenen Arbeitsverhinderung, sondern lediglich der obligatorische Militär- oder Zivildienst des Arbeitgebers bzw. des Vorgesetzten gemäss OR 336d).
- Es entspricht dem schweizerischen liberal-marktwirtschaftlichen System, dass Arbeitsverhältnisse jederzeit aus einem beliebigen Grund gekündigt werden dürfen (sog. Grundsatz der Kündigungsfreiheit) – selbst Kündigungen aus verwerflichen, sog. rechtsmissbräuchlichen Gründen sind voll wirksam, beenden also das Arbeitsverhältnis (z. B. die Rachekündigung als Reaktion darauf, dass man als Arbeitnehmer ein Arbeitsrecht geltend gemacht hat, oder die Kündigung zur Vereitelung arbeitsrechtlicher Ansprüche wie etwa der Ausbezahlung einer Gratifikation am Jahresende, siehe zu den weiteren gesetzlich Gründen OR 336); sie geben aber der gekündigten Partei unter Umständen einen Entschädigungsanspruch von bis zu 6 Monatslöhnen (als sog. Privatbusse zur «Strafe» des rechtsmissbräuch-

lich handelnden Arbeitgebers und in der präventiven Absicht, eben solche Kündigungen zu verhindern).

- Im Übrigen soll hier kurz auf die speziellen Fälle der Massenentlassung (siehe OR 335 d-g) sowie die Kündigung, welche eine geschlechtsspezifische Diskriminierung darstellt, hingewiesen werden (geregelt im Gleichstellungsgesetz).

Noch ein Wort zur Frage, ob Sie besser selber kündigen oder – falls Ihnen diese Wahl überhaupt offen steht – sich das Arbeitsverhältnis von der Arbeitgeberin kündigen lassen sollen. Abgesehen von persönlichen Gründen ist aus arbeitsrechtlicher Sicht die eigene Kündigung empfehlenswert, weil dann im Arbeitszeugnis der Standardsatz stehen muss «verlässt uns auf eigenen Wunsch», was die Stellensuche erleichtert; denn das Fehlen dieses Satzes wird dahingehend interpretiert, das Arbeitsverhältnis sei vom Arbeitgeber gekündigt bzw. wegen Problemen aufgelöst worden, welche Sie verursacht hätten. (Zur Arbeitslosenversicherung äussert sich Ziffer 8.3.3.3.)

8.3.2.3 Freistellung

Zunächst muss darauf hingewiesen werden, dass die Freistellung etwas anderes ist als die Kündigung, auch wenn sie oftmals mit dieser zusammenfällt. Sie wird zwar typischerweise auch vom Arbeitgeber einseitig ausgesprochen, beendet aber das Arbeitsverhältnis nicht, sondern stellt – wie das Wort ja sagt – die Arbeitnehmerin von der Arbeitspflicht frei. Dazu ist der Arbeitgeber bzw. die Arbeitgeberin grundsätzlich jederzeit berechtigt, da man die Freistellung arbeitsrechtlich als Ausübung des ihm bzw. ihr zustehenden Weisungsrechts versteht. Unzulässig ist sie nur ausnahmsweise, wenn im Vertrag ausdrücklich eine Beschäftigungspflicht vereinbart wurde oder ihre Modalitäten (z.B. Meldepflichten, Rückruf) sachlich nicht gerechtfertigt und daher schikanös sind oder sonst wie eine Persönlichkeitsverletzung der betroffenen Arbeitnehmerin darstellen.

Wichtig: Zum Wesen der Freistellung gehört es, dass die Arbeitgeberin dem freigestellten Arbeitnehmer trotzdem den Lohn weiterbezahlen muss, den er ohne Freistellung hätte verdienen können (also auch die Lohnzulagen, einen allfälligen Anteil an einem Bonus, Gratifikation etc.). Er muss sich allerdings das anrechnen lassen, was er dank der Freistellung an Spesen erspart und allenfalls durch anderweitige Erwerbsarbeit verdient hat. Vergleiche dazu OR 324.

Etwas anderes als eine Freistellung ist die Niederlegung der Arbeit ohne Verlust des Lohnanspruchs, wozu das Arbeitsrecht die Arbeitnehmenden berechtigt, falls der Arbeitgeber den Arbeitsvertrag krass oder wiederholt verletzt hat, insbesondere bei ausstehendem Lohn und Persönlichkeitsverletzungen trotz Abmahnung, z.B. wegen nicht unterbundenen Mobbings, einer sexuellen Belästigung oder einer anderen unzumutbaren Arbeitsbedingung. OR 324 kommt dann sinngemäss zur Anwendung; bei ganz schwerwiegenden Pflichtverletzungen ist auch eine fristlose Kündigung zulässig, siehe OR 337 ff.

Steht dem Arbeitnehmer ein Anspruch auf Freistellung zu? Selbstverständlich wäre es ideal, statt während der (unter Umständen sehr langen) Kündigungsfrist weiterarbeiten zu müssen, von der Arbeitgeberin freigestellt zu werden. Damit hätten Sie bereits einen oder sogar mehrere Monate freie Zeit für den Start oder u.U. sogar für das gesamte Timeout. Aber: es steht Ihnen kein Anspruch auf Freistellung zu, es sei denn, Sie könnten sich auf eine entsprechende Klausel in Ihrem Arbeitsvertrag oder dem anwendbaren Gesamtarbeitsvertrag berufen (was in der Praxis praktisch nie vorkommt). In angespannten Situationen oder gar handfesten Auseinandersetzung mit Ihrem Arbeitgeber, welche Sie zum Entschluss bringen, ein Timeout zu nehmen bzw. das Arbeitsverhältnis aufzulösen, ist zu prüfen, wieweit im Rahmen von Verhandlungen eine Freistellung aushandelbar bzw. erzwingbar ist. Das setzt allerdings voraus, dass Sie eine entsprechende Verhandlungsmacht besitzen, mit welcher Sie einen gewissen Druck auf den Arbeitgeber ausüben bzw. sich auf dessen moralische und soziale Verpflichtung berufen können, z.B. wegen eines nachweisbaren Mobbings oder wegen Ihrer höheren Stellung im Betrieb oder wichtiger Kontakte zu Kund/innen.

Kommt es zur Freistellung, empfiehlt es sich, diese in einer Freistellungsvereinbarung bestätigen zu lassen und in den Einzelheiten zu regeln.

Ein häufiger Streitpunkt betrifft die Frage, ob der Arbeitgeber die Restferien bzw. die aufgelaufenen Überstunden als mit der Freistellung bezogen betrachten darf. Das wird häufig so behauptet, ist jedoch arbeitsrechtlich nicht korrekt. Denn was die Restferien anbelangt, darf das nach Ansicht der meisten Arbeitsrechtler und neueren Rechtsprechung ohnehin nur in einem – von Gericht zu Gericht wieder anders festgelegten – angemessenen Verhältnis zwischen Restferien und Freistellungsdauer geschehen. Zudem verlangen einige, dass der Arbeitgeber auch explizit den Ferienbezug während der Freistellung hätte anordnen müssen, was nach Schweizer Arbeitsrecht voraussetzt, dass dies rechtzeitig, im Allgemeinen mindestens 3 Monate im Voraus zu geschehen hätte. Selbst wenn all diese Voraussetzungen erfüllt wären, würde die Anordnung, die Restferien seien mit der Freistellung bezogen, immer noch dann gegen das Gesetz verstossen, wenn es wegen der Stellensuche dem Arbeitnehmer gar nicht möglich ist, effektiv «Ferien zu machen», d.h. sich von der Arbeit zu erholen und seine Persönlichkeit zu entfalten (das ist nämlich der vom Gesetzgeber mit dem Ferienrecht zwingend verfolgte Ferienzweck, nicht aber die Stellensuche!). Die real nicht mehr beziehbaren Ferien sind daher – falls nicht alle vorher genannten Voraussetzungen erfüllt werden – am Ende des Arbeitsverhältnisses auszuzahlen.

Was den Überstundensaldo betrifft, gilt OR 321c Abs. 2 und 3, wonach Überstunden nur dann durch entsprechende Freizeit ausgeglichen werden müssen/dürfen, wenn dies vorher im Arbeitsvertrag so vereinbart wurde oder die Arbeitnehmerin dem jetzt bei der Freistellung ausdrücklich zustimmt (ob sie das tun will, steht ihr frei). Ist beides nicht der Fall, so hat sie aufgrund von OR 321c Abs. 3 einen Anspruch auf Abgeltung der Überstunden spätestens am Ende des Arbeitsverhältnisses.

8.3.2.4 Chancen für einen guten Wiedereinstieg?

Ein weiterer Faktor betreffend der Entscheidung, ob Sie den Job behalten oder aufgeben sollen, sind die Chancen für Ihr «Comeback». Klar, dass Sie einen Job eher aufgeben, wenn Sie gute Möglichkeiten für den Wiedereinstieg haben. Arbeitsrechtlich ist dazu nicht viel zu sagen. Immerhin kann bezüglich des Arbeitszeugnisses der Hinweis darauf nützlich sein, was unter dem Thema Kündigung vorher betreffend der Standardformulierung «verlässt uns auf eigenen Wunsch» gesagt wurde, auf die Sie nur dann einen Anspruch haben, wenn Sie selber gekündigt haben (bei der Stellensuche von Vorteil).

Hilfreich für einen Wiedereinstieg ist es, wenn man sich in einem Aufhebungsvertrag oder einer sonstigen Vereinbarung betreffend Timeout bereits über einen Wiedereinstieg in die ehemalige Firma einigen konnte und zudem die Modalitäten der Rückkehr klar geregelt sind.

8.3.3 Absicherung gegen Risiken

In diesem Kapitel geht es um die wichtige Frage, wie Sie während eines Timeouts versichert sind:

- Sozialversicherungsrechtlich gegen die typischen Risiken Krankheit, Unfall, Invalidität, Alter, Tod und Arbeitslosigkeit.

- Via Privatversicherung gegen Verlust bzw. Diebstahl von Eigentum (Hausratversicherung), die Folgen eines Autounfalls (Autoversicherung), Schadenersatzansprüche Dritter (Haftpflichtversicherung), das Risiko eines Gerichtsprozesses (Rechtsschutzversicherung), gegen besondere Risiken einer Reise wie Annullierung eines Flugs oder Rückführung wegen gesundheitlicher Probleme (Reiseversicherung) oder gegen die Risiken Tod, Invalidität und/oder finanzielle Altersvorsorge (Lebensversicherung).

8.3.3.1 Allgemeines

Zu den Risiken

Bei den Risiken Krankheit und Unfall geht es um zwei Folgen, gegen welche Sie sich versichern können: zum einen um die Untersuchungs-, Behandlungs- und Heilungskosten, zum anderen um den Erwerbsausfall. Für erstere kennt die Schweiz die Krankenpflegeversicherung (allgemeine Grundversicherung obligatorisch aufgrund des KVG, Zusatzversicherungen freiwillig bei Krankenkassen sowie Versicherungsgesellschaften aufgrund des Versicherungsvertragsgesetzes) und die obligatorische Unfallversicherung. Demgegenüber besteht bezüglich des Erwerbsausfalls nur ein Obligatorium, wenn es sich dabei um die Folge eines Unfalls handelt, nicht jedoch bei Krankheit.

Invalidität bedeutet der vollständige oder teilweise Verlust der Erwerbsfähigkeit für längere Zeit (mindestens 1 Jahr) oder voraussichtlich für immer. Dagegen abgesichert ist man in der Schweiz über die obligatorische Invalidenversicherung und Unfallversicherung, die Pensionskasse (obligatorisch allerdings nur, falls das Jahreseinkommen den Koordinationsabzug von zur Zeit 24'720 Franken übersteigt) sowie u.U. im Rahmen einer privat abgeschlossenen zusätzlichen Erwerbsunfähigkeits-Versicherung. Normalerweise entsteht aber der Anspruch auf eine IV-Rente erst, wenn die Erwerbsunfähigkeit mindestens 1 Jahr gedauert hat.[108]

Alter stellt – abgesehen von zunehmender Krankheits- und Unfallanfälligkeit – ein Risiko vor allem insofern dar, als mit der Pensionierung die Erwerbstätigkeit aufgegeben wird. Das ist der Normalfall, gesetzlich zwingend ist es nicht. Mit der Aufgabe der Erwerbstätigkeit fällt das Erwerbseinkommen weg. Dieses wird ersetzt durch die Renten der AHV (sog. 1. Säule der Altersvorsorge) und der Pensionskasse (2. Säule) sowie – falls dazu früher Geld investiert wurde – die Leistungen im Rahmen der 3. Säule (Lebensversicherung, Vorsorgekonto bei einem Finanzinstitut und privates Sparen).

Tod ist ein schweres Risiko für die Hinterbliebenen, soweit diese auf das Einkommen des Verstorbenen angewiesen sind. Gegen dieses Risiko sind wir obligatorisch in der AHV, IV und Unfallversicherung sowie über die Pensionskassen versichert (sog. Witwen-/ Witwer- und Waisenrenten). Hinzu kommen u.U. Leistungen aus der privaten gebundenen Vorsorge (Lebensversicherungen und 3. Säule-Konti).

Arbeitslosigkeit schliesslich ist ein Risiko, gegen das die Arbeitnehmenden (nicht jedoch die Selbständigerwerbenden!) bei der Arbeitslosenversicherung obligatorisch versichert sind.

Analyse Ihrer Vorsorgesituation

Ausgangspunkt ist Ihre momentane Vorsorgesituation betreffend der aufgezählten Risiken. Suchen Sie alle relevanten Versicherungsausweise zusammen mit den gültigen Versicherungsbedingungen (Reglemente und Ähnliches). Im Hinblick auf die Beurteilung Ihrer Vorsorgesituation sind die folgenden Fragen zentral:

- Welche Versicherung versichert Sie
- gegen welche Risiken
- unter welchen Bedingungen
- in welchem Umfang
- wie lange
- zu welchem Preis?

Können Sie aufgrund Ihrer Unterlagen bzw. Reglemente diese Fragen nicht oder nicht genau beantworten, dann wenden Sie sich am besten gleich mit einer schriftlichen Anfrage an die betreffende Versicherung mit der Bitte um schriftliche Antwort. Schildern Sie in Ihrer Anfrage kurz Art, Dauer und Ort des geplanten Timeouts und fragen Sie konkret danach, ob und wie die entsprechende Versicherung welche Risiken bzw. Ereignisse deckt (z. B. Ihre Krankenkasse, ob diese, falls Sie bei einer Reise quer durch Mali und Senegal erkranken sollten, die Kosten für die dortige medizinische Behandlung und einen allfälligen Aufenthalt in einem Privatspital voll übernimmt und einen allenfalls notwendig werdenden Rücktransport in die Schweiz bezahlt). Zudem sollten Sie sich die Antworten der Versicherung jeweils mit Verweisen auf die anwendbaren Gesetzesnormen, den Versicherungsvertrag und das Versicherungsreglement begründen lassen, damit Sie die Antworten nachvollziehen bzw. überprüfen können. Was die typischen Probleme im Einzelnen anbelangt, enthalten die nachfolgenden Ausführungen nur die allerwichtigsten Hinweise. Für detaillierte Abklärungen sind Expert/innen aus den jeweiligen Fachgebieten zu konsultieren.

8.3.3.2 Krankheit, Unfall, Schwangerschaft kurz vor dem Timeout – was dann?

Dann können Sie u.U. das Timeout, so wie Sie es geplant haben, überhaupt nicht oder erst verspätet beginnen (weil Sie an der Ausübung der geplanten Tätigkeiten gehindert sind oder infolge Erwerbsausfalls in finanzielle Engpässe gelangen)! Die typischen arbeits- und sozialversicherungsrechtlichen Fragen in solchen Fällen sind die folgenden:

Lohnfortzahlung?

Falls ja, wie lange? Die Beantwortung erfordert eine Differenzierung zwischen der Zeit, während der das Arbeitsverhältnis noch weiter dauert, und der Zeit danach:

1. Während der Fortdauer des Arbeitsverhältnisses:

    Bis zur Beendigung des Arbeitsverhältnisses gilt OR 324a als Mindestregelung – und zwar auch während einer Freistellung und unabhängig davon, ob Sie das Timeout unter Beibehaltung des Arbeitsverhältnisses bereits angetreten haben oder dies erst nach Beendigung des Arbeitsverhältnisses tun werden. Das heisst: minimale gesetzliche Lohnfortzahlung für sog. unverschuldete Arbeitsverhinderungen v.a. infolge Krankheit, Unfall, Schwangerschaft und Niederkunft, Militärdienst und andere Dienste im öffentlichen Interesse. Minimale gesetzliche Lohnfortzahlungsdauer sind im 1. Dienstjahr lediglich 3 Wochen, danach «eine angemessene längere Zeit» – was das konkret bedeutet, richtet sich nach der Praxis des jeweiligen Gerichts (am bekanntesten sind die sog. Zürcher, Berner und Basler Skala, vgl. dazu «Arbeitsrecht: Ein Lehrgang für die Praxis», Orell Füssli 2001, S. 201 – 203).

    Hoffentlich gilt für Sie die günstigere Regelung eines allenfalls anwendbaren Gesamtarbeitsvertrags oder Ihres Einzelarbeitsvertrags, welcher längere Lohnfortzahlungsfristen, meist gestaffelt nach Anzahl Dienstjahren, festlegt oder eine Absicherung via kollektive Krankentaggeldversicherung des Arbeitgebers vorsieht. OR 324a III lässt vertragliche Abweichungen vom gesetzlichen Minimum zu, falls diese schriftlich oder in einem Gesamtarbeitsvertrag geregelt und für den Arbeitnehmer «mindestens gleichwertig» sind. Nach Lehre und Rechtsprechung gilt eine Versicherungslösung mit bis zu 720 Taggeldern in der Höhe von 80% des Lohns und hälftiger Prämienteilung als «gleichwertig»; sind Karenztage vorgesehen, während denen noch kein Taggeld ausbezahlt wird, dann hat die Arbeitgeberin während dieser Tage mindestens 80% des Lohns selber auszuzahlen.[109]

Bietet der Arbeitgeber keine kollektive Krankentaggeldversicherung für die Mitarbeitenden seines Betriebs an, so haben Sie sich vielleicht privat mit einer Taggeldversicherung gegen den Erwerbsausfall versichert.

Spezialprobleme können sich daraus ergeben, dass bei einer Krankentaggeldversicherung nach dem Versicherungsvertragsgesetz ein Taggeld erst ab einem gewissen Grad an Arbeitsunfähigkeit oder sogar erst ab einer 100-prozentigen Arbeitsunfähigkeit ausgerichtet wird. Zudem wird – was zulässig ist – von den Arbeitgebenden aus Kostengründen oft nur der Erwerbsausfall infolge Krankheit, Schwangerschaft und Niederkunft versichert, nicht jedoch ein Mutterschaftsurlaub.

Der Erwerbsausfall infolge Unfalls ist ab dem 3. Tag nach dem Unfalltag durch das Taggeld der obligatorischen Unfallversicherung gedeckt, welches 80% des versicherten Verdienstes (max. 106'800 Franken bzw. 293 Franken pro Tag) beträgt. Die Differenz bis zu 80% des Lohns ist dann von der Arbeitgeberin zu zahlen (d. h. die 3 Karenztage und bei einem über dem versicherten Maximum liegenden hohen Lohn die Differenz zu 80% dieses Salärs, vgl. OR 324b); dies jedoch nur so lange, bis das Lohnfortzahlungskonto gemäss OR 324a (Arbeitsvertrag bzw. anwendbare Gerichtsskala) aufgebraucht ist.

Bei Militär-/ Zivildienst u.Ä. wird gemäss Erwerbsersatzordnung ein Taggeld ausgerichtet, das bedeutend geringer ist. Auch hier ist die Differenz bis zu 80% des Lohns so lange vom Arbeitgeber zu zahlen, wie nach OR 324a, einem GAV oder Einzelarbeitsvertrag eine Lohnfortzahlungspflicht besteht (OR 324b).

Ist die Krankheit oder der Unfall durch einen Militär- oder Zivilschutzdienst verursacht worden (oder im persönlichen Urlaub während des Dienstes passiert), so zahlt die Militärversicherung ein «Krankengeld» von 95% des infolge der Gesundheitsschädigung entgehenden Verdienstes, maximal jedoch 122'046 Franken pro Jahr. Die Differenz zu 80% eines deutlich über dem versicherten Maximum liegenden Lohns ist von der Arbeitgeberin zu begleichen (OR 324b).

Zu den Einzelheiten, insbesondere zu den genaueren Voraussetzungen und der Dauer der Lohnfortzahlung der Arbeitgeberin und ihres Verhältnisses zu den obligatorischen Sozialversicherungen, vgl. «Arbeitsrecht, Ein Lehrgang für die Praxis», Orell Füssli 2001, Kapitel 5.1.52.

2. Lohnfortzahlung nach der Beendigung des Arbeitsverhältnisses:

Nach der Auflösung Ihres Arbeitsverhältnisses steht Ihnen bei einem allfälligen Fortdauern der Arbeitsverhinderung oder Unfähigkeit, das geplante Timeout zu beginnen bzw. zu geniessen, gegenüber der ehemaligen Arbeitgeberin kein Lohnfortzahlungsanspruch mehr zu. Ist die Arbeitsverhinderung auf einen Unfall oder einen Militär- bzw. Zivilschutzdienst zurückzuführen, so erhalten Sie glücklicherweise weiterhin die Taggelder von der Unfallversicherung/Militärversicherung bzw. der Erwerbsersatzordnung bis zum Wiedererlangen der Arbeitsfähigkeit bzw. dem Ende des Dienstes. Sollte die Arbeitsverhinderung infolge gesundheitlicher Probleme länger als ein Jahr dauern, dann erfolgen die Leistungen durch die Invalidenversicherung, Unfallversicherung und Pensionskasse (siehe dazu nachher).

Im Fall einer Krankheit ist die Versicherungssituation schlechter (mit Ausnahme der durch einen Militär- oder Zivilschutzdienst verursachten Krankheit, die über die Militärversicherung weiterhin abgedeckt wäre). Denn in der Schweiz gibt es bis heute keine obligatorische Krankentaggeldversicherung (nicht zu verwechseln mit der obligatorischen Krankenpflegeversicherung bei Krankenkassen). Das hat zur Folge, dass der minimale gesetzliche Lohnfortzahlungsanspruch gemäss OR 324a mit der Beendigung des Arbeitsverhältnisses wegfällt. Besser ist die Rechtslage, wenn Sie bei einer Krankentaggeldversicherung versichert sind. Handelt es sich dabei um die Kollektivversicherung Ihres ehemaligen Arbeitgebers und sind Sie bereits während des Arbeitsverhältnisses krank geworden, dann muss diese Versicherung über das Ende des Arbeitsverhältnisses hinaus die Taggelder bis zum versicherten Maximum weiterbezahlen. Anders ist das nur, falls die betriebliche Kollektivtaggeldversicherung nicht – wie üblich – nach Versicherungsvertragsgesetz, sondern gemäss Krankenversicherungsgesetz abgeschlossen worden war; dann würde zwar Ihr Taggeldanspruch zusammen mit dem Arbeitsverhältnis enden, Sie hätten aber das Recht, von der kollektiven in die private Taggeldversicherung hinüberzuwechseln, ohne dass neue gesundheitliche Vorbehalte aufgenommen und das Eintrittsalter herabgesetzt werden dürften (kaum verschont blieben Sie jedoch von einer Prämienerhöhung, die Sie sich deshalb offerieren lassen müssten, am besten auch von Konkurrenzunternehmen!). Das Taggeld erhielten Sie dann von der Einzelversicherung.

3. Spezialfall Schwangerschaft:

Planen Sie vor oder während Ihres Timeouts eine Schwangerschaft oder tritt eine solche ungeplant ein, dann fragt sich, ob und wie gut Sie gegen den Lohnausfall versichert sind. Auch für diesen Fall müssen alle relevanten Rechtsgrundlagen konsultiert werden, d. h. insbesondere OR 324a, Art. 35 ff. des Arbeitsgesetzes, der Arbeitsvertrag, ein anwendbarer Gesamtarbeitsvertrag sowie Versicherungsvertrag und -reglement einer allfälligen Krankentaggeldversicherung. Interessant ist v.a. letztere. Sehr oft richten betriebliche Krankentaggeldversicherungen lediglich für medizinisch notwendige Arbeitsabsenzen infolge Schwangerschaft sowie die Niederkunft und das Wochenbett Taggelder aus, nicht jedoch für den Mutterschaftsurlaub (eine obligatorische Mutterschaftsversicherung fehlt in der Schweiz bis heute[110]). Es fragt sich deshalb, ob Sie sich für diesen Fall zusätzlich versichern möchten.

Nach der gesetzlichen Mindestregelung von OR 324a III steht Ihnen nur so lange ein Lohnfortzahlungsanspruch zu, wie Ihr pro Dienstjahr zu berechnendes Lohnfortzahlungskonto noch nicht – allenfalls zusammen mit anderen Absenzen wie z.B. Krankheit – aufgebraucht ist. Zudem besteht die gesetzliche Lohnfortzahlungspflicht nur, falls es sich um medizinisch indizierte Absenzen infolge Schwangerschaftsproblemen, die Niederkunft selbst sowie die ersten 8 Wochen nach der Niederkunft (während denen das Arbeitsgesetz jegliche Beschäftigung als Arbeitnehmerin verbietet) handelt.

Diese gesetzliche Regelung führt im Zusammenhang mit Kündigungen zu folgendem Problem: Zwar dauert der Kündigungsschutz infolge Niederkunft insgesamt 16 Wochen (während denen zwar Sie als Arbeitnehmerin, nicht jedoch der Arbeitgeber das Arbeitsverhältnis kündigen darf, vgl. OR 336c). Da sich die Lohnfortzahlung nach einer anderen Norm richtet, nämlich nach OR 324a, ist es sehr gut möglich, dass Sie zwar einen Kündigungsschutz, nicht jedoch über die ersten 8 Wochen nach der Niederkunft hinaus die Lohnfortzahlung beanspruchen können (und selbst während der ersten 8 Wochen nur, falls Ihr Lohnfortzahlungskonto nicht schon durch andere Absenzen aufgebraucht wurde).

Im Übrigen sei darauf hingewiesen, dass das Arbeitsgesetz nicht nur für die Schwangerschaft, sondern auch für die Wochen 9 bis 16 nach der Niederkunft die Beschäftigung einer Frau nur mit deren Einverständnis zulässt. Während dieser Schutzfristen steht ihr also das Recht zu, der Arbeit fernzubleiben, ohne dadurch ihren Arbeitsvertrag zu verletzen; sie muss dies aber dem Arbeitgeber anzeigen (ein Arztzeugnis ist dazu nicht notwendig). Ob sie während dieser Zeit auch Lohn beanspruchen darf, hängt – wie vorhin erläutert – davon ab, wie es um ihr Lohnfortzahlungskonto gemäss OR 324a steht bzw. ob ihr Arbeitsvertrag bzw. ein allfälliger GAV längere Lohnfortzahlungsfristen festlegen oder Mutterschafts-Taggelder einer Krankentaggeldversicherung vorschreiben.

Etwas Ähnliches gilt für stillende Mütter gemäss Art. 35a des Arbeitsgesetzes: Sie dürfen – ab Woche 9 nach der Niederkunft – nur mit ihrer Einwilligung weiterbeschäftigt werden, solange sie stillen. Hat sich eine stillende Mutter für die Wiederaufnahme ihrer Arbeit entschieden, muss ihr der Arbeitgeber die für das Stillen notwendige Zeit freigeben. Die Stillzeit ist (während des ersten Lebensjahres) ganz als Arbeitszeit anzurechnen, falls die Mutter ihr Kind im Betrieb stillt, jedoch nur zur Hälfte der Abwesenheit, wenn sie dies ausserhalb des Betriebes macht (die andere Hälfte muss sie wenigstens nicht vor- oder nachholen).

Ferner sei erwähnt, dass mit dem neu revidierten Arbeitsgesetz nun ab der 8. Woche vor der Niederkunft jede Beschäftigung einer schwangeren Arbeitnehmerin am Abend und in der Nacht, d.h. in der Zeit zwischen 20 Uhr und 6 Uhr verboten ist (Art. 35a Abs. 4). Arbeitete eine Mitarbeiterin vor der Schwangerschaft am Abend oder/und in der Nacht (zwischen 20 Uhr und 6 Uhr), dann steht ihr neu während der ganzen Schwangerschaft und von der 9. bis und mit 16. Woche nach der Niederkunft ein Anspruch auf eine gleichwertige und zumutbare Tagesarbeit zu (zwischen 6 Uhr und 20 Uhr), falls dies betrieblich möglich ist. Bietet die Arbeitgeberin keine gleichwertige Ersatzarbeit an, so muss sie die betroffene Mitarbeiterin während der genannten Zeiträume von der Abend- bzw. Nachtarbeit freistellen und mindestens 80% des Lohns (ohne allfällige Nachtarbeitszuschläge) weiterbezahlen. Näheres zu dieser Regelung von ArG 35b in «Das Neue Arbeitsgesetz», KV Zürich 2001, Kapitel 9.3.

Interessant ist in diesem Zusammenhang auch, dass für neu gewordene Väter keine entsprechenden Normen bestehen.

Nachbezug von Ferien?

Ein Spezialfall liegt vor, wenn Sie für Ihr Timeout ein angehäuftes Ferienkonto beziehen und während der Ferien erkranken oder verunfallen. Dürfen Sie dann die entsprechende Zeit nach der Genesung nachholen mit der Konsequenz, dass sich auch das Ende Ihres Arbeitsverhältnisses entsprechend verschiebt? Die arbeitsrechtliche Antwort lautet: Ja, aber nur wenn und solange Ihre Verfassung derart schlecht war, dass dies die geplante Erholung vereitelte. Denn nicht die Genesung von Krankheit oder Unfallfolgen, sondern Erholung von der Arbeit und Persönlichkeitsentfaltung stellen den gesetzlichen Ferienzweck dar. Leichteres Unwohlsein oder Unbehagen genügen also nicht bzw. geben Ihnen keinen Anspruch auf Nachgewährung der betreffenden Tage. Im Übrigen empfiehlt es sich, ein ärztliches Zeugnis vorzulegen. Im Streitfall obliegt es nämlich dem Arbeitnehmer zu beweisen, dass die geplante Erholung wegen der Krankheit bzw. der Unfallfolgen effektiv nicht mehr möglich war.

Selbstverständlich besteht kein Anspruch auf Nachgewährung, wenn das aufgelaufene Ferienguthaben bei der Beendigung des Arbeitsverhältnisses ausbezahlt worden ist und Sie dieses Geld für Ihr Timeout verwenden wollten. Zu prüfen bleibt dann, ob die von Ihnen allenfalls abgeschlossene Krankentaggeldversicherung bzw. Unfallversicherung ein Taggeld zahlt, auch wenn Sie mangels Erwerbstätigkeit keinen Lohnausfall erleiden.

8.3.3.3 Sozialversicherungen während des Timeouts?

Die Absicherung gegen die grossen Risiken Krankheit, Unfall, Arbeitslosigkeit, Invalidität, Alter und Tod (letzteres im Hinblick auf die Hinterbliebenen) ist während des Timeouts besonders wichtig. Denn Sie sind dann weder gegen Unfall obligatorisch versichert noch über eine allfällige kollektive Krankentaggeldversicherung Ihres Arbeitgebers gegen den Erwerbsausfall infolge Krankheit. Auch das Risiko einer Arbeitslosigkeit ist zu berücksichtigen (in der Regel erst nach Beendigung des Timeouts, in Ausnahmefällen bereits während des Timeouts, wenn Sie zwischendurch oder regelmässig, aber «nur» im Rahmen eines kleinen Pensums erwerbstätig sein wollen). Schliesslich werden Ihre Ansprüche gegenüber der AHV/IV und der Pensionskasse infolge Wegfalls oder Reduzierung der einbezahlten Sozialversicherungsbeiträge geschmälert, vor allem bei einem längeren Timeout.

Die Fragestellungen können derart vielfältig und kompliziert sein, dass an dieser Stelle ein grober Überblick genügen muss. Ausgangspunkt bilden drei wichtige Fallgruppen:

1. Weiterbestehen des Arbeitsverhältnisses,
2. Beenden des Arbeitsverhältnisses ohne anderweitige Erwerbstätigkeit,
3. Beenden des Arbeitsverhältnisses mit anderweitiger Erwerbstätigkeit.

Zudem bestehen Unterschiede zwischen einem Timeout im Inland (auf das sich die Ausführungen im Folgenden beziehen) und einem solchen im Ausland (siehe nachher Unterkapitel 8.3.3.4).

Weiterbestehen des Arbeitsverhältnisses

Verbringen Sie Ihr Timeout in der Schweiz und führen Sie Ihr Arbeitsverhältnis beim bisherigen Arbeitgeber fort, gilt es Folgendes zu beachten:

Was die Risiken Krankheit und Schwangerschaft/Niederkunft anbelangt, ergeben sich bezüglich der Behandlungskosten keine besonderen Änderungen. Hingegen stellt sich die Frage, ob Sie bei Krankheit u.ä. während Ihres Timeouts einen Lohnfortzahlungsanspruch bzw. Taggeldanspruch haben. Eine Lohnfortzahlungspflicht der Arbeitgeberin gemäss OR 324a wird von der Mehrheit der Arbeitsrechtler verneint. Meines Erachtens erfordert die korrekte Antwort indes eine genauere Prüfung des Einzelfalls, wenn der eigentliche und dem Arbeitgeber bekannte Zweck des Timeouts durch die Erkrankung vereitelt wird.

Ob ein Anspruch auf Taggelder einer Krankentaggeldversicherung besteht, hängt vom entsprechenden Versicherungsvertrag und -reglement ab. Zwei Fragen stehen bei dieser Abklärung im Zentrum: erstens, ob die Versicherungsdeckung auch bei einem längeren Timeout überhaupt weiterbesteht. Zweitens, ob das Taggeld unabhängig von einem allfälligen Erwerbsausfall auch dann bezahlt wird, wenn mangels Erwerbstätigkeit gar kein Lohnausfall vorliegt (sog. Summenversicherung im Unterschied zu einer «Schadensversicherung»).

Im Zusammenhang mit der obligatorischen Unfallversicherung kann folgende, für viele überraschende Regel wichtig werden: Der Versicherungsschutz endet am 30. Tag, nachdem der Lohnanspruch (bzw. die Versicherungstaggelder) unter 50% des ursprünglichen Lohns gefallen sind! Sobald sich also Ihr Lohn – vor oder während des Timeouts – auf unter 50% vermindert, sind Sie nur noch während der sog. Nachdeckungsfrist von 30 Tagen obligatorisch gegen Unfall versichert[111], auch wenn das Arbeitsverhältnis weiterhin besteht.

Praktisch relevant sind v.a. folgende Fälle: Wegfall der Lohnfortzahlung des Arbeitgebers bei Krankheit nach einer bestimmten Frist («Gerichtsskalen», Regelung im Arbeitsvertrag oder GAV), Antritt eines unbezahlten Urlaubs, freiwillige Gehaltszahlung der Arbeitgeberin während des Timeouts unter 50% des bisherigen Salärs; spätestens während der Nachdeckungsfrist sollte der Abschluss einer sog. Abredeversicherung geprüft werden (Verlängerung des bisherigen Versicherungsschutzes um bis zu 180 Tage, siehe dazu das nächste Unterkapitel). Umgekehrt dauert die obligatorische Unfallversicherung über das Ende des Arbeitsverhältnisses hinaus, solange die Invaliden-, Militär-, Unfall- oder Krankentaggeldversicherung als Erwerbsersatz Taggelder im Umfang von mindestens 50% des ehemaligen Lohns auszahlt[112].

Bei einem Timeout, welches länger als ein Kalenderjahr dauert und ohne AHV-pflichtige Erwerbstätigkeit durchgeführt wird, ist darauf zu achten, dass bei der AHV/IV keine Beitragslücke entsteht. Eine solche Lücke würde sich später negativ auf Ihre Rentenberechnung auswirken – ausser Sie könnten zur Schliessung der Lücke ein Beitragsjahr zwischen Ihrem 18. und 20. Altersjahr heranziehen. Sie sollten deshalb unbedingt den «Mindestbeitrag» einzahlen. Die zuständige AHV-Ausgleichskasse informiert Sie über die Einzelheiten.

Bezüglich des Gesetzes über die Berufliche Vorsorge (BVG) bzw. der Pensionskassen kann folgendes Problem auftauchen: Sie fallen trotz Weiterführung des Arbeitsverhältnisses während Ihres Timeouts aus dem Obligatorium, sobald Ihr AHV-pflichtiger Jahreslohn nicht nur vorübergehend, sondern dauernd unter dem BVG-Mindestlohn von zurzeit Fr. 24'720 Franken liegt und gemäss Pensionskassen-Reglement nicht auch tiefere Jahressaläre versichert sind. In diesem Fall sollten Sie sich bei der Pensionskasse danach erkundigen, ob und zu welchen Bedingungen Sie sich dort während Ihres Timeouts freiwillig weiter versichern können. Vergleichen Sie die Konditionen mit jenen der Auffangeinrichtung BVG sowie von Freizügigkeitspolicen von Versicherungsgesellschaften (siehe Näheres dazu im übernächsten Unterkapitel).

Beenden des Arbeitsverhältnisses ohne anderweitige Erwerbsarbeit

Betreffend Krankenpflegeversicherung ändert sich grundsätzlich nichts. Anders verhält es sich, wenn Sie bisher dank Beiträgen Ihrer Arbeitgeberin günstigere Prämien bezahlt haben und/oder sogar bei der betriebseigenen Krankenkasse versichert waren. In diesem Fall sollten Sie abklären, welche Auswirkungen die Beendigung des Arbeitsverhältnisses auf Ihre Versicherungssituation hat, damit Sie rechtzeitig reagieren können.

Da in der Schweiz kein Obligatorium besteht, sich gegen Erwerbsausfall infolge Krankheit zu versichern, und ein Timeout ohne anderweitige Erwerbsarbeit zwangsläufig gar nicht zum Problem des Erwerbsausfalls führt, könnte man leicht annehmen, dass sich eine Krankentaggeldversicherung erübrigt. Diese Annahme ist aber vor allem aus zwei Gründen voreilig:

1. Bieten einzelne Versicherungsgesellschaften und Krankenkassen auch Krankentaggeldversicherungen an, die bei Krankheit Taggelder auszahlen unabhängig davon, ob Sie überhaupt einen Erwerbsausfall erleiden (sog. Summenversicherung im Unterschied zu einer Schadenversicherung).

2. Steht Ihnen für den Fall, dass Sie bisher über Ihren Arbeitgeber eine kollektive Krankentaggeldversicherung hatten, meist ein sog. Übertrittsrecht zu (Recht, von der kollektiven Taggeldversicherung in die Einzelversicherung überzutreten).[113]

Was die Unfallversicherung anbelangt, gilt Folgendes:

• Falls Sie bisher mindestens 8 Wochenstunden bei Ihrem Arbeitgeber beschäftigt waren, erstreckte sich das Obligatorium der Unfallversicherung nicht nur auf Berufsunfälle und -krankheiten, sondern auch auf Nichtberufsunfälle. In diesem Fall endet der Versicherungsschutz für Nichtberufsunfälle erst 30 Tage nach Beendigung des Arbeitsverhältnisses[114]; zudem steht Ihnen während dieser sog. Nachdeckungsfrist das Recht zu, mit dem Abschluss einer «Abredeversicherung» den bisherigen Versicherungsschutz für Nichtberufsunfälle um bis zu 180 Tage zu verlängern. Auch darüber muss Sie Ihr Arbeitgeber informieren. Falls Sie keine Abredeversicherung abschliessen, sind Sie nach Beendigung des Arbeitsverhältnisses bei einem Unfall über Ihre Krankenkasse zwar obligatorisch versichert, dies aber nur für die daraus entstehenden Arzt- und Spitalkosten, nicht jedoch für ein Taggeld oder eine Rente. Es empfiehlt sich daher, den Abschluss der Abredeversicherung seriös zu prüfen. So wären Sie auch während Ihres Timeouts bis zu 210 Tage über das Ende Ihres Arbeitsverhältnisses hinaus im bisherigen Umfang – also auch für das Taggeld – versichert. Planen Sie ein längeres Timeout, d. h. für mehr als 210 Tage, dann sollten Sie sich für diese Zeit bei Ihrer Krankenkasse oder einer Unfallversicherungsgesellschaft gegen das Risiko Unfall angemessen versichern.

• Arbeiteten Sie weniger als 8 Wochenstunden, so waren Sie bisher über Ihre Arbeitgeberin nur gegen Berufsunfälle und -krankheiten obligatorisch versichert. Ein Recht zum Abschluss einer Abredeversicherung steht Ihnen dann nicht zu, die Arbeitgeberin muss Sie aber über den Wegfall der obligatorischen Berufsunfallversicherung informieren. Für die mangels Erwerbstätigkeit einzig relevanten Nichtberufsunfälle sind Sie wie bereits während des Arbeitsverhältnisses bei Ihrer Krankenkasse obligatorisch versichert.

Wie verhält es sich mit dem BVG bzw. den Pensionskassengeldern? Dazu einige Grundsätze:

• Mit der Beendigung des Arbeitsverhältnisses erfolgt automatisch auch Ihr Austritt aus der Pensionskasse («Vorsorgeeinrichtung» gemäss BVG).

• Der Versicherungsschutz bleibt darüber hinaus während einer Nachdeckungsfrist von einem Monat erhalten, dies jedoch nur für die Risiken Invalidität und Tod. Achtung: Werden Sie erst danach für längere Zeit oder bleibend erwerbsunfähig («invalid») oder sollten Sie sogar sterben, dann steht Ihnen gegenüber der bisherigen Pensionskasse kein Anspruch auf eine IV- und Ihren Hinterbliebenen ebenso wenig auf eine Witwen- bzw. Waisenrente zu.

• Sie sollten daher bei einem mehr als einmonatigen Timeout ohne anderweitige Erwerbsarbeit die Möglichkeiten klären, wie Sie sich gegen die beiden schwerwiegenden Risiken Invalidität und Tod (auf das Alterssparen können Sie vermutlich vorübergehend verzichten) weiterhin absichern können. Drei Möglichkeiten stehen im Vordergrund:
1. Freiwillige Weiterführung der Versicherung bei der bisherigen Pensionskasse, falls deren Reglement dies ermöglicht.[115]
2. Freizügigkeitspolice bei einer Versicherungsgesellschaft (Sie können im Rahmen der jeweiligen Versicherungsangebote wählen, welche Risiken Sie in welcher Höhe und welcher Kombination versichern wollen).[116]
3. Anschluss bei der sog. Auffangeinrichtung BVG, einer gesamtschweizerischen Vorsorgeeinrichtung unter der Aufsicht des Bundes (Adresse im Anhang), sofern Sie als Arbeitnehmerin vorher während mindestens 6 Monaten dem BVG-Obligatorium unterstanden[117] oder jetzt selbständig erwerbend sind (versichert sind sowohl die Risiken Invalidität und Tod wie auch das Alter). In allen drei Fällen werden Sie für die Beiträge allein aufkommen müssen; bei den Varianten 1 und 3 fallen also die bisherigen Arbeitgeberbeiträge weg bzw. sind von Ihnen zu übernehmen, was u.U. einen hohen Gesamtbetrag ausmacht.

• Was für Ihr Timeout vielleicht verlockend wäre, ist grundsätzlich nicht erlaubt: die Barauszahlung angesparten Alterskapitals (dieses Geld soll ja für das Alter reserviert bleiben). Das Freizügigkeitsgesetz erlaubt in Art. 5

die «Barauszahlung der Austrittsleistung» sehr restriktiv. Lediglich in folgenden, genau nachzuweisenden Ausnahmefällen und nur auf Ihren entsprechenden Antrag hin: endgültiges Verlassen der Schweiz; Aufnahme einer selbständigen Erwerbstätigkeit, ohne (über eine Anstellung) noch dem BVG-Obligatorium zu unterstehen; Austrittsleistung geringer als ein Jahresbeitrag der Arbeitnehmerin. Sind Sie verheiratet, bedingt die Barauszahlung zusätzlich die Zustimmung Ihres Ehegatten. Im übrigen ist zu beachten, dass die Barauszahlung versteuert werden muss.

- Im Normalfall soll der Vorsorgeschutz erhalten bleiben, indem das individuell akkumulierte Pensionskassen-Geld als sog. Austritts- oder Freizügigkeitsleistung an die Vorsorgeeinrichtung der neuen Arbeitgeberin überwiesen wird. Treten Sie während Ihres Timeouts noch keine neue Stelle an und machen Sie auch nicht von der allfälligen Möglichkeit einer freiwilligen Weiterführung der Versicherung bei der bisherigen Pensionskasse Gebrauch, dann sollte diese Freizügigkeitsleistung gemäss Ihren Angaben auf das von Ihnen eingerichtete Vorsorgekonto überwiesen werden (Freizügigkeitspolice bei einer Versicherungsgesellschaft oder Freizügigkeitskonto bei einer Bank). Unterlassen Sie diese Mitteilung, muss die bisherige Pensionskasse die Austrittsleistung spätestens 2 Jahre nach Ihrem Austritt der Auffangeinrichtung BVG erbringen, die für Sie dann ein Freizügigkeitskonto führt (Verzinsung des Kapitals, jedoch keine Versicherung gegen Risiken Invalidität und Tod). Die bisherige Pensionskasse hat Ihnen auf jeden Fall eine genaue Abrechnung über Ihre Austrittsleistung zu erstellen (deren Korrektheit zu überprüfen, meist nur Spezialist/innen möglich ist) und Sie darüber zu informieren, wie Sie den Vorsorgeschutz weitererhalten, insbesondere ob Sie sich bei ihr freiwillig weiterversichern können.

- Werden Sie während des Timeouts (nachdem Sie in dessen Verlauf eine Stelle angetreten, diese aber wieder verloren oder trotz Suche keine Anstellung gefunden haben) oder nach Ihrer Auszeit trotz Stellensuche arbeitslos, dann sind Sie über die Arbeitslosenversicherung bei der Auffangeinrichtung BVG obligatorisch versichert – allerdings nur gegen die Risiken Invalidität und Tod und lediglich für den 94.95 Fr. übersteigenden Teil des Taggeldes. Die Prämien sind hälftig von der Arbeitslosenversicherung und von Ihnen (durch Abzug vom Taggeld) zu bezahlen. Gegen alleinige Übernahme der Prämienlast können Sie sich bei der Auffangeinrichtung freiwillig weitergehend versichern.

Wann steht Ihnen während oder nach Ihrem Timeout ein Anspruch auf eine Arbeitslosenentschädigung zu? Das Arbeitslosenversicherungsrecht gewährt Ihnen einen solchen grundsätzlich nur, wenn Sie:

- ganz oder teilweise arbeitslos sind (erfüllt);
- in der Schweiz wohnen;
- noch keine AHV beziehen;
- einen anrechenbaren Arbeitsausfall erleiden (Verdienstausfall von mindestens 2 aufeinanderfolgenden vollen Arbeitstagen oder bei teilweiser Arbeitslosigkeit von zusammengerechnet mindestens 2 vollen Arbeitstagen innerhalb von 2 Wochen);
- vermittlungsfähig sind (d.h. bereit, in der Lage und berechtigt, eine zumutbare Arbeit anzunehmen[118]);
- die Kontrollvorschriften erfüllen[119] und
- genügend Beitragszeit aufweisen (mindestens 6 Monate ALV-Beiträge eingezahlt während der letzten 2 Jahre, zurückgerechnet vom Zeitpunkt, ab dem Sie Arbeitslosenentschädigung beanspruchen) oder von der Beitragspflicht befreit sind (v.a. wegen Schulausbildung, Weiterbildung, Umschulungen, Krankheit oder Unfall während mehr als 12 Monaten). Vergleiche im Übrigen die Ausführungen zu Timeout und Arbeitslosigkeit bzw. einem Timeout während der Arbeitslosigkeit, Kapitel 4.8.

Erfüllen Sie diese Anspruchsvoraussetzungen, so erhalten Sie nach einer Wartefrist von 5 Tagen die Arbeitslosenentschädigung in Form sog. Taggelder.[120] Diese betragen grundsätzlich 70 % Ihres vormaligen versicherten Verdienstes, d.h. des Lohns des letzten Monats, während dem Sie noch eine beitragspflichtige Beschäftigung ausgeübt haben. Falls der Lohn über die letzten 6 oder 12 Monate hinweg stark geschwankt hat, ist vom Durchschnittswert des letzten halben oder ganzen Jahres auszugehen. Der maximale versicherte Verdienst liegt momentan bei 108'600 Franken, was die Taggelder nach oben begrenzt. Das Taggeld beträgt übrigens ausnahmsweise 80 % des versicherten Verdienstes, falls Sie invalid oder gegenüber Kindern unterhaltspflichtig sind oder wenn Ihr volles Taggeld unter 131 Franken läge. Im Spezialfall einer Befreiung von der Beitragszeit wegen Ausbildung u.Ä. zahlt die Arbeitslosenversicherung Taggelder auf der Basis von Pauschalsätzen aus, welche tiefer liegen und weniger lang ausgerichtet werden. Sollte die Arbeitslosenkasse aufgrund der Umstände zum Urteil gelangen, Sie hätten Ihre Arbeitslosigkeit selber verschuldet, dann wird sie Ihnen das Taggeld erst nach Ablauf der sog.

Einstelltage auszahlen (1–60 Arbeitstage je nach Einschätzung Ihres Selbstverschuldens).[121]

Selbstverständlich besitzen Sie keinen Anspruch auf Arbeitslosenentschädigung, wenn Sie selber das Arbeitsverhältnis gekündigt haben, um ein wirkliches Timeout, d.h. eine Auszeit ohne jegliche Erwerbstätigkeit zu beziehen. Sollten Sie jedoch während des Timeouts – aus finanziellen oder anderen Gründen – wieder arbeiten wollen und trotz Bemühungen keine Anstellung finden, dann können Sie sich bei der Arbeitslosenkasse anmelden und eine Arbeitslosenentschädigung beanspruchen. Wichtig ist, dass die vorher aufgezählten Voraussetzungen erfüllt sind, insbesondere die Voraussetzung der Mindestbeitragszeit von 6 Monaten innerhalb der vom Anmeldungstag zurückgerechneten 2-jährigen Rahmenzeit, Vermittlungsfähigkeit und Kontrollvorschriften, v.a. Stellensuchbemühungen. Die Entschädigung wird jedoch nur im Verhältnis zu den Stellenprozenten, in deren Umfang Sie eine Stelle gesucht haben, ausbezahlt (also bei der Suche eines 50%-Jobs nur die Hälfte von 70% bzw. 80% Ihres versicherten Verdienstes). Im Übrigen werden Sie Stellen via Arbeitsvermittlungszentrum angeboten erhalten. Sie sind dann u.U. verpflichtet, eine zugewiesene Arbeit anzunehmen, entweder als Zwischenverdienst oder als neue Festanstellung. Verweigern Sie dies, erhalten Sie zunächst Einstelltage und im Wiederholungsfall schliesslich keine Arbeitslosenentschädigung mehr.

Während des Bezugs von Arbeitslosenentschädigung sind Sie gegen Nichtberufsunfall, Invalidität und Todesfall obligatorisch versichert, wenn auch nur sehr minimal (bezüglich des BVG vgl. vorhergehendes Unterkapitel). Die betreffenden Arbeitnehmerbeiträge werden von Ihrer Arbeitslosenentschädigung abgezogen.

Beenden des Arbeitsverhältnisses mit anderweitiger Erwerbsarbeit

Sollten Sie während des Timeouts in der einen oder anderen Form bei einem anderen Arbeitgeber (in der Schweiz) arbeiten, dann sind Sie dort ganz allgemein obligatorisch versichert, wie sich das gemäss den Umständen Ihres Einzelfalles aus dem Sozialversicherungsrecht ergibt.

Ihr Timeout stellt Sie dann vor Spezialprobleme, wenn Ihre Erwerbstätigkeit «nur» aus Gelegenheitsarbeit, einem kurzen Arbeitseinsatz oder geringer Teilzeitbeschäftigung besteht. Wichtig sind v.a. folgende Nachteile:

- Gegen Nichtbetriebsunfälle sind Sie nicht obligatorisch versichert, wenn Sie weniger als 8 Wochenstunden erwerbstätig sind.

- Bei Krankheit, Schwangerschaft, Militär- oder Zivilschutzdienst u.Ä. haben Sie gegenüber der Arbeitgeberin nicht einmal den minimalen gesetzlichen Lohnfortzahlungsanspruch gemäss OR 324a, falls der Arbeitseinsatz auf lediglich 3 Monate oder eine noch kürzere Zeit befristet ist oder das unbefristete Arbeitsverhältnis bis zur Arbeitsunfähigkeit nicht bereits mehr als 3 Monate gedauert hat.

- Ihr Arbeitsverhältnis wird dem obligatorischen BVG nicht unterstehen, wenn der auf das Jahr hochgerechnete Lohn unter dem BVG-Mindestlohn von derzeit 24'720 Franken liegt oder wenn die Anstellung auf höchstens 3 Monate befristet ist. Das ist selbst dann nicht anders, wenn verschiedene Teilzeitbeschäftigungen bei unterschiedlichen Arbeitgebenden zusammengerechnet diesen BVG-Mindestlohn übersteigen[122] oder wenn mehrere, zeitlich klar voneinander abgegrenzte befristete Arbeitsverhältnisse insgesamt eine Beschäftigungsdauer von mehr als 3 Monaten ergeben oder/und so ein Gesamteinkommen über dem BVG-Mindestlohn zustande kommt.

- Sie werden im Fall stark schwankenden Einkommens bei einer späteren Arbeitslosigkeit u.U. nur die tiefere Arbeitslosenentschädigung erhalten, wenn der letzte ausgezahlte Lohn gering war. Sie können allerdings von der Arbeitslosenkasse verlangen, dass der versicherte Verdienst als Durchschnitt der letzten 6 oder gar 12 Monatslöhne berechnet wird, wenn diese Berechnungsweise vom letzten Lohn um mindestens 10% abweicht.

Arbeitslosigkeit während des Timeouts stellt sich als Problem selbstverständlich nur dann, wenn Sie während dieser Zeit einer anderen Erwerbstätigkeit nachgegangen sind und diese entgegen Ihrem Willen verloren haben (etwa eine Gelegenheitsarbeit, eine regelmässige Teilzeitarbeit oder ein befristeter Arbeitseinsatz). Dann sind Sie für diesen Erwerbsteil arbeitslos. Ob Sie einen Anspruch auf eine Arbeitslosenentschädigung haben, muss aufgrund einer genauen Analyse der Einzelsituation und der konkreten Umstände beurteilt werden, vgl. Überblick am Schluss des vorhergehenden Unterkapitels.

8.3.3.4 Timeout im Ausland

Die Beurteilung der Versicherungssituation bei einem Timeout im Ausland bedingt eine genaue Analyse des Einzelfalls. Da diese meist recht anspruchsvoll ist, empfehle ich die Konsultation einer Fachperson bzw. der je nach Problembereich zuständigen Amtsstelle. Einen guten Überblick vermittelt das Buch «Ab ins Ausland!» von Norbert Winistörfer, vgl. Literaturverzeichnis.

8.3.3.5 Privatversicherungen

Es gibt eine Reihe weiterer Risiken, die für ein Timeout relevant sind und gegen die man sich mittels Privatversicherungen absichern kann, insbesondere:

- Privathaftpflichtversicherung für Schäden, die Sie Dritten gegenüber verursachen,
- Motorfahrzeugversicherung für die Benützung eines Autos oder Motorrades,
- Rechtsschutzversicherung für allfällige Rechtsstreitigkeiten,
- Reiseversicherung (insbesondere für die Kosten einer Annullierung, des Verlustes von Gepäck sowie einer dringenden vorzeitigen Rückkehr),
- Lebensversicherung als Altersvorsorge und/oder zur Absicherung gegen die Risiken Invalidität und Tod.

An Ihrer Versicherungssituation wird sich vermutlich ziemlich wenig ändern, wenn Sie Ihr Timeout zu Hause bzw. im Inland verbringen. Zu prüfen wäre dann allenfalls, ob Sie die Motorfahrzeugversicherung und die Strassenverkehrssteuer sparen können, indem Sie dieselben während Ihres längeren Timeout sistieren (anhand der konkreten Versicherungsbedingungen sowie der kantonalen Regelung der Strassenverkehrssteuer).

Ein weiteres Sparpotential könnte möglicherweise bei einer allfälligen Lebensversicherung liegen, deren periodisch fällig werdende Einlagen Sie je nach den für Sie geltenden Versicherungsbedingungen im Voraus oder nachträglich zahlen können.

Wenn Sie jedoch für Ihr Timeout ins Ausland reisen, sollten Sie jede Versicherung genauestens daraufhin prüfen, welche Risiken bzw. Ereignisse diese auch in den betreffenden Ländern abdeckt. Bei Unklarheiten lohnt es sich, mittels möglichst präziser Anfrage um eine verbindliche schriftliche Antwort nachzusuchen.

8.3.4 Jobben zwischendurch

8.3.4.1 Zwischendurch mal jobben – arbeitsrechtliche Nachteile?

Bereits Kapitel 8.3.3 wies mehrfach darauf hin, dass sich spezielle Probleme ergeben, wenn Sie während des Timeouts durchwegs, periodisch oder einmalig für eine gewisse Zeit arbeiten.

Die Beantwortung konkreter arbeitsrechtlicher Fragen hängt davon ab, um welche Beschäftigungsform es sich handelt. Sollten Sie während Ihres Timeouts im Rahmen eines sogenannt atypischen Beschäftigungsverhältnisses erwerbstätig werden – das ist gerade bei den nur vorübergehenden, kürzeren oder beiläufigen Erwerbstätigkeiten während eines Timeouts der Fall –, dann müssen Sie mit zahlreichen Nachteilen rechnen. Die atypischen Erwerbsformen sind zu vielfältig und damit die arbeitsrechtlichen Antwort je nach Einzelfall zu unterschiedlich, als dass hier darauf näher eingegangen werden könnte. Einzelheiten erfahren Sie in meiner Publikation «Die Neue Arbeitswelt. Flexibilisierung der Erwerbsarbeit und atypische Arbeitsverhältnisse», KV Zürich 2001.

8.3.4.2 Jobben im Ausland

- EU-Raum: Mit dem Inkrafttreten der Bilateralen Abkommen CH-EU gilt v.a. das Abkommen über die Personenfreizügigkeit. Dieses garantiert den freien Personenverkehr stufenweise erweitert über die nächsten Jahre. Davon profitieren – nach bestimmten Übergangsfristen – nicht nur Personen aus dem Ausland (soweit das betreffende Land zur EU gehört), sondern auch Schweizerinnen und Schweizer. Sie können ab dem 1. Juni 2004 irgendwo in einem der bis jetzt fünfzehn, im Jahre 2004 evtl. zahlreicheren, d.h. weiteren neuen EU-Mitgliedstaaten ohne Benachteiligung gegenüber den Bürgern des jeweiligen Landes eine Erwerbstätigkeit suchen und ausüben. Detaillierte Bestimmungen und weiterführende Angaben erfragen Sie am besten direkt bei den zuständigen Bundesämtern, dem Integrationsbüro EDA/EVD oder dem Staatssekretariat für Wirtschaft (Seco). Die Adressen finden Sie im Anhang.

- Arbeiten in Nicht-EU-Ländern: Die Frage, ob und unter welchen Bedingungen Sie dort eine Erwerbstätigkeit ausüben dürfen, beantwortet sich aufgrund der konkreten Umstände Ihres Einzelfalls. Anlaufstellen sind die offiziellen Vertretungen dieser Staaten in der Schweiz sowie die einschlägigen Bundesstellen, insbesondere das Staatssekretariat für Wirtschaft (Seco), Adresse im Anhang.

9. Und die Zurückgebliebenen?

«DAS EXPERIMENT HAT DAS UMFELD AUFGEWIRBELT. LEUTE VON NEUEN SEITEN GEZEIGT.»

LEO, 47, BETRIEBSDISPONENT

9.1 Arbeitskolleg/innen
Erste Reaktion

«Geschafft!» denken viele, wenn sie die Vorgesetzten informiert haben, nicht gleich abgeblitzt sind. Doch die eigentliche Hürde liegt noch vor ihnen: die Unterstützung durch die Kolleg/innen. Ob vorgängig eingeweiht oder nicht, sie sind es, welche die Lücke ausfüllen.

«Oben wird der Entscheid getroffen, Grosszügigkeit demonstriert. Aber wer hilft im konkreten Fall über fehlendes Wissen hinweg, erbringt Mehrarbeit, gleicht organisatorische Mängel aus?» Jana, 28, HR-Leiterin

Bewunderung, Irritation und Neid: Seien Sie ob zwiespältiger Reaktionen nicht überrascht. Ihr Vorhaben scheint den einen absurd, bei anderen rüttelt es etwas wach, was diese nicht umsetzen wollen/können.

Die Unternehmensberaterin Betty F. erinnert sich, dass «Arrivierte» ihre Pläne zunächst belächelten. «Gedankenspielerei – wenn du erst mal drin bist, willst du nicht mehr abspringen.» Als sie nach drei Jahren um Freistellung bat, schlug die Stimmung um: «Die geht raus und rein, wie an der Imbissecke, unerhört! Im Geheimen: Wäre mir das möglich?»

Verstecktes

Oft erwarten Kolleg/innen, dass «Team-Angehörige» sich mit ihnen über Berufliches austauschen, selbst wenn das Verhältnis nicht speziell eng ist.

Dabei wollten Sie zuerst die Chefetage gewinnen, innerbetriebliche Optionen eruieren. Erklären Sie: «Ich bin aus diesen Gründen so vorgegangen, es war mitnichten meine Absicht, euch vor den Kopf zu stossen». Eventuell ist Ihre Taktik gar nicht der Anlass, brodeln unterschwellig Konflikte oder hängt das «Betüpft-Sein» mit Drittfaktoren zusammen.

«Als ich eine Aussprache verlangte, flammten Vorwürfe auf (Egoismus; Masslosigkeit angesichts anderer Zugeständnisse → Arbeitseinteilung, Dienstwagen). Es hiess, ich hätte Kolleg/innen um Erfolge gebracht (beschränkter Ausbildungsetat für die Division, Beurteilung aller an Hand der Kennzahlen, z.B.

Anzahl Aussenaktivitäten pro Jahr). Als dann noch die Armee-Reform XXI angekündigt wurde, interpretierte die Truppe mein Ansinnen als Ausweichmanöver.» Max, 43, Militärinstruktor

Transparenz, Motivation

Skepsis begegnet man durch Klarheit und Einsatz. Die Erkenntnis «der macht nicht bloss Urlaub, absolviert eine Zusatzausbildung, trainiert eine Hockey-Mannschaft, forstet in Brasilien Regenwälder auf», wirkt Wunder.[123] Gleichzeitig lässt sich präzisieren, ob es sich um eine vage Absicht gehandelt hat oder Sie effektiv ein Sabbatical antreten.

Kommunizieren Sie die Termine frühzeitig: «Ich bin ab Juni weg, der 30. Mai ist der letzte Arbeitstag». Nicht dass Sie plötzlich aufbrechen, Staunen und Entsetzen hinterlassend ...

Ein Timeout muss verdient werden, finanziell und arbeitsmässig. Lassen Sie durchblicken, dass Sie Ihre Auszeit realistisch anpacken. Sie beweisen es den Mitarbeitenden dadurch, dass Sie

- Einblick in Ihre Tätigkeit gewähren
- den erforderlichen Mehraufwand leisten
- für eine reibungslose Weiterführung sorgen.

Unterbreiten Sie Vorschläge (Zeitraster, Liste der Aufgaben und Pendenzen). Fragen Sie nach, was «Nicht-Insider/innen» von Ihnen benötigen. Wer Kompetenzen weiterreicht, Schwierigkeiten vorbeugt, Varianten aufzeichnet, optimiert die Bedingungen für den Übergang wie die Abwesenheit, vgl. Reuther 2002.

> **TIPP:** Decken Sie nicht die gesamte Arbeitszeit mit Vorbereitungen zu. Kopieren Sie die Instruktion fürs Notebook in einer Randstunde. Halten Sie sich auch mal nach Feierabend zur Verfügung. Kontraproduktiv: bereits jetzt das Telefon klingeln lassen, Kernaufgaben delegieren, die Büropartnerin für sich einspannen.

Offenheit und Fairness tragen dazu bei, die anderen mitzureissen. Überzeugen Sie die Kolleg/innen, dass es funktioniert!

Einfühlungsvermögen

«Sobald es um den Anlass wusste, war der Sprachaufenthalt für das Team nachvollziehbar. Es fieberte z.T. mit, als es um die Zulassung fürs College ging.

Das Engagement hielt bis zur Rückkehr, als es mich über Umstrukturierungen/ neue Filialen aufdatierte.» Andreas, 22, Konstrukteur

«Meine Afrika-Begeisterung war bekannt, niemand verblüfft, als ich die Benin-Tour ankündete. Ich hatte einfach den nächsten Abteilungs-Lunch zu bestreiten, inklusive Dia-Show.» Martin, 48, Reiseberater

«Ich nahm die Vorbehalte ernst. Sie waren nicht aus der Luft gegriffen, beruhten auf negativen Erfahrungen. Mit der Zeit glätteten sich die Wogen, wurden durch Neugierde abgelöst.» Viktor, 36, Maître de Cabine

«Wichtige Meilensteine (Karriere, Familie) kohärieren nicht immer mit den Erwartungen des Gegenübers. Dass dich die Arbeitskolleg/innen lieber hinter dem Schreibtisch als in Costa Rica sähen, ist u.a. als Kompliment zu werten.» Nubja, 29, PR-Assistentin

«Ich habe eine Party ausgerichtet. Es gab etwas zu feiern: das gute Gefühl, mit dem ich mich verabschieden konnte! In einer kurzen Ansprache dankte ich den Mitarbeitenden für das ‹Zeitgeschenk›. Menschlich fand ich es toll, dass sie sich für mich freuten, selbst wenn sie nichts Ähnliches in Aussicht hatten!» Jennifer, 31, Reprographin

Die Skrupel der Chefs

Ein Timeout mag einmal hinhauen, nach der Lehre, vor der ersten Leitungsfunktion. Aber: wie verhält es sich beim Aufstieg ins mittlere Kader? In den Sandwichpositionen (Druck von oben und unten)? Wenn keine Stellvertretung existiert, das Team vom direkten Vorgesetzten geprägt wird?

Wie klappt es mit der nächsthöheren Chefin? Wer vertritt das Ressort in der Geschäftsleitung? Ist es korrekt, dass ich kurz nach der Beförderung ausschere, private Träume verwirkliche?

Mit diesen oder ähnlichen Bedenken sehen sich aufstrebende Führungskräfte konfrontiert. Obwohl gerade sie für ein Timeout prädestiniert wären. Und als Vorbilder den Weg für unkonventionelle Laufbahnen öffnen würden!

Divergenzen

Falls das Unverständnis anhält: Blicken Sie nach vorne und nicht zurück (auf eine Umgebung, welche Sie ohnehin für einige Monate hinter sich lassen). Lenken Sie Ihre Aufmerksamkeit auf die Koordination/Organisation, orientieren Sie sich an denjenigen, welche am selben Strick ziehen, Ihnen einen Effort gönnen!

Schwächen des Systems

Ein «Ausfall» kommt für die Firma meist ungelegen, sei es aus aktuellen Gegebenheiten oder weil heikle Punkte ins Blickfeld gerückt werden:

- personelle Unterdotierung (keine Reserven)
- fehlende Regelungen (Zuständigkeiten und Verantwortung, Auskünfte gegenüber der Presse)
- Machtvakuum (häufige Abwesenheit der Vorgesetzten).

Die Kolleg/innen ertrinken in der Arbeit, empfinden die Situation als ungerecht, ihren Part als den denkbar schlechtesten. Unsicherheiten betreffend des eigenen Handlungsraums schüren negative Gefühle gegenüber den Auszeiter/innen → «scheinbare Verursacher der Misere».

9.2 Exkurs: Die Krux mit der Stellvertretung

Stellvertreter/in ist für viele negativ behaftet, wird gleichgesetzt mit:

- Ersatzmann (den Job der Chefin/des Chefs erledigen, ohne deren Privilegien)
- Troubleshootterin (Abschieben von mühseligen Aufgaben).

Platzhalter oder Bevollmächtigte?

Echte, uneingeschränkte Stellvertretung bedeutet

- offizielles Abtreten von Wissen, Einfluss und Erfolg
- Bevollmächtigung auch in Rechtsgeschäften
- Zuordnung von ganzen Bereichen
- ausgeglichene Verteilung von Aufgaben, Verantwortung und Kompetenzen.

Die Arbeiten werden nicht geteilt, sondern übergeben. Solche Regelungen sind rar. Erstens bedingen sie Umstellbereitschaft, zweitens entsteht faktisch eine neue Stelle, welche in Kürze nach (mehr) Ressourcen ruft!

Bei einem Timeout verhält es sich insofern anders, als dass ein/e Mitarbeiter/in real, vorsehbar sowie für längere Zeit weggeht. Ersatz muss her: sei es dass jemand temporär engagiert wird oder Festangestellte ihr Pensum erhöhen. Allerdings kann es bei zwei-/ dreimonatigen Absenzen geschehen, dass niemand einspringt, sich die Aktenberge türmen und den Wiederkehrenden eine unliebsame Überraschung bereiten. Oder die Pultnachbarin erhält die Dossiers, als zusätzliches «Extra» ...

Demgegenüber laufen die Übernehmenden nicht Gefahr, dass der/die Stelleninhaber/in plötzlich auftaucht, sie heute für die gezeigte Eigenverantwortlichkeit lobt, morgen wegen desselben jedoch heftig kritisiert.

Zurückversetzt

Schwieriger gestaltet sich die Rückgabe. «Es war frustrierend, in die ursprüngliche Funktion delegiert zu werden. Kaum hatte sich das Mandat als interessant erwiesen, wurde es mir entzogen – ohne Aufwertung oder Aussicht auf Beförderung.» Arbe, Steuersekretär, 32

Wenn Wissen und Macht gehortet werden, stellt sich grundsätzlich die Frage nach der Unternehmenskultur. Denn dies ist das einzige Wagnis einer Stellvertretung: sich selbst überflüssig zu machen!

9.3 Familie, Partnerschaft

Commitment

Der engste Kreis ist weniger überrumpelt. Sei es, dass er
- Erschöpfung/Burnout hautnah miterlebt
- einen Richtungswechsel vermutet
- Abstand befürwortet
- zu einer Pause geraten hat.

«Die Eltern waren wegen meines Gesundheitszustands beunruhigt. ‹Hat sie sich übernommen, deshalb den Kinderwunsch vertagt? Vielleicht schlägts jetzt ein, während der Auszeit …› » Amélie, 41, Physiotherapeutin

Verlustangst, Zweifel? Häufig beteiligen sich diejenigen, welche anfangs strikt dagegen waren, mit Inbrunst am Unterfangen. Leihen Geld, vermitteln Rückhalt, brüsten sich mit Geografie-Kenntnissen: «Kowasi? Da fliegt meine Tochter hin!»

Angst vor dem Neuen

Hinter Unbill und Befremden stehen
- ungeschriebene Gesetze (Fleiss, Pflichterfüllung)
- aufrichtige Sorge um Ihr Wohlergehen (Karriereknick)
- persönliche Befürchtungen (Änderung der Verhältnisse).

«Muss man an die entlegendsten Orte, um eine gute Zeit zu haben? lautete der lakonische Einwurf meines Vater. Die folgende Diskussion rührte an Ideologien (Ausflippen, Moderne), unterschiedlichen Bewertungen und Rollen (sich etwas herausnehmen; diesen Zug hätte ich bei dir nie vermutet; du als ältester

Sohn ...). Inzwischen leuchten ihm meine Motive ein. Seit der Reportage über den Namibia-Trip eines Topmanagers hat sich das Image meines Projekts gewendet: von der Verrücktheit zum Lifestyle.»

EUGEN, 25, KONDUKTEUR

Wer zahlt welchen Preis?

Für die Zweierbeziehung lohnen sich Vereinbarungen hinsichtlich Geld, Entlastung, Konditionen, vgl. Kapitel 6.1. Alles lässt sich nicht voraussehen. Die Nagelprobe zeigts: «Jetzt gehst du nicht zur Arbeit, bringst kein Geld und bist doch immer weg! Wo bleibe ich? Wer investiert in meine Kräfte? Was haben wir davon – ausser finanziellen Einbussen und dem rundum gelobten Verständnis?»

«Bald bin *ich* reif für die Insel. Zuerst die Abwesenheit (120%-Job), dazwischen deine Entfaltung sowie die Tatsache, dass du überall dreinfunkst ...»
Nelly, 23, Studentin

Partnerinnen von Universitätsangestellten berichten, dass sie froh waren, als der professorale Gatte während des Forschungssemesters nach Übersee dislozierte. «Ich hatte meine Freiheit, keine gesellschaftlichen Verpflichtungen, niemand mischte sich in die Haushaltsführung ein. Zwischendurch besuchte ich ihn in Rom ...» Chantal, 39

Ein Timeout lässt sich umgekehrt als Sprühregen für die Zweierbeziehung nutzen: «Outing», Grenzen, frischer Wind.

Erkenntnis

Aus der Auszeit seiner Ehefrau zieht Riccardo, 48, drei Fazits:
- Toleranztest für die Beziehung
- Check bezüglich der eigenen Vitalität
- Transfer (Ausbrüche im Kleinen).

«Dass sie das ausgehalten hat! Bei mir wäre ein radikaler Break unecht, aufgesetzt. Wie bei einem Designer, welcher keine Cabriolets mag, dem Firmenboss zuliebe dennoch eines anfertigt. Am Schluss entsteht ein Freiluftauto, bei dem die Linienführung des Coupés zerstört wurde ...»

Auch Ivana, 34, Floristin, betont: «Nichts für mich! Statt den Vesuv zu besteigen, schnupperte ich am Singleleben: Aerobic, Roxy Music, Wellness. Um so schöner war das Wiedersehen!»

Abgrenzung

«Dass Fabrice die Theoriearbeit zu Hause schrieb, freute mich: die frühere Rückkehr, der aktive Einbezug. Ich reservierte die Ferien, war startbereit – für Support und Korrekturlesen. Er wartete bis zuletzt: mit der Titelwahl, dem Brainstorming, der Literaturrecherche. Telefonierte mit Freunden, fuhr zum Openair, lieh sich ein Motorboot aus … Die Anspannung wuchs, der Umgangston wurde gereizter, ich prügelte ihn förmlich ans Pult. Die nächste Studie geht er anders an: auswärts, in einer Gruppe. Als Sparringpartnerin bin ich mir zu schade …»
Flo, 26, Web-Masterin

Frischer Wind

Eine Luftveränderung bereichert die Beziehung: neue Themen, intensive Briefwechsel, überraschende Gesten.

Claudia H. korrespondierte täglich mit ihrem Freund. Die musikbegeisterte Rechtsanwältin stellte Fragen, der Architekt antwortete. [124]

Sie: «Wird der klassische Konzertsaal, starr wie eine Schuhschachtel, der zeitgenössischen Musik gerecht?»

Er: «Besuch die Royal Albert Hall in London! Eine flexible Arena, für Tanz und Theater gebaut. Sympathischer als manche Prunkstätte rund um St. Paul's Cathedral. Übrigens: Habe gestern die Symphonie von Brahms gehört. Adagio non troppo, Allegro con spirito … Jetzt verstehe ich, dass es wie ein Rausch sein kann, sich mit Interpretationen ein und desselben Stücks auseinander zu setzen.»

Melanie, 38, kam sich wie ein Grufti vor, an einer US-Universität, mit lauter Teenagern. «Ich hatte das Bedürfnis nach ‹Gesprächen unter Erwachsenen›: Nebensächliches zu erzählen, den Fauxpas eines Mitreisenden, dass die Amis Kulturbanausen sind, Kitsch zu Kult wird. Zur Veranschaulichung sandte ich ihm diverse Prachtexemplare. Daraufhin trug mein Liebster ein Paket mit ‹Schweizer Preziosen› zur Post (Edelweiss-Uhr, Kuhglocken, Appenzeller Gürtel).»

Beziehungskrise

Warn-/ Alarmzeichen machen sich zumeist im Vorfeld bemerkbar. Vielleicht hielten Sie sich nicht dafür, genau hinzuschauen. Zu prüfen, worauf die Reise nach Kap Verde gründet: Abenteuerlust oder Flucht vor der Zweisamkeit?

«Die Erregungskurve verflacht, die Sinnlichkeit verloren, Illusionen begraben. Ich dachte, es wäre der Alltag, welcher sich eingeschlichen hat. Dabei war das innere Feuer erloschen.» Lily, 35, Anlageberaterin

«Der Traum ‹allein durch die Wüste› diente als Vorwand. Ich suchte eine Klärung, im Grunde den Absprung. Prompt passierte das Unvermeidliche, ich verliebte mich, auf der anderen Seite des Erdballs.» Juan, 35, Techniker

«Trennung auf Probe. Die Ferne hat mir die erkaltete Leidenschaft vor Augen geführt. Am Krassesten, als ich sie trotz sündhaft teurer R-Gespräche nicht überreden konnte, in den nächsten Flieger zu steigen – für zwei Wochen Honduras.» Kay, 49, Grafiker

«Ich war mir bewusst, dass es nicht mehr so sein würde wie beim Weggang. Beide hatten sich verändert. Ich liebte ihn immer noch, wollte mich indes nicht auf eine Person fixieren. Er lehnte ab, kreuzte mit einer anderen Frau auf.» Jane, 27, Brokerin

Exkurs: Timeout ohne die Kinder

Zehn Hinweise, übermittelt von zwei Globetrotterinnen:

- Keine Geheimnisse (Auslöser, Zielort, Dauer)
- Klare Botschaft: Ich verlasse euch nicht, ich tue etwas für mich
- Kleine Kinder – kurze Auszeit, grössere Kinder – lange Auszeit
- Varianten austüfteln (gemeinsamer Aufbruch, Treff-Weekends)
- Angehörige einbeziehen (Vorbereitung, Zwischenzeit, Rückkehr)
- Unruhe vorbeugen (Spontanbesuche, Programmänderung[125])
- Fair geht vor: Sie wollen weg, nicht die anderen! Bei Fremdplatzierungen den Nachwuchs nicht aus der vertrauten Umgebung reissen (Wohnen, Schule, Kolleg/innen). Darauf achten, dass Rituale beibehalten werden (Einschlafen, Tagesbeginn)
- Kick für Kids: Spezielle Erlebnisse organisieren (Segelflug, Reitunterricht, Pfadilager)
- Mitspracherecht für Jugendliche (Aufenthalt, Aufgaben, Ämtli)
- Eindeutige Regeln (die Grossmutter ist jetzt Erziehungs-/ Aufsichtsberechtigte).

9.4 Soziales Umfeld

«Der erste Moment: beobachten. Wer nimmt Anteil? Wer ist erzürnt? ‹Hat er sie doch noch rumgekriegt›, wurde gemutmasst, als Patty mich zu Norwegens Fjorden begleitete. Hätte sie sich hinter dem Ofen verkrochen, wäre auch das nicht unkommentiert geblieben: ‹Macht auf gutsituierte Hausfrau, besucht Kurse …› » André, 45, Rektor

Wie bei zentralen Lebenseinschnitten kann das Timeout eine Zäsur bewirken. «Den Markt falsch eingeschätzt, beruflich in der Zwickmühle. Wonach ich in meiner Ratlosigkeit überhaupt nicht trachtete, waren die Sprüche eines Tenniskameraden. ‹Wer nicht weiss wohin, sollte sich nicht wundern, wenn er woanders ankommt.› Monate später fand ich zur Schlagfertigkeit zurück: ‹Wenn ich gar nicht ankommen will? Zumindest nicht dort, wo du mich haben willst.› » Verena, 56, Receptionistin

Böse Zungen, Seitenhiebe, Häme – keine Seltenheit, insbesondere wenn sich eine öffentliche Person ein Sabbatical leistet. Ist er/sie aus der Medienbranche, blüht die Fantasie, registriert die Boulevardpresse «dass Roger Schawinski[126] in Sidney die Ruhe geniesst, während in der Villa am Zürichberg die Alarmanlage schrillt» (In: SonntagsBlick, 3.2.2002). By the way: Kein Einbrecher, ein starker Windstoss liess das Gebäude aufheulen. Eine Tür war nicht richtig verriegelt.

Aspekt der Selbstinszenierung

«La Presence des Absents». Wer abhebt, Ungewöhnliches plant, macht sich interessant. Vorher, nachher, mit allem Drumherum … Dominiert die Gespräche, bestimmt Nähe und Distanz.

Einerseits muss die Verbindung nicht abreissen, kann gestärkt werden. Weshalb soll man nicht:

- um 11 Uhr Tee trinken, in den Zoo, zum Italiener?
- den Geburtstag der Patin in Kalifornien zelebrieren (San Francisco, Golden Gate Bridge, Sacramento)?
- die Expedition des Nachbarn kulinarisch verfolgen? Je nach Station ein französisches, englisches oder finnisches Frühstück auftischen. Der Hit: American Brunch, dazu Coke (anstelle des dünnen, in schauerlichsten Tönen geschilderten Kaffees).

Andererseits kippt die Dynamik in Einseitigkeit, wenn ein Paar regelmässig seine Haut abstreift, von Kontinent zu Kontinent hüpft, das Lebensmotto ändert. Und vorausetzt, dass die anderen den Background sichern.

«Du erachtest mich als spiessig, mokierst dich über mein Heimweh. Was wäre, wenn ich *dich* beanspruchen würde, *du* meine Wohnung hüten müsstest, statt umherzuflattern und den Paradiesvogel zu spielen?» Nicoletta, 24, zu ihrer schrillen Freundin.

9.5 Unterwegs: Begegnungen und Abschied

Bei Auslandaufenthalten oder einer Weltreise werden laufend Leute zurückgelassen: zu Hause, auf dem Hinweg, bei der Rückfahrt ...

Kommen und Gehen als Faszination. «Das war das Aufregendste, sich unter verschiedensten Nationen zu bewegen. Durch die City flanieren, Zeugin intimer Szene werden (jenes Paar im Zug: Sie sieht versonnen aus dem Fenster, er hat das Handy ans Ohr geklemmt, flunkert was von Kongress, zwinkert ihr unentwegt zu).» Shiffra, 54, Betriebswirtschafterin

Die einen offenbaren Dreistigkeit, die anderen Können. «Unzählige Male stieg der Zweimaster aus. Rettung und Aufmunterung linderten die Not. Nach einem misslungenen Manöver steckte mir ein Skipper das Zitat von Ortega y Casset zu: ‹Das Leben ist in seinem inneren Wesen ein ständiger Schiffbruch. Aber schiffbrüchig sein, heisst nicht ertrinken. Der arme Sterbliche, über dem die Wellen zusammenschlagen, rudert mit den Armen, um sich oben zu halten. Diese Reaktion auf die Gefahr des Untergangs ist die Kultur.› Der Zettel klemmt nun an meinen Reagenzgläsern.» Beat, 46, Medizinischer Laborant

«Kaum angelegt, hielten die Kinder Ausschau nach Gleichaltrigen, freundeten sich mit Einheimischen an, brachten Erinnerungsstücke an Bord. Die Souvenirs überdauerten den Kontakt. Die wenigsten Reisebekanntschaften setzen sich fort – trotz gegenteiliger Beteuerungen. Und nach Jahren der Funkstille scheut man sich, die Lloyds anzurufen, nur weil man in Australien einen Camper gebucht hat.» Fabio, 37, Radio-/ TV-Elektriker

Nachhaltiger abgebaut werden Vorurteile. «Was kannte ich von Greece? Platon, Perikles, Pythagoras und azurblaue Urlaubfotos. Der Rest war Ouzo und Feta. Von Klischees abgerückt bin ich auch gegenüber der traditionellen Männerwelt. Ich respektierte ihre Mentalität, profitierte vice versa von Privilegien: ein Boot steuern, ohne den Motor reparieren zu müssen.» Yasmin, 42, Consultant[127]

Hoffnungsschimmer

Herausgehoben aus dem Umfeld, gegenüber Fremden, ist der Diskurs ehrlicher. Über Forschungsgläubigkeit, Machbarkeitswahn, Selbstverleugnung. «Um den Äquator stapfend, habe ich mich der Menschlichkeit besonnen. Rendite erfordert Härte, aber nicht Brutalität.» Steven, 51, Konstruktionschef

Auftrieb holte sich Frederic, 57, Immobilienagent, in Amerika: «Hier mutiert der Rechtsanwalt zum Markenartikler, vertreibt Erdnüsse und Chips. Der

Maurer wird Radiomoderator, das Model Ärztin, die Gärtnerin Chief Inspector. Eventuell liegt auch für mich ein ‹Highlight› drin?!»

Viel kolportiert: Die Anekdote des erwerbslosen Mechanikers, welcher in der Karibik relaxt, an der Hotelbar einen Industriellen «schnappt» und sich drei Wochen später – per gefaxten Vertrag – beim Arbeitsamt abmeldet. Mit seinen Zeugnissen hätte er keine Chance gehabt, als Trinkkumpan von Y. übersprang er die Einstiegshürden ... (Quelle: Niederlande).

10. Wiedereinstieg

Niagara Falls II

DEN ERTRÄUMTEN SONNTAG FINDEN
BEI DEN NIAGARAFÄLLEN
DIE WIRKLICHKEIT VERLIEREN

HIER STÜRZT DAS WASSER
VON HOCHTERRASSEN
UNS ZU FÜSSEN

EIN SCHÄUMENDER HALBKREIS
UND EINE WASSERGERADE LINIE
DIE ZWEI LÄNDER
VERBINDEN

DER WASSERMUND
GEBIETET UNS ZU SCHWEIGEN
ER HAT DAS WORT

DIE WASSEROHREN HÖREN NUR
DIE BRAUSENDE SPRACHE
IHRER SCHÄUMENDEN LIPPEN

ES HEISST ABSCHIED NEHMEN
VON DEN UNWIRKLICHEN WASSERFÄLLEN
DAHEIM
DIE WIRKLICHKEIT WIEDERFINDEN

AUS: «UND NENNE DICH GLÜCK» – GEDICHTE, S. FISCHER VERLAG GMBH 2000

10.1 Akklimatisierung

Hier spricht Ihr Capitain: «In zehn Minuten landen wir in Basel-Mulhouse. Das Wetter ist neblig-trüb, bei zwölf Grad Celsius. Wir hoffen, Sie hatten einen angenehmen Flug und freuen uns, Sie wieder an Bord von Y. begrüssen zu dürfen.» Fahrwerk raus, Anflug, Landung.

Noch nie sind Einreise, Zollkontrolle, Gepäckausgabe so rasch erfolgt. Die Schranken öffnen sich, ich muss da durch … Harter Aufsetzer, Ernüchterung.

Insbesondere wenn man sich neben dem Trekking eine grundsätzliche Lebensänderung erwünscht hat (Stipendium, Aufenthaltserlaubnis, neue Partnerschaft, vgl. Kapitel 7.5).

Oft wird die Rückreise hinausgezögert, die Ankunft geschieht überstürzt. «Voller Herzschmerz, ohne Visum … damit konnte ich noch im letzten Moment einlaufen!» Silvan, 47, Lehrer. Oder es ist derart toll, dass man die letzten Minuten auskosten will!

Globetrotter empfehlen gestaffelt einzusteigen. «Ich habe das Schlussstück extra geplant, als Anlauf-/ Aufwärmrunde. Es ging um mehr, als sich den Rücken frei zu halten (Job, Haushalt). Ich unternahm Ausflüge, besuchte Freundinnen, sah mir Aufzeichnungen der Lieblingsserie an.» Julia, 30, Zugbegleiterin

«Ich mach das selbst bei längeren Ferien: zwei arbeitsfreie Tage, in Ruhe auspacken, Fotos einkleben.» Guy, 55, Tankwart

Zwei Vergleiche

«Bis hierher gings ganz gut», ruft der Optimist, welcher aus dem 40. Stock eines Hochhauses stürzt. Auch Fallschirmflieger behaupten, das Prickelnste sei der freie Fall.

Die Parallelen zum Timeout sind unverkennbar: Anlauf, Überwindung, Genuss. Dafür lauert die Klippe bei der Landung, welche sich – im Gegensatz zum Tandemflug[128] – nicht delegieren lässt. Den Boden spüren muss man selber …

Kulturschock

Alltagskram und Absurditäten: die ersten Eindrücke von Andrea Bergen-Rösch, nach Monaten auf hoher See:

«Zig Sachen springen mir ins Gesicht. Da stapelt sich die Post von einem Jahr, und es ist alles so gross. Lisa [die eine Tochter] sucht stundenlang ihre Sandalen, Tausende von Kleinigkeiten bestimmen den Alltag. Die vielen Teller, Tassen etc. wollen alle gespült und weggeräumt werden, die vielen Bücher eingeräumt. Es ist von allem einfach zu viel da. Immer wieder möchte ich im Haus die Lichter ausmachen, um Strom zu sparen, beim Ausspülen der Kaffeekanne zuckt mein rechter Fuss zur nicht vorhandenen Fusspumpe am Boden. Das Klopapier ist so dick, dass ich sofort an verstopfte WC-Rohre denke.

Unsere Nullachtfünfzehnbetten kommen mir bequem und weich vor wie nie. Im Supermarkt prall gefüllte Regale, was für ein Überfluss! Einmal stehe ich vor Entkalkern – ein Dutzend verschiedene Sorten. Da braucht man erst Zeit

zum Nachdenken, ob man so etwas kauft, wenn ja, muss man sich entschei-
den, welchen, dann muss man sich zu Hause überlegen, wo man so etwas auf-
bewahren will, dann muss ich mir merken, dass ich so einen Entkalker habe,
und ich muss mich erinnern, wo er steht. Bullshit. Ich gehe nach Hause und
schütte Essig in unseren verkalkten Wassertopf.»

AUS: «UNTER SEGEL IN DIE SÜDSEE», SCHARDT VERLAG 2001

10.2 Rückkehrsituation

Ebenso wichtig wie die Vorbereitung ist die «Nachbereitung» eines Timeouts.
Häufig zeichnen sich drei Phasen ab:

- Überaktionismus
- Relativierung
- Neuorientierung.

Überaktionismus

«Nach Südamerika bin ich voll abgetaucht, wie in Trance. Akten wälzen, Stra-
tegisches, Daily Business. Sich mit 1000 Dingen beschäftigen: denjenigen, die
man mag (Auto, Sport) und den mühseligen (Umzug, Frühjahrsputz). Später
habe ich den Turbo ausgebaut. Gedrosselter Einsatz, lustvoll und effizient.»
Gerd, 43, Electronic Engineer

Relativierung

«Ich war erstaunt, wie wenig passiert ist. Die Durchsicht der Unterlagen ergab ein knappes Resümee: aufgetürmt, abzutragen, von selbst erledigt!». Der
Pultnachbar zuckte mit den Schultern: «Was, ist schon ein Jahr um? Du hast
nichts verpasst …» Bernd, 46, Wirtschaftsprüfer

Was man als unverzichtbar erachtet, fällt plötzlich weg. «Als Politikerin bin
ich jeden Morgen zum Briefkasten gestürmt, habe die Tageszeitung gepackt,
die Schlagzeilen aufgesogen. Unterwegs konnte ich an einem Kiosk vorbei-
marschieren, ohne mit der Wimper zu zucken. Ab und zu suchte ich English
Newspaper, gut getrocknet. Um ein Feuer anzuzünden, den Mülleimer auszu-
legen oder Fisch einzuwickeln.» Maya, 39

Manch eine/r erschrickt: «Ich bin ersetzbar, mich braucht es gar nicht
mehr!» Das Telefon klingelt sporadisch, die Stammkundschaft wendet sich
an die Kollegin. Vor der Freistellung beteuerte man: «Hey, es geht, der Laden
existiert weiterhin!» Nun ist es brutale Tatsache: «Ja, es haut tatsächlich hin,
auch wenn ich weg bin!»

«Das Positive: Ich habe mich gedanklich befreit, den Horizont erweitert. Z. ist nicht der einzige Auftraggeber, Werbung selten das Wahre.»
Martin, 32, Inhaber einer Casting-Agentur

Rosa Wolken werden zurechtgerückt: Beziehungen kühlen ab, Freund/innen erwarten einen nicht gleich mit offenen Armen. Üben Sie sich in Nachsicht! Eventuell hat die Kommunikation nicht geklappt, die Ankommenden sind vorbereiteter als die Daheimgebliebenen. Dass kein Blumenstrauss organisiert wurde, lässt nicht auf Ablehnung schliessen. Wenn Ihr Aufkreuzen kein grosses Hallo auslöst, Sie nicht zu jedem Kaffeplausch eingeladen werden, hängt dies eher mit Unbeholfenheit zusammen – oder dass sich das Umfeld zunächst an Ihre Anwesenheit gewöhnen muss.

Neuausrichtung

Das «Comeback» ist durch. Mann/frau revidiert Ansichten, überprüft den Lebensrhythmus, blickt nach vorne.

«Sie können gespannt sein, was ich 2004 tue ... Bei mir sind Timeouts Pflicht. Rein, raus; 200 % Engagement, 100 % Distanz. Ab einer gewissen Zeit (wenn ein Projekt läuft, ein Problem behoben ist), schwindet der Reiz. Ich liebäugle mit Optionen, Alternativen, einem Zwischenhalt. Der Wechsel hat bei mir System. Als Schutz vor dem Ausbrennen und als Massnahme, das innere Feuer anzuheizen.» Betty F, Unternehmensberaterin

Ganz anders die Einsicht der Journalistin Sandra Maischberger: «Wir haben beim Reisen festgestellt, dass wir absolute Europäer sind. Diese aus dem Boden gestapften Ansiedelungen in den neuen Welten gaben uns nicht das Gefühl, das uns eine Stadt mit Geschichte vermittelt. Es war eine interessante Entdeckung: Ich bin nicht eine Frau, die in die Wüste Australiens oder Amerikas zieht.» (Richter, 1999)

Dafür erschien ihr Job in einem helleren Licht:
«Die Reise habe ich auch deshalb genossen, weil ich zehn Jahre darauf gewartet habe. Und danach habe ich meine Arbeit sehr gerne gemacht, weil ich sie monatelang nicht hatte. Wer mich wieder traf, fand, dass ich weniger verbissen war. Das Interview mit Dustin Hofmann wurde eines der besten. Was sicher mit daran lag, dass wir fast nur gelacht haben. Ich war wahnsinnig gut drauf. Ich hatte einen Sinn fürs Leben, konnte mich in ihn hineinfühlen. All die

standardisierten Abläufe, die ich als Journalistin trainiert hatte, galten nicht mehr. Es war einfach nur witzig.»

(RICHTER, 1999)

Nicht immer verläuft der Relaunch reibungslos. Konjunktur oder Arbeitsmarkt halten unliebsame Überraschungen bereit, wie der nachstehende, der Zeitschrift «Context.» zugesandte (vom Verfasser zur Veröffentlichung überlassene) Leserbrief zeigt.

Erfahrungen bei meiner Stellensuche

Sehr geehrte Damen und Herren
Vor einem Jahr entschloss ich mich als 39-jähriger Eidg. Dipl. Einkäufer ein sogenanntes «Timeout» zu realisieren. Kurzerhand kündigte ich meine Stelle als Leiter Einkauf in einem Produktionsbetrieb. Verschiedene Gründe veranlassten mich zu diesem eher unkonventionellen Schritt:

- fehlende Perspektiven in der Firma (Karriere, Alter)
- genügend Zeit für meine Stellensuche
- persönliche Gründe.

Ziel: eine sechsmonatige Auszeit, anschliessend eine Position mit Führungsverantwortung.

Seit nunmehr sieben Monaten sehe ich mich im Mittelland nach einer neuen Stelle um. Habe weit über 80 Bewerbungen eingereicht, für Einkauf/Materialwirtschaft (aber auch in anderen Sektoren). Bisher konnte ich mich 25 Mal vorstellen, bestritt unzählige Gespräche. Leider ohne den gewünschten Erfolg.

Unterschiedliche Erfahrungen resultierten daraus. Bei 7 von 10 Personalverantwortlichen wurden mir dieselben Fragen gestellt. So die Stärken/Schwächen-Frage, aber auch: «Warum sollen wir ausgerechnet Sie engagieren?» Oder wenig Aufschlussreiches wie: «Was unternehmen Sie am ersten Arbeitstag? Was werden Sie in zwei Monaten tun?»

Bedingt durch die mittlerweile etwas längere «Stellenlosigkeit» bohrte man in den Interviews nach. «Warum, wieso, was haben Sie während dieser Zeit gemacht?» Solche Fragen sind legitim. Trotzdem: Ist es für ein/e Arbeitgeber/in von Bedeutung, weshalb ein Kandidat eine bestimmte Zeit nicht gearbeitet hat? Insbesondere wenn gesundheitliche Probleme ausgeschlossen werden können.

Die «Killerfrage» bildete einige Male der Lohn. Man will eine Intelligenzbestie, kosten darf das nichts. Einmal teilte man mir mit, dass ein 30-jähriger mit entsprechend weniger Lohn diese Arbeit (Leiter Einkauf) mindestens genauso so gut verrichten könne, wie ein 40-jähriger. Stimmt, selbst die Sozialleistungen sind billiger. Doch die heute 30-jährigen werden auch mal 40, 50 (und älter). Dies scheint wirklich ein Problem zu sein! Aber einer «finanzbewussten» Leitung ist das egal: Hauptsache jung, wenig Erfahrung und Know-how, dafür kostendämmend – mit entsprechender Fluktuationsrate.

Ach ja, da ist noch die Sache mit dem 13. Monatsgehalt. Selbstverständlich meinen Sie? Weit gefehlt. Komplizierte leistungsabhängige Konstrukte: 30 % wenn persönliche Jahres-Ziele (MBO) erfüllt, weitere 30 % wenn Abteilungsziele erfüllt und – so Gott will – 40 %, wenn die Geschäftsziele erreicht werden können.

Noch ein Beispiel gefällig? Parkplatz nicht zugegen (bzw. nur fürs Top-Kader). Für das gibts öffentliche Verkehrsmittel oder aber, wenn ja, kostet das die Kleinigkeit von 30 Franken pro Monat. 40-Stunden-Woche und 5 Wochen Ferien? Fehlanzeige. Die meisten kennen die 41- oder sogar die 42-Stunden-Woche mit zirka 20 bis 23 Tagen Ferien.

Personalberatungsunternehmen: Die Mühe lohnte sich nicht. Vermittelt wurden u.a. Stellen, welche in Zeitungen oder im Internet ausgeschrieben waren. Auch ein Inserat meinerseits brachte nicht viel, ausser Post von undurchsichtigen Firmen. Die besten Chancen hat man, wenn man sich direkt auf eine Anzeige bewirbt.

Für Fragen im Zusammenhang mit einer Führungsfunktion sollte man sich gezielt vorbereiten, ansonsten lässt sich ein negativer Eindruck nicht vermeiden.

Sie fragen sich wahrscheinlich, ob der Schreibende zu faul zum Arbeiten ist? Ob sein schulischer und beruflicher «Rucksack» dem gewünschten Stellenprofil Rechnung trägt? Vielleicht schleicht sich eine gewisse Schadenfreude ein, nach dem Motto: Selber schuld, hätte erst einen neuen Job suchen und danach die Kündigung einreichen sollen. Und überhaupt, wie kann man sich das in diesem Alter noch leisten … mit solchen Ansprüchen? Der soll froh sein, wenn er arbeiten darf!

Hat dieser Brief ein frustrierter Arbeitsloser geschrieben? Ich versichere Ihnen, dies ist nicht der Fall! Im Gegenteil, ich konnte während meiner Stellensuche äusserst positive Erfahrungen verbuchen. Die Gründe dafür sind einfach: ich weiss was ich will und was ich kann. Diese Philosophie wird über kurz oder lang ihre Wirkung nicht verfehlen.

Freundliche Grüsse

Die klare Haltung hat zum Erfolg geführt. Im Frühjahr 2002 unterzeichnete Urs Helbling einen neuen Arbeitsvertrag.

10.3 Erste Herausforderungen

Betrieb

Jessica Korth zählt in ihrer Lizentiatsarbeit, einer Studie zu Sabbaticals in der Privatwirtschaft, zwei Aspekte auf:

1. Der/die Aussteiger/in hat den Verlust von formalen und informellen Informationen zu akzeptieren (und aufzuholen).
2. Das Unternehmen seinerseits gewährleistet die Neu-Integration.

Entscheidend für die Wahrnehmung wie Bewältigung sind die Rahmenbedingungen, vgl. Kapitel 7.4.

Arbeitsplatz

Einklang von Mass und Menge, in der Hängematte erprobt. Umgesetzt bedeutet dies:

- *das eigene Tempo finden*
- *Raum für Fantasie und Experimente*
- *zum Realen vordringen*
- *Zeit für Kontakte und Bindungen*
- *die Wahrnehmung vertiefen*
- *echte Interessen*
- *das Gefühl von Erfüllung.*

AUS: «GUTE ARBEIT BRAUCHT ZEIT – DIE ENTDECKUNG DER KREATIVEN LANGSAMKEIT», HEYNE VERLAG 1998

Neue Rollenmodelle

Lockerheit, Weitsicht, Toleranz. Privat, im Trubel von Haushalt und Familie? Moderne kontra Tradition. Jetzt, nach dem Auslandtrip? Statt theoretischer Ausführungen ein Hinweis.

TIPP: «Wer teilt gewinnt». Sechsteilige Videoreihe, abendfüllend, wie das Thema selbst, Bezugsquelle siehe Filmverzeichnis.

Job und Leben (zwei Vorsätze)

«Voll hineinspringen? Den Südseetraum durch den Arbeitsrausch ersetzen? In diese Falle tappe ich nicht! Seit der Meditations-Ausbildung favorisiere ich ein ausgeglichenes Lebenskonzept, den Mix von auswechselbaren, einander zugeordneten Gebieten.» Irene, Galeristin, 48

«Ich praktiziere Work-Life-Balance. Schlage Brücken, von der Freizeit zur Arbeit, der Beziehung zum Beruf. Auf dass nicht eintritt, was der Ex-Interhome Boss Bruno Franzen beobachtet hat: ‹Eine Manager-Ehe heisst gemeinsam einsam zu sein.›» Tanja, 23

10.4 Transfer

Leben

Schwerpunkte setzen, die Routine überlisten. Leichter gesagt als getan. Doris Dörrie, Filmemacherin und Schriftstellerin auf die Frage, wie sie dies meistert: *«Indem ich innehalte und mir vergegenwärtige, was im Moment wichtig ist. Und das ist vielleicht nicht die Aufgabe, die ich gerade für wichtig halte. Oder ich versuche das, was ich tue, bewusst zu tun. Nicht abends nach Hause zu kommen und schnell noch was zu kochen. Sondern einen Überblick zu gewinnen und dann mit einer ganz anderen Einstellungen zu kochen.»*

IN: COOPZEITUNG, NR. 41/2000

Beruf

Ich kann vieles ausweisen, aber keine Vorzeigelaufbahn: Wie präsentiere ich das bei einer Bewerbung?

- Beizug von Qualifikationshandbüchern (z.B. «CH-Q», ein standardisiertes Instrument, welches neben zertifizierten Fähigkeiten auch ausserberuflich erworbene Potenziale erfasst[129]).
- Bewusste Ergänzung: Eine spezielle Aktivität hebt Sie aus der Masse hervor, ist aussagekräftiger als manches Zeugnis. «Der Einsatz bei einem Ra-

dioprojekt im Libanon verweist auf Umstell- und Verzichtbereitschaft. Wer Regenwälder aufgeforstet, Fachwerkbauten renoviert oder ein Jugend-camp geleitet hat, verfügt mit Bestimmtheit über Flexibilität.»
Kerstin, 31.

- Zusätzliches hervorheben: «Ich bin einer dieser Maurer, die auf Bauplätzen mit Spachtel und Ziegelsteinen hantieren. An der Expo[130] habe ich jedoch Maschinen bedient, Dienstpläne erstellt und EDV-Aufgaben übernommen.» David, 52

Arbeitsgestaltung

Ein Bildungsurlaub generiert Bedürfnisse, hinsichtlich der Autonomie (Arbeitseinteilung, Arbeitsort) sowie der individuellen Entwicklung. Oder wie es Anke Richter formuliert: «Wie gestalte ich die Arbeit sinnvoll, als Zwischenstück zwischen den Sabbaticals?»[131]

«Aus dem Norden importierte ich die Vision von ‹lebensspannengerechten Arbeitsplätzen›. Massgeschneiderte Module für Familienväter, Leute mit Mehrfachbelastungen, Wiedereinsteigerinnen. Ältere Mitarbeitende agieren in Entstehungsprozessen und Mischtätigkeiten. Ihr Background – gepaart mit Zuverlässigkeit und Disziplin – garantiert ein Spitzenergebnis.» Raoul, 58

Selbstmanagement

«Mein Ehrgeiz wurde geweckt, der Intellekt geschärft. Selbst ein kreativ-chaotischer Typ kann sich der Ordnung nicht entziehen. Statt mich um Termintreue und Pünktlichkeit zu foutieren, lege ich eine farbige Spur (bunte Agenda, Erinnerungshilfen).» Sandrine, 36

Exkurs: Das Transfergespräch

Zurück aus dem Ausland, vom Bildungs- oder Familienurlaub. Und jetzt? Wie gelingt der Einstieg? Was hat die Aussteigerin erlebt? Gleich in der zweiten Arbeitswoche ist eine «Performance» angesagt, damit die Auszeit Früchte trägt – auch für das Unternehmen!

Nicht immer muss es ein Stellenwechsel sein

Ob mit oder ohne Timeout: Zahlreiche Fachleute halten Ausschau nach Neuem. Selten liegt es daran, dass «der Challenge» nicht vorhanden wäre. Oft genug fehlt es am Gespräch.

Die Ambitionen nach einer Weiterqualifizierung sind hoch. Wenn die Resonanz ausbleibt, folgt der Frust: Für die fehlende Honorierung muss ein Wechsel her. Und die Personalabteilung zieht den fatalen Schluss: «Wer aufbricht, geht ohnehin fort».

Know-how-Austausch

Ein Transfergespräch[132] dient Angestellten und Vorgesetzten als Auswertung bezüglich Zielen, Verlauf und Resultat eines Timeouts:
- Überprüfung der geleisteten Investitionen (Zeit, Geld, Energie)
- Basis für zukünftige Regelungen.

Führungskräften liefert es exzellente Reiseberichte (und ersetzt manche Ferienlektüre). Sie erfahren aus erster Hand, was ihre Mitarbeiterin auf dem Kilimandscharo, in Port of Spain oder bei der Weinlese im Burgund erlebt hat.

Ausserdem können sie darlegen, was sie in der Zwischenzeit alles initiiert und erreicht haben.

Hinweis für die Rückkehrer/innen: Falls Ihnen Unterstützung angeboten wird, nehmen Sie diese an. Wenn nicht, erkundigen Sie sich nach Support.

Ein Letztes: Hat vor Ihrem Weggang ein Abschiedsapéro stattgefunden? Feiern Sie nun mit dem Team das Wiedersehen!

10.5 Generelle Veränderungen bewirken
Betriebliches Umfeld

Wenn vielbeschäftigte Manager/innen die «zündende Idee» fordern, diese jedoch nicht greifbar ist, wird er laut, der Ruf nach «produktiver Unruhe». Wo ist die Aufwühlerin, der Querkopf? Für zwei Tage herrscht «Out-of-the-box» (die Art, branchenunüblich zu denken). Nachher ist der Spuk vorbei.

Der «Wind of Change» könnte durchaus länger wehen, als Vorbote einer gewandelten Kultur. «Wie ich zu N. zurückkehrte, wagte man das Unmögliche. Kopfnicken war tabu, Aussensicht Pflicht. Kritischer Geist statt Synchronschwimmen, Kreativitätsschub pur». Lian, 49, Produktionschef

«Man kommt nicht weiter, ohne eine Person, welche die Konventionen sprengt. Selbst wenn lediglich 10% der Entwürfe verwertbar sind ...»
Lasse, 35, Modedesigner

Eigeninitiative

Im Idealfall trifft die Timeouterin auf eine solche Konstellation. Oder sie wirft sich selbst in die Bresche: Mentaltraining für Führungskräfte, familienfreundliche Infrastruktur, Rekrutierung von Jung-Talenten. Die Bilanz ergibt ein Plus: an Arbeitsqualität und Wirkungskraft. Besseres Firmenimage, sinkende Fehlzeiten, erhöhte Arbeits- und Lebenszufriedenheit. Nicht zu vergessen: die Bereitschaft zu beidseitigem Entgegenkommen.

Stress, Hektik, Konkurrenzkampf – im Medienzirkus keine Seltenheit. Zufall, dass ausgerechnet diese Szene aufgewirbelt wird? Durch Autor/innen, welche

- die Redaktionsstube ans Nordkap verlegen
- sich der Auftragsschreibe entziehen
- für ihre Freiheit finanzielle Einbussen in Kauf nehmen.

«Ich beschränke mich auf ein, zwei Themen. Ansonsten komme ich in der Welt herum, vermehre mein Wissen, beschreibe, was ich für mitteilenswert halte: Wein, Schinken, Erfindermessen oder die Insel Borneo.»
Bernd Fritz, Frankfurter Journalist, Verlagsautor bei der FAZ, Kolumnist im «Feinschmecker» (STERN, Ausgabe Nr. 22/2000).

10.6 Wie bewahre ich mich davor, in den alten Rhythmus zu verfallen?

Schaffen Sie sich «Mini-Timeouts», feiern Sie jeden Zeitgewinn! Dabei helfen Ihnen neun Ansatzpunkte:

- Erholungsinseln ansteuern: abends an den See, unter Bäumen wandeln, auf einer Parkbank lesen, den Arbeitsweg in x-Varianten ausprobieren.
- Ausbruch im Kleinen: schicke Bermudas anziehen, im Regen Rosen verteilen, den Montagblues durch Jazzmusik vertreiben.
- Frivolitäten: über Mittag ins Lunchkino, zum Swingfestival. Unbekannte grüssen, der Chefin eine «Verrücktheit» unterbreiten, jemanden anrufen, den nie wieder anzurufen wir uns geschworen haben.

«Heute passt nichts ins Schema X. Heute ist jeder Fehler erlaubt und verziehen. Heute ist der Tag des Aussergewöhnlichen.»
Nach: Paulo Coehlo, 1998

- Distanz, Leichtigkeit: «Kaum hat einer etwas als «out» erklärt, holt es die nächste Welle im Triumph zurück. Ich lasse mich nicht mehr aus dem Konzept bringen. Betrachte es positiv: Nichts ist für die Ewigkeit!» Wolfgang, 42, IT-Berater
- Neue Prioritäten: Eine Auszeit öffnet den Blick für das Wesentliche, man hat einiges überstanden, ist stärker geworden. «Ich stelle mir häufiger die Frage, was relevant ist. Habe weniger Hemmungen, dies auch durchzuziehen.» Andrea Bergen-Rösch
- Gesunde Unverfrorenheit: «Ich will nicht mehr alles durchleuchten. Habe erkannt, dass die grösste Anstrengung darin besteht, sich aus etwas herauszuhalten.» Merve, 24, Texterin
- Unerschütterlichkeit: «Seit ich mich nicht mehr den Erwartungen anderer unterwerfe, ist die Arbeit angenehmer. Misserfolge oder Startschwierigkeiten schüchtern weniger ein.» Nathalie, 26
- Schallgrenze: «Muss man sich überall Geräuschkulissen, Ablenkung, Unterbrüchen aussetzen? Gezielt hin- und weghören bringt mehr. Hintergrundmusik ausstecken, das Handy ausschalten, bei stiller Arbeit die Tür schliessen.» Lauren, 29
- Zuversicht: «Viele glauben, sie müssten sich sputen. Sonst krieg ich keinen Job, keine Frau, kein Haus mehr. Ich denke, jeden Tag kann etwas von dem eintreffen. Und wenn nicht, hats auch seine Richtigkeit!» Claude, 41, Mechaniker

Interventionen: Stress, Arbeitspause, Humor

Akuter Stress

- Situation analysieren
- Ruhe bewahren
- Entspannen[133]

Arbeitspausen

- mehrere kurze Pausen einlegen
- Zeitpunkt: eher zu früh
- Gestaltung: auf Erholung, Ausgleich, Sozialwert achten

TIPP: Den Effekt einer längeren Pause nicht vergessen. Die revitalisierende Wirkung des Timeouts nicht zu schnell bzw. als «einmalig» ausblenden.

Humor

- Stellen Sie sich den meckernden Chef im Pyjama vor.
- Behandeln Sie die eklige Kundin besonders zuvorkommend.
- Fragen Sie die Arbeitskollegin: Wie kann ich dir ein Lächeln entlocken?
Achtung: Humor wirkt ansteckend, befreit!

10.7 Persönlicher Effort/beruflicher Erfolg

Ein Grossteil der Auskunftspersonen stuft den persönlichen Gewinn als hoch ein. Sei es

- der Erlebniswert des Timeouts an sich
- die gewachsene Motivation
- der Kompetenzzuschrieb.

«Mir wird mehr zugetraut. Ich reagiere souveräner, stelle knifflige Fragen, weigere mich offensichtlichen Antworten zu folgen.» Merve, 24, Texterin

«Während des Peak[134] wird der Ticket-Corner überrannt. Ich suggeriere mir, dass ich hier noch mehr Leute treffe als in der Karibik. Das habe ich hinübergerettet: die Neugierde und die Begeisterung für Menschen!
Nathalie, 26

Andererseits gilt es die Kolleg/innen nicht zu überfahren. «Der kann gut reden. Wir haben uns gesputet, seinen Job gemacht – und jetzt verkündet er die neue Lässigkeit. Wie wärs mit Leisetreten, Bescheidenheit, Zurückhaltung?!»

Deklarieren Sie Ihren Überschwang als Wiedersehensfreude. Teilen Sie den Power: Eventuell hat der eine oder die andere Lust mitzuziehen?

Lohnendes Unterfangen

Seinen Segeltörn versilbert hat der Liedermacher Peter Reber. Die Ausbeute: sechs Jahre Family-Life, 30'000 Seemeilen sowie die Komposition von Hits wie «Grüeni Banane», «Jede bruucht sy Insel», «Uf em Wäg nach Alaska». Totale Verkaufszahl: über eine Million.

Ob materiell oder ideell, ein Karrierekick ist nicht ohne (vgl. Kapitel 3.8). «Dass der Break even[135] so unmittelbar eintreten würde, hätte ich mir nie erträumt. Im Grunde hatte sich der Bildungsurlaub ausbezahlt. Der Rest war Zucker, obendrauf …» Karla, 42.

«Den Goldwert findest du erst später heraus. Ganz allein für dich, wenn das richtige Angebot kommt …» Jamie, 33

10.8 Wenn die Rückkehr zum Abschied wird

Beruf

Haben Sie sich bereits vorher mit dem Gedanken an einen Stellenwechsel getragen? Je nachdem bestätigt sich die Ahnung oder man fasst wieder Tritt. Der Job erscheint attraktiv, offeriert Perspektiven. «Professionalität, Taktik, Geschick. Unglaublich: es funktioniert!» Lauren, 29

Zumeist klärt es sich zu Beginn: «Eigentlich hatte ich genug, absolvierte eine Pflichtübung. Weil der Vertrag ruft, man zugesagt hat.»
Florian, 45, Maschinist,

«Gegangen bin ich mit dem Gefühl: ‹Endlich, raus hier.› Anschliessend hab ich konsequent verdrängt, dass ich irgendwann zurück muss.»
Henri 52, Verlagsagent

Man wollte sich nichts vergeben, sicherte sich (zu hoch) ab. Ein anderer Fall: wenn die Umstände ändern. «Der neue Chef entlarvte sich als selbstverliebter Spekulant. Ich avancierte zum Fremdkörper. Der Disput konzentrierte sich auf den Börsengang. Er wollte dealen, ich geschäften. Die Trennung war unvermeidlich.» Jasmin, 38, Gastronomin

«Die Erschwernisse kumulierten sich. Zuerst die Fusion, als Nächstes Reibereien und Terror. Mühsame Arbeiten wurden mir zugeschanzt. Kollege F. inszenierte Mobbing per Mausklick: Abstürze, Overkill, Datenverlust. Zermürbt gab ich auf.» Miro, 43, Historiker

Durchhalten inklusive Farce: «Ich biss auf die Zähne, bis zum Knirschen! Beinahe brachte ich mich um die Chance eines echten Neustarts …»
Jana, 28, HR-Leiterin

Wenn die Nebengeräusche zu laut, der eigene Unbill zu krass wird, steht definitiv ein Bruch an. «Den Abgang beurteile ich nicht als Makel. ‹Switchen› ist ein Indiz für Begehrtheit auf dem Stellenmarkt.»
Rufus, 27, Servicemonteur

Ausbildung, Privates

«Unsere Tochter wurde in eine Klasse eingeteilt, welche sich soeben zusammengerauft hatte. Die Neue, Ältere, Weltgereiste war nicht wohlgelitten. Sie blieb ‹outside›, die Zensuren sackten ab. Nach sechs Wochen meldeten wir sie bei einer Privatschule an. Die internationale Atmosphäre dort behagt ihr.»
Till, 38, Psychologe

Judith, 44, kehrte nach vier Monaten zurück. Im Estrich des Partners hatte sie ihre sieben Sachen parkiert. «Ziemlich unüberlegt. Dezidierter Auftritt, mit halb ausgepackten Kisten. Okay, in dieser Stadt. Aber nicht so. Nicht bei ihm, nicht mit ihm, mit niemandem. Kurz darauf war ich weg, Foto-Session in Sri Lanka. Heute lebt jede/r in seiner eigenen Loge.»

10.9 Beispiel: Ein Stück bleibt zurück

Karl F. 43, Hoffnungsträger der Biotechnologie, kündigte in der Blütezeit des Metiers. Nach zwei Jahren Südostasien trat er eine HR-Ausbildung an. Die Inspiration dazu holte er sich auf seinen Reisen. Als wertvollste Begegnung bezeichnet der deutsch-amerikanische Doppelbürger diejenige mit Liz, 37. Die ehemalige Hotelfachfrau «hat noch immer einen Koffer in Berlin».

Die erste Rückkehr war hart. Um sich aufzurappeln, benötigt es Abstand, Wehmut, Standfestigkeit.

Gut, auch unterwegs gibt es Krisen. Stunden, in denen du haderst: «Weshalb habe ich mich bloss darauf eingelassen?» Es täuscht: Menschen sind anpassungsfähiger als gedacht. Die Geschmacksnerven gewöhnen sich an fremde Gewürze, trockenes Brot, bitteren Tee (ebenso wie an die Süsse von Ananas und Mango). Unbequeme Liegen? Usus. Insekten bevölkern die Bungalows. Ob der nächtlichen Geräusche stellt sich Vertrautheit ein.

Wer sich auf engstem Raum zurechtfindet, das Dauerschaukeln der Fähre übersteht, einen rebellierenden Magen bändigt, den erschüttert nichts mehr. Was ist Verzicht? Radio, TV, Zigaretten … alles nebensächlich.

An den Nerven zehrten kulturelle Gräben, Verständigungsprobleme, Schikanen (freitags nie, für Weisse dreimal teurer). Ich liess mich nicht mürbe machen. Heute muss ich schmunzeln: «Wer den Dschungel durchstreift, kann im klimatisierten Büro nur gelassen sein. Ein unlösbarer Fall? That's it, worüber rege ich mich auf?»

Coolness

Meine Maximen drehten sich um 180 Grad. Ich wagte abstruseste Dinge – ohne Analyse, Machbarkeitsstudie, Risikokalkulation.

Klimaextreme? Ein Platzregen erfrischt. Schauer spülen Überflüssiges weg. Jedes Gewitter ein Spektakel: Blitz und Donner, Fliessen und Versickern.

Auf der Hinreise pflegte ich Zwiesprache mit dem Tagebuch, dann traf ich Liz. Wenn sie ausser Haus ist, unterhalte ich mich mit Kalib, einer Tonfigur. Verschmitzt sieht er drein, droht jeden Augenblick loszutrommeln, sich über meine Morgenlaune zu beklagen. «Ich bin dir hierher gefolgt. Sitze da, auf dem Marmorsockel. Fernab von Licht, Farbe, orientalischen Gerüchen. *Ich* hätte Grund, verschnupft zu sein.»

Schaudern

Der Wiedereinstieg war nicht vorgezeichnet. Das «Time in» konkretisiert sich erst mit der Zeit. Die Ausbildung bildete den End- und zugleich Anfangspunkt (des Neuen).

Mittendrin jettete ich zu einem Vorstellungsgespräch. London: Der Flieger reihte Warteschlaufe an Warteschlaufe. Ich hing förmlich in der Luft.

Kulturschock am Leicester Square. Überall nackte Haut, das Grelle/Unverfrorene der westlichen Zivilisation. Selbststeuerung: undenkbar, obgleich dies immerzu vorausgesetzt wird. Von allen Seiten prasselten Infos herab. Multimediale Überflutung. Zerstreuung beim Joggen, CNN zum Fitness, Videoclips hinter der Bar … provozierte Desorientierung.

So what?

Reflexion über Oberflächlichkeit. In Europa wird behauptet, Amerikaner seien unverbindlich, zu wenig ernsthaft. Wenn man «on the Road» ist, gerät man mit US-Tourist/innen unmittelbar in Kontakt. Nach fünf Minuten ist man in ein Gespräch verwickelt, nach einer Stunde denkt man: «Diesen Menschen kenne ich». Am Ende des Abends erfährt man die Familiengeschichte. Was ist nun leichtlebiger, ihre Redseligkeit oder unsere Verschlossenheit?

Vorbestimmt!

«Single turnt durch die Weltgeschichte» höhnte eine Freund. Er behielt Unrecht. Als einsamer Steppenwolf stürmte ich davon. Flirts,

Romanzen kannte ich. Das hilflose Aneinanderklammern zweier versprengter Seelen, den Zauber eines Abenteuers.

Bis Liz auftrat. Berührung, Leidenschaft, ohne Ansprüche und Versagensangst. Bedingungslos besinnungslos, fern jeder Beliebigkeit.

Die zweite Rückkehr erfolgte bewusst. Ich stieg mit Leichtigkeit aus dem Zug. Ging auf im Gefühl des Lebens. In einem Monat würde Liz nach Zürich ziehen. Es gab keinen Ort, wo ich sonst sein wollte.

Your Turn

Beruf: Meiner Partnerin wehte ein rauer Wind um die Ohren. Als Newcomerin im Investmentbanking misstraute sie dem IT-Boom. Schätzte die Old Economy, gestand ein, dass sie die Flut der «dot.com's» und «no names» nicht durchschaute. «Typisch ostdeutsch, linke Ideologie, kapitalfeindlich» wurde ihr entgegengeschleudert. Am Schluss bewahrte sie den Arbeitgeber vor herben Verlusten.

Gemeinsam investieren wir ins E-Business. Dies prosperiert, dank verbesserter Technologie. Mein Forscherdrang ist auf Liz übergesprungen. Kalib gefällts!

11. Ausblick

Die Unternehmensberaterin Franziska Müller Tiberini bringt es auf den Punkt:

«Das Burnout-Syndrom deutet darauf hin, dass Firmen gut daran täten, Mitarbeitenden aller Hierarchiestufen – insbesondere ab einem gewissen Alter – Timeouts aufzuerlegen, zum Beispiel alle drei Jahre drei Monate. Der Erholungseffekt wie die Vorbereitung auf Lebensphasen mit einem geringeren oder auslaufenden Anteil an Erwerbstätigkeit (Familiengründung, Pensionierung, dritte Karriere) sprechen eindeutig für solche Regelungen.»

Und: Weshalb nicht ein Label einführen, ähnlich dem Zertifikat «Sportfreundliche Betriebe»?[136] Zum Beispiel eine hüpfende Figur, welche besagt: In diesem Unternehmen ist der Ausstieg auf Zeit kein Tabu, sondern ein Must!

Anmerkungen

[1]   Letztere braucht es auch: als Vorbilder sowie zur Realisierung eines Zwischenhalts.

[2]   Englisch: sich einspinnen, ein eigenes Reich schaffen, Rückzug in die eigenen vier Wände. Modebegriff für das häusliche Wohn-Wohlgefühl.

[3]   Textabschnitte zu Ferien finden sich in den Erfahrungsberichten Nr. 3 und 17 (Kapitel 7)

[4]   Aus: «Psychologie», Springer Verlag 1988

[5]   Aus Platzgründen nicht näher ausgeführt ist hier die Amnesie (Gedankenflucht oder psychisch bedingtes Weglaufen mit vollständigem oder teilweisem Gedächtnisverlust).

[6]   An dieser Stelle sei erwähnt, dass in den KMU «Revolutionäres im Kleinen», ohne institutionalisierte Regelungen, dafür spontan und unmittelbar passiert (Integrationsleistungen von ausländischen Arbeitnehmer/innen, Möglichkeit zu Sportlehren etc.). Personalentscheide hingegen haben oft Einzelfallcharakter. Dafür befassen sich die geschäftsführenden Instanzen direkt mit den Mitarbeitenden.

[7]   Neue Methoden wie die zukünftige Kostenersparnis werden erst erprobt.

[8]   Dem Vernehmen nach sollen die Römer Bildungsreisen erfunden und dafür Griechische Inseln aufgesucht haben.

[9]   Aus: «Zeit», Bulletin Credit Suisse 1999

[10] «La stanza del figlio» (2001)

[11] «Staff-Burn-out», Freudenberger, Journal of Social Issues 1974

[12] z.B. die strukturellen, organisatorischen Bedingungen verbessern

[13] KMU = Kleinere und mittlere Unternehmen, Start-up = Unternehmensgründung

[14] Quelle: ALPHA-Kadermarkt, 13./14.7.2002

[15] Institut für Angewandte Psychologie

[16] Gary Grant zu Katherine Hepburn im Film «Holiday» – Die Schwester der Braut (1938)

[17] Nach: «Wer aus der Reihe tanzt, lebt intensiver», Kösel-Verlag GmbH & Co 2001

[18] Neue Zürcher Zeitung, 13.3.2002

[19] Coopzeitung, Nr. 41/2000

[20] Neben der beruflichen Auszeit überlegt sich jemand evtl. auch ein Timeout von Sport, Politik, Kultur. Bei offiziellen Ämtern besteht allerdings die Schwierigkeit, dass das Mandat nicht vorübergehend abgetreten bzw. die Amtszeit ausgesetzt werden kann. Mann/frau bleibt z.B. Nationalrät/in. Verantwortung und Verpflichtung laufen weiter, trotz Verzicht auf Sitzungsteilnahme und Entschädigung.

[21] Das Thema «Timeout in einer Paarbeziehung/von einer Zweierbeziehung» wird in diesem Buch bewusst ausgeklammert. Ihm kommt eine Dimension zu, welche den hier abgesteckten Rahmen sprengt.

[22] «Aussteigen auf Zeit. Das Sabbatical-Handbuch», VGS Verlagsgesellschaft 1999

[23] «Sabbaticals in der Privatwirtschaft – Eine qualitative Studie», Korth, ETH/Universität Zürich 2001

[24] Die vereinbarte Jahresarbeitszeit ermöglicht ein LZK, verpflichtet aber keine/n Arbeitgeber/in dazu, solche Konti zu eröffnen.

[25] Nach Ansicht der Gewerkschaften müssten die LZK erstens ausserhalb des Betriebs, zweitens paritätisch verwaltet werden. Auf längere Sicht stellt sich die Frage, ob nicht AHV-Ausgleichskassen diese Aufgabe übernehmen könnten; vorausgesetzt, dass das Modell eine bestimmte Verbreitung fände.

[26] Literatur: «Ab ins Ausland!», Beobachter Verlag 2000 sowie Checklisten Nr. 1 und Nr. 3 im Anhang

[27] Quellen: Nationalrat, Bericht zum Postulat Grossenbacher, 1998

[28] Gewisse Ausbildungen bedingen eine Aufgabe der Arbeitstätigkeit oder eine mehrjährige Absenz (und sind neben der vollzeitlichen Beanspruchung mit erheblichem finanziellen Aufwand verbunden → Verdienstausfall, Studiengebühr und Lehrmittel). Auch Franchising-Nehmer/innen internationaler Laden- oder Restaurant-Ketten haben für die Schulung im Hauptsitz Zeit und Geld einzu-

bringing. In beiden Fällen handelt es sich nicht um einen Bildungsurlaub, sondern um eine «haupt-amtliche» Tätigkeit als Student/in bzw. den Übergang zur beruflichen Selbstständigkeit.

29 Orendi 1990; zitiert nach Ulich 1994

30 Was nicht dazu gehört, ist das obligatorische «Sozialjahr» (berufsvorbereitendes, oft von einem Schultag begleitetes Praktika für Jugendliche zwecks Überbrückung der Zeit bis zum 18. Altersjahr = frühmöglichster Ausbildungsbeginn für spezifische Berufe im Sozial- oder Gesundheitsbereich).

31 «Unter Segel in die Südsee. Ein Sabbatical mit der Familie», Verlag Michael Schardt 2001

32 MBA = Master of Business Administration, Weiterbildung für Akademiker/innen

33 Ausnahme: wenn Jugendliche ausziehen (definitiv oder vorübergehend). Im Ansatz könnte es als Timeout durchgehen, insgesamt läuft dieser Vorgang jedoch auf einen ohnehin stattfindenden Ab-lösungsprozess hinaus.

34 Bis 40 Jahre ist Laufbahnplanung gleich Lebensplanung, nachher erfolgt eine Eingrenzung auf kür-zere Zeitabschnitte sowie die Orientierung an der horizontalen Karriere → vom Senior-Manager zu Beratungs-/ Spezialaufgaben. Wechsel zu Teilzeitarbeit ist bei Männern selten.

35 Adlatus – Vereinigung, Netzwerk und Erfahrungspool bewährter Führungskräfte, welche ihr Wis-sen weitertragen: insbesondere zu Jungunternehmer/innen, KMU und Nonprofit-Organisationen, vgl. Adressverzeichnis.

36 Eine Auszeit kann ebenso von der Politik, dem Sporttraining oder der gewohnten Umgebung ge-nommen werden. Sie kann, muss aber nicht «jobmässig bedingt sein». Im Idealfall verträgt sich die aktuelle Arbeitsstelle mit dem Wunsch nach einem Auslandaufenthalt oder einer Sozialzeit, vgl. Definition in Kapitel 1.1.

37 Personalreduktion durch Nicht-Ersetzen von sogenannt «natürlichen Abgängen» → Kündigung sei-tens der Mitarbeitenden, Pensionierung etc.

38 «Lovely Rita», Ö 2002, Regie: Jessica Hausner, Hauptdarstellerin: Barbara Osika

39 Werbeslogan einer Firma, welche Verpflegungsautomaten anbietet

40 Einfacher gestaltet sich die Sache, wenn man bereits «auszeiterfahren» ist. Dann stellt sich we-niger die Frage des ob, wie, warum. Eher des wann ... Wie bei jenem Lokomotivführer, welcher regelmässig Arbeitspausen einlegt, für Wanderungen durch die Welt (Sendung «Quer», SF1 vom 22.2.2002).

41 Nicht im grössten Streit von dannen ziehen, mit Ungeklärtem im Gepäck

42 Ausnahme: institutionalisierte Langzeiturlaube nach einer bestimmten Anzahl Dienstjahre, zur Ein-stimmung auf den Ruhstand oder als Vorbereitung auf die «dritte Karriere»

43 «Sabbaticals in der Privatwirtschaft – Eine qualitative Studie», Korth, ETH/Universität Zürich 2001

44 Kick = Anstoss, u.a. hin zum «Flow» = inneres und äusseres Fliessen, kleiner Höhenflug, Moment des Aufgehens und der Inspiration (Csikszentmihalyi, 1999).

45 vgl. Kapitel 1.3, Zwischenbilanz

46 Push-Faktoren = Motive, die jemanden veranlassen, seine bisherige Lebensart zu ändern (Englisch: push = wegstossen), z.B. Unzufriedenheit am Arbeitsplatz, Überforderung, Krankheit usw. Pull-Fak-toren dagegen bezeichnen Verlockungen, die uns in eine neue Situation ziehen (Englisch: pull = zie-hen), etwa mehr Zeit zur Verfügung haben, selbstbestimmtes Handeln, o.Ä.

47 vgl. Kapitel 3.3, Kernereignisse

48 Eidgenössisches Departement für Auswärtige Angelegenheiten

49 Aus: «Psychologie», Springer Verlag 1988

50 «Aussteigen auf Zeit. Das Sabbatical-Handbuch», VGS Verlagsgesellschaft 1999

51 «Berufliche Auszeit», Gräfe und Unzer Verlag 2002

52 Deutsches Marktforschungsinstitut

53 Einzuholen bei professionellen Beratungen (Personal- oder Gesundheitsbereich), einzelnen Institu-tionen (Arbeits-, Wirtschafts-, Ausländeramt, Sozialversicherungen, Gemeindebehörden), persönli-chen Kreisen (Familie, Freund/innen), in der Literatur oder auf dem Internet, vgl. Verzeichnisse im Anhang.

54 vgl. «Zeit ist Leben – Individuelles Zeitmanagement», Smart Books Publishing AG 2001

55 Seit 1976 haben Arbeitnehmende in Teilen der Bundesrepublik Deutschland das Recht auf «Bil-dungsfreistellung». Holland kennt «Sabbaticals für Arbeitslose», Kanada ausgedehnte Initiativen zur Betrieblichen Gesundheitsförderung.

56 Fehlende Bestimmungen begünstigen Individuallösungen. Personalvertretung Personalkommission einweihen (Ziel: grosszügige Ergänzung des Reglements, z.b. für Teilzeiter/innen).

57 Fachmesse für Informations- und Telekommunikation

58 Die Adressen der öffentlichen Berufsberatungsstellen und Berufsinformationszentren sowie derjenigen von privaten Berufs- und Laufbahnberatungen finden sich in Telefonverzeichnissen. Die Namen der öffentlichen Stellen sind nicht einheitlich. Sehen Sie auch unter «Laufbahnzentrum» oder «Berufsinformationszentrum BIZ» nach. Bei letzteren haben Sie Zugang zum Internet (Stellensuche, Hinweise auf Weiterbildung etc.). Öffentliche Institutionen offerieren das Grundangebot kostenlos. Erweiterte Dienstleistungen werden in Rechnung gestellt.

59 Ergänzende Informationen aus rechtlicher Sicht: siehe Kapitel 8

60 Unter bestimmten Umständen und bis 5 Jahre vor Erreichen des AHV-Alters möglich (Start in die berufliche Selbstständigkeit, Branchenwechsel von Selbstständigerwerbenden, Auswanderung, Heirat, Erwerb von Wohneigentum).

61 Fernhalten vom kommerziellen Tourismus, Benutzung lokaler Verkehrsmittel, privates Wohnen (Vermittlung von Gastfamilien über Universitäten, Serviceklubs, Inserate) oder Wohnungstausch (Internet)

62 Wenn Sie vorher wissen, dass Sie einen Berufs-, Branchen oder Firmenwechsel vornehmen, sollten Sie fairerweise kündigen. Andernfalls ist das Problem auf die Rückkehr verlagert, Sie generieren ungünstige Bedingungen für Ihren Abgang (und zukünftige Sabbatical-Kandidat/innen).

63 vgl. Checkliste Nr. 1 im Anhang, Längerer Auslandaufenthalt: Auf was ist zu achten?

64 Am teuersten sind Reisen in die Dritte Welt. Nachher können die Kosten minimiert werden (Rückzug in die Natur, mit Seesack und Zelt).

65 Das Formular gibt Hergang und Folgen eines Unfalls lückenlos wieder und hilft Komplikationen bei der Schadenerledigung vermeiden. Zudem kann es bei Verständigungsschwierigkeiten als Übersetzungshilfe herangezogen werden. Notieren Sie sich ausserdem die Telefonnummer Ihrer Versicherung. Weitere Infos unter: www.trans2000.org

66 vgl. Checklisten Nr. 2, Nr. 3 und Nr. 4 im Anhang: Kriterien für Bildungsanbieter/innen sowie Hinweise zu Lernstrategien

67 Bezug beim Schweizerischen Verband für Weiterbildung SVEB, vgl. Adressverzeichnis

68 Auf das UNO-Jahr zur Freiwilligenarbeit zurückgehendes Dokument, welches ehrenamtliche Aktivitäten erfasst. Die entsprechende Arbeitsmappe (inkl. Leitfaden und Nachweisformular) ist bei BENEVOL Schweiz erhältlich, vgl. Adressverzeichnis.

69 Nach der Rückkehr präsentieren sich u. U. abweichende Varianten (das Thema hat sich erledigt, wiederkehrende Reisen als Alternative, die Übersiedlung wird verschoben oder eine weitere Destination geprüft).

70 bis zu Melancholie (Trauer um scheinbar Verlorenes) oder Fatalismus («Jetzt ist es ohnehin egal, ob ich diesen Job oder jene Zusage erhalte. Wofür strenge ich mich überhaupt an?»)

71 Japanisches Blumenstecken

72 «Aussteigen auf Zeit. Das Sabbatical-Handbuch», VGS Verlagsgesellschaft 1999

73 Professorin für Arbeits- und Organisationspsychologie an der ETH Zürich (Beobachter Gesundheit, 31.8.2001)

74 Segler/innen, die längere Zeit «trans ocean», d.h. über Ozeane unterwegs sind, vgl. «Unter Segel in die Südsee. Ein Sabbatical mit der Familie», Verlag Michael Schardt 2001

75 In der Regel kontaktiert die zuständige Gesellschaft die behandelnden Ärzt/innen und organisiert den Rücktransport.

76 «Sabbaticals in der Privatwirtschaft – Eine qualitative Studie», Korth, ETH/Universität Zürich 2001

77 Ausdruck aus dem Englischen: etwas/sich wieder lancieren, vgl. Kapitel 10

78 Dinks = Abkürzung aus dem Englischen → «double income, no kids». Bezeichnung für Paare, bei denen beide erwerbstätig sind und die keine Betreuungs-/ Unterhaltspflicht für Kinder oder Jugendliche haben.

79 Konsequent zu Ende gedacht, hätte es Besinnung auf meine Fähigkeiten, Kündigung und Neubeginn bedeuten können. Dadurch hätte ich mich ebenso wenig auf die Länge des Urlaubs, die Wiederkehr und weitere Verpflichtungen festlegen müssen.

80   Aus: «Bärenweisheiten für den Menschenalltag», Sanssouci Verlag 2001

81   Beschreibung der Persönlichkeit nach einem Typenkonzept von C.G. Jung. Jung vertrat die Ansicht, dass jeder Mensch seine Umwelt in einer bestimmten Weise wahrnimmt, Entscheidungen trifft und sich entsprechend verhält (Aufnahme von Information, Art der Denkprozesse, Auftreten gegen aussen). Die bekanntesten Gegenüberstellungen sind: analytisch – gefühlsgeleitet, strukturiert – spontan, extravertiert – introvertiert.

82   in Gedanken vorgestellter Chief Executive Officer (= Geschäftsleiter)

83   Aus: Schweiz Revue Nr. 1/2002

84   Lebensstil, ausgerufen als Trend gegen Stress und Alltagshetze, gekennzeichnet durch den Drang, sich von altem Kram zu befreien, Ballast abzuwerfen oder das Tempo radikal zurückzuschalten.

85   Aus: «Alle unfrisierten Gedanken», Carl Hanser Verlag 1982

86   Geändert haben sich nach der Heimkehr die Wohnsituation, die Paarbeziehung sowie die Einstellung zum Leben schlechthin.

87   Auf die Litote traf ich unterdessen einmal geplant (auf einer Stippvisite von Neuenburg aus) und einmal überraschend, bei einer Töfftour.

88   Dort stiess ich erstmals auf das Wort «Timeout». So hiessen die überall erhältlichen City-Guides.

89   vgl. Zielsetzung «anderer Arbeits- und Lebensrhythmus»

90   Ayurveda: Heilkunde aus dem asiatischen Raum. Blütezeit vor 3000 Jahren, eigenständige Fachgebiete (Innere Medizin, Chirurgie, Gynäkologie, Kinderheilkunde, Toxikologie). In USA/Europa als Massage-Technik geläufig.

91   Friedensreich Hundertwasser, österreichischer Grafiker und Maler, 1928 bis 2000, bekannt durch farbige spiralförmig angelegte Bilder, Fassadenbemalungen, Hauskonzepte

92   Name geändert

93   kleiner Teller mit einem Stück Käse, Gurken, Tomaten oder Tintenfisch

94   Der beabsichtigte Aufenthalt in Israel zerschlug sich wegen aktueller Kriegsereignisse.

95   mit speziellen Vereinbarungen bzgl. Sozialversicherungen und Arbeitsplatzgarantie

96   Als ersten Beruf lernte ich Fotofachangestellte. Erst die nicht bestandene Aufnahmeprüfung an die Kunstgewerbeschule stellte andere Weichen.

97   First Certificate, ein international anerkanntes Sprachdiplom in Englisch

98   Schreibweise durch die Auskunftsperson festgelegt

99   CEO = Abkürzung für Chief Executive Officer (= Operativer Leiter)

100 OE = Abkürzung für Organisationsentwicklung

101 Ein Sabbatical hat heute den skurrilen Anstrich verloren, ist exakt abgesteckt → man ist eine Zeit lang weg, Stellenangebote erhalten andere. Auch Ausstiege, sogar Brüche zählen zu einer normalen Laufbahn. Hinter vorgehaltener Hand werden mittlerweile Topshots gesucht, welche sich zu Fehlern bekennen, krisenbeständig sind.

102 Der Ausdruck «Sabbatical» entfiel meiner Ansicht nach, weil ich ja nicht zum Arbeitgeber zurückkehrte.

103 «Stütze» = Ausdruck für Geld

104 Originaltitel: «Sue», Regie: Amos Kollek (USA 1997)

105 z.B. bei den Sozialversicherungsanstalten bezüglich spezieller Fragen zu einzelnen Sozialversicherungen, bei den kantonalen Steuerämtern zu steuerrechtlichen Problemen, bei Mietgerichten zu mietrechtlichen Fragen und bei den Gemeindeverwaltungen zu An-/Abmeldeformalitäten oder betreffend der Schulpflicht von Kindern.

106 Im Idealfall erfolgen Qualifikations- oder Mitarbeitergespräche lohn- und beförderungsunabhängig. Der Fokus sollte auf der Leistungsbeurteilung, der Zielvereinbarung und individuellen Förderung liegen.

107 Es empfiehlt sich, erst danach mit der Personalabteilung bzw. der für Personalfragen zuständigen Person Kontakt aufzunehmen, um Einzelfragen zu klären. Anders es ist, wenn eine Verständigung mit ihren Vorgesetzten zum vornherein unmöglich ist.

108 Das 1. Jahr ist bei Unfall durch die Taggelder der Unfallversicherung, im Fall von Krankheit jedoch nur durch eine minimale gesetzliche Lohnfortzahlungspflicht des Arbeitgebers gedeckt – falls nicht

---

vertraglich eine bessere Lösung, insbesondere der Abschluss einer Krankentaggeldversicherung vereinbart ist.

[109] Diese Meinung ist unter den Arbeitsrechtlern allerdings umstritten. Eine klärende Rechtsprechung fehlt bis heute. Im Streitfall ist daher eine Fachperson zu konsultieren, die für den konkreten Einzelfall prüfen wird, welche Regelung vor dem zuständigen Gericht Aussicht auf Erfolg haben könnte.

[110] Stand Oktober 2002: Es scheint, als ob sich das Eidgenössische Parlament in nicht mehr all zu weit entfernter Zeit auf ein nationales Gesetz einigen könnte, welches einen 14-wöchigen bezahlten Mutterschaftsurlaub vorsähe – sicher ist dies noch nicht. In der Zwischenzeit hat der Kanton Genf auf kantonaler Ebene den Mutterschaftsurlaub gesetzlich geregelt.

[111] Gegen Betriebsunfall und – falls Sie wöchentlich mindestens 8 Stunden arbeiten – auch gegen Nichtbetriebsunfall.

[112] Achtung: der halbe Lohn darf nicht mit einer halben Arbeitsunfähigkeit gleichgesetzt werden, wenn das Taggeld wie bei der Unfall- und meistens auch bei den Krankentaggeldversicherungen 80 % des versicherten Verdienstes beträgt! Denn 50 % Arbeitsunfähigkeit löst lediglich das halbe Taggeld von 80 % des versicherten Verdienstes, d.h. 40 % des Lohns aus, weshalb die obligatorische Unfallversicherung nur noch während der 30-tägigen Nachdeckungsfrist läuft. Damit in solchen Fällen die Voraussetzung des «mindestens halben Lohns» erfüllt ist und Sie infolgedessen bei der bisherigen Unfallversicherung gegen Unfall weiterhin obligatorisch versichert bleiben, muss Ihre Arbeitsunfähigkeit mindestens 63 % betragen (63 % von 80 % = 50,4 %).

[113] Dieses Übertrittsrecht besteht von Gesetzes wegen, falls es sich um eine Krankentaggeldversicherung gemäss Krankenversicherungsgesetz handelt. Bei den Krankentaggeldversicherungen gemäss Versicherungsvertragsgesetz ist ein Übertrittsrecht gesetzlich nur vorgesehen für Arbeitnehmende, die im Sinne des Arbeitslosenversicherungsgesetzes arbeitslos geworden sind, im Übrigen aber recht häufig aufgrund des Versicherungsvertrags bzw. –reglements. (Die Einzelheiten sind kompliziert, weshalb im Einzelfall eine Fachperson konsultiert, zumindest aber die Versicherung nach dem Übertrittsrecht angefragt werden sollte.) Die Versicherung bzw. die Arbeitgeberin muss Sie über das Übertrittsrecht informieren. Danach haben Sie 3 Monate Zeit, sich zu entscheiden, ob Sie davon Gebrauch machen wollen. Vorher sollten Sie abklären, wie viel Prämien Sie für die Einzelversicherung zahlen müssten und ob andere Versicherungen dieselben Leistungen zu günstigeren Bedingungen anbieten. Schliesslich sind Kosten und Nutzen der sich am günstigsten erweisenden Krankentaggeldversicherung gegeneinander abzuwägen.

[114] bzw. nachdem der Lohn oder Lohnersatz (Taggeld) unter 50 % gefallen ist , vgl. vorhergehendes Unterkapitel

[115] Es besteht keine gesetzliche Pflicht, dass Pensionskassen «austretende» Mitarbeitende weiterhin nach BVG versichern müssen (sog. externe Versicherung). Steht Ihnen eine solche Möglichkeit offen, dann ist aufgrund der reglementarischen Bestimmungen zu prüfen, ob der gesamte bisherige Versicherungsschutz (also auch die Altersvorsorge mit entsprechend hohen Beiträgen) oder nur die Absicherung gegen die Risiken Tod/Invalidität vorgesehen ist (was für Sie deutlich geringere Beiträge bedeuten würde).

[116] Im Unterschied zu einer Freizügigkeitspolice wird durch die Eröffnung eines Freizügigkeitskontos bei einer dafür vorgesehenen Freizügigkeitsstiftung (i.d.R. bei einer Bank) «nur» das eingezahlte Geld («Austrittsleistung» der bisherigen Vorsorgeeinrichtung) verzinst und im Todesfall an die Berechtigten (v.a. Ehegatte, Kinder oder gesetzliche Erben) ausbezahlt, hingegen keine IV- bzw. Witwen-/Waisenrenten versichert.

[117] Nach BVG obligatorisch versichert sind grundsätzlich Arbeitnehmende ab Alter 17 (für die Risiken Tod und Invalidität, ab Alter 24 auch für die Altersvorsorge) und mit einem AHV-pflichtigen Jahreslohn von mehr als Fr. 24'720.– (Stand Oktober 2002) sowie einem unbefristeten oder einem auf mindestens 3 Monate befristeten Arbeitsverhältnis.

[118] Die Vermittlungsfähigkeit ist insbesondere in folgenden Fällen nicht gegeben: andauernd ungenügende Stellensuchbemühungen bzw. wiederholtes Ausschlagen angebotener zumutbarer Stellen trotz vorgängiger Androhung und Verhängung von Einstelltagen, mangelnde örtliche und zeitliche

Verfügbarkeit (z. B. wegen baldiger Abreise zu einem Auslandaufenthalt oder bei einer bevorstehenden Aufnahme der selbstständigen Erwerbstätigkeit) oder längere Arbeitsunfähigkeit infolge Krankheit u.ä. (die ersten 30 Tage der Arbeitsunfähigkeit besteht der Anspruch auf eine Arbeitslosenentschädigung weiter, allerdings während der zweijährigen Rahmenfrist maximal für 34 Taggelder für sämtliche Verhinderungsgründe: Krankheit, Mutterschaft, Unfall etc.).

119 Unter diese etwas missverständliche Formulierung fallen insbesondere die Pflicht zum persönlichen Anmelden bei der Wohngemeinde und zu mindestens einem monatlichen Beratungs- und Kontrollgespräch mit der zuständigen Amtstelle, meist dem Regionalen Arbeitsvermittlungsamt (RAV). Dieses überprüft die Vermittlungsbereitschaft und -fähigkeit sowie die Erfüllung der obligatorischen persönlichen Arbeitsbemühungen (von Arbeitslosen muss mit Unterstützung des RAVs alles Zumutbare zur Vermeidung oder Verkürzung der Arbeitslosigkeit unternommen und entsprechend nachgewiesen werden). Im Übrigen müssen Arbeitslose auch der Anordnung nachkommen, bestimmte Orientierungsveranstaltungen sowie angemessene Umschulungs- und Weiterbildungskurse zu besuchen.

120 Zum Zeitpunkt der Drucklegung war das Ergebnis der Volksabstimmung über die ALV-Revision noch nicht bekannt. Mit der Neuausrichtung soll die Versicherung über einen Konjunkturzyklus hinweg 100'000 Arbeitslose tragen können. Zu den wesentlichen Änderungen gehören: Reduktion der Auszahlungsfrist von 520 auf 440 Tage (Ausnahmen -> Personen ab 55 und IV-Bezüger/innen) sowie Leistungsbezug ab einer Beitragsdauer von 12 statt 6 Monaten.

121 Einen typischen Fall selbstverschuldeter Arbeitslosigkeit stellt dar, wenn jemand sein Arbeitsverhältnis selber kündigt, ohne bereits eine neue Stelle gefunden zu haben, und nicht zumindest glaubhaft machen kann, dass die Weiterführung des Arbeitsverhältnisses wegen äusserst belastender Umstände nicht mehr zumutbar war (z.B. andauernde zahlreiche Überstunden oder krankmachendes Betriebsklima). Das Arbeitslosenversicherungsrecht geht in solchen Fällen grundsätzlich von einem schweren Verschulden aus, welches je nach Einschätzung des Selbstverschuldens zu 31 bis 60 Einstelltagen führen muss!
Wichtig: Nach Ablauf dieser Einstelltage, während denen Sie keine Arbeitslosenentschädigung erhalten haben, wird Ihnen die Arbeitslosenversicherung Taggelder ganz normal ausrichten.
Bei einem über halbjährigen Timeout profitieren Sie von folgender Regel: Am ersten Tag nach Beendigung des Arbeitsverhältnisses beginnt eine 6-monatige sog. «Einstellungsfrist» zu laufen, während welcher von der Arbeitslosenversicherung Einstelltage wegen selbstverschuldeter Arbeitslosigkeit verhängt werden dürfen. Nach Ablauf dieser Einstellungsfrist ist das nicht mehr möglich, weshalb Sie ab dann – sofern Sie alle gesetzlichen Voraussetzungen erfüllen – eine Arbeitslosenentschädigung erhalten. Sie müssen sich dazu bei Ihrer Gemeinde persönlich melden, sich vorher aber bereits rechtzeitig und ernsthaft um eine neue und zumutbare Stelle bemüht haben (kopieren Sie schriftliche Bewerbungen, notieren Sie alle mündlichen und telefonischen Anfragen bei Arbeitgebenden, selbst wenn es sich bei den Ansprechpartner/innen um Bekannte oder Freunde handelte!). Weisen Sie keine ernsthaften und rechtzeitigen Stellensuchbemühungen nach, so werden Ihnen dafür Einstelltage auferlegt.

122 Es sei denn, das Vorsorgereglement einer der betreffenden Pensionskassen gebe Ihnen das Recht, sich bei ihr freiwillig zu versichern oder lege sogar den Koordinationsabzug im Verhältnis zu den Stellenprozenten entsprechend tiefer fest, so dass die Arbeitgeberin verpflichtet ist, Sie dort zu versichern. In beiden Fällen können sie sich bei dieser Pensionskasse für den totalen Jahreslohn verschiedener Teilzeitjobs freiwillig versichern, falls diese Gesamtlohnsumme den Koordinationsabzug (momentan 24'720 Franken) übersteigt. Gemäss Art. 46 des BVG sind dann auch die anderen Arbeitgeber zu entsprechenden Beiträgen an diese Pensionskasse verpflichtet, sobald sie von Ihnen über Ihren Beitritt zur freiwilligen Versicherung informiert worden sind (die Höhe des jeweiligen Arbeitgeberbeitrages ergibt sich aus einer Bescheinigung der betreffenden Pensionskasse). Eine Alternative zu diesem Vorgehen bzw. der einzige Weg, falls keine der betreffenden Vorsorgeeinrichtungen ein reglementarisches Recht zur freiwilligen Versicherung anbietet, wäre es, sich bei der Auffangeinrichtung BVG für die verschiedenen Teilzeitanstellungen freiwillig zu versichern (auch dies natürlich nur, falls die verschiedenen Anstellungen zusammen einen Jahreslohn ergeben, welcher über dem Koordinationsabzug von 24'720 Franken liegt); auch in diesem Fall wären

die anderen Arbeitgeber auf entsprechende Mitteilung hin zur Einzahlung ihrer jeweiligen Arbeitgeberbeiträge gesetzlich verpflichtet.

[123] Sollten die Aktivitäten nicht feststehen, geben Sie ein/zwei Stichworte zur Richtung bekannt.

[124] vgl. Erfahrungsbericht Nr. 7 (Kapitel 7)

[125] Plötzliches Hereinplatzen oder Stippvisiten sorgen für Verwirrung. Sie möchten die Kleider reinigen, sich für die Tropen rüsten, auftanken. Die Kids nehmen Sie in Beschlag; hoffen, dass Sie bleiben; verstehen den erneuten Aufbruch nicht.

[126] Radio- und Fernsehpionier, verkaufte 2001 den Grossteil seines Unternehmens an die Tamedia AG.

[127] vgl. Erfahrungsbericht Nr. 10 (Kapitel 7)

[128] Bezahlter Flug mit einem Fall-/ Gleitschirmprofi, an welchen man sich (nach einer kurzen Einweisung) anschnallt. Die Verantwortung für Absprung, Flug und Landung liegt beim «Master».

[129] Bezugsquelle: vgl. Literaturverzeichnis. Begleitmaterialien: Kurse und ein Bulletin.

[130] Schweizerische Landesausstellung

[131] Aus: «Aussteigen auf Zeit. Das Sabbatical-Handbuch», VGS Verlagsgesellschaft 1999

[132] Der Begriff ist aus dem Geldtransport, dem Reiseverkehr sowie dem Sport bekannt (Verhandlungen hinter verschlossenen Türen, welche dem Austausch von Top-Stars vorausgehen). Der Transfer im beruflichen Bereich beinhaltet Wissen und Erfahrungen: Das kommt weniger spektakulär daher, dafür mit mehr Nachdruck!

[133] Alternativen: Den Hormonhaushalt überlisten, durch:
- Zufuhr von Magnesium (Reis, Stärke, Getreideriegel)
- Einnahme von Traubenzucker (Banane, Schokolade)
- Bewegung (dem Drang «aus der Haut zu fahren» kurz nachgeben)

[134] Spitze, höchste Frequenz

[135] Zeitpunkt, wo man die Kosten wieder hereingeholt hat (Beförderung, Gehaltserhöhung etc.).

[136] Entwickelt in Zusammenarbeit mit der Kantonalen Fachstelle Freiwilligenarbeit, St. Gallen

[137] z.B. durch die Bewertungsstelle für Weiterbildung BfW

[138] vgl. Regula Steinmann-Feller, espresso, Nr. 7+8 /2001

Adressen

Kapitel 2

Burnout:

Kurse «Timeout statt Burnout»
Fachstelle für Männerarbeit
Evangelisch-reformierte Landeskirche
Hirschengraben 7
CH-8001 Zürich
Website: www.zh.ref.ch/maenner

Kapitel 3

Arbeitssucht, Selbsthilfegruppe:

Workaholics Anonymous Zürich
Infos über die Zentrale in Deutschland:
Gaussstrasse 21
D-22765 Hamburg

Kapitel 4

Auswanderungsberatung:

Emigration Now
Am Schanzengraben 27
CH-8039 Zürich
Website: www.auswandern.com

Auswanderungsberatung, Links und Informationen zur Jobsuche:

Bundesamt für Ausländerfragen
Quellenweg 9/15
CH-3003 Bern-Wabern
Website: www.swissemigration.ch

Jobben im EU-Raum:

Integrationsbüro EDA/EVD
Bundeshaus Ost
CH-3003 Bern
E-Mail: europa@seco.admin.ch

Vereinigung erfahrener Führungskräfte:

Adlatus
Zentralsekretariat
Postfach
CH-4603 Olten
Website: www.adlatus.ch

Kapitel 6

Informationen zu den bilateralen Verträgen mit Europa (Personenfreizügigkeit):
Integrationsbüro EDA/EVD
Bundeshaus Ost
CH-3003 Bern
Website: www.swissemigration.ch
Laufbahnplanung:

Laufbahnberatungen für Paare, «Karriere für beide»

Schweizerischer Verband für Berufsberatung SVB
Beustweg 14
Postfach 1172
CH-8032 Zürich
Website: www.svb-asosp.ch

Laufbahnplanung ab 50 Jahren «Karriere plus»

Institut für Angewandte Psychologie IAP
Merkurstrasse 43
CH-8032 Zürich
Website: www.fh-psy.ch

Bildungspass:

Schweizerischer Verband für Weiterbildung SVEB
Geschäftsstelle Zürich
Oerlikonerstr. 38
CH-8057 Zürich
Website: www.alice.ch

Sozialzeitausweis:

BENEVOL Schweiz
Interessengemeinschaft Freiwilligenarbeit
Schwarztorstrasse 20
CH-3007 Bern
Website: www.sozialzeitausweis.ch

Kapitel 8

Auffangeinrichtung BGV unter Aufsicht des Bundes:
Stiftung Auffangeinrichtung BVG
Postfach 4338
CH-8022 Zürich

Kapitel 10

Wiedereinstieg:
TIME.OUT
Kommunikation, Coaching, Konfliktmanagement
Paul Schenker
Leutholdstrasse 11
CH-8037 Zürich
Website: www.timeout-coaching.ch

Forschung Work-Life-Balance:

Universität Zürich
Institut für Sozial- und Präventivmedizin
Abteilung Gesundheits- und Interventionsforschung
Sumatrastrasse 30
CH-8006 Zürich
Website: www.unizh.ch/ispm/abt4.htm

Kurse Work-Life-Balance:

Institut für Work-Life-Balance
Brigitte Pajonk
Münchbergstrasse 6
D-81549 München
Website: www.work-life-balance.de

Individuelle Angebote Work-Life-Balance:

Institut für Arbeitsmedizin
Kreuzweg 3
CH-5400 Baden
Website: www.arbeitsmedizin.ch

Vereinbarkeit von Familie und Beruf:
Information, Beratung, Schulungen

Fachstelle UND
Familien- und Erwerbsarbeit für Männer und Frauen
Postfach 2913
CH-6002 Luzern
Telefon: 079/443 51 57
Website: www.und-online.ch

Kapitel 11

Label «Sportfreundliche Betriebe»:
Kantonale Fachstelle Freiwilligenarbeit
Sonnenstrasse 15
CH-9000 St. Gallen

Checkliste Nr. 1

Längerer Auslandaufenthalt: Auf was ist zu achten?

- Vorbereitung: Besorgen Sie sich Reiseliteratur und gehen Sie die ange-
  führten Listen/Hinweise durch → von A wie Abmelden bis Z wie Zugreser-
  vation. Gönnen sie sich anschliessend eine ergänzende Lektüre zur (Ur-
  laubs-)Findung → z.B. Das Werkstattbuch der lösungsorientierten Kurztherapie, De Jong Peter & Berg Insoo Kim, Verlag Modernes Lernen Borgmann,
  2002.
- Reisegepäck: So wenig wie möglich, soviel wie nötig. Erkundigen Sie sich,
  was Sie vor Ort dazu kaufen können und was nicht erhältlich ist bzw. von
  Beginn weg auf sich geführt werden muss (Umstecker, Rasierapparat, kleine Taschenlampe, Armbanduhr mit Leuchtziffern und Wecker, Fotoausrüs-
  tung, Passbilder, Geldgurt, Feuerzeug, Thermounterwäsche, Taschenspie-
  gel).
  Bei Flugreisen Explosives zu Hause lassen (Spraydosen, Feuerwerk).
- Handgepäck: Umhänge- oder Gürteltasche bereithalten → bei vollem Flugzeug können Trolleys, Tramperrucksäcke, Hutschachteln o.ä. nicht in die
  Kabine genommen werden. Radio, Sackmesser und Tupperware im Handgepäck erregen den Argwohn der Security.
- Gesundheit: Nehmen Sie vor Reiseantritt einen Check-Up sowie die notwendigen Impfungen vor. Gehen sie zu einer «Generalüberholung» beim
  Zahnarzt, lassen Sie sich von der Hausärztin die notwendigen Medikamen-
  te verschreiben (Wirkstoffe, Hersteller sowie Ersatzmittel auf einem sepa-
  raten Zettel notieren).
  Kontaktieren Sie Ihre Krankenkasse wegen einer gezielten Zusatzversi-
  cherung; evtl. decken auch ein Schutzbrief oder die Mitgliedschaft bei der
  Rettungsflugwacht allfällige Rückführungskosten ab.
  Legen Sie den Impfpass, Angaben zu Ihrer Blutgruppe, einem Herzfehler,
  Allergien, Unverträglichkeit von Medikamenten etc. zu denjenigen Doku-
  menten, welche Sie auf sich tragen.
- Reisedokumente: Erstellen Sie Kopien von Flugticket, Vaucher, Pass/
  Identitätskarte und Notfallnummern (z.B. für die Sperrung von Bank-/ Kre-
  ditkarten). Hinterlegen Sie je ein Set bei einer Privat- und Geschäftsadres-

se mit Faxverbindung. Tragen Sie die Adressen der bei Krankheit/Unfall/ Zwischenfällen zu verständigenden Personen auf sich.

- Hilfsmittel: Vergessen Sie nicht die Ersatzbrille, ein zweites Hörgerät, Schuheinlagen etc. mitzunehmen.
- Ernährung: Vitamintabletten und allfällige Nahrungsergänzung griffbereit in die Reisetasche packen.
- Geschenke: Gefragt ist Nützliches, das zudem Freude bereitet. In vielen Ländern wird man auf die Familie angesprochen. Stecken Sie einige Gruppenaufnahmen ein (Eltern, Geschwister, Kinder, evtl. auch Bilder der Firma oder des Arbeitsteams).
- Kommunikation: Notieren Sie sich die technischen Daten für das Abrufen Ihrer E-Mails von einer externen Station aus (z.B. in einem Internet-Café).

Checkliste Nr. 2

Bildungsanbieter/innen: Auf was ist zu achten? (Zusatzausbildung, Weiterbildung in der Schweiz)

- Wie ist die Bildungsinstitution strukturiert (zeitliche und örtliche Flexibilität, z. B. Angebote zu unterschiedlichen Tageszeiten, Kurslokale mit dem öffentlichen Verkehr erreichbar, Baukasten- oder Modulsysteme mit einzeln zu belegenden und austauschbaren Teilen)?
- Wie ist es um die Durchlässigkeit der gewählten Richtung bestellt (weiterführende Lehrgänge von der Berufslehre bis zur Fachprüfung oder höheren Fachschule)?
- Wie steht es um die Mischung von Theorie und Praxis (Programm, Referent/innen, Studienarbeiten). Eine unmittelbare Umsetzung steigert Ihren Marktwert!
- Haben Sie abgeklärt, ob die Dozent/innen fachlich, als Lehrer/in und auf Grund der beruflichen Laufbahn Ihren Ansprüchen genügen?
- Stimmt das Preis-Leistungs-Verhältnis? Zu welchen Bedingungen können Sie allenfalls von einem Vertrag zurücktreten?
- Ist eine jährliche Qualitätssicherung vorgesehen? Wenn ja: Für welche Bereiche (Institution, Angebote, Mitarbeitende) und mit welchem Verfahren (Prüfung durch externe Stellen[137], Durchführung unternehmensinterner Seminare → Test der Umsetzung vor Ort, Anwendung gängiger Qualitäts-/Qualifizierungsmethoden, Erfolgskontrolle bei den Absolvent/innen)?
- Führt der/die Anbieter/in das Gütesiegel «Eduqua» der Schweizerischen Vereinigung für Erwachsenenbildung SVEB?
- Offeriert die Bildungsinstitution spezifische Lernbegleitung und Lernberatung?
- Gibt es die Möglichkeiten zu Unterbrüchen und/oder Zwischenabschlüssen?
- Wie viele Absolvent/innen schaffen die Prüfung? Wie hoch ist der Anteil der Abbrecher/innen, was sind die Gründe?
- Können Sie Probelektionen besuchen? Sind die Kursunterlagen aktuell? Lassen sich Kurszeiten/Anreiseweg mit ihrer sonstigen Auslastung vereinbaren?

- Werden Ihnen Adressen von früheren Absolvent/innen oder jetzigen Teilnehmer/innen zur Verfügung gestellt? Haben Sie mit diesen über ihre Erfahrungen gesprochen? In welchen Funktionen sind diese nun tätig?
- Sind im Auswahlverfahren die Vorbildung und der Hintergrund der Teilnehmenden so berücksichtigt, dass Sie echte Lern- und Diskussionspartner/innen finden?
- Werden frühere Abschlüsse sowie ausserberufliche Schlüsselqualifikationen (Freiwilligen-, Haushalts-, Erziehungs- und Betreuungsarbeit) angerechnet?
- Ist die berufsbegleitende Weiterbildung auch für Teilnehmende ohne aktuelle Berufstätigkeit zugänglich?

Selten können alle Punkte geklärt werden. Entscheiden Sie, was für Sie persönlich wichtig ist. Oftmals schafft auch ein Gespräch mit einer Fachperson Klarheit – und bestärkt Sie darin, die berufliche Zukunft aktiv zu gestalten.

Checkliste Nr. 3

Sprachschule im Ausland: Auf was ist zu achten?

- Wie steht es um Ihre Vorkenntnisse? (Test absolvieren)
- Möchten Sie ein offiziell anerkanntes Diplom erwerben? Ist dieses für Ihre berufliche Zukunft wichtig?
- Benötigen Sie Französisch für allgemeine Konversation oder als Business-Sprache (Verhandlungen, Fachausdrücke)?
- Aufwand: wie steht es um Vorbereitungskurse? Können Prüfungen (z.B. das Cambridge First Certificat) in der Schweiz abgelegt werden?
- Welche Unterrichtsform entspricht Ihnen: Lehrgang von A bis Z, Kurs-/ Modulsystem, Einzellektionen?
- Welches sind die Eckdaten des Sprachaufenthalts (Transportmittel, Dauer, Budget)?
- Umgebung: bevorzugen Sie das idyllische Landleben oder eine pulsierende Grossstadt?
- Unterkunft: komfortabel oder einfach (Hotel/Pension, Gastfamilie, Studentenheim)?
- Freizeit: sollen Ausflüge und Veranstaltungen organisiert werden?
- Kolleg/innen: wie hoch ist der Anteil an deutsch sprechenden Studierenden?
- Berater/in: hat die Person eine empfohlene Schule vor Ort besucht? Kennt sie die ganze Sprachregion (Englisch in Grossbritannien, den USA, Australien und Kanada)? Kann sie das Angebot individuell gestalten?
- Kosten: achten Sie auf eine differenzierte Aufstellung sowie eine angemessene Vermittlungs-/ Beratungsgebühr.
- Vergleich: holen Sie mehrere Offerten ein. Prüfen Sie die Preise, auch anhand von Ausschreibungen im Internet.

Checkliste Nr. 4

Bildungsurlaub: Zehn Lernstrategien (für die selbstständige Erarbeitung von Lernstoffen, insbesondere im Hinblick auf Prüfungen)[138]

- Lernzeit: genügend Zeit einberechnen, störungsfreie Phasen bestimmen und behaupten!
- Lernplatz: ein eigenes Pult oder der persönliche Arbeitsplatz im Lesesaal einer Bibliothek wirken reizauslösend für Lernprozesse und schaffen eine »stimulierende« Atmosphäre.
- Pausen: Legen Sie diese regelmässig ein (im 30- oder 60-Minuten-Rhythmus sowie beim Wechsel zu einem anderen Stoffbereich). Tanken Sie frische Luft, belohnen Sie sich mit einem Getränk/Apfel auf der Couch.
- Abwechslung: Nehmen Sie sich keine Mammut-Programme vor! Kürzere, konzentrierte Lernabschnitte sind einfacher einzuhalten, weniger ermüdend und ergiebiger.
- Strukturieren: Gliedern Sie den Lernstoff. Das ergibt einen Überblick, lässt Zusammenhänge klarer erscheinen und erleichtert das Lernen von Details.
- Verknüpfen: Parallelen zu bekanntem Wissen aufbauen (Gedächtnisstützen, Eselsbrücken etc).
- Gezieltes Lernen für das Langzeit- und Kurzzeitgedächtnis. Grundsätzliches/Wichtiges zuerst einprägen, über längere Zeiträume erneut abfragen. Jahreszahlen, komplizierte Namen oder Formeln pauken Sie mit Vorteil am Tag vor der Prüfung.
- Teilziele machen den Lernstoff überschaubar, führen zu Erfolgserlebnissen und helfen bei der Einteilung der Zeit.
- Teamwork: Suchen Sie eine/n Lernpartner/in mit ähnlichem Stil. Dies vertieft die Kontakte der Schule, ermöglicht den Stoff zu diskutieren, das bisher Erarbeitete zu prüfen oder sich persönlich zu stärken.
- Vielfalt: Sorgen Sie für unterschiedliche Lernmittel. Bildbände, Tonkassetten oder Dokumentarfilme machen die Sache spannender und unterstützen die Wiedergabe des Gelernten.

Natürlich gibt es Arbeits-Enthusiast/innen, welche sich ohne Konzept in eine Sache stürzen oder diejenigen, die überall ihre Nase in ein Buch stecken (an der Tramhaltestelle, auf dem Skilift, beim Neun-Uhr-Tee). Für längere Lernphasen spricht jedoch eine gewisse Systematik. Hat sich diese erst mal herausgebildet, lässt sie sich auch im Alltag nutzen, z.B. für die Verarbeitung der täglichen Informationsfülle.

Literaturhinweise

Ammann Karin
Das Lohngespräch
SKV-Info-Schrift Nr. 1a
KV Schweiz, Zürich 2001

Ammann Karin & Schärer Susanne
Einfach, praktisch, gut – Kriterien für funktionale Berufskleidung
KV Zürich, Zürich 2000

Arnold Ruedi
ICH-BOTSCHAFTEN
In: CONSULTING BILANZ, Ausgabe vom September 2001, Seite 74 bis 80
WM Wirtschafts-Medien AG, Zürich 1998

Ausländer Rose
Und nenne dich Glück – Gedichte
S. Fischer Verlag GmbH, Frankfurt 2000

Baer Hermann
Launisches Objekt
In: Tages Anzeiger, Ausgabe vom 9. März 2002, Seite 65
Tamedia AG, Zürich 2002

Banz Claudia & Boss Catherine
«Gegenüber dem Täter empfinde ich immer noch eine riesige Leere»
Interview mit dem Zuger Regierungsrat Hanspeter Uster über die schwierige
Verarbeitung des Attentats vom 27. September 2001
In: SonntagsZeitung, Ausgabe vom 3. Februar 2002, Seite 23 bis 25
Verlags AG Sonntagzeitung, Zürich 2002

Bergen-Rösch Andrea
Unter Segel in die Südsee. Ein Sabbatical mit der Familie
Verlag Michael Schardt, Oldenburg 2001

Böhringer Peter
Arbeitsrecht: Ein Lehrgang für die Praxis
2. überarbeitete Auflage
Orell Füssli, Zürich 2001

Böhringer Peter
Die Neue Arbeitswelt
Flexibilisierung der Erwerbsarbeit
und atypische Arbeitsverhältnisse
KV Zürich, Zürich 2001

Böhringer Peter & Mössinger Rainer
Das Neue Arbeitsgesetz
Ein systematischer Überblick
KV Zürich, Zürich 2001

Brigitte Women
Die beste Entscheidung meines Lebens
Ausgabe Nr. 1/2002, Seite 68 ff.
Gruner + Jahr AG & Co, Hamburg 2002

Brigitte Women,
Editorial
Ausgabe Nr. 1/2002, Seite 3
Gruner + Jahr AG & Co, Hamburg 2002

Bürgisser Margret
Beruf und Familie vereinbaren
KV Schweiz, Zürich 2001

Burkhard Gudrun
Das Leben in die Hand nehmen
Verlag Freies Geistesleben, Stuttgart 2000

Calonder Anita
CH-Q – Schweizerisches Qualifikationshandbuch
Portfolio für Jugendliche und Erwachsene zur Weiterentwicklung in Bildung und Beruf.
Werd Verlag, Zürich 1999

Carega Paola
Stresssymptome nehmen zu
Work, Ausgabe vom 5. April 2002, Seite 18
Work Verlags AG, Zürich 2002

Coelho Paulo
Der Wanderer – Geschichten und Gedanken
Diogenes Verlag, Zürich 1998

Csikszentmihalyi Mihaly
Das flow-Erlebnis
7. Auflage
Klett Cotta, Stuttgart 1999

David Fred
«Das Problem ist der Neid, nicht das Geld»
Interview mit früheren Automobil-Topmanager David Goeudeveret
In: CASH, Ausgabe vom 15. Februar 2002, Seite 27
Verlag CASH, Zürich 2002

De Botton Alain
Die Kunst des Reisens
S. Fischer Verlag GmbH, Frankfurt 2002

De Jong Peter & Berg Insoo Kim
Das Werkstattbuch der lösungsorientierten Kurztherapie
Verlag Modernes Lernen Borgmann, Dortmund 2002

De Weck Roger
Das Hüppi-Syndrom
In: SonntagsZeitung, Ausgabe vom 3. März 2002, Seite 5
Verlags AG Sonntagzeitung, Zürich 2002

De Weck Roger
Die Krise der Manager
In: SonntagsZeitung, Ausgabe vom 30. Juni 2002, Seite 5
Verlags AG Sonntagzeitung, Zürich 2002

Freudenberger Herbert J.
Staff-Burn-out
In. Journal of Social Issues, 30(1), Seite 159 bis 165, 1974

Gerold-Tucholsky Mary & Raddaz Fritz J. (Hrsg.)
Moment beim Lesen
Aus: Gesammelte Werke in zehn Bänden, Kurt Tucholsky
Rowohlt Taschenbuch Verlag GmbH, Reinbek bei Hamburg 1960

Grasskamp Walter
Spielräume des Auges
Warum betrachten wir Räume, die wir nicht betreten können?
Manuskript zur Sendung AULA vom 3. März 2002
Südwestrundfunk 2, Baden-Baden 2002

Guggenbühl Allan
Männer, Mythen, Mächte
Kreuz Verlag, Zürich 1994

Guggenbühl Allan
Wer aus der Reihe tanzt, lebt intensiver
Kösel-Verlag GmbH & Co, München 2001

Hauser Leo
Einfach abheben!
In: Brückenbauer, Ausgabe vom 26. März 2002, Seite 69
Migros-Genossenschafts-Bund, Zürich 2002

Haushofer Marlen
Die Sache mit der Kuh
In: Begegnung mit dem Fremden
Claassen Verlag GmbH, Düsseldorf 1985

Helbling Urs
«Die eigene Person vermarkten», Leserbrief
In: Context., Nr.6/2002, Seite 5
KV Schweiz, Zürich 2002

Hope Dlugozima, Scott James & Sharp David
Six Month Off
Henry Holt and Company, New York 1996

Hubschmid Christian
«Ich bin schon froh, wenn ich eine Liebe habe. Es muss nicht die gros-se sein.»
Interview mit der französischen Sängerin Patricia Kaas
In: SonntagsZeitung, Ausgabe vom 14. April 2002, Seite 22 und 23
Verlags AG Sonntagzeitung, Zürich 2002

Jerzy Lec Stanislaw
Alle unfrisierten Gedanken
Carl Hanser Verlag, München 1982

Kaléko Mascha
Das lyrische Stenogrammheft
Rowohlt Taschenbuch Verlag GmbH, Reinbek bei Hamburg 1990
(Erstausgabe: 1933)

Kiessling-Sonntag Jochen
Handbuch Mitarbeitergespräche
Cornelsen Verlag, Berlin 2000.

Kittler Eberhard & Reil Hermann
«Lassen Sie mich doch segeln gehen»
Interview mit dem abtretenden Volkswagen-Boss Ferdinand Piëch
In: SonntagsZeitung, Ausgabe vom 7. April 2002, Seite 118
Verlags AG Sonntagzeitung, Zürich 2002

Korth Jessica
Sabbaticals in der Privatwirtschaft – Eine qualitative Studie
Lizentiatsarbeit ETH Zürich, Institut für Arbeitspsychologie
und Universität Zürich, IfbF, Lehrstuhl für Personalwirtschaft
Zürich, 2001

Lahrmann Nils
Bewerben im Ausland – USA, Europa
CC-Verlag GmbH, Hamburg 1999

Lasker-Schüler Else
Helles Schlafen – dunkles Wachen
Deutscher Taschenbuch Verlag, München1985

Leyendecker Karolyn
Was macht eigentlich Bernd Fritz?
Interview mit dem ehemaligen Chefredakteur des Satiremagazins «Titanic»
In: STERN, Ausgabe Nr. 22/2002
Gruner + Jahr AG & Co, Hamburg 2002

Lievegoed Bernard
Lebenskrisen – Lebenschancen
Kösel-Verlag GmbH & Co., München 1979

Linke Marcus & Winkler Peter
Das M+T Computerlexikon
Verlag Markt & Technik, München 1998

Looser Bettina
Auszeit – Temporärer Abschied vom hektischen Berufsalltag
In: Beobachter Gesundheit, Ausgabe vom 31. August 2001, Seite 25 bis 27
Jean Frey AG, Zürich 2001

Lukesch Barbara
Einfach tun, wovon andere nur träumen
In: WELTWOCHE, Ausgabe vom 23. Juli 1998, Seite 49 und 50
Weltwoche Verlag, Zürich 1998

Marburger Dietmar
Aussteigen!
Metropolitan Verlag GmbH, Regensburg 2002

Märchy Beat
Zeit ist Leben – Individuelles Zeitmanagement
Smart Books Publishing AG, Kilchberg 2001

Massow Martin
Gute Arbeit braucht Zeit – Die Entdeckung der kreativen Langsamkeit
2. Auflage
Heyne Verlag, München 1998

Meili Eva
Arbeitswelt im Umbruch
In: ALPHA-Kadermarkt, Ausgabe vom 13./14. Juli 2002
Tamedia AG, Zürich 2002

Müller Tiberini Franziska
Wenn Familie den Laden schmeisst
Modelle zur Führung von Familienunternehmen
Orell Füssli Verlag, Zürich 2002

Muntwyler Rolf
So finden Sie die richtige Sprachschule
In: K-Special Nr.4/2002, Seite18 und 19
KI Konsumenteninfo AG, Zürich 2002

Nationalrat
Berufliche Aus- und Weiterbildung von Frauen
Bericht zum Postulat Ruth Grossenbacher
EDMZ, Bern 1998

Noland Jane & Noland Mimi
Bärenweisheiten für den Menschenalltag
Sanssouci Verlag, Zürich 2001

Pfister Christian
ZEIT
In: Credit Suisse Bulletin, Nr. 4, August 1999, Seite 5
Credit Suisse, Zürich 1999

Proust Marcel
Auf der Suche nach der verlorenen Zeit
Neuauflage/Frankfurter Ausgabe
Suhrkamp Verlag, Frankfurt 2001

Reinig Christa
Gesammelte Gedichte
Eremitenpresse, Düsseldorf 1984

Reuther Heike
Berufliche Auszeit
Gräfe und Unzer Verlag, München 2002

Revue Schweiz
Nebelspalter Seite («Dä chli Näbi»), Nr. 1/2002
Rothus Verlag, Solothurn 2002

Richter Anke
Aussteigen auf Zeit. Das Sabbatical-Handbuch
VGS Verlagsgesellschaft, Köln 1999

Richter Peter
«Gleitende Übergänge in den Ruhestand»
Referat, gehalten an der Tagung «Ältere Mitarbeiterinnen und
Mitarbeiter in Unternehmen: Probleme und Lösungsvorschläge»
NSW/RSE, zgp und VereinNetzwerk Arbeitsgesellschaft,
Zürich 14. März 2002

Riedel Burkhard
Lebe deinen Traum
Droemersche Verlagsanstalt Th. Knaur Nachf., München 1997

Ritter Adrian
Wenn die Seele am Arbeitsplatz leidet
In: Neue Zürcher Zeitung, Ausgabe vom 13. März 2002, Seite 77
Verlag NZZ, Zürich 2002

Sahner Paul
Hey Boss, ich will mehr ... Zeit
Ausstieg des BOSS-Mangers Werner Baldessarini
BUNTE, Ausgabe Nr. 4/2002, Seite 52ff.
Hubert Burda Media GmbH & Co., München 2002

Sang H. Kim
1001 Wege zur Motivationssteigerung
Falken Verlag GmbH, Niedernhausen 2001

Schneider Thomas
Reisen – Lust und Frust
In: Panorama Raiffeisen Nr. 6/2002
Schweizer Verband der Raiffeisenbanken, St.Gallen 2002

Schrödter Sybille
Reportage «Die beste Entscheidung meines Lebens»
In: Brigitte Women, Ausgabe Nr.1/2002, Seite 71
Gruner + Jahr AG & Co, Hamburg 2002

Schweizerischer Verband für Berufsberatung
Ausbildung – Wer hilft bei der Finanzierung?
Verlag Pro Juventute, Zürich 2001

Sjöwall Maj & Wahlöö Per
Der Mann, der sich in Luft auflöste
Rowohlt Taschenbuch Verlag GmbH, Reinbek bei Hamburg 1986

SonntagsBlick
Vom Winde verweht
Notiz in der Ausgabe vom 3. Februar 2002, Seite 38
Verlag SonntagBlick, Zürich 2002

Spörri Balz
Gut situiert liegt Mann heute oft voll daneben
(Auswertung von Kontaktanzeigen durch den Soziologen Alexander Salvis-
berg)
In: SonntagsZeitung, Ausgabe vom 24. März 2002, Seite 97
Verlags AG Sonntagzeitung, Zürich 2002

Steinmann-Feller Regula
Wie lernen Sie?
In: espresso Nr. 7/8, Juli und August 2001, Seite 25 ff.
Rheintaler Verlag, Zürich 2001

Suter Martin
Business Class
7. Auflage, Bände I,II,III
Weltwoche-ABC-Verlag, Zürich 1998

Ulich Eberhard
Arbeitspsychologie
3. überarbeitete und erweiterte Auflage
vdf Hochschulverlag an der ETH, Zürich und
Schäffer-Poeschel Verlag, Stuttgart 1994

Vogt Barbara
Hier auf dem Mattenhof kommt alles von Herzen
Einjähriges Praktikum auf dem Bio-Betrieb Mattenhof
In: Aargauer Zeitung, Ausgabe vom 21. März 2002, Regionalteil Aarau
Aargauer Zeitung AG, Baden 2002

von Tschirschnitz-Maurer Ulrike
Gibt es eigentlich Schicksal?
In: Allegra, Ausgabe Nr. 4/2000, Seite 22 und 23
Axel Springer Verlag AG, Hamburg 2002

Winistörfer Norbert
Ab ins Ausland!
Im Ausland leben, reisen, studieren, arbeiten
4. Auflage, Beobachter Verlag, Zürich 2000

Wyssling Heinz
Wenn die Arbeit zur Droge wird
KV Zürich, Zürich 2000

Zihler Susi
«Ich habe eine Krise, seit ich 20 bin»
Interview mit Doris Dörrie
In: Coopzeitung, Ausgabe Nr. 41/2000, Seite 86
Coop Basel, 2000

Zimbardo Philip G.
Psychologie
Springer-Verlag Berlin, 1988

Film-, Video-, TV-Hinweise

Bürgisser Margret & Rady-Rupf Barbara
Wer teilt gewinnt
(Sechsteilige Videoreihe zu Rollenteilung)
Eidgenössisches Büro für die Gleichstellung von Frau und Mann
CH, 1999

Cukor George
Holiday – Die Schwester der Braut
(Szene zu «Genug von der Arbeit»)
Spielfilm s/w
USA, 1938

Hausner Jessica
Lovely Rita
(Junge Frau mit Ausbruchstendenzen)
Spielfilm
A, 2002

Hitchcock Alfred E.
Ich kämpfe um dich
(Sequenzen zu psychogener Amnesie)
Thriller s/w
USA, 1945

Kollek Amos
Sue
(Einsamkeit einer jungen Frau in New York,
Hauptdarstellerin: Anna Thompson)
Drama
USA, 1997

Moretti Nanni
La stanza del figlio
(Zitat zu «Warten können im Leben»)
Spielfilm
I, 2001

Schweizer Fernsehen DRS
Der Reiz der Langsamkeit
Filmbeitrag im Rahmen der Sendung «Quer»
CH, 22. Februar 2002

Notizen

Eine Notiz steht oft am Anfang eines Timeouts … .
… das wir Ihnen wünschen!!